製造業経営の要諦

ものづくり新論

－オペレーションズ・マネジメント戦略21C－

天坂 格郎 編著
青山学院大学名誉教授

天坂 格郎
畠中 伸敏
影山 敏一
酒井 浩久
藤岡 昌則
村田 明彦
三浦 紀文
山田 敏博
末次 淳一
岡田 慎也
花﨑 雅彦

三恵社

まえがき

　今世紀は"市場価値創造"の時代と比喩されるように、市場環境変化に十分に対応できない企業は、優良企業といえども生き残れない。それ故に、昨今の製造業の盛衰の有様から、先進企業の経営戦略の主眼は"グローバルマーケティング"の成功である。その実現のためには、既成にとらわれないイノベイティブな"開発設計―生産―マーケティング／ビジネス変革"により、"顧客価値を高める商品戦略"が必須要件といえよう。

　近年、欧米諸国や発展途上国では、日本のものづくり"日本的生産方式"（所謂、JIT・Lean System）の研究を進め、ものづくりの"質"の強化を国家レベルで推進してきており、日本製品の"競争優位性"（商品価値）が失われつつある。情報技術の進展により、顧客は世界中の最新の商品情報を入手でき、その商品の信頼性（品質、使用価値）を通して、企業の信頼性を著しく問う市場環境となってきている。

　ものづくりが環境問題、資源問題、デジタルエンジニアリングなどの技術革新で一変し、"世界品質競争"と比喩される中、"超短期開発／最適地生産・営業販売"の実現が日本製造業に課せられた経営課題である。これまでの"ものづくり"の成功体験に囚われず、"次世代に通用する経営技術の原理、世界を再びリードできる日本独自の経営管理技術の再構築"が今必要である。

　このような背景から、編者は"日本のものづくりの進化"に視座し、この度、「製造業経営の要諦　ものづくり新論―オペレーションズ・マネジメント戦略２１Ｃ―」を発刊する。
　編者は、以下の研究の経緯と得られた知見を基に、本書の構想／企画／構成を進めた。
（１）次世代経営技術：編者が主導した"トヨタグループ１２社の役員・上級管理者"の関心事"経営課題２１ᶜ"は、(i) 課題の重点指向とリソーセス重点投入等による"提案型の新商品・新製品開発"、(ii) 変化と技術・技能の高度化へ対応する"次世代生産方式"、(iii) お客様の声・マーケティング手法開発等による"営業・販売の変革"である。さらに、それらを統合化し体系的・組織的に全部門の英知を結集できる"次世代経営技術"の創出を熱望している（天坂格郎編集企画委員長，「サイエンスＳＱＣ：ビジネスプロセスの質変革」，名古屋ＱＳＴ研究会編，日本規格協会，2000）。
（２）戦略的品質経営：編者は"世界品質競争"を克服するために、"製造業の品質経営あり方研究会"（天坂フォーラム／産学協同研究会，日科技連，2002-2006）による、「ニュージャパンモデル：サイエンスＴＱＭ―戦略的品質経営の理論と実際」（天坂格郎編著，丸善，2007）を編纂した。本書では、開発設計、生産技術・製造、営業販売、事務・管理の中核技術を確立し、トータルリンケージする有効性を例証している。

（３）新商品開発戦略：現今、Ｒ＆Ｄの進展が"新技術戦略"の鍵を握っている。編者は、文科省「組織的な大学院教育開発推進プログラム，Ｈ２０」に対応した（ⅰ）「新講座 研究開発特論：学際性を備えた実践的科学者・技術者の育成」（天坂格郎編著, 青山学院大学, 三恵社, 2010）の開講、（ⅱ）「自動車産業における数値シミュレーションに必要な設計品質保証体系の確立」（天坂格郎委員長, 日本品質管理学会研究開発委員会, 2004-2007）を通し、"超短期開発設計法"を創出し、その有効性を論証している。

（４）日本的生産方式の進展：編者の講演 "New JIT, a new principle for management technology 21^C"（第１回世界生産管理大会：POM Sevilla 2000）を通して、世界が"日本のものづくりの進化"を考究する有様を捉えた。そこで編者らは、"新たな日本的生産方式"の深耕研究（早稲田大学, 2004-2008）により、「ものづくり新論：ＪＩＴを超えて―ジャストインタイムの進化」（天坂格郎, 黒須誠治, 森田道也, 森北出版, 2008）を編纂し、"トヨタのものづくり"を通して、その有効性を例証している。

本書の構想では、編者が１９９０年代後半から進めてきた研究―（ⅰ）"Science SQC, new quality control principle: The quality strategy at Toyota"（Springer, 2004）、（ⅱ）"New JIT, new management technology principle"（Taylor and Francis, CRC Press, 2005）、（ⅲ）"Science TQM, new quality management principle: The quality management strategy of Toyota"（Bentham Science Publishers, 2012）, (ⅳ) "Toyota: Production system, safety analysis and future directions"（Nova Science Publishers, 2017）と、上述（１）～（４）の研究成果を反映している。

企画と構成では、「Japanese Operations Management and Strategy Association, JOMSA」の全国大会（第７回―第１０回, 2015-2018）において、編者の企画による"JOMSA特別セッション―「製造業経営の要諦―ものづくり新論の体系化とその有効性」"（Part 1～Part 4）の講演内容とそれらの成果を編纂の糧としており、講演者の多くが執筆に参画している。

（Part 1）「開発・生産の高品質保証―製品設計と未然防止」（2015）
（Part 2）「開発・製品設計・生産・サービスの高品質保証」（2016）
（Part 3）「トヨタ生産方式とＳＣＭ、内外への拡がり」（2017）
（Part 4）「ものづくりとリスクマネジメント」（2018）

執筆者は、何れも上述（１）～（４）の研究会委員とJOMSA会員であり、経営トップ・役員・上級マネージャーとして、現在、国内外の主要企業のものづくりを主導し、多くは大学や国内外の教育機関等で、学生や実務家への講義／研究指導・教育を行っている。

本書の編纂が、JOMSAの設立趣旨"日本発の「ものづくり新論」というべき統合的な理論構築のための学術の確立を目指す"の布石となれば幸いである。

２０１９年４月　　　　　　　　　　　　　　　　　　　　　編集委員長　天坂　格郎

発刊にあたって

本書のねらい
国内外の製造業が生き残りをかけた熾烈な競争が進む中で、昨今の顧客満足を著しく損なう度重なる日本の製造業の品質問題を直視するとき、"日本のものづくりのあり方"を再認識しなければならない。グローバル生産で世界をリードすべき先進企業のリコールの増加は、製造業の"ものづくりの技術力"の再強化を警鐘している。

　本書の目的は、グローバルな視点での"製造業経営の要諦の体系化"の必要性を捉え、２１世紀のものづくりのフロントランナーとして貢献できるように、ＪＯＭＳＡ設立の趣旨―"日本発の「ものづくり新論」というべき統合的な理論構築にかかわる学術の確立"の布石への貢献である。

　本書の主眼は、ものづくりに係る全部門の知的なリンケージの仕組み創りを通した、

（１）開発設計の信頼性向上―最近の品質リコールを直視すると、技術開発・設計評価に起因する信頼性問題が急増している。単なる個別技術問題の解決に止まらず、開発設計のビジネスプロセスの変革に繋がるように、中核技術を創出し、開発設計者の人間信頼性向上への貢献である。

（２）生産の技術力向上―昨今の生産に係わる諸問題から、製造現場の問題解決力不足や品質保証機能の脆性疲労が指摘されている。著しい生産技術革新の競争の中で、ＰＰＭ・ＦＩＴレベルの品質保証を確保するためにも、新たな生産技術開発と生産管理機能の進展による工程管理の中核技術の創出とその展開である。

（３）理に適うマーケティング／ビジネス戦略の展開―ＣＳ・ＣＬ・ＣＲが重要視される中、営業・販売・サービス部門の新たな役割"市場創造"が期待されている。顧客との絆づくり、企業活動の信頼性、次世代の商品創出に役立つ"マーケティングとビジネスプロセス刷新"へ繋がる中核技術の創出とその展開である。

　本書は、多くの文系・理工系の研究教育者・学部生・大学院生、工業高等専門学校生、第一線の実務家・管理者に役立つように、トップ企業の"ものづくり"を体現している。

本書の内容
第１部では、"製造業経営の要諦―ものづくり新論の確立"として、構成している。
- 第１章「日本製造業のものづくりと経営課題」では、"ものづくりの質変化と拡大"を見据え、"日本製造業の経営課題"を概観する。そしてさらに、"企業・組織・人の高信頼性"にフォーカスし、"高信頼性のものづくり"の重要性を論考する。
- 第２章「日本的生産方式の進化の必要性」では、"日本製造業のものづくりの変遷"を

概観する。20世紀後半の世界のものづくりをリードしてきた、"トヨタ生産方式に代表される日本的生産方式"は、世界の共有財産"ＪＩＴ（Just in Time）"として定着しており、現今、"ＪＩＴを超える新たな経営管理技術"が求められている事を論考する。

- 第3章「日本発：ものづくり新論－ＪＩＴを超えて」では、"日本的生産方式の要諦－トヨタ生産方式の基本原理"を再考し、次世代のものづくりのために、編者は"ものづくり新論"（New Manufacturing Theory, NMT）を創案する。"ＮＭＴ"は、3つのコア原理—"Total Development System (TDS), Total Production System (TPS), Total Marketing System (TMS)"で構成し、それらをリンケージしている。そこで編者は、"ＮＭＴの戦略的展開"のために、"New Japan Manufacturing Model (NJ-MM)"を創案する。"ＮＪ－ＭＭ"は、3つのコアモデル—"New Japan Development Management Model (NJ-DMM), New Japan Production Management Model (NJ-PMM), "New Japan Marketing Management Model (NJ-MMM)"で構成され、それらの有効性を論証する。
- 第4章「ものづくり新論の展開法（Ⅰ）―戦略的階層化タスクチーム」では、創造的企業の風土づくりの視点から、特に"ホワイトカラー"の創造性と実効性を高める、組織的・体系的な"戦略的階層化タスクチームの構造モデル"を創案する。これにより全部門のトータルリンケージを可能にし、"ジャパンサプライシステム"を強化する。
- 第5章「ものづくり新論の展開法（Ⅱ）―グローバルパートナリング」では、"日本に負けない海外でのものづくり"を実現する"ニューグローバル・パートナリング・プロダクションモデル"を創案する。特に"知的生産オペレータ育成のためのグローバルネットワークシステム"の展開とその有効性を捉える。
- 第6章「ものづくりとリスクマネジメント」では、"研究開発プロセスと死の谷の克服"と"事業リスク分析"を論考する。研究開発プロセスにはどのようなパターンがあり、研究開発が成功に至るまでに、リスクを洗い出し回避した事業だけが成功への道を辿り、リスクを無視して事業を遂行しても破綻に遭遇する企業の例を紹介する。

第2部では、"オペレーションズ・マネジメント戦略の実際"として、構成している。
- 第7章の「開発設計の進展」では、4つの研究を紹介する。

「製品設計―品質保証のプロセスマネジメント」では、"製品設計プロセス進化モデルと品質保証統合情報管理ネットワーク"を創案し、自動車製品設計の展開と効果を例証する。

「ものづくり革新技術―フロントローディング開発」では、『開発生産準備プロセス改革』として、富士ゼロックス㈱で展開した"フロントローディング活動"を紹介する。

「自動車開発設計―未然防止技術」では、開発設計のビジネスプロセス刷新に貢献する"高品質保証ＣＡＥ解析モデル"を創案し、その有効性を例証する。

「ＩｏＴ戦略―発電所の遠隔監視サービス」では、MHPS（三菱日立パワーシステムズ㈱）

のMHPS-TOMONI®を紹介し、さらに水質遠隔監視による信頼性の向上等を説明する。
- 第8章の「生産技術と製造技法の進展」では、4つの研究を紹介する。

「トヨタ生産方式—ニュージャパングローバルプロダクションモデル」では、世界同一品質・最適地生産—"New Japan Global Production Model, NJ-GPM"の有効性を例証する。

「生産技術開発と工程設計—多品種少量生産」では、設計と製造を結び付け、良いものを安く、素早く造る—"生産技術と工程設計－多品種少量生産"のあらましを述べる。

「デジタルエンジニアリング—生産シミュレーション」では、"生産ラインの工程編成作業のコンピュータシミュレーションシステム"を創案し、その有効性を論証する。

「生産保全－生産設備の管理技術の体系化」では、生産設備の最大効率と生産コストミニマムを追及する"Toyota Productive Maintenance, TPM"の有用性について論述する。

- 第9章の「グローバル生産とＳＣＭの進展」では、4つの研究を紹介する。

「生産管理とＳＣＭ戦略—車両・部品の内外製展開」では、自動車と部品製造のＴＰＳ展開の鍵—生産管理部門の"内外製企画と生産場所検討の考え方と進め方"を例示する。

「人中心の新たな生産の仕組み—知的オペレーション」では、生産オペレータをインテリジェント化する"短期技能習熟化訓練システム"を創案し、その有効性を例証する。

「お客様目線での品質担保の再構築—ブランドと信頼性」では、富士ゼロックス㈱が新たに展開した"生産工場と本社が連携したヒューマンエラー撲滅"の成果を紹介する。

「グローバル事業—ＱＣＤマネジメント」では、住友理工㈱の"グローバル経営マネジメント体制"による"グローバル改善促進室組織強化による改善活動"等を紹介する。

- 第10章の「マーケティングとビジネスマネジメントの進展」では、4つの研究を紹介する。

「環境貢献と事業の両立—空調機開発とグローバル展開」では、ダイキン工業㈱の環境技術の世界展開—「環境貢献と事業の両立」の取り組みを紹介する。

「カスタマーサイエンス—自動車エクステリアデザイン戦略」では、"Automobile Exterior Design Model, AEDM"の創出により、プロポーション・フォルム・カラーマッチングが進展している。

「営業・販売の変革—自動車セールスマーケティング戦略」では、"Toyota's Automobile Sales Marketing System, T-ASMS"を構築し、"グローバルマーケティング"の布石としている。

「ソフトウェア開発—ビジネスプロセスの刷新と診断」では、"**A**malab's **B**usiness **P**rocess **N**avigation **S**ystem, A-BPNS"を創出し、リサーチ業、開発設計他への適用を例示する。

本書の発刊にあたっては、構想・企画・出版の段階で、株式会社 三恵社の木全哲也社長、日比享光氏の深い理解と多くのご支援をいただいたことに謝意を申し上げる。

２０１９年４月　　　　　　　　　　　　　　　　　　編集委員長　天坂　格郎

執筆者一覧

編集委員長　天坂格郎　青山学院大学

執筆者　　　天坂格郎　青山学院大学
　　　　　　畠中伸敏　(一社)リスク戦略総合研究所
　　　　　　影山敏一　富士ゼロックス(株)
　　　　　　酒井浩久　トヨタ自動車(株)
　　　　　　藤岡昌則　三菱日立パワーシステムズ(株)
　　　　　　村田明彦　(株) TPS ソリューションズ
　　　　　　三浦紀文　中央発條(株)
　　　　　　山田敏博　豊田エンジニアリング(株)
　　　　　　末次淳一　富士ゼロックス(株)
　　　　　　岡田慎也　ダイキン工業(株)
　　　　　　花﨑雅彦　住友理工(株)

目　次

第1部　製造業経営の要諦―ものづくり新論の確立 ……………………………1

第1章　日本製造業のものづくりと経営課題 ……………………………………2
第2章　日本的生産方式の進化の必要性 …………………………………………10
第3章　日本発：ものづくり新論－ＪＩＴを超えて ……………………………20
第4章　ものづくり新論の展開法（Ⅰ）―戦略的階層化タスクチーム ………37
第5章　ものづくり新論の展開法（Ⅱ）―グローバルパートナリング ………52
第6章　ものづくりとリスクマネジメント ………………………………………65

第2部　オペレーションズ・マネジメント戦略の実際 ……………………78

第7章　開発設計の進展 ……………………………………………………………79
　7-1　製品設計―品質保証のプロセスマネジメント …………………………79
　7-2　ものづくり革新技術―フロントローディング開発 ……………………92
　7-3　自動車開発設計―未然防止技術 …………………………………………107
　7-4　ＩｏＴ戦略―発電所の遠隔監視サービス ………………………………122

第8章　生産技術と製造技法の進展 ………………………………………………136
　8-1　トヨタ生産方式―ニュージャパングローバルプロダクションモデル ‥136
　8-2　生産技術開発と工程設計―多品種少量生産 ……………………………152
　8-3　デジタルエンジニアリング―生産シミュレーション …………………162
　8-4　生産保全―生産設備の管理技術の体系化 ………………………………171

第9章　グローバル生産とＳＣＭの進展 …………………………………………185
　9-1　生産管理とＳＣＭ戦略―車両・部品の内外製展開 ……………………185
　9-2　人中心の新たな生産の仕組み―知的オペレーション …………………193
　9-3　お客様目線での品質担保の再構築―ブランドと信頼性 ………………202
　9-4　グローバル事業―ＱＣＤマネジメント …………………………………215

第10章　マーケティングとビジネスマネジメントの進展 ……………………230
　10-1　環境貢献と事業の両立—空調機開発とグローバル展開 ……………230
　10-2　カスタマーサイエンス—自動車エクステリアデザイン戦略 ………242
　10-3　営業・販売の変革—自動車セールスマーケティング戦略 …………259
　10-4　ソフトウェア開発—ビジネスプロセスの刷新と診断 ………………273

索引 …………………………………………………………………………………290
著者略歴 ……………………………………………………………………………297

第1部
製造業経営の要諦―ものづくり新論の確立

第1章 日本製造業のものづくりと経営課題

第2章 日本的生産方式の進化の必要性

第3章 日本発：ものづくり新論－ＪＩＴを超えて

第4章 ものづくり新論の展開法（Ⅰ）―戦略的階層化タスクチーム

第5章 ものづくり新論の展開法（Ⅱ）―グローバルパートナリング

第6章 ものづくりとリスクマネジメント

第1章
日本製造業のものづくりと経営課題

1.1　ものづくりの質変化と拡大 [1-9]

　最近の企業経営活動を注視するとき、ものづくりのリーダーとも言える先進企業が思いもしないような品質経営問題に直面しているケース、何時の間にかお客様の気持ちが見えなくなり、製品開発、生産システム開発、マーケティングに遅れが生じ、企業存続の危機に陥っているケースが再燃している。一方で、積極果敢に顧客の気持ちを適確に捉える開発設計～生産～営業販売の改革、さらには仕入先とのパートナリングの強化によるトータルマーケティングで市場創造を実現し、成長し続けている企業も少なくない[2]。

　昨今、ＩＴ（Information Technology）、ＩｏＴ（Internet of Things）の進展により、消費者が世界中の最新情報を素早く手軽に入手できる時代となってきた。その結果、"消費者はライフスタイルと価値観にフィットした商品を選び、その商品の信頼性（品質、使用価値）を通して、企業の信頼性を厳しく追及する"という市場環境になってきている[3]。

　近年、日本のものづくりは大きな変革に直面している。1つは、顧客ニーズの高度化・多様化に対応できるように、仕入先までを含めた製品設計～製造～販売までの最短のリードタイムを実現することが肝要である。2つは、世界生産体制の再構築に必要な生産拠点のグローバル化"世界同一品質、同時立ち上げ（最適地生産）"が必要不可欠である[4]。

　"ものづくりの質の変化と拡大"に呼応し、グローバルマーケティングを成功させる鍵は、経営トップのオペレーションズ・マネジメントの成否にかかっている。世界の市場から淘汰されないように、世界の顧客を見据え、顧客価値を高める最新モデルの高品質な商品を素早く提供することが"日本製造業の生き残り"の必須要件である。

1.2　日本製造業の経営課題 [4-9]

　現今、"世界品質競争"と比喩される環境下、高付加価値商品を他社に先駆けて実現させることがグローバルマーケティングの成否を決めるといっても過言ではない。製造現場がデジタルエンジニアリングで一変してきている。それ故に、"ものづくりの進化"に乗り遅れないように、次世代に通用する品質経営技術の原理、世界をリードする日本独自の経営管理技術の再構築が日本の製造業に課せられた命題ではなかろうか。

　そこで筆者は、"製造業の品質経営のあり方研究会"（主査：青山学院大学教授　天坂格郎）において、先進企業9社（川崎製鉄、ＮＥＣ、ヤンマーディーゼル、横河電機、ＮＯＫ、日本発条、サンデン、富士ゼロックス、ダイキン）の経営トップと各事業部門の

第1部　製造業経営の要諦―ものづくり新論の確立

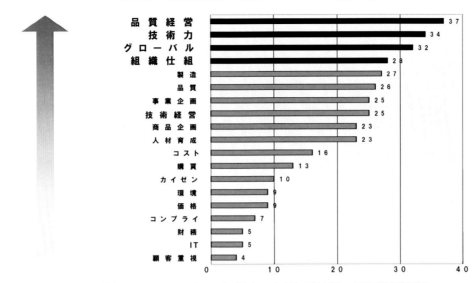

図1.1　アンケート調査の回答項目数（重要度順位）

管理者（部課長：営業販売、開発設計、生産技術・生産、事務・管理、品質保証、ＴＱＭ推進ほか）を対象に、彼らの業務遂行上の課題"関心事"は何か？について、アンケート調査を実施した（総計、153名）[注1]。

図1.1のアンケートの集約結果から、経営トップと管理者は"品質経営、技術力（製品開発力）、グローバル生産、組織と仕組み、製造・品質"などを最優先事項としている。

さらに、主成分分析法を援用し (i) 現在抱えている問題、(ii) 今後取り組むべき課題、(iii) それらを遂行するための業務上のポイント（重点事項）、(iv) 自分自身の取り組みなど、経営トップ・管理者の取り組み課題を図1.2に表出した。図中から、現在抱えて

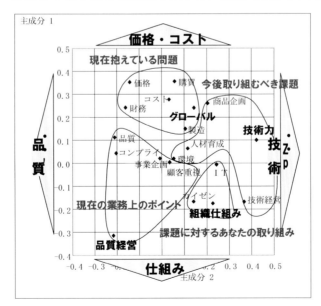

図1.2　経営トップ・管理者の取り組み課題（主成分分析）

いる課題は、財務の観点から如何にして製造コストを下げて、購買力（競争力）を高める商品価格で"グローバル生産戦略"を展開するかである。それ故に、今後取り組むべき課題は、他社を圧倒する"経営技術"の展開である。

具体的には、優れた商品企画と高い技術力を持った人材育成と職場環境創りであり、それらを具現化する現在の業務上のポイントは"品質経営"の強化である。その鍵は、(i) 顧客最重視の事業企画の強化と製品品質の確保、コンプライアンスへの適確な対応である。それらの具現化のために、構成メンバーの資質を活かし、全部門のビジネスプロセスの質を確保する必須要件として、(ii) 組織全体でＩＴを活用し、ナレッジを統合的に共有し業務改善を可能にする組織と仕組み創りが要諦をなしている。

これらの知見を基にした筆者らの最近の研究[10-12]から、日本製造業の課題としては、①企業経営の"経営技術力の脆弱さ"が問われている。具体的には、②製造現場の力不足と③技術開発設計の信頼性不足が指摘されている。④営業・販売・サービス部門は、旧態に囚われない理に適うマーケティング活動が必要であり、⑤総合企画・商品企画・製品企画の各部門は、新市場の創出のための新たな科学的アプローチが必要である。さらに⑥事務・管理部門は、旧態のリアクティブな仕事の進め方から脱却するよう、ビジネスプロセスの質を変革し、企業経営活動の中枢としてプロアクティブな仕事で、グローバル生産の強化策"ＱＣＤ同時達成"の実現の要となることが必要である。

（注１）青山学院大学と日本科学技術連盟との共催（呼称 天坂フォーラム：2002年―2006年, 6大学7名と１５企業３２名で構成）。研究成果は、"ニュージャパンモデル：サイエンスＴＱＭ－戦略的品質経営の理論と実際"（天坂格郎編著, 丸善, 2007年）他[4,7]に詳しい。

1．3　企業・組織・人の高信頼性

国内外の製造業が生き残りをかけた熾烈な世界品質競争が進む中で、昨今の顧客満足を著しく損なう、度重なる経営トップの行動規範の欠如（品質不正問題）と製品の品質問題の漏洩などを直視するとき、"製造業の品質経営のあり方"を再認識しなければならない[7-9]。世界をリードすべき日本の先進企業の昨今のリコールの増加や漏洩隠しは、ものづくりの再強化警鐘している。特に近年、ものづくりの要諦をなす経営トップの組織統率力と、オペレーション・マネジメント力の欠落が露呈している[13-18]。

そこで筆者[19-21]は、顧客最重視の高品質保証のものづくりに視座し、高信頼性商品を創出するために、"企業・組織・人の高信頼性"を志向する"これからの企業経営のあり方"に注視し、全部門が体系的・組織的に連携することの重要性を論考する。図１．３は、一般的な製造企業の現業部門の組織体系図を表しており、技術～生産～販売に至る主要な13部門の循環的なビジネスプロセスとそれら各部門のミッションを明示している。

ところで、市場クレームやリコールは何故発生するのであろうか、それを防止するために、全部門が体系的・組織的に連携することがいかに大切かについて考える。そこで

第1部 製造業経営の要諦―ものづくり新論の確立

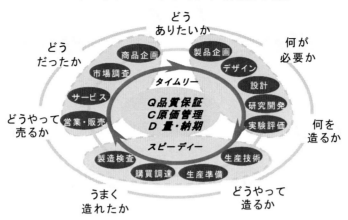

図1.3　製造業の組織体系図とその活動

筆者は、仕事の信頼性を高める全部門の組織活動の重要性について考究する[21,22]。各部門の仕事の質を信頼度で捉え、表1.1にケース1～6を例示する。ここでは確率論を援用し、各部門の仕事の質（信憑性）を信頼度で捉え、総合信頼度（および不信頼度：クレーム率）を表中に例示する。

表1.1　13部門の仕事の信頼性

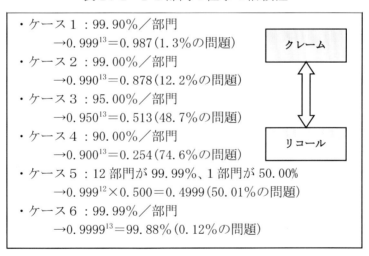

簡単のために、部門間の連携（情報の伝達率）を1.00（100%）とするとき、ケース1では1部門の信頼度が99.9%であっても、全体の不信頼度で1.3%のクレームが市場で発生する。同様にして、ケース2（99.00%/部門）ではクレーム率が12.2%となりリコールの対象となる。ケース3（95.00%/部門）ではクレーム率が48.7%へ、ケース4（90.00%/部門）ではクレーム率が74.6%となる。ケース5では12部門が99.99%の高信頼度であっても、1部門のみが未熟練者（新人）やポカミス・検討漏れで半人前の仕事（50.00%/

部門）の場合は総合信頼度が50.01％となり、企業の信頼性を根底から損なう事を意味している。ケース6（99.99％/部門）の場合で、総合信頼度がｐｐｍレベルのクレーム率となる。当然ながら各部門間の情報伝達が悪いときは、総合信頼度はさらに低下することは明らかである。総合信頼度を高めるためには、全部門がトータルリンケージし、図1.4に示すように、ホワイトカラーやワーカーらが保有する暗黙知（ノウハウ、スキル、知的情報）を科学的なアプローチで客観的に可視化し、経験則（経験知）を明白知化することが大切になる[1, 22, 23]。これにより、個人の知識知が組織知としてスパイラルアップさせることで、全部門のビジネスプロセスの明白知化が醸成される。

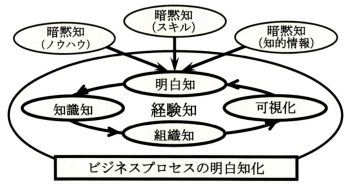

図1.4　経験知の可視化

1.4　高信頼性のものづくり

　そこで筆者は、顧客の欲求を捉えた"高信頼性のものづくり"の実現のためには、顧客の気持ちの科学化が大切と考え、図1.5に示す"カスタマーサイエンス"（Customer Science Principle）の展開が必要と考える[23, 24]。図中の意図するところは、統計科学の一般手法である相関技術などを駆使し、顧客の言葉（暗黙知）を営業・販売を通して共通言語（言語知）化することにある。そして、技術の言葉（明白知）へ適確に変換し、優れた図面へ置換して工程能力を高め、素早く製品化することを意味している。このビジ

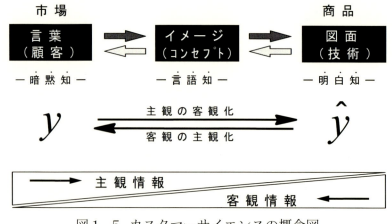

図1.5　カスタマーサイエンスの概念図

ネスアプローチは，いわゆる，顧客の主観情報（イメージやコンセプト）の客観化である。さらに，造られる製品が顧客の期待通りのものなっているか？を確認するために、営業・販売に戻す，所謂，客観情報の主観化が大切になる。

"カスタマーサイエンス"を推進するためには，全部門が如何にして仕事の価値を共有し、協創活動により仕事の質（信頼度）を向上させるかが鍵となる。具体的には，市場（顧客）の多種多様な技術問題の解決を適確に実施することが求められる。道理に適っていない場当たり的な"特殊解や特異解"による暫定対策（バンドエイドフィックス）ではなく，技術問題の本質を捉えるために"問題が発生するメカニメカニズム（からくり）"を究明し、普遍性のある"一般解"を導出して"恒久対策（パーマネントフィックス）"をしなければならない。その実現にあたり筆者[25,26]は、図1.6に示す"製品化技術を高める高信頼性ビジネスプロセスモデル"を創案し、その有効性を論証している。

図中（左）から、"技術の問題"の解決では"原理・原則とのズレを科学的に解明し，一般解を創出する"ことが必要である．それ故に，継続問題やボトルネックな厄介な技術問題ほど，当該製品に関する問題解決に必要な"理論―実験―計算―実際"における相互の"六つのギャップ（①から⑥）"を解き明かすことが重要である。その実現は"組織の問題"に帰着している。図中（右）のように、"企画―設計―生産―販売"に至るビジネスプロセスを改善し、部門間の"六つのギャップ（①から⑥）"が生じないように、部門間の風通しの悪さを解消することが重要となる。

そのためには、曖昧な情報伝達ではなく理化学的な情報交換により，全部門のビジネスプロセスをハイリンケージ化し、個人間、組織間の仕事の信頼性を高めることが大切になる。創案した高信頼性ビジネスプロセスモデルの実効性を高めるためには、如何にして全社レベルで、このモデルの展開を行なうかが"高信頼性製品の創出"の鍵となる。

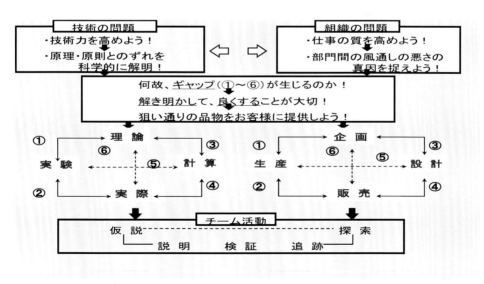

図1.6　製品化技術を高める高信頼性ビジネスプロセスモデル

1.5 まとめ

今日、国内外の成長が著しい製造メーカーは、顧客の気持ちをプロアクティブに掌握するために暗黙知を明白知化（主観情報の客観化）し、さらにいったん図面化したものをこれでいいかどうかフィードバックし、客観情報を主観化するということを常に謙虚に行う姿勢が原点にあることが伺える[27-30]。"カスタマーサイエンス"を志向する"顧客最優先の品質経営"に視座した"トータルマーケティング"を行うことで、営業販売〜商品企画〜デザイン〜開発設計〜生産に至るビジネスプロセスがより最適なものになる[31]。これらのビジネスサイクルから得られる理学的な知見により、"成功の積み上げと失敗の是正"がこれまで以上に適確になり、信頼性の高い品質経営が可能になると考える[7,8,10,32,33]。

1.6 謝辞

本研究は、製造業の品質経営あり方研究会（鈴木一明氏（日本発条㈱）、清水一善氏（富士ゼロックス㈱）、石塚伸彦（双葉電子工業㈱）、山地学氏（青山学院大学）他）との協働であり、ここに深く謝意を申し上げます。

参考文献

[1] 天坂格郎, 自動車産業における品質マネジメントとサプライヤー〜車両メーカーとサプライヤーの協業活動の実際〜, (財)中小企業総合研究機構, 平成１２年度調査研究事業「製造業における部品等発注システムの変化とその対応〜自動車産業におけるサプライヤー存続の条件〜」通巻番号 74 号, 第２部, 第６章, pp. 135-163, 2001.
[2] 天坂格郎, 生産管理の過去・現在・未来—日本生産管理学会の飛躍に向けて(基調講演)、日本生産管理学会, 第２０回全国大会講演論文集、名古屋工業大学, 名古屋, pp. Ⅰ-8, 2004.
[3] 天坂格郎, 特集「マネジメントにおける質(Quality)の変化・拡大—２１世紀の管理技術の体系化をめざして—」にあたって, 品質, Vol.30, No.4, pp.5-7, 2004.
[4] 天坂格郎編著,『ニュージャパンモデル：サイエンス TQM—戦略的品質経営の理論と実際』, 製造業の品質経営あり方研究会編, 2007.
[5] 天坂格郎, 黒須誠治, 森田道也,『ものづくり新論：JIT を超えて—ジャストインタイムの進化』、森北出版社, 2008.
[6] 天坂格郎, ２１世紀のものづくり—ＪＩＴを超える「ものづくり新論」の提唱(基調講演), オペレーションズ・マネジメント＆ストラテジー学会, 第２回全国研究発表大会, 神戸大学, 神戸, 2010.
[7] K. Amasaka, Ed., *Science TQM, New Quality Management Principle: The quality management strategy of Toyota*, Bentham Science Publishers, UAE, USA, The Netherland, 2012
[8] K. Amasaka, *New JIT, New Management Technology Principle*, Taylor and Francis Group, CRC Press, Boca Raton, London, New York, 2015.
[9] K. Amasaka, *Toyota: Production System, Safety Analysis and Future Directions*, NOVA Science Publishers, New York, 2017.
[10] K. Amasaka, New Japan Production Model, An Advanced Production Management Principle: Key to strategic implementation of *New JIT, The International Business & Economics Research Journal*. Vol. 6, No. 7, pp. 67-79, 2007.
[11] K. Amasaka, High linkage model "*Advanced TDS, TPS & TMS*": Strategic development of "*New JIT*" at Toyota, *International Journal of Operations and Quantitative Management*, Vol. 13, No. 3, pp. 101-121, 2007.
[12] K. Amasaka, Science TQM, a New Quality Management Principle: The quality management strategy of Toyota, *Journal of Management & Engineering Integration*, Vol. 1, No. 1, pp. 7-22, 2008.

[13] 日本経済新聞社, (1) 車のリコール最悪4割増 (2000.7.6) / (2) 揺らぐ日本の生産現場：鍛え直せ, 問題解決能力 (2000.9.23) / (3) J.D. パワー, "乗用車品質2002年米国企業調査：首位トヨタ, 2位ホンダ, GMが3位に浮上" (2002.5.31) / (4) 直撃死傷−部品の欠陥放置か (2004/10, 24) / (5) 綱渡りの「品質」−増産の一方, リコール急増 (2006.2.8) / (6) 守れるか品質—（上）途切れた人のライン／（下）高機能の落とし穴 (2006.9.7/2006.9.8).
[14] 日本経済新聞社, 品質不正, https://www.nikkei.com/theme/?dw=17101900, (2018/06-08)
[15] 後藤俊夫, 忘れ去られた経営の質 - GHQが教えた「経営の質」CCS経営者講座, 生産性出版社, 1990.
[16] A. Gabor, *The man who discovered quality; How W. Edwards Deming brought the quality revolution to America - The stories of Ford, Xerox, and GM*, Random House, Inc., 1990.
[17] B. L. Joiner, *Fourth generation management: The new business consciousness*, Joiner Associates, Inc., 1994
[18] 天坂格郎, 日本企業の経営課題とＴＱＭの期待と役割, 日本生産管理学会第１０回全国大会, 九州産業大学, 福岡, pp. 48-54, 1999.
[19] 天坂格郎, 高品質保証を実現するインテリジェンス生産とパートナリング（講演）, 日本機械学会東海支部第94回講習会, 名古屋.
[20] 天坂格郎, 10シリーズ：統計学の現状と今後：「魅力ある商品創りに向けたこれからの品質経営—先進企業の品質経営技術向上を例として」, 日本統計学会会報, No. 115, Vol. 4, No. 30, pp. 12-13, 2003.
[21] K. Amasaka, Development of "Science TQM", A New Principle of Quality Management : Effectiveness of Strategic Stratified Task Team at Toyota, *International Journal of Production Research*, Vol. 42, No. 17, pp.3691- 3706, 2004.
[21] K. Amasaka, Partnering chains as the platform for quality management in Toyota, *Proceedings of the 1st World Conference on Production and Operations Management, Seville, Spain*, pp. 1-13(CD-ROM), 2000.
[22] K. Amasaka, Development of "Science TQM", a new principle of quality management : Effectiveness of Strategic Stratified Task Team at Toyota-, *International Journal of Production Research*, Vol. 42, No. 17, pp. 3691- 3706, 2004.
[23] K. Amasaka, Constructing a *Customer Science* Application System "*CS-CIANS*"- Development of a global strategic vehicle "*Lexus*" utilizing *New JIT*-, *WSEAS Transactions on Business and Economics*, Issue 3, Vol. 2, pp. 135-142, 2005.
[24] K. Amasaka, New JIT, A New Management Technology Principle at Toyota, *International Journal of Production Economics*, Vol. 80, pp. 135-144, 2002.
[25] K. Amasaka, A demonstrative study of a new SQC concept and procedure in the manufacturing industry, *International Journal of Mathematical & Computer Modeling*, Vol. 3, No. 10-12, pp. 1-10, 2000.
[26] K. Amasaka, T. Ito and Y. Nozawa, A new development design CAE employment model, *Journal of Japanese Operations Management and Strategy*, Vol. 3, No. 1, pp. 18-37, 2 012.
[27] K. Amasaka, Strategic QCD studies with affiliated and non-affiliated suppliers utilizing New JIT, *Encyclopedia of Networked and Virtual Organizations*, Vol. III, PU-Z, pp. 1516-1527, 2008.
[28] K. Amasaka, Constructing A New Japanese Development Design Model "NJ-DDM": Intellectual evolution of an automobile product design, *Tem Journal-Technology Education Management Informatics*, Vol. 4, No. 4, pp. 336-345. 2015.
[29] K. Amasaka, Strategic Stratified Task Team Model for realizing simultaneous QCD fulfilment: Two case studies, *Journal of Japanese Operations Management and Strategy*, Vol. 7, No.1, 14-35, 2017.
[30] K. Amasaka, New JIT, New Management Technology Principle, *Journal of Advanced Manufacturing Systems*, Vol. 13, Issue 3, pp. 197-222, 2014.
[31] K. Amasaka, An Intellectual Development Production Hyper-cycle Model in Toyota: New JIT fundamentals and applications in Toyota, *International Journal of Collaborative Enterprise*, Vol. 1, No. 1, pp. 103-127, 2009.
[32] K. Amasaka, New JIT, New Management Technology Principle: Surpassing JIT, *Journal of Procedia Technology*, Vol. 16, pp. 1135-1145, 2014.
[33] 天坂格郎, 渡辺美智子, 大藤正, 松行あき子, 海老根敦子, 次世代の品質経営技術の確立に向けて,「製造業の品質経営あり方研究会」報告、クオリティマネジメント, 日科技連, Vol.55, No.1, pp.44- 57, 2004.

第2章

日本的生産方式の進化の必要性

2.1 日本製造業のものづくりの変遷

20世紀後半から世界に貢献してきた日本の代表的なものづくりは、トヨタ生産方式（Toyota Production System）に代表される日本式生産システムである[1-3]。これを高めたのが、ジャストインタイム（Just in Time, JIT）(注1)及びリーンシステム(Lean System)(注2)である[4-7]。図2.1は、これらの変遷を"経営管理技術の歩み"として整理している[8,9]。図中から、トヨタ生産方式に代表される日本のものづくりは今日の世界のものづくりの要諦をなしていることがわかる。

日本の製造業の発展に貢献してきた主な経営管理技術は、縦軸に示すインダストリアル・エンジニアリング（Industrial Engineering, IE）、オペレーションズ・リサーチ（Operations Research, OR）、品質管理（Quality Control, QC）、経営管理（Business Administration / Business Management）、マーケティングリサーチ（Marketing Research）、生産管理（Production Management）、ＩＴ（Information Technology）などである。横軸には、それらの主要な要素技術、管理方式、科学的方法論などを時系列で要約している。これまでのものづくりは、自社生産から仕入先との協働が主体であったが、今世紀に入り日本国内での生産から海外生産へとシフトし、それにともない図中のように経営管理技術は輻輳してきている。

今日の製造業のタスクはグローバル生産の成功であり、その鍵は海外の仕入れ先とも協働するグローバルなサプライチェーンマネジメント（Supply Chain Management, SCM）

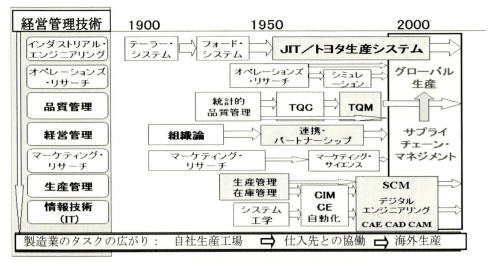

図2.1　製造業の経営管理技術の歩み

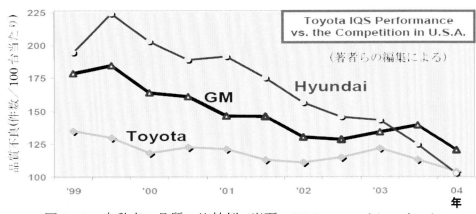

図2.2　自動車の品質の比較例 (出所：J.D Power and Associates)

(注3)の展開であり、その運用法の体系化がますます重要となってきている[10-12]。とりわけ実施段階では、日本的生産方式の主要素であるＪＩＴ／トヨタ生産方式、総合的品質経営（Total Quality Management, TQM）、生産管理などの展開に重要なパートナリング、デジタルエンジニアリング（ＣＡＥ，ＣＡＤ，ＣＡＭ），ＳＣＭなどを有機的に統合化する、"次世代に通用する経営管理技術"の深耕研究が必要不可欠であるといえる[2,3,11]。

昨今の日本企業の経営活動を直視するとき、業界リーダー企業の思いもしない品質リコール問題が露見し、技術開発に遅れが生じ企業存続の危機に陥っているケースが散見される[13,14]。現場のものづくりがデジタルエンジニアリングで一変してきている日本の製造業では、海外生産移転による空洞化で現場のものづくりの技術力の低下が見受けられ、製造現場の問題発見能力や問題解決力の低下が露呈し、品質のつくりこみが脆弱になってきている。その一方で、近年，欧米諸国や発展途上国では日本的生産方式とＴＱＭなどの研究を進め、経営管理技術の"質"の重要性を再認識し、ものづくりの"質"の強化を国家レベルで推進してきている[15]。

その結果、日本製品の品質優位性が急速に失われつつある。特徴的な例として、図2.2に例示するように、米国で販売された"自動車の品質"（Initial Quality Study, IQS）の比較から、日本車を代表するトヨタは着実に品質改善が進んでいるが、それ以上に米国のＧＭ、韓国の Hyundai の品質改善が進んでいることは周知の事実である[16]。このことから，日本のものづくりがトップランナーとして世界に貢献していくためには，これまでの成功体験にとらわれず、新たな視点で経営管理技術を変革することが急務であるといえる[9-12,17-24]。

(注1) 自動車工業のような総合組立産業では、特に大切な「ジャストインタイム生産」、つまり必要なものを必要な時に必要な量だけ生産したり運搬したりする仕組みと考え方を実施している[25-27]。
(注2) ジャストインタイム生産を実現するために、これまでの"ロット生産方式"に対して、トヨタ"1個流し生産"を実施している[25-27]。
(注3) 優れたＱＣＤ研究活動を展開するために、トヨタは協力(仕入れ先)メーカーと協働し、顧客最優先のものづくりを推進している[21,25-27]。

2.2 日本的生産方式の進化の必要性
2.2.1 世界のものづくりをリードした日本的生産方式

　前述したように、20世紀後半の世界のものづくりをリードした日本の経営管理技術は、トヨタに代表される日本式生産方式である[2,5]。自動車製造工程にＴＱＭを導入し、コスト削減の原則を認識しながら最大限の合理化（最適なスリム化）を追求し、品質と生産性を同時に実現するものである[1]。トヨタ生産方式の中核概念は、顧客の要求に応じ抜かりなくものづくりを進めるために、タイムリーなＱＣＤ研究の展開が要諦をなす。これを具現化するために、トヨタ生産方式とＴＱＭを経営技術の２本柱と位置付けている[2]。

　図1.3に示すように、この２本柱が組み合わさって"大きなうねり"のあるＱＣＤのばらつきを"さざ波"のように小さなばらつきに減らし、平均値を絶えず引き上げることを可能にするものである。図中に示すように、ハードウェア技術のトヨタ生産方式とソフトウェア技術のＴＱＭの実施段階では、統計的品質管理（Statistical Quality Control, SQC）を援用し、科学的にＱＣＤ研究を進め、ＱＣＤのレベルアップ（維持・改善）を可能にするものであり、歴史的にみてもＪＩＴ進展の根幹をなしている[11,28,29]。

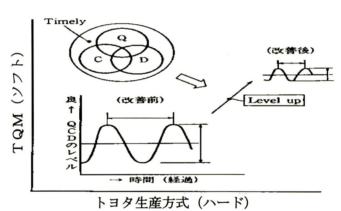

図2.3　経営技術の２本の柱

2.2.2　ＪＩＴを超える新たな経営管理技術が求められている

　将来の世界市場で成功する会社は，ユーザーに強い印象を与える商品を創出し，タイムリーに供給し続けなければならない。現在の日本のものづくりは、二つの大きな変革に直面している。第１章でも述べたように、一つは，顧客ニーズの高度化・多様化により製品のライフサイクルが短くなっており、これに対応できるように仕入先までを含めた開発〜製造〜販売までの最短のリードタイムで実現しなければならない[10,30]。二つは，"グローバル生産－世界同一品質・同時生産（最適地生産）"の展開に必要な"新たな経営管理技術の創出"とそれらの体系的・組織的運用が必要不可欠であるといえよう[2,3,10-12]。

　これらを遂行し成功させるためには，お手本となるべき日本のものづくりは今後とも大丈夫なのであろうか？それが十分でないと日本と同じ品質を同時に海外で造る"グロ

ーバル生産の戦略的展開"は困難であることは明らかである[2,9,12,31-33]。これらの事柄からいえることは、所謂、生産主体の旧態の日本的な経営管理技術"を踏襲し維持するだけでは、次世代のものづくりをリードすることは不可能であると推量する[3,23,24]。

このような背景から筆者ら[2,4]は、２１世紀の企業経営に寄与する「ＪＩＴを超えるものづくり新論の確立」の必要性について、以下の調査を通して実証論的に論考する。

（１）日本の企業経営の取り組みと経営成果の実態調査

最初に、日本の主要企業（８９８社：１００人以下／社～１０００人以上／社、業種：機械、輸送・自動車、一次金属、一般材料、資源、最終材、サービス、電力、石油化学ほか）を対象に、各社の経営トップ（主に、品質経営に係る経営企画／ＴＱＭ推進他の担当役員）に、現状の企業経営の取り組み状況の実態把握を行った（アンケート:有効回答数：３５４件（回答率:３９.４％）、１９９８年１０月）[19,34-36](注4)。

図２.４は、企業経営の仕組みと実際（実践）の態様（強みと弱みの５ランク評価）を示している。総じて日本企業の強みは、"クレーム対応、ＱＣＤ管理、職場内チームワーク、仕入れ先とのパートナーシップ、トップ診断・監査、ビジョン戦略、品質保証"である。一方、日本企業弱みは、固有技術・問題解決力、部門間連携、顧客情報、ＣＲ（Customer Retention）のしくみ、ＥＳ（Employee Satisfaction）、達成度評価、現状打破の風土、技術開発・商品企画、企画の分析と反映、潜在ニーズ、統計的品質管理（SQC）である。図中にみるように、特徴的なのは"仕組みと実際の評価点のギャップ"から、"しくみは作ったが実践が伴わない"というオペレーションズ・マネジメントの問題も浮かび上がった。

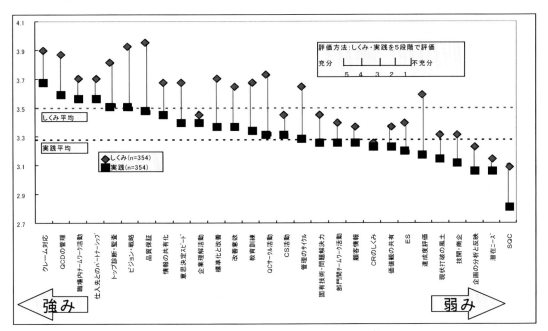

図２.４　企業経営の仕組みと実践の態様

第2章　日本的生産方式の進化の必要性

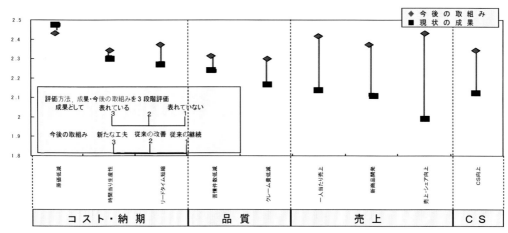

図2.5　経営成果と今後の取組み

そしてさらに、図2.5は現状のこれらの諸活動の経営成果と今後の課題（重要な取り組み）の評価結果である。経営成果への貢献では、コスト・納期の評価に比べて品質、売上げ、ＣＳの評価は相対的に低い傾向を示す。それ故に、経営トップの今後の取り組みとして、特に"売上げとＣＳ向上に向けた企業経営の刷新とそれを具現化するオペレーションズ・マネジメント戦略"の強化への期待は大きい。

そこで筆者ら[19,34,35]は、企業経営の取り組みが経営成果へどのように反映しているのか、明らかにするために、因果分析としてグラフィカルモデリング（Graphical modeling）を行う。図2.6に例示するように、図2.4の実践項目（２８項目）と経営成果（４項目）の間の相互作用（偏相関係数による関連性把握）から、経営技術、技術開発と商品企画、ＣＳ，品質保証、全員参加と創造的職場風土の６カテゴリーが錬成し合う態様を捉えた。

さらに考察すると、①の矢印で示す関係からは、「ビジョン・戦略」と「トップ診断・監査」が有効に機能するためには、「達成度評価」「管理のサイクル」「標準化と改善」の充実が必要である。同様に、②では「売り上げ」に寄与する「技術開発・ＣＳ」とするには「適確なビジョン・戦略」が必要である。③では、有効な技術開発を継続させるには創造的な風土創りが基盤として不可欠である。さらに、それらを促進する活動にＳＱＣが重要な要素である。④では、「全員参加」「創造的風土」は相互に関連があり、ＱＣサークルは全員参加活動として重要な位置付けとなっている。

これらの分析結果をもとに、さらにＣＡＩＤ（Categorical Automatic Interaction Detector）を用い、経営成果に結び付く企業経営活動の主要素（貢献割合）を探る[19,33]。図2.7に例示するように、"売上げ・シェアーの向上"に寄与する第１要素はＣＳ活動であり、それが十分だと図中から４５．３％となっている。加えて、第２要素のＣＲのしくみと第３要素の技術開発・商品品企画の活動が充分という３条件を満たす企業では、５９．５％が売上・シェアで成果が見られる。

第１部　製造業経営の要諦—ものづくり新論の確立

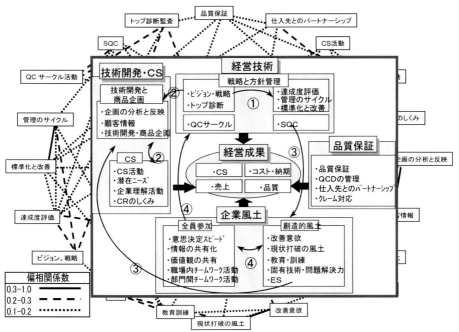

図２．６　企業経営の実践と経営成果の因果分析（グラフィカルモデリング）

　これらの調査分析[注4]から、企業が望む売り上げとシェア向上の成果を得るためには、ＣＳ・ＣＲ、商品企画・技術開発が最重要であることが確認できた（実際に、ＣＳ・ＣＲ，商品企画・技術開発に高評価点を得た企業はＱＣＤに優れたに経営成果を創出している）。

(注4) 第６８回品質管理シンポジウム（６８ＱＣＳ）「日本を創生するＴＱＭ（PART 1-2)」（主催：日科技連）他に詳しい[19, 34-36]。

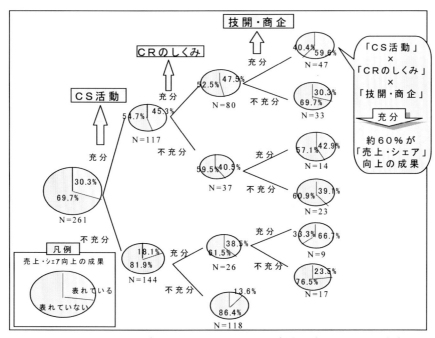

図２．７　売り上げと上・シェアの要因解析（ＣＡＩＤ分析）

得られた調査分析の結果から、日本企業の今後の取り組みの重点は、グローバルマーケティング（グローバル生産）を成功させる"市場創造に繋がる製品化技術の強化"と、それを実現させる"体系的且つ合理的な経営技術の刷新"であると推量する。

（2）JITを超える"ものづくり新論"を提唱する

次に筆者[19,24,37,38]は、（前述で得られた知見をもとに）次世代のものづくりをリードできる"JITを超えるものづくり新論"を提唱し、具備すべき必要な"主要素（エレメント）"を表出する。ここでは、前述の"日本の企業経営の取り組みと経営成果の実態調査"で協力いただいた、日本のものづくりを代表する①トヨタグループ12社の経営者（役員）および上級管理者（合計72名）を対象に、ものづくりの経営技術課題に対する「経営者・管理者の関心事は何か？」の意識調査（自由意見）と、さらに同様に筆者が主管した（第1章で述べた）②"製造業の品質経営あり方研究会"（富士ゼロックス，ダイキンなど、9社の経営者、管理者、計153名）の参加企業の意識調査による「ものづくりの経営技術課題」も併せて、調査分析を行った[2,3,19,23,42]。

統計科学（数量化理論Ⅲ類）を援用し、全体的な経営技術課題を図2.8に例示した。図中では、開発・生産・マーケティングの関係者でグルーピングし、それぞれの今後必要な中核技術（コアエレメント）とそれを実現させる技術要素（サブコアエレメント）と、さらにこれらをトータルリンケージするための共通の"中核技術と管理技術要素"（コアエレメントとサブコアエレメント）を以下に表出している。

(ⅰ) 開発関係者（研究開発・製品設計）は、"グローバル商品戦略"のための"提案型の新商品・新製品開発"のコアエレメントを最優先としている。サブコアエレメントは、"課題の重点指向、リソーセスの重点投入"などである。

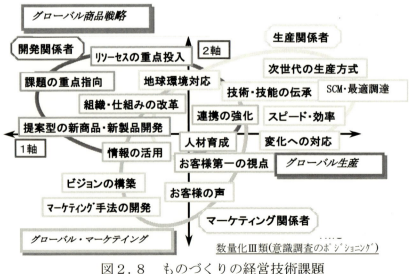

図2.8　ものづくりの経営技術課題

(ii) 生産関係者（生産技術・製造・生産管理・購買調達）は、"グローバル生産"を強化する"次世代生産方式"をコアエレメントとしている。サブコアエレメントは、"変化への対応、ＳＣＭ／最適調達、スピード・効率"などである。

(iii) マーケティング関係者（営業・販売・サービス）は、"グローバルマーケティング"に視座した市場創出"ビジョンの構築"をコアエレメントとしている。サブコアエレメントは、戦略的な商品企画と営業販売を強化する"お客様の声"（顧客との絆づくり）の展開、マーケティング手法の開発"などである。

(iv) これらの経営技術課題を克服するための共通のコアエレメントは、"組織・仕組みの変革"である。サブコアエレメントは、"お客様第一の視点（カスタマーファースト）、連携の強化（インターナルマネジメント／エクスターナルマネジメント）、市場および社内外情報の活用、技術・技能の伝承、人材育成と活用"などである。

2.3　まとめ

本章での調査と分析を通して得られた知見から，筆者[2,17,42]は"日本的生産方式の進化"に視座した「次世代の経営管理技術―ものづくり新論の確立」に必要な"開発設計・生産・マーケティング"のコアエレメントとサブコアエレメント、並びにそれらをトータルリンケージする共通のコアエレメント／サブコアエレメントを明らかにできた。

そこで前章と本章で得られた知見を基に、第3章では、筆者が提唱した"ものづくり新論のモデル化とその有効性"について論証する[37-42]。

2.4　謝辞

本研究は、トヨタ自動車㈱（ＴＱＭ推進部他）、（財）日本科学技術連盟（第６８回品質管理シンポジウム）の関係各位との協働であり、ここに深く謝意を申し上げます。

参考文献

[1] 大野耐一,『トヨタ生産システム―脱規模の経営をめざして―』, ダイヤモンド社, 1977.
[2] K. Amasaka, New JIT, a New Management Technology Principle at Toyota, *International Journal of Production Economics*, Vol. 80, pp. 135-144, 2002.
[3] K. Amasaka and H. Sakai, Evolution of TPS fundamentals utilizing New JIT strategy – Proposal and validity of Advanced TPS at Toyota, *Journal of Advanced Manufacturing Systems,* Vol. 9, Issue 2, pp. 85-99, 2010.
[4] R. H. Hayes and S. C. Wheelwright, *Restoring our competitive edge: Competing through manufacturing*, Wiley, New York, 1984.
[5] D. Roos., J. P. Womack and D. Jones, *The machine that change the world – The story of Lean Production,* Rawson / Harper Perennial, New York, 1990.
[6] J. P. Womack and D. T. Jones, *From Lean Production to the Lean Enterprise*, Harvard Business Review, pp. 93-103, 1994.
[7] D. Taylor and D. Brunt, *Manufacturing operations and supply chain management - Lean approach*, 1st Edition, Thomson Learning, Florence, K, Y., 2001.
[8] 黒田充ら,（2000), 青山学院大学オープンキャンパス, 経営システム工学科 学科紹介用（再編集,

天坂による）．

[9] K. Amasaka, New Japan Production Model, an Advanced Production Management Principle: Key to strategic implementation of New JIT, *The International Business & Economics Research* Journal, Vol. 6, No. 7, pp. 67-79, 2007.
[10] K. Amasaka, Partnering chains as the platform for Quality Management in Toyota, *Proceedings of the 1st World Conference on Production and Operations Management, Seville, Spain,* pp. 1-13 (CD-ROM), 2000.
[11] K. Amasaka, Development of "Science TQM," A New Principle of Quality Management: Effectiveness of Strategic Stratified Task Team at Toyota, *International Journal of Production Research*, Vol. 42, No. 17, pp. 3691-3706, 2004.
[12] K. Amasaka, K., Applying New JIT, A Management Technology Strategy Model at Toyota - Strategic QCD Studies with affiliated and non-affiliated suppliers-, *Encyclopedia of Networked and Virtual Organization,* Vol. III, PU-Z, pp.1516-1527, 2008.
[13] 日本経済新聞社，(1) TQMに厳しい評価―使いやすい手法開発を（1999.6.15 ／ (2) 車のリコール最悪4割増（2000.7.6）／ (3) 揺らぐ日本の生産現場：鍛え直せ，問題解決能力（2000.9.23）／ (4) モノづくりの姿―情報　武装で一変（2001.1.1）／ (5) Ｊ・Ｄ・パワー，"乗用車品質2002年米国企業調査：首位トヨタ，2位ホンダ，GMが3位に浮上"（2002.5.31）／ (6) 綱渡りの「品質」―増産の一方，リコール急増（2006.2.8）／ (7) 守れるか品質―（上）途切れた人のライン ／（下）高機能の落とし穴（2006.9.7/2006.9.8）．
[14] 日本経済新聞社，品質不正，https://www.nikkei.com/theme/?dw=17101900，(2018/06/08)
[15] 根津和雄訳，『ＣＡＬＳで目指す米国製造業躍進のシナリオ』，工業調査会，1995．
[16] J.D. Power and Associates, UTL : http://www.jdpower.com/.
[17] 天坂格郎編著，『ニュージャパンモデル：サイエンスTQM―戦略的品質経営の理論と実際』，製造業の品質経営あり方研究会編，丸善，2007．
[18] 後藤俊夫，『忘れ去られた経営の原点：ＧＨＱが教えた「経営の質」』，生産性出版，1990．
[19] 天坂格郎，日本企業の経営課題とTQMの期待と役割：経営的視点から見たTQM活動の実情調査から（特別講演），日本生産管理学会第１０回全国大会，九州産業大学，福岡，pp. 48-54, 1999.
[20] 天坂格郎，特集「マネジメントにおける質（Quality）の変化・拡大-21世紀の管理技術の体系化をめざして-」にあたって，品質，Vol. 30, No. 4, pp. 5-7, 2000.
[21] 天坂格郎，自動車産業における品質マネジメントとサプライヤー：車両メーカーとサプライヤーの協業活動の実際，(財)中小企業総合研究機構，平成12年度調査研究事業「製造業における部品等発注システムの変化とその対応～自動車産業におけるサプライヤー存続の条件～」，通巻番号74号，第２部，第６章，pp. 135-163, 2001.
[22] 天坂格郎編著，『ニュージャパンモデル：サイエンスTQM―戦略的品質経営の理論と実際』，製造業の品質経営あり方研究会編，2007．
[23] 天坂格郎，黒須誠治，『森田道也，ものづくり新論：JITを超えて―ジャストインタイムの進化』，森北出版社，2008．
[24] 天坂格郎，２１世紀のものづくり―JITを超える「ものづくり新論」の提唱（基調講演），オペレーションズ・マネジメント＆ストラテジー学会，第２回全国研究発表大会，神戸大学，神戸，2010．
[25] 天坂格郎，トヨタ生産システムの考え方と進め方について，精密工学会東北支部，日本塑性加工学会東北支部，日本設計製図学会東北支部，八戸地域高度技術振興センター共催，八戸，1988。
[26] 天坂格郎，ＪＩＴの基本思想―トヨタ生産システムの考え方・進め方（講演），日本オペレーションズ・リサーチ学会，戦略研究G1, 東京，2000．
[27] K. Amasaka, *Toyota: Production System, Safety Analysis and Future Directions,* Nova Science Publishers, New York., 2017.
[28] K. Amasaka, A study on "Science SQC" by utilizing "Management SQC"－A demonstrative study on a new SQC concept and procedure in the manufacturing industry－, *International Journal of Production Economics*, Vol. 60-61, pp. 591-598, 1999.
[29] K. Amasaka, *Science SQC, New Quality Control Principle: Quality Control Strategy at Toyota,* Springer-Verlag Tokyo, 2004.
[30] K. Amasaka, *Strategic QCD Studies with Affiliated and Non-affiliated Suppliers utilizing New JIT,* Encyclopedia of Networked and Virtual Organizations, Vol. III, PU-Z, pp.1516-1527, 2008..
[31] B. L. Joiner, *Fourth generation management: The new business consciousness,* Joiner Associates, Inc., Georgia, USA, 1994.

[32] M. Hammer and J. Champy, *Reengineering the corporation: A manifesto for business revolution,* Nicholas Brealey Publishing, London, 1993.
[33] K. Ebioka, H. Sakai, M. Yamaj and K. Amasaka, A New Global Partnering Production Model "NGP-PM" utilizing Advanced TPS , *Journal of Business & Economics Research,* Vol. 5, No. 9, pp. 1-8, 2007.
[34] 天坂格郎,「日本を創生するＴＱＭ（PART２）：経営的視点でのＴＱＭの手法－新しいＳＱＣ活用の勧め」（講演）, 日本科学技術連盟, 第６８回品質管理シンポジウム報文集, pp. 39-58, 箱根, 1999.
[35] K. Amasaka, Establishment of Strategic Quality Management - Performance Measurement Model "SQM-PPM": Key to successful implementation of Science TQM, *The Academic Journal of China-USA Business Review,* Vol. 8, No. 12, pp.1-11, 2009.
[36] 天坂格郎,『サイエンスＳＱＣ：ビジネスプロセスの質変革』（企画編集委員長）, 名古屋ＱＳＴ研究会編, 日本規格協会, 2000.
[37] K. Amasaka, The Strategic Development of Advanced TPS based on the New Manufacturing Theory (Plenary lecture), *The 1st WSEAS International Conference on Industrial and Manufacturing Technologies, Vouliagmeni, Greece,* 2013.
[38] K. Amasaka and H. Sakai, The New Japan Global Production Model "NJ-GPM": Strategic development of Advanced TPS, *The Journal of Japanese Operations Management and Strategy,* Vol. 2, No. 1, pp. 1-15, 2011.
[39] K. Amasaka, Global Manufacturing Strategy of New JIT: Surpassing JIT, 2015 *International Conference on Information Science and Management Engineering (ICISME2015), Phuket, Thailand,* pp.1-12、2015.
[40] K. Amasaka, Innovation of automobile manufacturing fundamentals employing New JIT: Developing Advanced Toyota Production System, *International Journal of Research in Business, Economics and Management,* Vol. 2, Issue 1, pp.1-15, 2018.
[41] K. Amasaka, Studies on New Manufacturing Theory, *Noble International Journal of Scientific Research,* Vol. 3, No. 1, pp. 1-20, 2019.
[42] K. Amasaka, High Linkage Model "*Advanced TDS, TPS & TMS*" : Strategic development of "*New JIT*" at Toyota , *International Journal of Operations and Quantitative Management,* Vol. 13, No. 3, pp. 101-121, 2007.

第3章
日本発：ものづくり新論―ＪＩＴを超えて

3.1 日本的生産方式の要諦―トヨタ生産方式の基本原理 [1-3]
3.1.1 品質と生産性の同時実現 [4-6]

　トヨタのものづくりの基本原理は、"一個流し生産"による"リーンシステム生産"であり、ＪＩＴ（Just-In-Time）生産を中核とする"品質と生産性の同時実現"である[4]。
（1）基本原理の1つ目は、一個流し生産による品質管理の徹底である。例えば、図３.１(a)に示す組み付けコンベアーを利用した製造ラインにおいて、1個流し生産を行うことにより、万一前工程から不良品が流れてきた場合は、作業者（ワーカー）はセルフチェックにより、組み付けコンベアーを止めて不良品を確実に検出し、後工程に良品を１００％流す生産システムである。ロット生産に比べて、確率論的に不良品の検出が格段によくなることは明らかである。そのような意味から、時として一個流し生産は、上流の清流のように"細くて早い清らかな流れ"に喩えられる。一方のロット生産は、下流の"太くてよどみの多い流れ"に喩えられる。まさに、一個流し生産によるトヨタ生産方式（Toyota Production System）は"リーンシステム生産"というにふさわしい．
（2）基本原理の2つ目は、一個流し生産による"品質のつくりこみ"の徹底である。例えば、図３.１(b)に示す機械加工工程の一個流し生産では、ワーカーが材料（ワーク）を材料箱から一個とり, ＃1工程から＃n工程へと工程順に機械加工を行い、完成品を完成箱に1個入れるまでの作業を行う。予め、指定されたサイクルタイムで、定められた作業標準でリズミカルに標準作業を確実に行う。組み付けコンベアーによる作業と同様に、セルフチェックにより"品質のつくり込み"を行い、生産の安定化を図るものである。
　多品種生産の場合でも、生産技術と工程設計の工夫（例えば、クイック段替えなど）

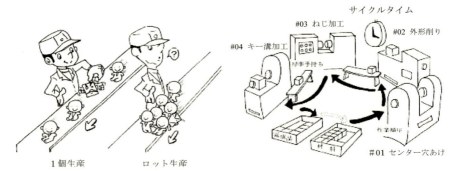

(a) 1個流し生産による品質管理の徹底　　(b) 1個流し生産による品質のつくりこみ

図３.１　トヨタ生産方式の基本原理(1)―品質と生産性の同時実現

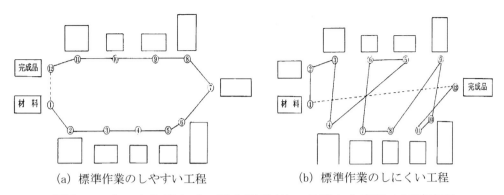

(a) 標準作業のしやすい工程　　(b) 標準作業のしにくい工程
図3.2　トヨタ生産方式の基本原理(2)－品質と生産性の同時実現

をして、図3.2(a)のように"標準作業がしやすい工程創り"により、ワーカーがリズミカルに作業を行うことが大切である。品種が異なる度に、図3.2(b)の"ジグザグな作業"（標準作業のしにくい工程）の場合では、ワーカーの疲労が蓄積し、ヒューマンエラーを誘発し"品質と生産性"が低下することは明らかである（8章8－2に詳しい）。

3.1.2　生産工程の管理と改善 [4-10]

　今日の日本のものづくりの生産性の高さと質の良さは、衆目の一致するところである。製造現場では、"顧客の要求する設計品質を間違いなくつくりこむ"ために、管理監督者の指導をもとで、ワーカーが主役の工程管理と工程改善が不可欠となる。例えば、車をつくるときの"製品のつくり方と発生する製造原価と利益"について、図3.3を基に考えてみる。車を構成する主要な部材は、車の骨格であるボデーとフレーム、走行機能をつかさどるエンジンとアクスルなどの素材は、鉄鋼板と鋳鍛部材でできている。

　自動車製造メーカは、鉄鋼メーカからそれらの素材を調達している。走行タイヤやバッテリー、ブレーキユニット、ウィンドウガラス、インストルメントパネル、ハンドル座席シートなどに至るまで、数多くの購入部品を専門の部品メーカから購入している。

　さらに車一台をつくりあげるためには、さまざまな部品加工用の工作機械、ボデーやフレームの溶接設備機器や車両組み立て作業用のロボットなども専用の設備メーカから購入している。そして、それらの機械・設備を動かす電気エネルギーは、電力メーカから購入している。総じて、車両メーカが支払うこれらの製造コストは、車両メーカ間で

各企業とも差がない	各企業によって差がでる
材料費 / 購入部品費 / エネルギー費 / 労務費 / その他	製品のつくり方で発生する費用 / 利益

図3.3　製品のつくり方と発生する原価と利益

あまり差がないのである。必要な労務費（工賃）もやはり同様である。それ故に、似たような工程設計の車であれば、図中の左半分の製造原価は各企業であまり差はない。

しかしながら図中の右半分は、"製造現場における製品のつくり方"によって発生する製造コストであり、各企業の工程管理や工程改善の取り組み方で大きく差がでてくる。さまざまな製造現場の工程管理・工程改善の積み重ねにより、図3.3（左）の材料費・購入部品費・エネルギーなどの節約にも波及し、品質不良の低減と生産工程の稼働率の向上につながる。これにより、多残業の軽減により無駄な労務費が改善され、製造コストの改善が一層進むことになる。

さらに加えて、製造現場の工程管理と工程改善の継続的な取り組みは、ワーカーのスキルとモチベーションを高め、"製造現場の体質強化"に大きく貢献することになる。トヨタ生産方式に代表される日本的生産方式によるものづくりは、製造現場の日常管理の良し悪しで、品質と生産性の"できばえ"が大きく変わる。

(3)基本原理の3つ目は、製造現場における管理・監督者とワーカーが協働する日常管理の徹底と積み重ねである。製造現場の日常管理活動に必要な基本要素は、5M－E (Material（材料）, Machine（設備）, Man（人）, Manufacturing（つくり方）、Measuring（計測）、Environment（作業環境））の維持・改善である。日本的生産方式による"品質と生産性の同時実現"の基本は、ワーカーのための疲れない作業の改善，間違いにくい作業の改善，目で見る管理の改善、生産設備の保守保全（8章8－4参照）などがある。

これらの改善は、何れもワーカーのリズミカルな標準作業の遵守を実現するものであり，安全作業の改善、品質優先の改善、1秒改善などに視座した"お金をかけない小改善の積み重ね"である。これらの日常改善の主役はワーカーであり、"QCサークル"を主体とした小集団活動と自主的な"創意工夫"によるものである。実施段階では、製造現場を支援する改善班、さらには管理監督者や製造スタッフの参画と協働がある。これらのさまざまな日常の管理・改善活動を通して、ワーカーのための"作業のしやすい職場環境づくり"を実現することにより、"ワーカーの安全な作業と品質のつくりこみを確保し、作業工数の低減の同時実現"が可能になる。

3.1.3　ホワイトカラーの参画による生産工程のQCD研究 [10-22]

(4)基本原理の4つ目は、ホワイトカラーとよばれるエンジニアリングスタッフ（製造技術、生産技術開発、工程計画、工程設計、生産管理などのエンジニアとマネージャー）による生産工程のQCD研究活動がある[7,8,12-23]。その主な実施事項を下記に示す[3,4,30]。

・1つは、JIT生産の基本原則である"売れるものを売れるときに売れるだけつくる"ための合理的な生産対応として、必要なものを必要なときに必要な量だけ生産し、運搬する"フレキシブルな生産システムづくり"が必要不可欠となる。

- 2つは、その実現のために"生産企画"を充実させて、平準化生産，生産のリードタイムの短縮、後工程引取りなどを適確に行えるように、工程計画・工程設計に織り込むことが大切になる。
- 3つは、"はなれ小島"の対策による"品質がつくり込み易い生産レイアウトへ工程改善を実施する"ことで、生産稼働率の向上、品質の安定化、生産変動に対応する"フレキシブル生産"が可能になる。
- 4つは、それらを実現する道理に適う方法として「かんばん[注1]の導入，精度を上げる小刻み運搬、工程の流れ化、必要数でタクトタイムを決める」ことが重要となる。
- 5つは、誤欠品や誤組み付け（凡ミス、ヒューマンエラー）の解消である。多品種生産では、ワークの種別を正確に行うために、生産指示情報、電子かんばん、ＩＣタグなどを利用して、その当該ワークの取り出し作業状態をセンサーと視認装置などによりマッチングさせることが大切である。
- 6つは、近年の顧客の"感性品質"の向上に対応した"製品品質の造り込み"が重要であり、ボトルネックな"カンコツ作業"を定量評価し、故障診断を行う"自働検査装置"の開発導入が不可欠となる．
- 7つは、ＪＩＴ生産の強化をねらい、従前にない生産技術開発を行い、ボトルネックな製造技術を解消して"製造品質と生産性"を大幅に改善し、製造現場の体質強化を図ることが極めて大切になる。

（注1）ＪＩＴ生産を実施するための"かんばん"の役割は、"造り過ぎの無駄"を抑えることが可能になる。平準化生産のために不可欠な"製品の引き取り情報・生産指示情報、目で見る「管理の情報」、そして改善の道具"である。「仕掛けかんばんと引き取りかんばん」に大別される[23]。

3.2　ものづくり新論の創案—日本的生産方式の進化[1-4, 24-29]

　筆者[28]は、第1章"日本製造業のものづくりと経営課題"の実査で得られた知見もとに、第2章では"日本的生産方式の進化の必要性"について論考し、ＪＩＴを超える"ものづくり新論"を提唱した。そこで本節では、"カスタマーオリエンティッドな魅力ある商品の提供"を主眼に、(1)開発・設計、(2)生産技術・生産準備・製造、(3) マーケティング（営業・販売～商品企画）のビジネスプロセスの質向上が図れるように、日本発の"ものづくり新論"を確立し、その有効性を論証する。

3.2.1　日本的生産方式の進化—ＪＩＴを超えて

　急速に変化する経営技術環境の中で、日本企業は世界市場から淘汰されないよう"顧客価値を高める最新モデルの高信頼性商品を他社に先駆けて提供する"ことに積極果敢に挑戦しなければならない。しかしながら近年、日本の製造業は海外生産移転により、ものづくりの技術力が拡散してきている。それを象徴するように、最近の製造現場は自動化・デジタル化の進展に対応が充分でなく、"設計品質を生産工程で間違いなくつくり

込む"という、生産工程の科学的な工程管理が希薄になってきている[30]。日本のものづくりのお家芸であった工程管理のための管理図が風化し、工程能力（Cp）や機械能力（Cm）などが判然としない状況になっている[31]。

第2章で述べたように、高精度の品質管理が要求される中、日本の製造メーカは旧態の工程管理ではなかなか下がらない市場クレームを抱え、企業の信頼性を著しく損なう事態を露呈している[32-33]。その一方で、米国政府は製造業復活戦略として「２１世紀製造業ビジョン：車輪型新製造業モデル」を展開し、最近の米国車の例からも"品質レベルの向上"が顕著である[34]。これまでの成功体験に囚われず、旧態の生産方式に固執せず、"ＪＩＴを超える日本的生産方式の進化"が急務であると言える。

3.2.2　ものづくり新論の基本原理

それ故に筆者[2,26,36-38]は、各部門のビジネスプセスが理に適うように"円環のサイクル"で連鎖させる"新たなものづくりの基本原理"として、"ものづくり新論"（New Manufacturing Theory, NMT）を図３.４に創案した。経営管理技術に係わる各部門のミッションを反映した中核技術（コアエレメント）と技術要素（サブコアエレメント）を具備し、相互に連携し合えるように、図中の３つのコア原理（ハードウェアシステム）：（１）Total Development System (TDS)、（２）Total Production System (TPS)、（３）Total Marketing System (TMS)で構成し、これらのコア原理をトータルリンケージし、さらにスパイラルアップさせるためのソフトウェアシステムとして、統計科学を援用する"科学的品質経営"（Science TQM by using Science SQC, TQM-S）[30]を運用する。これらにより、"ビジネスプロセス変革のためのトータルハイサイクルリンケージ"が可能になる。

（１）第１のコア原理"Total Development System"（TDS）

最近のリコール問題を注視すると、技術開発・設計評価に起因する信頼性問題が急増している。それ故に、単なる個別技術問題の解決にとどまらず、技術開発のビジネスプロセスの変革に繋がるコアエレメントを創出し、ビジネスプロセスの要諦をなす"人間信頼性"の向上に寄与させることが求められている。

第１の原理"ＴＤＳ"の主眼は、図３.４（１）に示すように４つのコアエレメント（i）～（iv）／サブコアエレメント(a)～(d) を具備することにより、"情報の共有化"、技術の進化に呼応した"最新技術の創出"と"最適化設計"を可能にする。具体的には、(i)"設計フイロソフイー"を重要視した(a)社内外の"情報に基づく設計"（使用環境・過去のデータ／前後工程／カスタマーイン）、(ii) 理に適う"設計プロセス"を目指した(b)"マネジメントに基づく設計"（企画／設計／レビューの展開）、(iii) 最新の"設計テクノロジー"による普遍的な解（一般解）を得るために強化された(c)"技術に基づく設計"（ＣＡＥ／ＳＱＣ援用による現象解析／基本技術／システム技術）を組み入れたデザイ

第1部　製造業経営の要諦—ものづくり新論の確立

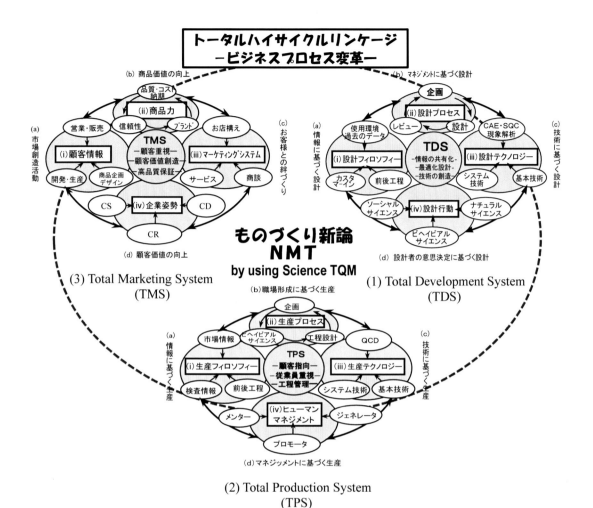

図3.4　ものづくり新論の基本原理

ンメソッドの創出、(iv) 開発設計者の"設計行動指針"の基底をなす(d)"設計者の意志決定に基づく設計"（ナチュラルサイエンス／ビヘイビアルサイエンス／ソーシャルサイエンスの遂行）を明白化した"開発設計の体系化"である。"TDS"のコアエレメント／サブコアエレメントのハイサイクルリンケージにより、筆者[2,26,36,37]は，TDSが製品設計の高信頼性の実現に寄与することを論証している。

（2）第2のコア原理"Total Production System"（TPS）

　現今，"ものづくりの姿"（現場）がデジタルエンジニアリングで一変している中で、"生産管理の進化"に乗り遅れないように，世界をリードできる"次世代の生産管理技術の再構築"が必要である。

　第2の原理"TPS"の主眼は、図3.4(2)に示すように4つのコアーエレメント(i)～(iv)／サブコアエレメント(a)～(d)を具備することにより，"顧客指向／従業員重視／工程管理"の強化・充実を可能にする。具体的には、(i)"生産フィロソフィー"

を重要視した(a)社内外の"情報に基づく生産"(市場情報／検査情報／前後工程)、(ii)合理的な"生産プロセス"を実現するために必要な(b)"職場形成に基づく生産"のマネジメント（企画／工程設計／ビヘイビアルサイエンスの展開）、(iii) 最新の"生産テクノロジー"を展開するために(c)最新の"技術に基づく生産（ＱＣＤ同時達成／基礎技術／システム技術の展開）、(iv) プロアクティブな"ヒューマンマネジメント"の遂行を可能にする(d)パートナーシップを発揮できる"マネジメントに基づく生産"（ジェネレータ／メンター／プロモータのタスクチーム）による"活動的な仕事場の創出"である。

　"ＴＰＳ"のコアエレメント／サブコアエレメントのハイサイクルリンケージにより、筆者[2-4, 26, 36-37]は、ＴＰＳが知的な工程管理により高信頼性生産システムの実現に寄与することを論証している。

（3）第3のコア原理 "Total Marketing System"（TMS）

　ＣＳ（Customer Satisfaction），ＣＤ（Customer Delight），ＣＲ（Customer Retention）がますます重要視される中で，営業・販売部門の新たな役割が期待されている。"お客様との絆づくり，商品と企業活動の信頼性，次世代の商品創出に役立つ情報提供"など，"経験則や経験知だけに囚われない、理にかなうマーケティング活動"が重要である。

　第3の原理"ＴＭＳ"の主眼は、図3.4（3）に示すように4つのコアーエレメント（i）～（iv）／サブコアエレメント(a)～(d)を具備することにより、"顧客重視・顧客価値創造・高品質保証"を可能にする。具体的には、(i)"顧客情報"の収集と活用を重視した(a)"市場創造活動"（営業販売／商品企画・デザイン／開発設計のハイリンケージ）、(ii) "商品力"の強化をするための(b) "商品価値の向上"（品質・コスト・納期／信頼性／ブランド価値）に向けた全社的なパートナリング、(iii) 従前にない"マーケティングシステム"の構築に不可欠な(c) "お客様との絆づくり"（お店構え／商談／サービスの3要素）の強化、(iv) "顧客最重視の企業姿勢"の表出の要諦をなす（d）"顧客価値向上"（ＣＳ／ＣＤ／ＣＲ）を可能にする"組織体系的な市場創造活動"が必要である。

　"ＴＭＳ"のコアエレメント／サブコアエレメントのハイサイクルリンケージにより、筆者[2, 26, 36-37]は、ＴＭＳが科学的な営業・販売の強化に寄与することを論証している。

3.3　ニュージャパン・マニュファクチャリングモデル―ものづくり新論の戦略的展開

　そこで筆者[2, 24-29, 38]は、"ものづくり新論"（ＮＭＴ）のグローバルな戦略展開のために、"ニュージャパン・マニュファクチャリングモデル"（New Japan Manufacturing Model, NJ-MM)を図3.5に創案する。NJ-MMは、3つのコアモデル―"ニュージャパン・デベロプメント・マネジメントモデル"（New Japan Development Management Model, NJ-DMM）、"ニュージャパン・プロダクション・マネジメントモデル"（New Japan Production Management Model, NJ-PMM)、"ニュージャパン・マーケティング・マネジメントモデル"

図3.5　ニュージャパン・マニュファクチャリングモデル（NJ-MM）

（New Japan Marketing Management Model, NJMMM）で構成される。

3.3.1　ニュージャパン・デベロプメントマネジメントモデル（NJ-DMM）

　製品化設計では、試行錯誤的な試作実験を繰り返す知的生産性の低い開発設計プロセスを戒め、関連部門が戦略的協創により英知を結集し、最新のＣＡＥ解析を駆使した"高精度ＣＡＥ設計"が急務である。それ故に、"NTM"のコアエレメント"TDS"の戦略的展開として、開発・設計の高品質・コスト削減・開発期間短縮を両立させる事が先進的な製造企業の必須要件となる。

　そこで筆者[29,38]は、グローバルな製品設計に寄与する"開発・設計の進展"を図るために"NJ-DMM"を図3.6に創案し、"開発設計のビジネスプロセスのハイサイクル化"を図る。図中に示すように、NJ-DMMのねらいは"高品質保証・QCD同時達成"である。最新のデジタル化設計により、開発設計システムの刷新のために"超短期開発プロセスシステム／予測・制御の高精度化／開発設計仕様の最適化"が要求される。具現化のための４つの必要なコアエレメントは、（ⅰ）知的製品マネジメントシステム（Intelligence Product Design Management System, IPDMS),（ⅱ）高信頼性開発設計システム

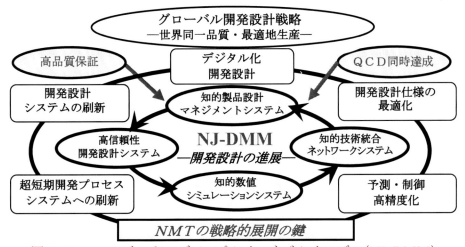

図3.6　ニュージャパン・デベロプメントマネジメントモデル（NJ-DMM）

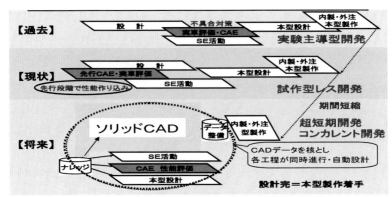

図3.7　自動車の開発設計～生産の変遷

（High Reliability Development Design System, HRDDM)、(iii) 知的数値シミュレーションシステム（Intelligence Numerical Simulation System, INSS)、(iv) 知的技術統合ネットワークシステム（Intellectual Technology Integrated System, ITIS)である（近年、NJ-DMM は Advanced TDS と呼称される）。

　創案した本モデルの適用効果について、図3.7に示す日本の自動車開発設計の変遷[1,2,53]を通して考究する(注1)。図中から、過去の車両開発では製品設計完了後に試作・実験評価を主体にした問題発見と改善を繰り返していた。現在の車両開発では、開発初期段階でＣＡＥの活用とサイマルテニアス・エンジニアリング（Simultaneous Engineering, SE)活動により、車体の試作型を製作しない開発が一部で実施されており、車両開発期間が大幅に短縮してきている(4年→2年→1年)。

　この状況下において、ＣＡＥ（Computer Aided Engineering）は従来の試作・実験の補助的役割のサーベランスから、現在では"相対的評価"に活用できるようになり、試作・実験評価とＣＡＥ活用の比率は同等レベルにまで進展している。現今、ソリッドＣＡＤの導入・活用により、ＣＡＤ（Computer Aided Design）データを核として、各プロセスが同時進行する"超短期コンカレント開発"へ移行している。もはや試作品を作って評価を繰り返す開発プロセスでは対応が困難である。過去の知見を蓄積したナレッジデータベースを駆使したＳＥ活動により、インテリジェントなＣＡＥの展開は必須である。

　ＮＪ-ＤＭＭは、ＣＡＥをはじめとするデジタルエンジニアリングの適用により、超短期開発の実現のために、製品設計プロセスにおける「現物確認改善型」から「予測評価重視型」への転換が必要不可欠であり、所与の成果を得ている[1,2,39-44]。そこで筆者は、"ＮＪ-ＤＭＭ"を適用した学際的な研究例を第4章―第7章で例示し、その有効性について論証する。

　(注1)"自動車産業における数値シミュレーションに必要な設計品質保証体系の確立に向けて"（天坂格郎編著：日本品質管理学会拡大計画研究会、シミュレーションとＳＱＣ研究会第4分科会編、2007）他に詳しい[1,2,29]。

3.3.2 ニュージャパン・プロダクション・マネジメントモデル（NJ-PMM）

　海外生産進出において、従来の日本型ものづくり力の限界が散見される。これまでの海外生産では、現地の人を日本に派遣することによる"日本的生産方式の体得"である。まず日本で立上げ、様々な問題点を潰してから海外へ移植するという生産対応が一般的であった。しかし、これらの方法で当初の進出の狙いが達成されているのであろうか。

　現状の生産体制の課題としては、①お手本となるべき"日本国内のものづくり力低下の是正"（技術者の海外への分散と総合技術力の低下）であり、②"日本と同じ品質を同時に海外でつくれるか？"の懸念事項の解消である。それ故に、"グローバル生産の鍵―世界同一生産・同時立上げ（最適地生産）"を実現させるためには、"ＣＳ、ＥＳ，ＳＳ"を最優先に、"グローバル生産対応型の高品質保証モデル"を確立し、高品質保証のものづくりのために"技術・技能の進化―製造現場のインテリジェント化"が不可欠となる。

　そこで筆者[1-4, 25-29, 45-59]は、"ＮＴＭ"のコアエレメント"ＴＰＳ"の戦略的展開として、グローバル生産に寄与する"生産基盤の進展"を図るために"ＮＪ-ＰＭＭ"を図3.8に創案し、"製造現場のビジネスプロセスのハイサイクル化"を図る。図中に示すように、ＮＪ-ＰＭＭのねらいは"デジタル化生産"で様変わりした製造現場のインテリジェント化を図る"生産マネジメントの刷新"であり、それには"魅力ある職場環境づくり"を通した"高齢化・女子化への対応"が先進的な製造企業の必須要件となる。

　具現化のための4つの必要なコアエレメントは、(i) 高信頼性生産システム（Highly Reliable Production System, HRPS）、(ii) インテリジェンス品質管理システム（Intelligent Quality Control System, IQCS）、(iii) 労働作業環境の改革（Renovated Work Environment System, RWES）、(iv) インテリジェンスオペレータの育成（Intelligent Operating Development System, IODS）である（近年，ＮＪ-ＰＭＭはAdvanced TPSと呼称される）。

　ＮＪ-ＰＭＭの戦略的展開にあたり、グローバル生産に対応できる生産現場のインテリ

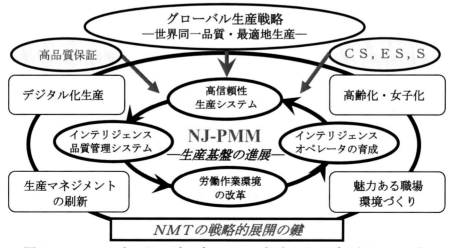

図3.8　ニュージャパン・プロダクションマネジメントモデル（NJ-PMM）

ジェント化の必要性を捉え、それを可能にする例として"自動車生産ビジネスプロセスのハイサイクルシステム"（High-cycle System for the Automobile Production Business Process, HS-APBP）を図3.9に創案した[注2]。本システムのねらいは、生産オペレータの知的生産性向上のための高度化生産プロセスの効果的な運用であり、高度熟練技能、高度化設備の操作技術情報などを共有化システムとして確立することにある。

これらにより生産オペレータは、これまでの単純労働作業から知的生産作業への変革を可能にするものである。そこで、生産現場のインテリジェント化のために、図中に示す4つのキーテクノロジー（Ⅰ～Ⅳ）の刷新を以下のように展開する。

(Ⅰ) "インテリジェンス品質管理システム"（ＩＱＣＳ）は、デジタルエンジニアリングによる高品質保証の実現のために、"インテリジェンス管理図"を核とする"工程の造り込みの強化と生産設備の稼働・保全システムの刷新"により、工程能力（Cp）・機械能力（Cm）の確保をねらいとしている[31, 47, 48]。

(Ⅱ) ハイスキルワーカーによる知的生産性を高める"高信頼性生産システム"は、ＣＡＥ・ＣＡＤ、ロボットなどの最新技術やＣＧを援用する"グローバル生産ネットワークシステム"の構築をねらいとしている[49-53]。

(Ⅲ) "労働作業環境の変革"は、労働作業価値の向上を志向する"高齢化・女子化に対応した快適な職場環境の実現"である[54-55]。

(Ⅳ) "インテリジェンスオペレータの育成"は、最新のＩＴの援用による"ビジュアルマニュアルの活用とバーチャル技術を援用する"ことにより、"ハイスキルワーカーの早期育成"を実現することをねらいとしている[56-59]。

グローバル生産戦略の展開例として、現在、本システムは先進国（欧州、米国）、発展途上国（東南アジア諸国）の自動車生産ラインに適用され、所与の成果を得ている[60-64]。

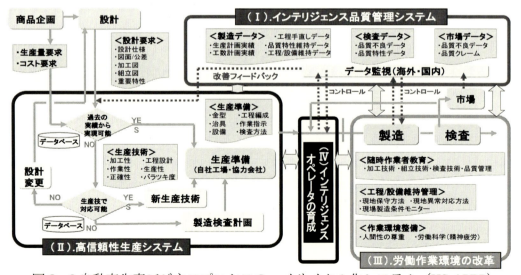

図3.9 自動車生産ビジネスプロセスのハイサイクル化システム（HS-APBP）

そこで筆者は、"ＮＪ-ＰＭＭ"を適用した学際的な研究例を第4章—第5章と第8章—第9章で例示し、その有効性について論証する。

^(注2) "ニュージャパンモデル：サイエンスＴＱＭ—戦略的品質経営の理論と実際"（天坂格郎編著、製造業の品質経営あり方研究会編、丸善、2007年）、"ものづくり新論：ＪＩＴを超えて－ジャストインタイムの進化"（天坂、黒須、森田：森北出版、2008）他に詳しい[1-3]。

3.3.3　ニュージャパン・マーケティングマネジメントモデル（ＮＪ-MMM）

顧客（消費者）に喜ばれる商品を提供することが企業の使命であり、持続的成長の要諦をなす。昨今のマーケティングの環境変化を見つめるとき、"お客様との触れ合い"をさらに大切にして、既成に囚われず顧客嗜好の特質や変化を適確に掴む"営業販売活動の変革"が今必要である[1,2,24,26,65]。顧客最優先の魅力ある商品を提供するために、開発設計・生産・事務・管理の各部門とリンケージする"トータルマーケティング"により市場創造に努めなければならない[26,79,80]。そのために、"サイエンスＳＱＣ"を支援ツールとして運用し、市場品質問題のリアクティブな対応に留まらず、顧客の隠された欲求を数値化し、プロアクティブに商品企画や技術開発に活かす理に適う方法論"顧客志向の科学化—カスタマーサイエンスの展開"[1,2,66,68,69]が不可欠となる（第1章図1.5参照）。

そこで筆者[1,2,38]は、"ＮＴＭ"のコアエレメント"ＴＭＳ"の戦略的展開として、グローバマーケティングに寄与する"市場創造の進展"を図るために"ＮＪ-MMM"を図3.10に創案し、営業販売～商品企画のビジネスプロセスのハイサイクル化を図る。

図中に示すように、ＮＪ-MMMのねらいは高品質保証・販売店セールス活動として、"顧客との絆づくり、お店構え／オペレーションのイノベーション、商談、アフターサービス、社員像"のイノベーションである。

具現化のための4つの必要なコアエレメントは、(i)"ニューセールスオフィスイメージ"(New Sales Office Image, NSOI)、(ii)"知的顧客情報ネットワークシステム"（Intelligent

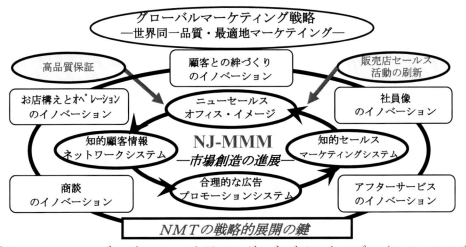

図3.10　ニュージャパン・マーケティングマネジメントモデル（ＮＪ-MMM）

Customer Information Network System, ICINS)，(iii)"合理的な広告プロモーションシステム"（Rational Advertisement Promotion System, RAPS）、(iv)"知的セールスマーケティングシステム"（Intelligent Sales Marketing System, ISMS）である（近年，**ＮＪ－ＰＭＭ**はAdvanced TMS と呼称される）。

"ＮＪ－ＭＭＭ"の戦略的展開にあたり、グローバルマーケティング戦略の要は、マーケティング活動を営業販売部門のみの"閉じたマーケティング活動"から、商品企画—製品企画—製品設計（開発・設計）—生産技術・製造、購買調達・物流に至る全社的なトータルリンケージ"トータルマーケティング"により達成される"開かれたマーケティング活動"と位置づける。図３．１１は、トータルマーケティングにより市場創造を志向する"戦略的マーケティングビジネスプロセスのハイサイクル化システム"（High-cycle System for the strategic marketing business process, HS-SMBP)である[1, 2, 26, 79]。

全体を「経営戦略」、「モノ作り」、「市場・お客様」の３つのドメインで構成している。各ドメイン内で、キーとなるマネジメントアイテムの相互の関連性をパスで表現している。図中のように，パスがドメイン内で閉じておらずメイン間に跨っていることが、"ＨＳ－ＳＭＢＰ"の特徴(構造)といえる。**以下にそれらの概要を示す。**

(i)「経営戦略」ドメインでは、市場のセグメントとターゲット市場の決定が鍵となる。ターゲット市場をどこにするかは、自社のコア・コンピタンス，競争戦略，資源戦略などから中長期的に決定される。市場をセグメント化し、ターゲット市場を決定するプロセスに科学的アプローチを取り込むことが重要である。

(ii)「モノ作り」ドメインでは、「経営戦略」ドメインで決定されたターゲット市場にフォーカスし、お客様の要求や期待を詳細に収集・分析することが鍵となる。このとき、お客様がどこに価値を求めているか？という視点が大切である。情報収集・分析の実

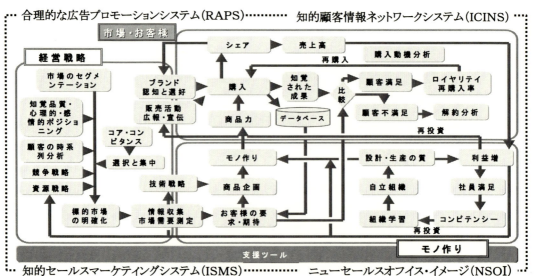

図３．１１　戦略的マーケティングビジネスプロセスのハイサイクル化システム（HS-SMBP）

施にあたっては、顧客価値を多次元的に数値化し、さらに自社の技術戦略とそれに対する投資と回収を考慮する。これらにより、顧客価値を高めることをねらいとする商品が企画―開発―生産―営業販売のビジネスフローで具現化される。

(iii)「市場・お客様」ドメインでは，購入動機，顧客満足度（CS）および顧客ロイヤリティ（Customer Royalty, CL）の構造を知ることが鍵となる。その中から、顧客の使用経験（購入―使用―廃棄）全体の分析に基づく、顧客保持（CR）のための要因を抽出し、次期商品への反映する具体的な改善活動が不可欠となる。

"ＮＪ-NMM"を戦略的に運用する"ＨＳ－ＳＭＢＰ"の展開により、所与の成果を得ている[1,2,68-77]。そこで筆者は、"ＮＪ-MMM"を適用した学際的な研究例を第４章―第５章と第１０章で例示し、その有効性について論証する。

3.4 まとめ

本章では、日本製造業の変革に視座し、ＪＩＴを超える"ものづくり新論"（NMT）を論述した。NMTは、開発設計・生産・マーケテイングの要諦をなす３つのコアエレメント"ＴＤＳ，ＴＰＳ，ＴＭＳ"で構成し、それらをリンケージしている。そこで筆者は、NMTのグローバル展開のために"ニューマヌファクチャリングモデル"（ＮＪ－MM）の必要性を捉え、その具現化のために３つのコアエレメント"ＮＪ－DMM，ＮＪ－ＰＭＭ，ＮＪ－ＭＭＭ"を創案し、それらの有効性を論証した。

3.5 謝辞

本研究は、製造業の品質経営あり方研究会(島川邦幸氏、馬場順治氏（富士ゼロックス㈱）、鹿沼陽治氏（双葉電子工業㈱）ほか）、日本品質管理学会拡大計画研究会第４分科会（シミュレーションとＳＱＣ研究会：竹岡修史氏（日野自動車㈱）、田辺隆人氏（数理システム㈱）、三橋利玄氏（みずほ情報研究所㈱）ほか）、トヨタ自動車㈱、青山学院大学（理工学研究科 天坂 New JIT 研究室）との協働であり、ここに深く謝意を申し上げます。

参考文献

[1] 天坂格郎, 黒須誠治, 森田道也、『ものづくり新論：ＪＩＴを超えて―ジャストインタイムの進化』, 森北出版, 2008.
[2] K. Amasaka, *New JIT, New Management Technology Principle,* Taylor and Francis Group, CRC press, Boca Raton, London, New York, 2015.
[3] K. Amasaka, *Toyota: Production System, Safety Analysis, and Future Directions,* NOVA Science Publications, New York, 2017.
[4] K. Amasaka, Foundation for advancing the Toyota Production System utilizing *New JIT*, *Journal of Advanced Manufacturing Systems,* Vol. 80, No. 1, pp. 5-26, 2009.
[5] 天坂格郎, トヨタ生産システムの考え方と進め方について，精密工学会東北支部，日本塑性加工学会東北支部, 日本設計製図学会東北支部, 八戸地域高度技術振興センター共催, 八戸, 1988.
[6] 林南八，天坂格郎, トヨタ生産システムの考え方・進め方―製造における物流改善―（講演）, 1990年物流ソフトウェア全国会議日本物的物流協会報文集, Vol.3, pp. 4-2-1～4-2-12, 東京, 1990.

[7] 天坂格郎, 神尾信, 工程改善と工程管理：自動車足廻り部品工程の事例を通して, 品質管理, Vol. 36, No. 6, pp. 38-47, 1985.
[8] 天坂格郎, 山田雄愛, 自動車のＱＣを見直す―トヨタにおけるＳＱＣルネサンスの展開, 品質管理, Vol. 42, No. 4, pp. 13-22, 1991.
[9] K. Amasaka, New QC Circle activities at Toyota (Lecture), *A Training of Trainer's Course on Evidence, The International Health Program, WTO Collaboration Center, Tohoku University, Sendai,* pp. 1-7, 1999.
[10] K. Amasaka, K. *Strategic QCD Studies with affiliated and non-affiliated suppliers utilizing New JIT,* Encyclopedia of Networked and Virtual Organizations, Vol. III, PU-Z, pp. 1516-1527, 2008.
[11] 天坂格郎, 斎藤均, 官能検査の機械化―フロントショックアブソーバ減衰力リサージュ波形の目視の例, 中部品質管理協会, 昭和58年度品質管理大会報文集, 名古屋, pp. 48-54, 1983.
[12] 天坂格郎, 自動車足廻り部品のボルト締付トルクの工程管理（その１／その２）, 標準化と品質管理, Vol. 37, No. 9, pp. 97-104, 1984/No. 10, pp. 71-76, 1984.
[13] 天坂格郎, 測定に時間のかかる自動車足廻り部品の焼入工程の管理, 標準化と品質管理, Vol. 38, No. 3, pp. 93-100, 1985.
[14] 天坂格郎, 大海博吉, 村井文雄, 自動車足廻り部品の塗装耐蝕性―協業によるＱＣＤ研究活動, 塗装工学, Vol. 25, No. 6, pp. 230-240, 1990.
[15] 小豆沢毅, 自動車用焼結部品の割れ防止方法の検討, 中部品質管理大会, 名古屋, pp. 25-34, 1990.
[16] 鈴木規生, バリ発生時におけるプレス切刃精度の解析, 品質管理, Vol. 41, No. 11, pp. 458-463, 1990.
[17] 久留宮登, 宮本昌司, 低圧鋳造法における引け巣不良対策―アルミホイール最適鋳造条件の確立―, 品質管理, Vol. 42, pp. 394-399, 1992
[18] 楠根浩二, 鈴木裕, 西村信吾, 天坂格郎, 大きな曲率を有するプレス部品の全体曲率スプリングバックの解析, 品質, Vol. 22, No. 4, pp. 24-30, 1992.
[19] 林忠志, 木戸俊行, 快適な職場環境づくりを目指して―多変量解析を活用した直接作業環境の改善, 日本品質管理学会第２２回年次大会, 東京, pp. 65-68, 1992.
[20] 小岩誠, 大木肇, 天坂格郎, 研削盤の設備診断技術確立に関する一方法：精度不良診断への多変量解析, 日本品質管理学会第４２回年次大会, 東京, pp. 37-40, 1992.
[21] 慶島浩二, 岡田政道, ＡＬダイカストヘッドカバー難造化対応, 品質, Vol. 43, No. 5, pp. 90-98, 1993.
[22] 天坂格郎, 三谷祐史, 塚本独, (1993), ＳＱＣを活用したメッキ部品の防錆品質保証の研究―ロッドピストンのセンタレス研削面粗度の改善, 品質, Vol. 23, No. 2, pp. 90-98, 1993.
[23] Toyota Motor Corporation, *The Toyota Production System,* 1995.
[24] 天坂格郎編著, 『ニュージャパンモデル：サイエンスＴＱＭ―戦略的品質経営の理論と実際』, 製造業の品質経営あり方研究会編, 丸善, 2007.
[25] K. Amasaka, New Japan Production Model, an advanced production management principle: Key to strategic implementation of *New JIT, International Business & Economics Research,* Vol. 6, No. 7, pp. 67-79, 2007.
[26] 天坂格郎, 21世紀のものづくり―ＪＩＴを超える「ものづくり新論」の提唱（基調講演）, オペレーションズ・マネジメント＆ストラテジー学会, 第２回全国研究発表大会, 神戸大学, 神戸, 2010.
[27] K. Amasaka and H. Sakai, The New Japan Global Production Model "NJ-GPM": Strategic development of Advanced TPS, *The Journal of Japanese Operations Management and Strategy,* Vol. 2, No. 1, pp. 1-15, 2011.
[28] K. Amasaka, The strategic development of Advanced TPS based on the New Manufacturing Theory (Plenary lecture), *1st WSEAS International Conference on Industrial & Manufacturing Technologies, Greece,* 2013.
[29] K. Amasaka, Studies on New Manufacturing Theory, *Noble International Journal of Scientific Research,* Vol. 3, No. 1, 2019.
[30] K. Amasaka, *Science SQC, New Quality Control Principle: The quality strategy of Toyota,* Springer-Verlag Tokyo, 2004.
[31] 天坂格郎編著, 『もの造りの原点：インテリジェンス管理図活用のすすめ―デジタルエンジニアリングと高品質保証』日本規格協会, 2003.
[32] 後藤俊夫, 『忘れ去られた経営の原点：ＧＨＱが教えた「経営の質」』, 生産性出版, 1990.
[33] 日本経済新聞社,（1）ＴＱＭに厳しい評価―使いやすい手法開発を（1999.6.15）／（2）車のリコール最悪4割増（2000.7.6）／（3）揺らぐ日本の生産現場：鍛え直せ, 問題解決能力（2000.9.23）／（4）モノづくりの姿―情報武装で一変（2001.1.1）／（5）Ｊ・Ｄ・パワー, "乗用車品質2002年米国企業調査：首位トヨタ, 2位ホンダ, GMが3位に浮上"（2002.5.31）／（6）綱渡りの「品質」―増産の一方, リコール急増（2006.2.8）／（7）守れるか品質：途切れた人のライン／高機能の落とし穴（2006.9.7／2006.9.8）．

[34] 日本経済新聞社，品質不正，https://www.nikkei.com/theme/?dw=17101900, (2018/06/08)
[35] 根津和雄訳，『ＣＡＬＳで目指す米国製造業躍進のシナリオ』，工業調査会，1995.
[36] K. Amasaka, New JIT, New Management Technology Principle: Surpassing JIT, *Journal of Procedia Technology special issues*, Vol. 16, pp. 1135-1145, 2014.
[37] K. Amasaka, High Linkage Model "*Advanced TDS, TPS & TMS*": Strategic development of *New JIT* at Toyota, *International Journal of Operations and Quantitative Management*, Vol. 13, No. 3,, pp. 101-121, 2007.
[38] K. Amasaka Ed., *Science TQM, New Quality Management Principle: The quality management strategy of Toyota*, Bentham Science Publishers, UAE, USA, The Netherlands, 2012.
[39] 天坂格郎編著，自動車産業における数値シミュレーションに必要な設計品質保証体系確立に向けて，日本品質管理学会拡大計画研究会「シミュレーションとＳＱＣ研究会」第４分科会, pp. 1-110, 2007.
[40] K. Amasaka, Highly Reliable CAE Model, The Key to Strategic Development of *Advanced TDS*, *Journal of Advanced Manufacturing Systems*, Vol. 6, Issue 2, pp.159-176, 2007.
[41] K. Amasaka, An Integrated Intelligence Development Design CAE Model utilizing New JIT: Application to automotive high reliability assurance, *Journal of Advanced Manufacturing Systems*, Vol. 7, No. 2, pp. 221-241, 2008.
[42] K. Amasaka, Proposal and effectiveness of a High Quality Assurance CAE Analysis Model: Innovation of design and development in automotive industry, *Current Development in Theory and Applications of Computer Science, Engineering and Technology*, Vol. 2, No. 1/2, pp. 23-48, 2010.
[43] K. Amasaka, Constructing Optimal Design Approach Model: Application on the Advanced TDS, *Journal of Communication and Computer*, Vol. 9, No. 7, pp. 774-786, 2012.
[44] K. Amasaka, T, Ito and Y, Nozawa, A New Dedelopment Design CAE Employment Model, *Journal of Japanese Operations Management and Strategy*, Vol. 3,No.1, pp. 18-37, 2012.
[45] K. Amasaka and H. Sakai, Evolution of TPS fundamentals utilizing New JIT strategy - Proposal and validity of Advanced TPS at Toyota, *Journal of Advanced Manufacturing Systems*, Vol. 9, Issue 2, pp. 85-99, 2010.
[46] K. Amasaka, Innovation of automobile manufacturing fundamentals employing New JIT, *International Journal of Research in Business, Economics and Management*, Vol. 2, Issue 1, pp. 1-15, 2018.
[47] K. Amasaka, and H. Sakai, TPS-QAS, New Production Quality Management Model: Key to New JIT, *International Journal of Manufacturing Technology and Management*, Vol. 18, No. 4, pp. 409-426, 2009.
[48] K. Amasaka, and H. Sakai, Availability and Reliability Information Administration System "ARIM-BL" by methodology in "Inline-Online SQC," *International Journal of Reliability, Quality and Safety Engineering*, Vol. 5, No. 1, pp. 55-63, 1998.
[49] H. Sakai and K. Amasaka, TPS-LAS Model using Process Layout CAE System at Toyota, Advanced TPS, Key to global production strategy New JIT, *Journal of Advanced Manufacturing Systems,*Vol. 5, No. 2, pp.1-14, 2006.
[50] H. Sakai, H. and K. Amasaka, V-MICS, Advanced TPS for strategic production administration: Innovative maintenance combining DB and CG, *Journal of Advanced Manufacturing Systems*, Vol. 4, No. 6, pp. 5-20, 2007.
[51] H. Sakai and K. Amasaka, The robot reliability design and improvement method and the Advanced Toyota Production System, *Industrial Robot: International Journal of Industrial and Service Robotics*, Vol. 34, No. 4, pp. 310-316, 2007.
[52] H. Sakai and K. Amasaka, Human Digital Pipeline Method using total linkage through design to manufacturing, *Journal of Advanced Manufacturing Systems,* Vol. 6, Issue 2, pp. 101-113, 2007.
[53] H. Sakai, and K. Amasaka, How to build a linkage between high quality assurance production system and production support automated system, *Journal of Japanese Operations Management and Strategy*, Vol. 4, No. 2, pp. 20-30, 2014.
[54] トヨタ自動車㈱，ＡＷＤ６Ｐ／Ｊ第１期活動報告書'96-'99 (Aging & Work Development 6 Program Project)—２１世紀を目指した６０才になってもいきいきと働けるライン造り活動, pp. 1-99, 2000.
[55] K. Amasaka, *Applying New JIT* - Toyota's global production strategy: Epoch-making innovation of work environment, *Robotics & Computer Integrated Manufacturing*, Vol. 23, Issue 3, pp. 285-293, 2007.
[56] H. Sakai and K. Amasaka, Strategic HI-POS, intelligence production operating system - Applying Advanced TPS to Toyota's global production strategy, *WSEAS Transactions on Advances in Engineering Education*, Issue 3, Vol. 3, pp. 223-230, 2007.
[57] H. Sakai and K. Amasaka, Human-Integrated Assist System for intelligence operators, *Encyclopedia of Networked and Virtual Organization,* Vol. II, G-Pr, pp. 678-687, 2008.

[58] H. Sakai and K. Amasaka, Human Intelligence Diagnosis Method utilizing Advanced TPS, *Journal of Advanced Manufacturing Systems,* Vol. 6, No.1, pp.77-95, 2007.

[59] H. Sakai and K. Amasaka, Proposal and demonstration of V-MICS-EM by digital engineering: Robot operation and maintenance by utilizing Visual Manual, *International Journal of Manufacturing Technology and Management,* Vol. 18, No. 4, pp. 344-355, 2009.

[60] K. Ebioka, H. Sakai, M. Yamaji and K. Amasaka, A New Global Partnering Production Model "NGP-PM" utilizing Advanced TPS, *Journal of Business & Economics Research,* Vol. 5, No. 9, pp. 1-8, 2007.

[61] Y. Y. Siang, M. M. Sakalsiz and K. Amasaka, Proposal of New Turkish Production System, NTPS: Integration and evolution of Japanese and Turkish Production System, *Journal of Business Case Study,* Vol. 6, No. 6, pp. 69-76, 2010.

[62] H. Shan, Y. S. Yeap and K. Amasaka, Proposal of a New Malaysia Production Model "NMPM", A new integrated production system of Japan and Malaysia, *Proceedings of International Conference on Business Management 2011, Miyazaki Sangyo-Keiei University, Miyazaki, Japan,* pp. 235-246, 2011.

[63] S. Miyashita and K. Amasaka, Proposal of a New Vietnam Production Model "NVPM," A new integrated production system of Japan and Vietnam, *IOSR Journal of Business and Management,* Vol. 16, Issue 12, pp. 18-25, 2014.

[64] K. Amasaka, Innovation of automobile manufacturing fundamentals employing New JIT: Developing Advanced Toyota Production System, *International Journal of Research in Business, Economics and Management,* Vol. 2, Issue 1, pp. 1-15, 2018。

[65] K. Amasaka, Changes in marketing process management employing TMS: Establishment of Toyota Sales Marketing System, *China - USA Business Review,* Vol. 10, No. 7, pp. 539-550, 2010.

[66] 天坂格郎,渡辺美智子,島川邦幸, 顧客の潜在的ニーズを反映する戦略的マーケティングシステムのモデル化と有効性, 香粧品科学研究開発専門誌「Fragrance Journal」, Vol. 33, No. 1, pp. 72－77, 2005.

[67] 天坂格郎編著, 『新講座―大学院実践応用力強化プログラム：研究開発特論―学際性を備えた実践的科学者・技術者の育成』, 三恵社, 2012.

[68] K. Amasaka, Constructing a *Customer Science* application system "*CS-CIANS*"- Development of a global strategic vehicle "*Lexus*" utilizing New JIT –, *WSEAS Transactions on Business and Economics,* Issue 3, Vol. 2, pp. 135-142, 2005.

[69] K. Amasaka, The validity of "*TDS-DTM*", a strategic methodology of merchandise - Development of *New JIT*, Key to the excellence design "*LEXUS*"-, *International Business & Economics Research Journal,* Vol. 6, No. 11, pp. 105-115, 2007.

[70] M. Yamaji and K. Amasaka, 2009 , An intelligence design concept method utilizing Customer Science, *The Open Industrial and Manufacturing Engineering Journal,* Vol. 2, pp. 10-15, 2009.

[71] K. Amasaka, The validity of *Advanced TMS,* a strategic development marketing system utilizing *New JIT – The International Business & Economics Research Journal*, Vol. 6, No. 8, pp. 35-42, 2007.

[72] M. Yamaji and K. Amasaka, Proposal and validity of Intelligent Customer Information Marketing Model: Strategic development of *Advanced TMS, The Academic Journal of China-USA Business Review,* Vol. 8, No. 8, pp. 53-62, 2009.

[73] K. Amasaka, O. Motoi and H. Ishiguro, Constructing a Scientific Mixed Media Model for boosting automobile dealer visits: Evolution of Market Creation employing TMS, *International Journal of Engineering Research and Application,* Vol. 3, Issue 4, pp. 1377-1391, 2013.

[74] M. Yamaji, S. Hifumi, M. Sakalsis and K. Amasaka, Developing a strategic advertisement method "VUCMIN" to enhance the desire of customers for visiting dealers, *Journal of Business Case Studies,* Vol. 6, No. 3, pp. 1-11, 2010.

[75] H. Okutomi, and K. Amasaka, Researching customer satisfaction and loyalty to boost marketing effectiveness, *International Journal of Management & Information Systems,* Vol. 17, No. 4, pp. 193-200, 2013.

[76] M. Ogura, T. Hachiya, K. Masubuchi and K. Amasaka, 2013, Attention-grabbing train car advertisements, *International Journal of Engineering Research and Applications Journal of Engineering Research and Applications,* Vol. 4, Issue 1, pp. 56-64, 2014.

[77] K. Koizumi, M. Muto and K. Amasaka, Creating automobile pamphlet design method: Utilizing both biometric testing and statistical science, *Journal of Management Research,* Vol. 6, No. 1, pp. 81-94, 2014.

第4章
ものづくり新論の展開法（Ⅰ）
―戦略的階層化タスクチーム

4.1　企業経営と創造的企業の風土づくり [1,2]

　最近の企業経営活動を注視すると、業界のリーダーとも言える企業が思いもしないような内外の品質問題に奔走するケースや、技術開発に遅れが生じ企業存続の危機に陥っているケースが散見される。その一方で、全社挙げての"トータルマーケティング"により企業経営の信頼性を高め、この何十年間、活き活きと成長し続けている企業も少なくない。これらの企業は、世界を見据え、足元を固めて"問題解決力を持った人材"を着実に育成してきたことが持続的成長の要諦をなしている。

　このように、企業間格差が生まれる背景は何であろうか？ 経営者の関心事は、"顧客最重視の品質経営"であり、それを実現させる"人を活かし組織を活性化する企業風土創り"による、理に適う経営成果の創出ではなかろうか。

　多くの日本企業では、かなり前から、ほぼ似通った力量（各社の採用基準に従い、一定水準の能力と見識）を持つ学生を全国の大学などから採用しているのだから、入社後の若きビジネスマンが"如何にして創造的な仕事に取り組み、企業の風土改革の先駆者となっているか"が、企業盛衰の鍵を握っていることは明らかであろう。

4.2　ものづくり新論の展開－戦略的階層化タスクチーム [2-7]

　知的な仕事の創出がミッションであるはずの、所謂、"ホワイトカラー"は、眼前の仕事に追われ、そのために日々の仕事の手順が受動的になり、ルーティン化してしまうことが懸念される。グローバル経営の視点から、今後、大切になってくるのは顧客志向に視座した"仕事の価値の創出"である。

　既成に囚われず関連企業・関連部門と自発的かつ相互に連携する、有機化された"協創的チーム活動"が必要不可欠となる。それ故に筆者は、3章で論述した"ものづくり新論"を組織体系的に運用する"新たな戦略的な展開法"として、創造性と実効性を持つ"戦略的階層化タスクチームの構造モデル"を創案し、その有効性を論考する。

4.2.1　協創的チーム活動に必要な創造性と戦略性

　現今、我が国の企業環境は大変厳しいものがあり、中でも製造業は"もの造りのグローバル化、情報通信技術の浸透、地球環境への対応"など、企業経営の高信頼性が求めら

れている。その実現のためには、理に適う"企業経営、顧客価値向上、従業員価値向上、関連企業との相互信頼を絆にした協創"を進めなければならない。実施段階では、"創造性と戦略性"を持ったチーム活動により、人間信頼性を高め、商品力の強化の向け、トータルマーケティング活動が求められる。協創的チーム活動は、技術・事務・管理の各部門（頭脳集約型）に多いタスクチーム（タスクフォース）／プロジェクトチーム、さらには現業部門（労働集約型）のＱＣサークル活動など、様々な活動形態がある。

特に、現今の厳しい企業環境を打開するには、頭脳集団と言われる、所謂、ホワイトカラーの生産性向上が今日的な課題である。とりわけ、日常業務に追われルーティンワークになりがちなビジネスプロセスを刷新し、仕事の価値を創出することが極めて大事である。関連部門が自律神経を持って連携する、新たな概念と仕組みを持つ"戦略的な協創チーム活動"が今必要とされている。

第１章"１．３　企業・組織・人の高信頼性"で論述したように、全部門が目的意識を共有し、相互に連携する知的なチーム活動による"トータルマーケティング"は、企業盛衰の鍵となる（図１．３、表１．１参照）。それ故に、"戦略的協創チーム"の展開は、自社内の各部門間の連携に止まらず、所謂、系列メーカー、非系列メーカー、諸外国メーカーとの企業間協創の強化を意味している。

筆者の知りうる限り、このような視点から経営技術の進歩に寄与する"戦略的協創チームの行動モデル"を提案し、それらの有効性を論証した研究例は見当たらない。

４．２．２　協創的チーム活動の意義と推進のための要求事項

組織と人の係りを捉え、「企業の中で、創造性の必要のない部門はどこですか？チーム活動の必要の無い部門はどこですか？」という問いかけに、それを否定するケースは少

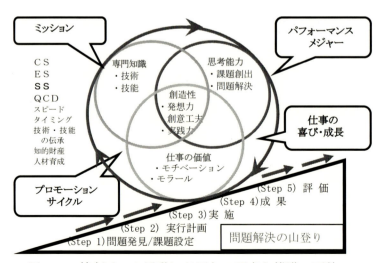

図４．１　協創チーム活動に必要な３要素と推進４要件

い。筆者は、"企業経営活動の中で、人は完全な自由の下では目標を失うか、目標を持ち得たとしても各人バラバラになり、互いに触発されることがない"と考える。

経営トップが明確なビジョンを明示し、マネージャーが適確なミッションを持って指導・実践し、組織全体を方向付けすることは、決して自由の拘束ではなく、ブレークスルーの生産性を高めることになる。これにより個人知・組織知を高め、仕事の信頼性・商品の信頼性向上に繋がる。筆者[4,5]が提案する"協創的チーム"(Cooperative Creation Team, CCT)の意義するところは、相互触発(シナジー効果)による組織体系的な"全部門のビジネスプロセスの質向上"による"経営成果の実現の場"と考える。

それを実現しうる"ＣＣＴ"の活動段階では、図４．１に示す"専門知識、思考能力、仕事の価値"の３要素が必要となる。その推進には、４つの要件"ミッション、プロモーションサイクル、パフォーマンスメジャー、仕事の成果"を整備することが大切である。筆者は、これらの要件を満たすビジネスの展開により、チームメンバーは確実に問題解決の頂に到達することが可能になると考える（図４．１：Step 1→Step 5）。

４．２．３　戦略的階層化タスクチーム
４．２．３．１　戦略的階層化タスクチームモデルの創案

企業経営は事業１年・財務３年・人創り１０年と比喩される。持続的成長を可能にするための経営技術戦略として、筆者[4,5]は"戦略的階層化タスクチームモデル"（Strategic Stratified Task Team Model, SSTSM）を図４．２に創案する。そのねらいは、個人の固有技術や経験則に頼りがちな仕事からの脱皮であり、部門間や仕入先他との連携を重視することによる"組織体系的なトータルビジネスプロセス"への刷新である。

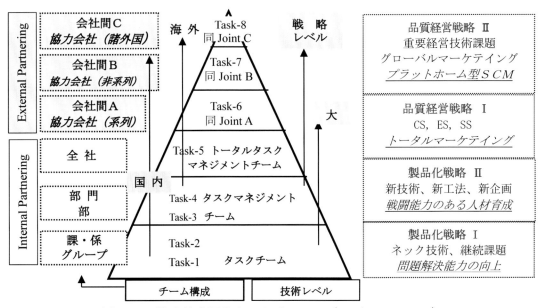

図４．２　戦略的階層化タスクチームモデル（ＳＳＴＴＭ）

図中に示すように、"製品化戦略Ⅰ→製品化戦略Ⅱ→品質経営戦略Ⅰ→品質経営戦略Ⅱ"へと、取り組むべき技術レベルが上位に進むにつれて、タスクチームの構成もグループ、課・係のレベルから、部・部門→全社→仕入先（協力会社：系列→非系列→海外）とのジョイント（連携）へと拡大させる。

　本モデル展開の"第1ステージ"は、"技術者の問題解決力"を高める統計科学法として、"Science SQC"を展開する"帰納的アプローチ"を援用し、Task-1の小グループ、Task-2の課・係レベルのタスク活動である。"闘能力のある人材育成"に繋がるように、"全社的なプロモーションサイクル"（実施―成果―教育―人材育成）の推進により、技術・事務系のスタッフ全員の活動を通して、顕在化している"今日的な慢性問題やボトルネックな技術課題解決"に成果を創出し、"製品化戦略Ⅰ"の展開を可能にする。

　"第2ステージ"は、さらに"潜在的・予見的な重要な技術問題"の解決のため、"演繹的アプローチ"を重視した"エクセレントテーマ：新技術、新工法、新企画"の取り組みである。部・部門に跨る活動として、部課長のマネージャーが率先垂範し、技術・事務系のスタッフと協働する"タスクマネジメントチーム活動"（Task-3, Task-4）である。各部・各部門のタスク展開が効果的に有機化させることで、"個別解法"に留まらず、普遍化できる"一般解"を創出するものであり、"製品化戦略Ⅱ"の展開を可能にする。

　"第3ステージ"は、経営トップが率先垂範する、"製品化戦略Ⅱ―品質経営戦略Ⅰ"としての"経営技術課題へのチャレンジ"であり、プロジェクト指向型の"トータルタスクマネジメントチーム活動"（Task-5）である。顧客最重視の品質経営"ＣＳ，ＥＳ，ＳＳ"の強化のために、営業・販売・商品企画・開発設計・生産・事務・管理の各部門がトータルリンケージすることにより、"企業経営技術力の変革"を可能にする。

　"第4ステージ"は、図4.3に示す"ジャパンサプライシステム"（Japan Supply System, JSS）の強化による"グローバルな品質経営技術の刷新"であり、これにより"品質経営戦略Ⅱ：ＱＣＤ同時達成―最適地生産"を可能にする[6,7]。具体的には、商品力強化のための高信頼性活動として、仕入先と協創する"ジョイント式トータルタスクマネジメン

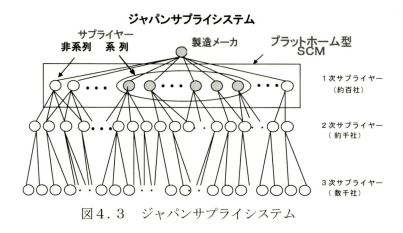

図4.3　ジャパンサプライシステム

トチーム" により"サプライチェーンによるプラットホーム方式の品質マネジメント"を推進させるものである。"Task-6（Joint A）では、資本提携のある系列サプライヤーとの協創"、"Task-7（Joint B）では系列外のサプライヤーとの協創"を意図している。

　新たな品質技術戦略として、何れのタスクも世界的懸案事項となっている最重要課題を解決することで、技術創造に繋げる取り組みである。そして"Task-8（Joint C）のミッションは、Task1からTask-7の技術成果の蓄積"を活かす、"海外サプライヤーとの連携強化"を意図している。

4.2.3.2　戦略的協創チームの形成

　図4.2の"ＳＳＴＴＭ"の運用を強化するために、筆者[4,5]は"戦略的協創チームの形成モデル"（Formation Model of Strategic Cooperative Creation Team, SCCT）を図4.4に創案する。図中に示すように、タスクチームのメンバーは（i）体系的・組織的な活動による"戦略性"（Strategy）、（ii）中核技術を高める"テクノロジー"（Technology）、（iii）理論と実際のギャップを解き明かす"メソドロジー"（Methodology）、（iv）チーム活動の期待と役割を実現させる"プロモーション"（Promotion）の4要素の力量が求められる。

　解決すべき経営課題の技術レベルが高いほど、構成メンバーには（a）「ジェネレータ」としての"発想力"が必要である。同時に、それを現実化させるための（b）「メンター」としての"協創力"が不可欠となる。さらに、タスクチームに効果的な駆動力を生むためには、目標達成に向けた（c）「プロデューサ」としての"戦略的識見"と、チーム全員の総意を結集させる（d）「プロモータ」としての"統率力"が要求される。

　タスクチーム活動をねらい通りに成功させるためには、形成されたタスクチームを統括し推進する"ボス"（統括推進者）は、これらの（a）から（d）の力量を少なくとも一つ以上を持つ構成メンバーを適確に選出し、彼らに権限と責務を与え、ボス自身は進捗管理だけでなく危機管理に心がけることが大切である。それ故に、経営トップやマネージャー（部課長）は、当該の技術課題の解決に際し、構成メンバーが窮地に陥ったときには、

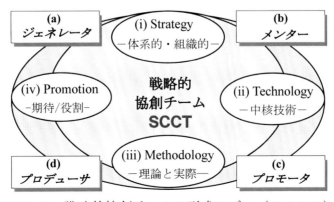

図4.4　戦略的協創チームの形成モデル（ＳＣＣＴ）

迅速にボス自らが知恵を出し陣頭指揮し、構成メンバーと一緒に不測の事態を乗り切れる"修羅場の経験と力量"を持つ人材を"ボス"に登用することが極めて大切になる。

近年、"JSS"を戦略的に運用する自動車メーカーは"複数社購買（複社発注）"体制を運用している。グローバルマーケティング／グローバル生産を展開するケースでは、(1) Task-1〜Task-5の"インターナル・パートナリング"(Japanese Internal Partnering, JIP) と (2) Task-6〜Task-8の"エクスターナル・パートナリング"(Japanese External Partnering, JEP) により、"複合するサプライチェーン・マネジメント"（所謂、グローバルSCM）が重要となる（これは、"デュアル・パートナリング"("Dual Partnering" with JIP and JEP) と呼称される）。

中でも、国内外の系列・非系列メーカーとの複数社購買（複社発注）の原則"協調と競争による共生"を基本とするグローバル生産の展開においては、世界市場で切磋琢磨し合うことが重要である。筆者[4,5]は図4.5に創案した"自動車メーカーと系列／非系列プライヤー（部品メーカー）との戦略的協創モデル"("Dual Strategic Stratified Task Team Model" between Maker and Affiliated / Non-affiliated Suppliers, DSSTTM) の運用が"グローバルSCM"の展開に必要欠可欠と考える。図中に示すように、自動車メーカーは必要な部品調達法として、(a) サプライヤーⅠの内製（自社）、(b) サプライヤーⅡの系列メーカー、(c) サプライヤーⅢの非系列メーカー、(d) サプライヤーⅣの外資系メーカーとのパートナリングを展開する。

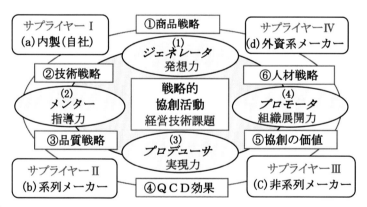

図4.5　自動車メーカーと系列・非系列プライヤーの戦略的協創モデル（DSSTTM）

実施段階では、経営技術の持続的向上に視座し、①商品戦略、②技術戦略、③品質戦略、④QCD効果、⑤協創の価値、⑥人材戦略の観点から、"SSTTM"の編成が必要となる。重要な経営技術課題の解決にあたって、自動車メーカーの統括責任者（ボス）は、当該のサプライヤーと協創し、(1) 発想力の優れた「ジェネレータ」、(2) 指導力・助言力を持つ「メンター」、(3) 実現力・遂行力のある「プロデューサ」、(4) 組織的展開力のある「プロモータ」を人選し、"DSTTM"の推進が重要且つ不可欠となる。

そこで次節では、筆者[4,5]は"ＤＳＴＴＭ"を展開する"系列／非系列メーカーとのパートナリング"（Task-6／Task-7）を通して、本モデルの有効性を論証する。

4.3 適用例
4.3.1 トヨタと系列／非系列メーカーの協創活動

ここでは、筆者[4-13]が主導した"自動車ブレーキ性能の高品質保証"を例示する。"デスクブレーキ"は、ブレーキキャリパ内の"デスクパッド"を"デスクロータ"に押しつけ、制動力を発生させる仕組みになっている。制動時に発生する"鳴き・異音（キー音，チー音）"は、デスクパッドとデスクロータの接触が微妙に不安定になる時発生する。"鳴きや異音の発生しやすさ"と"ブレーキの効き"は、技術的に背反する項目である。"デスクパッドの物性"と"鳴き・効き"の感度分析で得られた知見から、"鳴き・効き"に影響する"パッドの物性の最適化とバラツキ低減"が重要である。

そこで筆者は、世界の自動車メーカーの経営技術課題となっている"ブレーキ性能"（制動性，静粛性，耐摩耗性）の高品質保証を実現するために、ブレーキユニットを供給する"アイシン精機"（系列メーカー）と、"曙ブレーキ"（非系列メーカー）のそれぞれと戦略的に協創する"ＤＳＳＴＴＭ"の応用展開法として、"トータルタスクマネジメントチーム"活動を展開した。

4.3.1.1 トータルタスクマネジメントチームの結成

例として、トヨタとアイシン精機（ブレーキユニット）およびアイシン加工（デスクパッド）の３社による"協創的チーム活動"を明示する。この度結成した図４.６に示す"トータルタスクマネジメントチーム"(Total Task Management Team, TTMT)のミッションは、設計技術面での効き・鳴きの要因の感度分析を実施し、製造技術面との双方向のやりとりで背反するブレーキの性能（鳴きと効き）を両立させる技術の確立とその展開である。

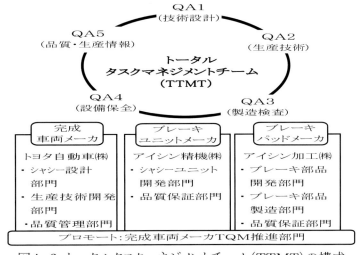

図4.6 トータルタスクマネジメントチーム(TTMT)の構成

図中に示すように、完成車両メーカーとサプライヤーが"ＴＴＭＴ"を結成することで、車両設計・部品設計・生産工程設計・製造・検査・保守保全・販売（サービス・市場品質）がノウハウや情報を共有できる組織体制を構成することは、技術者とマネージャーの発想を支援し技術向上に繋がる"統合的なビジネスプロセスの質向上"に繋がる。

　図中の"ＴＴＭＴ"活動では、ＱＡ（Quality Assurance）チームとして．"ＱＡ１"（技術設計）・"ＱＡ２"（生産技術）・"ＱＡ３"（製造検査）・"ＱＡ４"（設備保全）・ＱＡ５（品質・生産情報）の５つのタスクチームが相互に連携し、インテグレート化して展開する。さらに図中のように、完成車両メーカーのＴＱＭ推進部門（筆者がＴＴＭＴの統括推進者）がこれらのチーム（ＱＡ１～ＱＡ５）活動をプロモートした。

4.3.1.2　"トータルＱＡマネジメントモデル"の推進

　高品質保証を実現する"ＴＴＭＴ"活動のキーテクノロジーとして，図４.７に示す"トータルＱＡネットワークモデル"（Total Quality Assurance Network Model using Toyota's three management activities, QAT）を適用する。

　図中のように，"トータルテクニカルマネジメント"（ＴＭ）、"トータルプロダクトマネジメント"（ＰＭ）"トータルインフォメーションマネジメント"（ＩＭ）の３つの柱を基軸とし，それらを体系的・組織的に融合するよう"ＴＴＭＴ"の活動を推進する。"ＴＴＭＴ"のドライビングフォースとして、７章７－１節の"顧客情報活用ネットワーキングシステム"（ＣＳ－ＣＩＡＮＳ：図７.１.５を参照）を援用した"データ分析手法"（：Ｎ７、ＦＭＥＡ、ＦＴＡ，ＱＦＤ、実験計画法、信頼性解析、時系列解析、ＱＡネットワーク表の作成[13,14]などに）による"ＱＡハイサイクル化"が有効に機能している。

① トータルテクニカルマネジメント"（ＴＭ）

　製品設計および製造工程を統合的に最適化するために、デスクブレーキの鳴きと効きに対して、両方が背反しないように原材料バラツキと工程条件バラツキの感度分析を行い、工法の見直しと製造工程の管理項目と管理条件を明確にする。

② トータルプロダクトマネジメント"（ＰＭ）

　ＴＭで得られた知見を製造工程（管理項目と管理条件）の最適化を実現するために、製造の"ＱＡネットワーク"を援用し、設計部門・生産技術部門・製造部門・保全部門・品質保証部門が一体になったタスク活動を行い、工程能力（C_p）・機械能力（C_m）の改善を行う。

③ トータルインフォメーションマネジメント"（ＩＭ）

　市場品質情報（自動車販売店）・後工程情報（完成車両メーカー）・サプライヤーの自工程情報（部品メーカー）を"ＴＴＭＴ"のメンバー全員が共有し、当該の各部門・各工程にフィードバックさせ、それらの情報を分析する。

第4章 ものづくり新論の展開法（1）―戦略的階層化タスクチーム

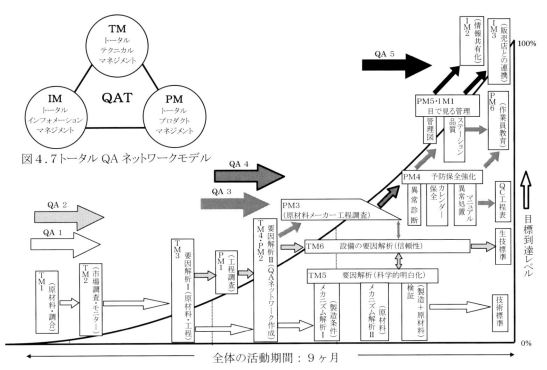

図4.7 トータルQAネットワークモデル

図4.8 トータルQAハイサイクル化アプローチモデル（QAT−HAM）

4.3.1.3 "トータルQAハイサイクル化アプローチモデル"の展開

筆者[13]は、"ＴＴＭＴ"を体系的・組織的に有機化させるために、"ＳＱＣテクニカルメソッド"（SQC Technical Methods）を援用し，図4.8に示す"トータルQA ハイサイクルアプローチモデル"（Total QA High-cycle Approach Model, QAT-HAM）を創出し展開した。図中の矢印は，ＱＡ１～ＱＡ５のそれぞれのチーム活動を表している。

① トータルテクニカルマネジメント（ＴＭ）活動

図中に示すように，原材料毎の解析（ＴＭ１）や市場調査（ＴＭ２）を行い、これらの結果をもとに要因解析（感度分析）し、原材料を短期間に絞り込んだ。それにより、要因解析Ⅰ（ＴＭ３）では、多変量統計解析（主成分分析法など）と実験計画法を用いた。

その結果，図4.9の例に示すように、原材料特性において層状鉱物の粒度と無機繊維の径が異音特性と摩耗特性に関係することが確認できた。図中より、領域ａはそれぞれ異音・摩耗がかなり悪い領域を表し、領域ｂはその影響が残っている領域を表している。これらの知見から、両特性が背反しない領域ｃの存在を見出すことができた。

同じく，要因解析Ⅰ（ＴＭ３）の知見を活かし、当該製造工程の工程調査（ＰＭ１）を行った。その結果、工程管理条件の変動が重要であることを確認できた。例として、デスクパッドの要求品質に影響する研削成分（無機繊維と硬質の粉体）は，原材料単体およびデスクパッド中の分散状態に影響を与えることを電子顕微鏡観察も併用した技術解析により要因効果の検証もした。これにより，無機繊維の製造バラツキによる効きの

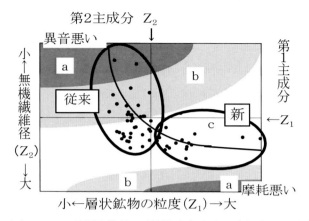

図4.9 原材料特性の影響度解析例（主成分分析）

変動メカニズムを明らかでき、材料メーカーと協力して製品設計並びに製造工程管理の最適条件を見出し、製造工程の改善を可能にした。

次の要因解析Ⅱ（TM4・PM2）では、市場品質にもとづく"技術のQAハイサイクル化"で製品加工の図面（工作図など）を完備し、製造品質にもとづく"製造のQAハイサイクル化"で製造設備の図面を整備した。この段階で、原材料の受入や製造工程の条件管理に関わる重要な要因を絞り込んだ。絞り込んだ要因に対しては、"鳴き・効き"の現象を解析（TM5）し、設備条件のバラツキの要因を定量的に把握した（TM6）。

製品図面の公差決定では、統計科学手法（と多変量解析と実験計画法の併用）により、合理的に最適化を図った。図4．10に例示するように、（偏回帰プロット法を用いる感度分析により）熱成形温度は"鳴き"の代用特性と因果関係があることがわかった。

領域aは、それぞれ強度不足・成形不適な領域を表し，領域bはその影響が残っている領域を表している。強度・成形性も考慮し、熱成形工程の管理条件を領域cに決定した。領域cの工程管理条件を確保するために、設備側での要因解析（TM6）を行った。例として，成形金型の温度ばらつきの要因解析を実施したことにより，パッド成形温度の均一化を図ることができた。

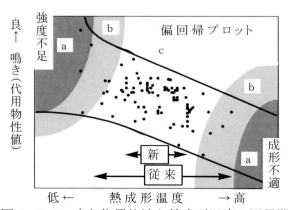

図4．10 鳴き代用特性と熱成形温度の因果関係

② トータルプロダクトマネジメント（PM）活動

トータルテクニカルマネジメント活動で明らかになった製造工程条件の最適化のために，工程調査（PM1）により不具合要因を調査し、製造工程の"QAハイサイクル化"（PM2）により、品質特性との関連を洗い出した。

さらに筆者ら[14-16]は、"QAT－HAM"の展開を強化するために、ブレーキユニットメーカー・ブレーキパッドメーカーに加え、原材料メーカーをタスクチームに参画いただき、原材料から完成車両に至るまでの"トータルQAネットワーク表"を完遂させ、これにより"生産プロセス全体の品質レビュー"を可能にした（PM3）。その結果，トータルな工程能力が明らかになり、発生防止・流出防止のための工程管理条件（最適化）が整理され、生産設備の予防保全強化（PM4：設備異常診断、保全カレンダー、異常処置マニュアル），目で見る管理（PM5：インテリジェンス管理図[15]）・作業員教育（PM6：品質異常処置マニュアル）の強化を可能にした．

③ トータルインフォメーションマネジメント（IM）活動

トータルプロダクトマネジメント活動の成果でもある、サプライヤーの製造工程の管理情報は，素早く見えるよう"品質チェックステーション"（IM1）などを設けた。また，完成車両メーカーの持っている"市場情報分析システム"[16]を部品メーカーも利用する"知的情報共有システム"（IM2）、販売店から市場情報と現物情報が入手できる"知的連携システム"（IM3）を完備している。

トヨタと系列メーカー（アイシン精機グループ）の協創活動（SSTTM）の展開により、QCD同時達成に寄与する成果を得ている（例：市場クレームの低減（2.6％→0.4％）、工程内不良の低減（0.5％→0.2％）、原価低減（156円／1ユニット）、生産開始時の初期問題の収束（9ヶ月→3ヶ月））。

さらに同様のアプローチにより、トヨタと非系列メーカー（曙ブレーキグループ）とのSSTTMの展開においても、所与の成果を得ている。

4.3.2　戦略的階層化タスクチーム（SSTTM）の拡がり
4.3.2.1　インターナル・パートナリング（Task1－Task5）[2,3,13,17-23]

ここでは、トヨタのものづくり技術を高めた先駆的な研究を以下に例示する。

(i) 1つは、マーケティング／商品企画／製品企画部門における①セールスマーケティングシステム開発／メデアミックスによる市場創造／世代別価値観研究／車両外観デザインのサイコグラフークス研究／レクサスプロファイルデザイン開発／アウミホイールデザイン見栄え／ボデー塗装深み感向上／自動車揚力特性評価法と最適化法／戦略特許創出法／技術情報登録・検索システム開発などの協創研究がある。

(ii) 2つは、製品開発設計部門における②エンジンの燃費改善要因解析／放熱量予測／

排気臭評価法開発／個体潤滑剤コーティングピストン開発／コネクティングロッド変形要因解析、③駆動系・ボデー系のパワーステアリング信頼性向上／前突時のサブマリン発生条件解析／車載用電子機器の信頼性／内装用基材の計量化／ドアー開閉音の定量化／ウインドシールドガラスの透視歪解析／車体防錆品質の最適化など協創研究がある。

（iii）3つは、生産技術・製造部門における④DOHCシリンダヘッド最適鋳造工法の開発／フェライト系耐熱鋳鋼の開発／アルミダイカストヘッドカバーの難造化対応／ボデー面品質の定量化／メッキ部品の防錆品質保証／プレス部品の全体曲率スプリングバックの形状予測制御法／レーザー工法開発／プレス金型のバリ制御／樹脂バンパー収縮率の予測法／樹脂部品の外観質感向上／焼結部品割れ防止／キズ検査の自働化開発／統合品質管理システム／設備診断技術法確立／快適な職場環境創りなどの協創研究がある。

（iv）4つは、"グローバル生産戦略とマーケティング戦略"として、"ものづくりの進化"に寄与した⑤開発設計の刷新の研究例を"第7章　開発設計の進展：7－1、7－3"に例示する。同様に、⑥生産技術・製造の刷新の研究例を"第8章　生産技術・製造技法の進展：8－1、8－3"、⑦"第9章　グローバル生産とSCMの進展：9－2"に例示する。さらに⑥セールスマーケティングの刷新の研究例を"第10章　マーケティングの進展：10－2～5"に例示する。

4.3.2.2　エクスターナル・パートナリング（Task 6 －Task 8）[2-4, 11, 24-28]

ここでは、トヨタと系列・非系列・海外メーカーとの"SCCT"活動を例示する。
（i）先駆的な"品質技術戦略―QCD同時達成"の協創活動（Task 6、Task 7）として、自動車足回り部品の商品力向上のために、①系列のアイシン化工㈱／非系列の東京ペイント㈱とそれぞれ協創し、"塗装原価"を高めずに"概観見栄え品質と塗装耐食性、無乾燥化による省エネ"を実現した例がある。次に、②非系列の㈱ノリタケカンパニーリミテド及び㈱東芝タンガロイとそれぞれ協創し、"アーク溶接工程の溶接品質とライン稼動率向上"を実現した例がある。従前の銅合金製の"溶接ノズル"と"溶接チップ"に対して、"オールセラミックスノズル"と"ニューセラミックスコーティングチップ"の新工法を開発し、厄介なアーク溶接スパッタ付着の防止により、"溶接ノズルの無清掃化"と"溶接チップの長寿命化"を実現し、製品価値（VA＝機能／コスト）を高めている。

同様に、③ねじ締結メーカーと協創した"高精度トルク制御油圧レンチ"の開発、熱処理メーカー、熱処理歪矯正メーカーらと協創したユニットアクスル部品の④"中周波誘導加熱焼き戻し装置"の開発、⑤"熱処理部品歪矯正自働化装置"の開発などにより、"フレキシブル生産ライン"による"ものづくりの進化"を実現している。
（ii）自動車販売活動の強化のために、⑥営業販売部門と㈱日本リサーチセンター他と協創し、科学的なアプローチ"マーケティングSQC"を展開する"広告宣伝：メデアミッ

クス"の強化は、トヨタのセールスマーケティングの変革に所与の成果を創出している。
（iii）近年、世界の自動車メーカーのボトルネック技術の解決として、⑦非系列のＮＯＫ㈱と協創している。世界的なボトルネックである駆動系ユニットの"オイルシール油漏れメカニズム"を解明し，画期的な品質向上を図った"戦略的ＱＣＤ研究"がある。
（iv）これらの知見を活かし，"グローバル生産戦略―市場創造"（欧米先進諸国／発展途上国との協創活動（Task-8））が進展している。先駆的な例として、⑧タイトヨタの"高品質なものづくり"の展開がある。"日本に負けない海外でのものづくり"のために、トヨタとのジョイントによる"トヨタ留学制度／タイトヨタＳＱＣセミナー開講"による"人材育成の強化"などがある。このような、"日本のものづくり技術の新展開"の成果は、現今の"グローバル生産戦略の布石"である。それらの態様については、"第５章　ものづくり新論の展開法（２）－グローバル生産戦略"で例証する。

4.3.2.3　製造企業と大学との協創活動への拡がり

"日本のものづくりの進化"に視座し，筆者ら[1,29,30]が主導した"ものづくり新論"の確立の布石とする"製造企業と大学との協創活動"を例示する。
（i）１つは、青山学院大学（天坂 New JIT 研究室）を主幹事とする６大学と１５企業（４８名）で構成した"製造業の品質経営あり方研究会"（(財)日本科学技術連盟主催，2002－2006）における"ニュージャパンモデル"の構築である。研究のねらいは、戦略的マーケティングモデル"顧客価値最大化法"、"新開発設計技術法"、"グローバル生産高品質保証モデル"、"事務管理の知的生産性向上モデル"、"品質保証／ＴＱＭの品質経営技術変革モデル"の創出である。具体的には、①マーケティングプロセスの変革、②開発設計プロセスマネジメントの刷新、③生産マネジメントシステムの高信頼性、④事務管理ビジネスプロモーションのインテリジェント化、⑤品質保証とＴＱＭのプロモーションの刷新をねらいとした２０の研究事例を通して、先進企業の"新品質経営技術法の確立"に所与の成果を得ている（天坂格郎編著，『ニュージャパンモデル：サイエンスＴＱＭ－戦略的品質経営の理論と実際』，丸善，2007）に詳しい[1]）。
（ii）２つは、"新たな経営管理技術の確立"をねらいとする"新たな日本的生産方式の確立"研究会（主幹事：黒須誠治教授（早稲田大学／森田道也教授（学習院大学／天坂格郎教授（青山学院大学，2004-2007）では、世界をリードできる"ＴＰＳの進化モデル：ものづくり新論―New Japan Production Model, NJPM"の創出とその有効性の論証である。具体的には、①ものづくり新論の論理、②ものづくり新論の展開（価値創造デザイン、ＪＩＴの進化、グローバル生産の戦略的展開）である。実施段階では、トヨタ自動車㈱、青山学院大学（天坂 New JIT 研究室）、"製造業の品質経営あり方研究会"（代表　天坂格郎教授（青山学院大学）ほかとの協創活動である。創出できた"ＮＪＰＭ"は、"技

術最前線―トヨタのものづくりの進化"を通して、所与の成果を得ている（天坂格郎, 黒田誠治, 森田道也（共著）,『ものづくり新論：JITを超えて―ジャストインタイムの進化』, 丸善, 2008[26]）に詳しい）。

（iii）3つは、産業界の要請により、3大学と１１企業（１５名）で構成する"シミュレーションとＳＱＣ研究会"（主査 天坂格郎, 日本品質管理学会拡大計画研究会, 2003-2007）を発足した。研究のねらいは、"２１世紀の管理技術の体系化"の必要性を捉え、"数値シミュレーション技術への統計科学の活用"である。デジタルエンジニアリング"で様変わりしている"ものづくり技術の刷新"に寄与する"自動車産業における数値シミュレーションに必要な設計品質保証体系の確立"をテーマに、他の学術団体とも協働している。具体的には、①自動車を例とした品質保証体系の理念的研究、②自動車開発設計プロセスの刷新―高品質保証ＣＡＥモデルの確立、③高信頼性ＣＡＥソフトの創出である。実施段階では、製品設計の開発期間短縮に寄与するＣＡＥ解析ソフト活用の有効性を論証し、所与の成果を得ている（天坂格郎編著,『自動車産業における数値シミュレーションに必要な設計品質保証体系の確立』, シミュレーションとＳＱＣ研究会編, 2007[27]）に詳しい）。

4.4 まとめ

本研究の意義は、"グローバルマーケティング／グローバル生産"の展開に不可欠な"ホワイトカラーの知的生産性の向上"である。そのために筆者は、第3章で確立した"ものづくり新論"を組織体系的に展開するために、"戦略的階層化タスクチーム"（ＳＳＴＴＭ）を創案し、自動車製造業の実証研究例を通して、その有効性を論証した。

4.5 謝辞

本研究は、トヨタ自動車㈱、アイシン精機㈱、アイシン加工㈱他との産学による共同研究である。さらに、青山学院大学（大学院理工学研究科 天坂 New JIT 研究室）、製造業の品質経営あり方研究会、新たな日本的生産方式の確立研究会、シミュレーションとＳＱＣ研究会との協働により進められたものである。ここに深く謝意を申し上げます。

参考文献

[1] 天坂格郎編著,『ニュージャパンモデル-サイエンスＴＱＭ：戦略的品質経営の理論と実際』, 製造業の品質経営あり方研究会編, 丸善, 2007.
[2] K. Amasaka, Ed., *Science TQM, New Quality Management Principle: The Quality Management Strategy of Toyota,* Bentham Science Publisher, UAE, USA, The Netherlands, 2012.
[3] K. Amasaka, *New JIT, New Management Technology Principle,* Taylor & Francis, CRC Press, London, 2015.
[4] K. Amasaka, Development of Science TQM - A new principle of quality management: Effectiveness of Strategic Stratified Task Team at Toyota, *International Journal of Production Research*, Vol. 42, No. 17, pp. 3691-3706, 2003.

[5] K. Amasaka, Strategic Stratified Task Team Model for realizing simultaneous QCD fulfilment: Two case studies, *The Journal of Japanese Operations Management and Strategy,* Vol. 7, No. 1, pp. 14-36, 2017.
[6] M. Yamaji and K. Amasaka, Strategic Productivity Improvement Model for white-collar workers employing Science TQM, *Journal of Japanese Operations Management and Strategy,* Vol. 1, No. 1, pp. 30-46, 2009.
[7] 天坂格郎,（基調講演）経営技術とパートナリングー情報技術によるカスタマーサイエンス,日本経営工学会シンポジウム,大阪工業大学,pp. 1-8, 1999.
[8] K. Amasaka, Partnering chains as the platform for quality management in Toyota, *Proceedings of the 1st World Conference on Production and Operations Management, Sevilla, Spain,* pp. 1-13 (CD-ROM), 2000.
[9] 天坂格郎、自動車産業における品質マネジメントとサプライヤー～ 車両メーカーとサプライヤーの協業活動の実際～,（財）中小企業総合研究機構,H12 調査研究事業「製造業における部品等発注システムの変化とその対応～自動車産業におけるサプライヤー存続の条件」,通巻 74 号,pp.135-163,2001.
[10] 天坂格郎,(講演) 高品質保証を実現するインテリジェンス生産とパートナリング,日本機械学会東海支部第 94 回講習会,名古屋,pp. 35-42, 2002.
[11] K. Amasaka, Strategic QCD Studies with Affiliated and Non-affiliated Suppliers utilizing New JIT, *Encyclopedia of Networked and Virtual Organizations,* Vol. III, PU-Z, pp.1516-1527, 2008.
[12] 天坂格郎, 14.3 サプライヤーとの協創,『新講座—大学院実践応用プログラム：研究開発特論—学際性を備えた実践的科学者・技術者の育成』,三恵社, pp. 263-271, 2012.
[13] K. Amasaka, *Science SQC, New Quality Control Principle: The Quality Strategy of Toyota,* Springer-Verlag Tokyo, Berlin Heidelberg, New York, 2004.
[14] T. Kojima and K, Amasaka, The Total Quality Assurance Networking Model for preventing defects: Building an effective quality assurance system using a Total QA Network, *International Journal of Management & Information Systems.* Vol. 15, No. 3, pp. 1-10. 2011.
[15] 天坂格郎編著,『ものづくりの原点：インテリジェンス管理図活用のすすめ—デジタルエンジニアリングによる高品質保証』,日本規格協会, 2003.
[16] K. Amasaka, Constructing a *Customer Science* Application System "*CS-CIANS*"- Development of a global strategic vehicle "*Lexus*" utilizing *New JIT*–, *WSEAS Transactions on Business and Economics,* Issue 3, Vol. 2, pp.135-142, 2005.
[17] トヨタ自動車㈱, 特集 SQC at Toyota, *Toyota Technical Review,* Vol. 43, 1993（天坂格郎, 編集委員長）．
[18] 天坂格郎編著,『サイエンスＳＱＣ：ビジネスプロセス質変革』, 名古屋ＱＳＴ研究会編,日本規格協会, 2000.
[19] 天坂格郎, 長屋明浩, 自動車における感性のエンジニアリング—Lexus デザインプロファイルのサイコグラフィックス,『感性をめぐる商品開発』, 感性工学会,日本出版サービス,pp. 55-72, 2002.
[20] K. Amasaka, Applying New JIT,: Toyota's global production strategy: Epoch-making innovation in work environment, *Robotics and Computer-Integrated Manufacturing,* Vol. 23, Issue 3, pp. 285-293.
[21] K. Amasaka, Proposal and validity of Patent Value Appraisal Model "TJS-PVAM"- Development of Science TQM in the corporate strategy, *China-USA Business Review,* Vol. 8, No. 7, pp.45-56, 2009.
[22] K. Amasaka, The foundation for advancing the Toyota Production System utilizing New JIT, *Journal of Advanced Manufacturing Systems,* Vol. 80, No. 1, pp.5-26, 2009.
[23] K. Amasaka and H. Sakai, TPS-QAS, New Production Quality Management Model: Key to New JIT－Toyota's global production strategy, *International Journal of Manufacturing Technology and Management*、Vol. 18, No. 4, pp. 409-426, 2009.
[24] 天坂格郎, 福智久, 新井保男, 大滝正道, 小野俊樹, 黒木雄一, パートナリングによる新たなＴＱＭの展開, 日本品質管理学会第 61 回研究発表要旨集, 東京, pp. 53-56, 1999.
[25] 天坂格郎,岩田美佐男,藤井幹久,オールセラミックス製溶接ノズルの開発と効果, 工業材料,日刊工業新聞社, Vol. 36, No. 10, pp. 60-64, 1998.
[26] 天坂格郎,2-15 アーク溶接電極,『表面改質技術』,精密工学会編、日刊工業新聞社,pp. 304-311, 1988.
[27] 天坂格郎,大海博吉,村井文雄,自動車足廻り部品の塗装耐食性の改善—協業によるＱＣＤ研究活動、塗装工学,Vol. 25, No. 6, pp. 230-240, 1990.
[28] 天坂格郎, 奥村幸史, 田平信裕, 自動車足廻り部品の塗装品質の向上、標準化と品質管理, Vol. 41, No. 2, pp. 53-62, 1988.
[29] 天坂格郎, 黒須誠治, 森田道也,『ものづくり新論：ＪＩＴを超えて—ジャストインタイムの進化』,森北出版, 2008.
[30] 天坂格郎編著, 自動車産業における数値シミュレーションに必要な設計品質保証体系の確立に向けて(研究報告書),（社）日本品質管理学会拡大計画研究会,シミュレーションとＳＱＣ研究会編, 2007.

第5章

ものづくり新論の展開法（Ⅱ）
—グローバルパートナリング

5.1 "グローバル生産"成功への課題

　現今，自動車産業を筆頭に日本の先進企業は，"世界品質競争"に打ち勝つ"新たな生産戦略—世界同一品質・同時立上げ（最適地生産）"を展開しており，"グローバル生産成功の鍵"である"高品質保証のものづくり－QCD同時達成"が必須要件となっている[1-5]。

　経営者の最大の関心事は，"海外生産戦略—現地化生産"の成功であり，"日本に負けないものづくり"の実現である[6-11]。そのためには、(i) 海外の様々な生産拠点の製造現場の実情に合う"ものづくりの実現"が必要である。その中核は、(ii) 現地の製造現場の作業員（以下，生産オペレータという）のスキルを向上させ、期待通りの"高品質保証のものづくり"の推進である。

　海外各地の生産工場に"日本の生産工場と同様の生産システム・生産設備・材料を移管している"にもかかわらず，生産オペレータのスキル不足に起因する"品質つくり込み－工程能力（Ｃｐ）の確保が十分でない"ことが散見される[12]。その対応策として日本製造企業は、デジタルエンジニアリングで様変わりしている生産工場の"高度化生産システムへの移行"に乗り遅れないように，日本の生産工場を"マザー工場"として位置づけ，海外の生産オペレータを受け入れ、教育・指導する"現地化生産プログラム－日本のものづくりのノウハウの移植"を進めてきた[6-9]。

　しかしながら、急速に拡大する先進国と発展途上国（開発途上国）における現地化生産が進む中，"マザー工場"による"海外工場の生産オペレータの教育と育成"を主体とした対応だけでは、もはや限界があることは明らかである（8‐1節"トヨタ生産方式—ニュージャパングローバルプロダクションモデル"で論じる）。

　克服すべき"海外生産における共通のものづくりの課題"は、"日本のものづくりのノウハウ"をそのまま海外生産拠点へ適用することは容易ではないということである[13,14]。それは、当該生産地の技量（技術・技能とその教育のレベル）は、国柄によって日本とは異なった"乗り越えなければならない壁－当該の生産拠点に合った生産システムが存在する"ことへの新たな対応が求められている。日本の製造メーカーは、グローバルな視点から、"海外の製造現場の実情に合うものづくり"に適合させることが不可欠である。

　具体的には、"労働価値の創出－ハイスキル、達成感、自己成長"を通じて、"ＥＳ，

CS，SSを実現できる新たな仕組みの創案"が必要不可欠となっている[8,15-17]。

5.2　グローバルパートナリング
5.2.1　グローバルパートナリングモデル—日本に負けない海外でのものづくり[7]

筆者らは、"第1章 日本製造業のものづくりと経営課題"、"第2章 日本的生産方式の進化の必要性"を通して、グローバル生産（最適地生産）の強化のために"海外の生産オペレータの力量を高める"ことの重要性を"実態調査"で明らかにした。

さらに、筆者ら[3,17-22]の海外自動車メーカー（米国、トルコ、マレーシア、中国、ベトナム）の現地調査から、(i) 現地化生産の成功の鍵は、"日本に負けない海外でのものづくり"を実現することが必要であり、具体的には (ii) 日本と現地が協創する"グローバルパートナリングの展開"が重要且つ不可欠であると推量した。

"グローバルパートナリング"[3,7,22]とは、日本と海外の生産工場が有機化し継続的な進化が共にできるように、"ナレッジ、スキルを共有する"ことを意味している。つまり、これまでの日本の製造業が主導的に推進してきた、①海外の生産工場に"日本的生産方式"をあてはめることに固執するのではなく、②日本と海外のマネージャー（管理・監督者）、オペレータ、エンジニアリングスタッフらが目的意識を共有し、当該国の文化、国民性を尊重し、③現地化生産の環境に適した"ものづくりの体制を進化させていく"ことである。さらには、これらの成果（①－③）を反映し、④"当該国／当該地域が主導するものづくり"に"日本的生産方式"が寄与する"現地に根ざした新たな生産方式の確立の布石づくり"へ貢献することがますます大切になってくる。

図5.1の"グローバルパートナリングモデル"（Global Partnering Model, GPM）[7,22]に示すように、日本の生産工場は"グローバルマザー工場"として、日本的生産方式の中核である"生産技術開発、生産現場の製造管理技術と生産オペレータの技能"を進化させ、"世界の各生産処点に広げる場"とする。さらに、"グローバルパートナリング"により、先進国と開発途上国の意向と現地の特質に適応する、海外諸点毎の"マザー工場"を設置することにより、"ものづくりのグローバルネットワーク化"が必要になる。

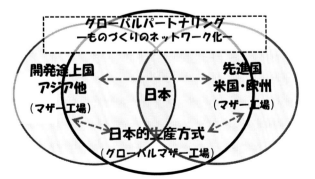

図5.1　グローバルパートナリングモデル（GPM）

5.2.2 ニューグローバル・パートナリング・プロダクションモデルの創案

そこで筆者ら[7,22]は、"第3章 ものづくり新論のコアエレメント"New Production Management Model"（NPMM）を適用し、前述の"ものづくりのグローバルパートナリング"にフォーカスし、新たな視点で日本と海外の生産工場がジョイントする"ニューグローバルパートナリングプロダクションモデル"New Global Partnering Production Model, NGP-PM）を図5.2に創案する。

図中に示すように、"ＮＧＰ－ＰＭ"のミッションは，高品質保証を実現させるＱＣＤ同時達成である。必要な戦略的指針は，1つは（A）グローバル生産に対応する基盤創りのための"グローバルマザー工場の実現－日本の製造現場の進化"であり，2つは，（B）開発途上国（アジア），先進国（米国，欧州）それぞれの特性（手作業，設備・補助装置・動工具の操作など）を織り込むことによる"現地生産の自立化"の促進である。3つめは，日本と海外の双方の生産オペレータの人材情報、スキル教育などを共有し、彼らが協創することによる"シナジー効果―ナレッジの共有化"の実現（(I)・II)）である。

（I）開発途上国のものづくりの自走力を高めるには、総じて手作業主体の製造現場に適した"ハイスキルオペレータ（高度熟練技能者）の育成"が"ＱＣＤ同時達成の鍵"となる。

（II）デジタルエンジニアリングが必須の先進国では、ハイスキルオペレータの育成に加え、自動化・高精度化設備主体の製造現場に適した"高信頼性生産システムの実現－高稼働率の確保"を実現させる"インテリジェンスオペレータの育成"が"ＱＣＤ同時達成の鍵"となる。

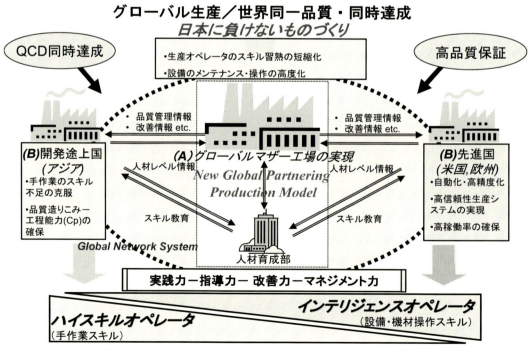

図5.2 ニューグローバル・パートナリング・プロダクションモデル（ＮＧＰ・ＰＭ）

第1部 製造業経営の要諦—ものづくり新論の確立

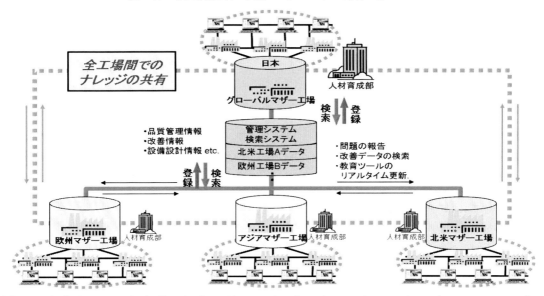

図5.3 生産オペレータ育成のためのグローバルネットワークシステム（GNS-DPO）

さらに筆者ら[22]は、本モデルを具現化するために図5.3に示す"生産オペレータ育成のためのグローバルネットワークシステム"（Global Network System for Developing Production Operators, GNS-DPO）を創案する。図中のように、各生産拠点の品質管理情報，設備設計情報，改善情報など，必要な情報をリアルタイムに更新するネットワークが必要不可欠なものになる。本システムの運用にあたっては，日本と北米／アジア／欧州の各生産工場の主要な"生産，品質，安全"等の情報をハイリンケージする。特に、日本の生産工場を中心に、内外の生産処点ごとの情報が円滑に動くように"統合と分散"の機能をマネジメントできるよう工夫する。

具体的には，北米のある工場で問題が生じた際に，欧州の別のある工場の情報データをリアルタイムに検索可能にする。さらに，アジアの1つの"マザー工場"が改善を行い，その改善情報"独自のナレッジ"が提起されたときには，それらの情報（データ）を日本のグローバルマザー工場，さらには先進国のマザー工場が共有し，さらなる向上につなげることができるようにするものである。

5.3 適用例
5.3.1 "ＮＧＰ-ＰＭ"の有効性—トヨタのグローバルマザー工場の例

"ＮＧＰ-ＰＭ"展開の有効性を例証する。ここでは、トヨタ自動車㈱の"グローバルマザー工場"（Toyota Global Production Center, GPC）の展開として，"技能習熟支援システム"（Human- Integrated Assist System for Intelligence Operators, HIA）のコアエレメントの1つである"海外新人生産オペレータの技能訓練カリキュラム"について例示する。このねらいは，従来，2週間以上かかっていた海外新人生産オペレータの技能訓練を従前の

半分以下の訓練期間（5日間）で実施し，海外生産開始時の円滑化を図るものである。

図5.4に示す"完成車両の組み立て作業"の5日間の技能訓練メニューでは，①座学研修―②適正診断テスト―③スキルアップのための基本技能訓練（基本と応用の3ステップで構成）―④オフラインによる作業模擬訓練―⑤実ライン訓練の5ステージとしている。技能訓練の実施段階では，(i) ビジュアルマニュアル、(ii) インテリジェントITシステム，(iii) 技能訓練評価表などを活用し，訓練基準に到達するまで繰り返し行う。これらにより、(iv) 最終ステージ（⑤）では、の製造現場の実際の車両組み立てのライン作業を容易なものにできるように工夫している。

このカリキュラムでは，図中のように"かんばん"の取り扱い，部品選択，作業安全，基礎的技能訓練（静止作業），技能訓練の評価，応用動作（歩行を伴う実ライン作業のシミュレーション），イメージ訓練（実ライン作業），実ライン作業のステップ順で構成される。ここで、新人オペレータが作業習熟効果を効率的に高められる"ツール"の例を紹介する。製造工程に関する"知識と作業の勘所に関する情報"を共有化する"コミュニケーションツール"として、図5.5に示す"ビジュアルマニュアル"を完備している。

図中の画面に構成を示すように，①手順，②動画，写真，アニメなどの画像表示部，③説明文から成り，手順に従ってページをめくりながら閲覧できるものである。例示に見るように、新人生産オペレータは"全世界共通の内容"による作業訓練を習得し、イメージトレーニングなどにより、反復練習を行うことで"技能レベル"が初期段階で大

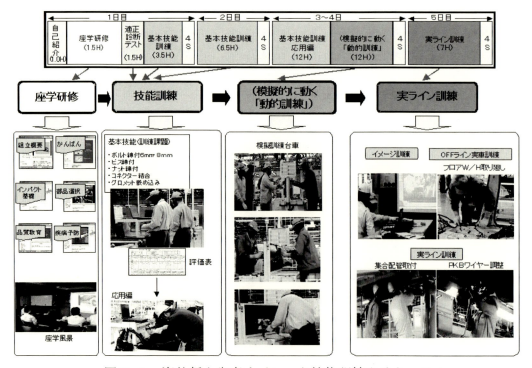

図5.4　海外新人生産オペレータ技能訓練カリキュラム

第1部 製造業経営の要諦—ものづくり新論の確立

図5.5 ビジュアルマニュアルの画面構成

幅に向上し，所与の成果を得ている[注1]。本節で紹介した"日本に負けない海外でのものづくり"の研究成果は，現在，日本の先進企業において、順次展開が進んでいる[13]。

(注1) トヨタでは、体系的な"知的オペレータ育成システム"（Human Intelligence Production Operating System、HI-POS）[6]を運用している（8章：8．1トヨタ生産方式—ニュージャパングローバルプロダクションモデル、8－3デジタルエンジニアリング—生産シミュレーション、9-2人中心の新たな生産の仕組み—知的オペレーションで解説する）。

5.3.2 新トルコ生産方式の創案—GPMの新展開
5.3.2.1 トルコの自動車産業の現状と課題 [18, 23]

トルコの自動車生産は、国別自動車生産量では１６位である。新興国の中では比較的高い順位にある。戦略的に有利な生産・物流場所に位置していることから，地場産業を反映したトルコ固有の（所謂）伝統的な"トルコ生産方式"（Traditional Turkish Production System）が定着している。

近年では、トルコ自動車産業のグローバル生産戦略として、海外の先進企業による現地生産を積極的に実施している。例えば，１９９４年からは"トヨタ・モータ・マニュファクチャーリング・ターキー"（Toyota Motor Manufacturing Turkey, TMMT）は、日本のトヨタにおいて"The Toyota Way"[24]の研修などを行い，"トヨタ生産方式"（Toyota Production System）を導入している[注2]。

しかしながら、現今、トルコ自動車産業は"グローバル化を志向した生産量の拡大"とともに、"世界品質競争"に勝ち抜くためのグローバル生産戦略として、品質マネジメント，生産マネジメント，人材マネジメント，海外自動車メーカーなどの戦略的連携などの課題が表出しており，"新たな課題の克服"が求められている。

(注2) 筆者ら[23]の調査により、その背景にはトルコ人は日本人と気質がよく似ており、"何でも頑張れば成功できる"という考えがあり、日本的生産方式が受け入れられ易い環境が底流にある。

5.3.2.2 新トルコ生産方式"ＮＴＰＳ"の創案

そこで筆者ら[18, 23]は，トルコの自動車生産の実状を調査し、世界のフロントランナーである"日本的生産方式"と、現今の"トルコ生産方式"の統合と進化をねらいとした"新トルコ生産方式"（New Turkish Production System, NTPS）を創案する。

（1）ＮＴＰＳのコンセプト

筆者ら[18,23]は、Ramarapu et al.(1995)[25]の研究、天坂 New JIT 研究室[2,7,8,13,26-29]の研究をベースに、ＮＴＰＳのコンセプトを図5.6に創出した。図中の左側には、日本的生産方式を代表するトヨタのものづくりの普遍的な基本要素である、"伝統的なトヨタ生産方式"（Traditional Toyota Production System）と、その進化システム "Advanced Toyota Production System" の2階層を表している(注3)。同様に右側には、これまでの "伝統的なトルコ生産方式"（Turkish Production System）と、将来の進化システム "Advanced Turkish Production System" の2階層を表している。

これら両方の生産方式のコンセプトを統合し進化させるためには、トルコと日本におけるそれぞれの生産システムの主要な生産要素から、"共通因子（要素）" と "トルコ固有の独自因子（要素）" を勘案（抽出）する必要がある。

(注3) 筆者が創案した "ものづくり新論"（ＮＭＴ）のコアエレメント "Total Production System" を戦略的展開させる "ニュージャパン・プロダクション・マネジメントモデル"（New Japan Production Management Model, NJ-PMM)は、トヨタでは "Advanced Toyota Production System" と呼称し、グローバル生産戦略を推進している（第3章 ものづくり新論—ＪＩＴを超えて、第8章 8-1 トヨタ生産方式—ニュージャパングローバルプロダクションモデルを参照の事）。

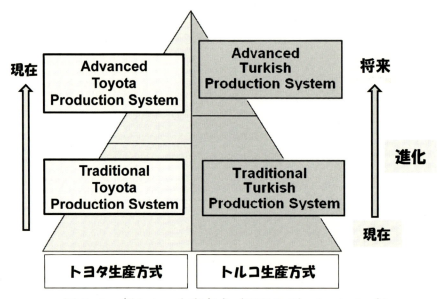

図5.6　新トルコ生産方式（ＮＴＰＳ）のコンセプト

（2）ＮＴＰＳに重要なキーワードの抽出

ＮＴＰＳに必要な共通因子（要素）と、トルコ固有の独自因子（要素）を抽出するために、筆者ら[18,23]は日本の自動車メーカー／部品メーカー（トヨタ，ホンダ，デンソー、セントラルモータース，日本発条など）と、同様にトルコの現地メーカー（TOFAS, OYAK-Renault, FORD OTOSAN, TOYOTA Turkey, DENSO Turkey）に現地調査を行った．

これらの調査では、ヒアリング、工場視察で得られた知見，製造現場の実際，さらに参考文献などにより、約５００の言語データ（キーワード）を抽出することができた。これらの言語データを使用し，５М－Е（Man, Machine, Material, Manufacturing, Measuring, Environment）の要素分類により、"親和図を用いた経験技術をベース"にして、それらのキーワードの関連性を調べた。

そして図5.7に示すように、"ＮＴＰＳ"に重要なキーワードとして、１０の共通因子と４つのトルコの独自因子、２つの日本の独自因子を抽出できた。

（ⅰ）トルコと日本の共通因子は、１．品質保証、２．ＳＱＣ教育、３．ＱＣＤ活動、４．改善活動、５．創意工夫提案制度、６．環境規制による改善、７．自動管理手法、８．Global Partnering、９．安全性、１０．ムダの定義・認識・撲滅である。

（ⅱ）トルコの独自因子は、１１．トルコ的な人材教育、１２．欧州メーカーとの生産・品質・物流・情報の融合、１３．Focused Kaizen、１４．WCM（World Class Manufacturing）による生産管理である。

（ⅲ）日本の独自因子は、１５．Digital Engineering / CAE、１６．人中心の新たな生産の取り組みである。

共通項目	トルコだけの項目
1.品質保証	11.トルコ的な人材育成
2.SQC教育	12.欧州メーカーとの生産・品質・物流・情報の融合
3.QCD活動	
4.改善活動	13.Focused Kaizen
5.創意工夫提案制度	14.WCMによる生産管理
6.環境規制による改善	**日本だけの項目**
7.自動管理手法	
8.Global Partnering	15.Digital Engineering/CAE
9.安全性	16.人中心の新たな生産の取り組み
10.ムダの定義・認識・撲滅	

図5.7 親和図から得られた"ＮＴＰＳ"に重要なキーワード

（3）ＮＴＰＳコンセプトの具象化－キーワードと言語データとの関係性

そこでさらに，"テキストマイニング解析"を用い、前述（2）で得られたキーワードと言語データとの関係性を考究する。

ここでは，"ＮＴＰＳ"に重要なキーワードの中の５М－Еの要素分類についての解析結果の例を説明する。以下では、まず"Traditional Toyota Production System"と""Advanced Toyota Production System"の関係性（それらに具備すべき必要なキーワード）を図５.８に明示する。さらに同様に，"Traditional Turkish Production System"と"Advanced Turkish Production System"の関連性を図５.９に明示する。

図中から判るように、①Traditional Toyota Production System（基本要素）に関連が強い

第5章 ものづくり新論の展開法（Ⅱ）―グローバルパートナリング

のは、ＪＩＴ生産、ＴＱＭ，職場環境、標準作業、作業改善、ムダの排除、自働化、ＱＣサークルなどの展開である。さらに、②Advanced Toyota Production System に具備すべき主要素（因子）は、"ＪＩＴ生産を強化するために、バーチャル工場の推進、高品質保証（高信頼性保証）、オペレータ（ワーカー）教育、インテリジェンスオペレータ育成のプログラム化の推進"である。

　中でも、グローバル生産戦略のために、グローバルパートナリング、デジタルエンジニアリング，サイエンスＳＱＣ，バーチャル工場，数値シミュレーション（ＣＡＥ）、コンピュータグラフィックス（ＣＧ）などの展開と強化などである。

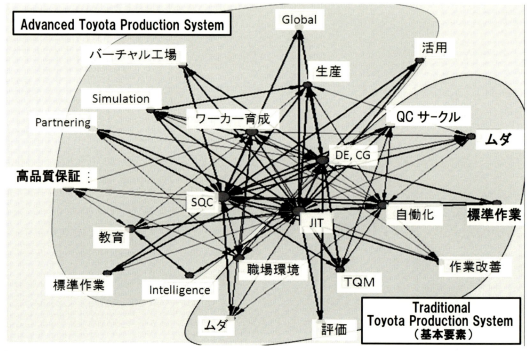

図５.８ Traditional Toyota Production System と Advanced Toyota Production System の関係性
（キーワードと言語データによるテキストマイニング解析）

　同様に図５.９から，①Traditional Turkish Production System に関連が高いのが，グローバル生産に不可欠な"WCM"（World Class Manufacturing）による生産管理に着目した"安全性，コスト、物流、品質の確保"であり，それらの問題解決のための"人材の育成・活用に不可欠なライン監督，環境改善"などである。

　さらに、②Advanced Turkish Production System"に具備すべき主要素（因子）は，"関連部署による実行力のある集中した改善"であり，"モチベーションと柔軟性、ワーカーのライン改善力"が鍵となる。さらに不可欠な要素（因子）は、欧州メーカーと融合した現地化生産のための"欧州メーカーとの連携の強化"である。

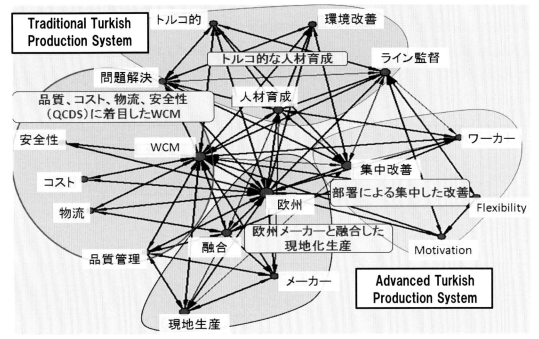

図5.9 Traditional Turkish Production System と Advanced Turkish Production System の関係性
（キーワードと言語データによるテキストマイニング解析）

（4）トルコにおけるNTPSの展開

筆者ら[18,23]は、上述（1）-（3）の調査解析で得られた知見を基に、"NTPSによるグローバル生産のフレームワーク"を図5.10に創出した（注3）。図中（左）には、現在のトヨタがグローバル展開している"Traditional Toyota Production System"と"Advanced Toyota Production System"の特質を表す必要な技術要素を明示している。同様に図中（右）には、Traditional Turkish Production System と Advanced Turkish Production System の特質を表す必要な技術要素を明示している。

そこで筆者ら[18]は、上述（2）で協力いただいた日本とトルコの現地メーカーに研究成果を報告し、創出した"NTPSフレームワークの妥当性"を確認できた。現在、トルコの現地メーカーで、"NTPS"の有効性について、検証を進めている。

(注3) 図中の技術要素は、筆者ら[18]の研究と、日本とトルコの現地調査により得られたキーワードと言語データ、テキストマイニング解析から、キータームとして提示している。

5.4 グローバルパートナリングモデル（GPM）の拡がり

現在筆者らは、自動車の"グローバル生産戦略"に視座し、"GPMの具体的展開法"である"NGP・PM"（ニューグローバル・パートナリング・プロダクションモデル）のグローバル展開を進めている。1つは、筆者ら[19]によるマレーシア自動車産業への"New Malaysia Production Model, NMPM"の創案と展開である。同様にして、中国自動車産業への"New China Production Model, NCPM"の創案と展開、"ベトナム自動車産業への"New

第5章 ものづくり新論の展開法（Ⅱ）―グローバルパートナリング

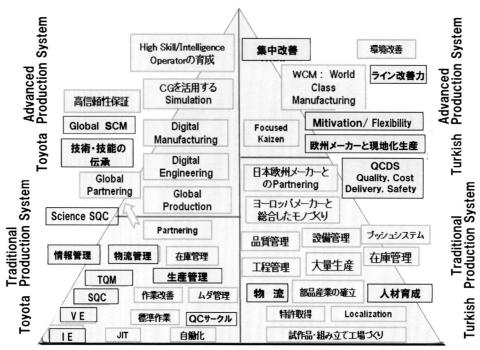

図5.10 ＮＴＰＳによるグローバル生産のフレームワーク
（5Ｍ－Ｅの観点からの生産に必要な技術要素）

Vietnam Production Model, NVPM"の創案と展開である。これらは、上述の"トヨタのマザー工場とトルコのＮＴＰＳ"の知見と運用効果を基にしており、現在、現地のモデル工場で実証研究が進んでいる。2つは、筆者ら[14]による北米（Toyota Manufacturing USA）への"New Japan Global Production Model , NJ-GPM"の展開が同様に進んでいる。

5.5 まとめ

筆者らは、"海外生産戦略―現地化生産"に視座し、ものづくり新論の展開法（Ⅱ）―グローバルパートナリング"を論究した。具体的には、先進国と発展途上国（開発技術途上国）へのグローバル生産の布石をなす"グローバルパートナリングモデル"（ＧＰＭ）として、現地化生産に寄与する"ニューグローバル・パートナリング・プロダクションモデル"（ＮＪＰ－ＰＭ）を創案した。本モデルの展開として、トヨタのグローバルマザー工場が取り組む"海外新人生産オペレータ技能訓練カリキュラム"の有効性を例証した。さらに、トルコの現地化生産に寄与する"新トルコ生産システム"（ＮＴＰＳ）を創出し、その有効性の実証研究を進めている。同様に筆者らは、マレーシア、中国、ベトナム、北米への現地化生産モデルを創案し、それらの有効性の実証研究を進めている。

5.6 謝辞

本研究は、青山学院大学（理工学研究科 天坂 New JIT 研究室：海老岡慶一氏、ムスタ

ファ ムラト サカルスズ氏、葉有勝氏、山路学氏 他)、トヨタ自動車㈱（酒井浩久氏 ）との協働であり、ここに深く謝意を申し上げます。

参考文献

[1] K. Amasaka, Strategic QCD studies with affiliated and non-affiliated Suppliers utilizing New JIT, *Encyclopedia of Networked and Virtual Organizations* Vol. III, PU-Z, pp. 1516-1527, 2007.
[2] K. Amasaka, *New Japan Production Model*, An advanced production management principle: Key to strategic implementation of *New JIT, International Business & Economics Research Journal.* Vol. 6, No. 7, pp. 67-79, 2007.
[3] K. Amasaka and H. Sakai, The New Japan Global Production Model "NJ-GPM": Strategic development of *Advanced TPS, The Journal of Japanese Operations Management and Strategy*, Vol. 2, No. 1, pp. 1-15, 2011.
[4] K. Amasaka, The strategic development of Advanced TPS based on a New Manufacturing Theory, *Recent Advances in Industrial and Manufacturing Technologies,* pp. 248-261, 2013.
[5] K. Amasaka, Strategic Stratified Task Team Model for realizing simultaneous QCD fulfilment: Two case studies, *The Journal of Japanese Operations Management and Strategy*, Vol. 7, No. 1, pp. 14-35, 2017.
[6] H. Sakai and K. Amasaka, Strategic HI-POS, Intelligence Production Operating System: Applying Advanced TPS to Toyota's Global Production Strategy, *WSEAS Transactions on Advances in Engineering Education*, Issue 3, Vol. 3, pp. 223-230, 2006.
[7] K. Ebioka, H. Sakai, M, Yamaji, and K. Amasaka,, A New Global Partnering Production Model "NGP-PM" utilizing "Advanced TPS" , *The Journal of Business & Economics Research*, Vol. 5, No. 9, pp. 1-8, 2007.
[8] M. Yamaji, H. Sakai and K. Amasaka, Evolution of technology and skill in production workplaces utilizing Advanced TPS, *The Journal of Business & Economics Research,* Vol.5, No.6, pp. 61-68, 2007.
[9] H. Sakai, and K. Amasaka,, Human-Integrated Assist System for Intelligence Operators, *Encyclopedia of Networked and Virtual Organization*, Vol. II, G-Pr, pp. 678-687, 2007
[10] K. Amasaka, The foundation for advancing the Toyota Production System utilizing New JIT, *Journal of Advanced Manufacturing Systems,* Vol. 80, No. 1, pp.5-26, 2009.
[11] K Amasaka, The development of a total quality management system for transforming technology into effective management strategy, *The International Journal of Management,* Vol 30, No 2, pp. 610-630, 2013.
[12] 天坂格郎編著,『もの造りの原点：インテリジェンス管理図活用のすすめ―デジタルエンジニアリングと高品質保証』, 日本規格協会, 2003.
[13] 天坂格郎編著,『ニュージャパンモデル：サイエンスＴＱＭ－戦略的品質経営の理論と実際』, 製造業の品質経営あり方研究会編, 丸善, 2007.
[14] K. Amasaka, Innovation of automobile manufacturing fundamentals employing New JIT: Developing Advanced Toyota Production System, *International Journal of Research in Business, Economics and Management,* Vol. 2, Issue 1, pp. 1-15, 2018.
[15] H. Sakai and K. Amasaka, Demonstrative Verification Study for the Next Generation Production Model: Application of the Advanced Toyota Production System, *Journal of Advanced Manufacturing Systems*, Vol.7, No.2, pp.195-219, 2008.
[16] M. Tsunoi, M. Yamaji and K. Amasaka, A study of building an Intellectual Working Value Improvement Model, IWV-IM, *International Business and Economics Research Journal*, Vol. 9, No. 11, pp. 79-84, 2010.
[17] K. Uchida, M. Tsunoi and K. Amasaka, Creating Working Value Evaluation Model "WVEM," *International Journal of Management & Information Systems*, Vol. 16, No. 4, pp. 299-306, 2012.
[18] Y. Y. Siang, M. M. Sakalsiz and K. Amasaka, Proposal of New Turkish Production System" NTPS, Integration and evolution of Japanese and Turkish production system, *Journal of Business Case Study*, Vol. 6, No. 6, pp. 69-76, 2010.
[19] S. Huang, Y. Y. Siang and K. Amasaka, Proposal of a New Malaysia Production Model "NMPM": A new integrated production system of Japan and Malaysia, *Proceedings of International Conference on Business Management 2011,* Miyazaki Sangyo-Keiei University, pp. 235-246, 2011.
[20] 黄山, 中国現地自動車メーカーにおける生産方式の創案, 2012 年度理工学専攻マネジメントテクノロジーコース修士論文（天坂 New JIT 研究室）,2013 年 1 月.
[21] S. Miyashita and K. Amasaka, Proposal of a New Vietnam Production Model, NVPM: A new integrated production System of Japan and Vietnam, *IOSR Journal of Business and Management,* Vol. 16, Issue 12, pp. 18-25, 2014.

第5章　ものづくり新論の展開法（Ⅱ）―グローバルパートナリング

[22] 海老岡慶一, 山路学, 酒井浩久, 天坂格郎、Advanced TPS の戦略的展開：日本に負けない海外でのものづくり―New Global Partnering Production Model の提案とその有効性, 生産管理, 生産管理学会論文誌, Vol. 13, No. 2, pp. 57-62, 2007.

[23] ムスタファ ムラト サカルスズ, アドバンスＴＰＳを活用した新トルコ生産方式の提案, 2008年度理工学専攻マネジメントテクノロジーコース修士論文（天坂 New JIT 研究室），2009年1月.

[24] K. L. Jeffrey, *The Toyota Way: 14 management principles from the world's greatest manufacturer,* McGraw Hill, New York, 2003.

[25] N. K. Ramarapu, S. Mehra, and M. N. Frolick, A comparative analysis and review of JIT implementation research, *International Journal of Operations and Production Management*, Vol. 15, No. 1, pp. 38-49, 1995.

[26] K. Amasaka, Development of "Science TQM", a new principle of quality management : Effectiveness of Strategic Stratified Task Team at Toyota, *International Journal of Production Research.*, Vol. 42, No. 17, pp. 3691- 3706, 2004.

[27] K. Amasaka, *Applying New JIT-* Toyota's Global Production Strategy: Epoch-making Innovation of the Work Environment, *Robotics and Computer-Integrated Manufacturing,* Vol. 23, Issue 3, pp. 285-293, 2007.

[28] M. Yamaji and K. Amasaka, K. Proposal and validity of Global Intelligence Partnering Model for corporate strategy, "GIPM-CS," *Advances in production* management systems, *International IFIP TC 5, WG 5.7 conference on advanced in production management system (APMS 2007), Linkoping, Sweden,* pp. 59-67, Springer, 2007.

[29] 天坂格郎, 黒須誠治、森田道也（共著），『ものづくり新論：ＪＩＴを超えて―ジャストインタイムの進化』，森北出版, 2008.

第6章

ものづくりとリスクマネジメント

概要：
まず、研究開発プロセスにはどのようなパターンがあるかを述べ、研究開発が成功に至るまでに、リスクを洗い出し回避した事業だけが成功への道を辿り、リスクを無視して事業を遂行しても破綻に遭遇する企業の例を紹介する。

キーワード：技術革新、市場牽引型、事業孵化、第一の死の谷、第二の死の谷、リスク、事業リスクマネジメント、リスクマッピング、PESTLE分析、脆弱性、リスク対応

6.1 研究開発プロセスと死の谷の克服

　研究開発のプロセスは大きく二つに分かれる。前半は発明されたものが製品化される段階と、後半は製品化されたものが市場ニーズに適合し、製造によるコストダウンを含めた事業孵化の段階である。

　一般的に研究開発プロセスは「科学的調査」→「技術開発」→「事業孵化（商業化）」と進む。
　1）科学的調査（研究段階）
　　　①基礎研究－技術のシーズの探査と試作開発を行う段階
　　　②概念化（概念/発明）－原理と概念を実証する段階
　2）技術開発
　　　③技術開発－発明を製品の一部もしくは全体に適用する過程
　　　④製品化－発明した技術あるいは既存の技術を組み合わせて、製品として実現する過程
　3）事業孵化（商業化：製造/マーケティング）
　　　製品を市場ニーズに適合させ、経済効果を生み出すためにビジネスとして孵化する段階

　「研究開発」の用語は科学的調査（研究段階）と技術開発の両方を含み、「製品」と「商品」を区別する。研究段階の発明を技術実現したものが「製品」であり、ビジネスモデルに従って、製品を顧客ニーズに適合させたものが「商品」である。

ところで研究段階で発明されたものが、市場で評価されないで多くの失敗事例が存在することから、多くの失敗事例を累々とした屍に喩えて、「死の谷：the Valley of Death」と称している。

研究開発プロセスに沿って、死の谷は精力的に研究"科学的調査"を推し進めても製品化まで辿り着かない段階と、経済的成果を生み出す見込みがなく"事業孵化"しない段階が存在する。前者を「第一の死の谷」と称し、後者を「第二の死の谷」と称す。

これらの段階で、技術革新の誘因パターンには、技術圧力型と市場牽引型の二つに分類され、技術圧力型とは、はじめに技術ありきというもので、科学的発見や技術進歩により新しい可能性が生じ、新製品、新サービスの生産を刺激する技術革新のパターンである。また、市場牽引型とは、逆にまず市場ありきで、市場経済の市場原理に基づく市場の必要性から技術革新を牽引する技術革新のパターンである。

技術革新の誘因パターンについて、キヤノンとシャープの研究開発のファネル（ふいご：製品開発の仕組みや企業風土）の違いを挙げて解説し、市場牽引型の誘因パターンについて、複写機研究開発のキヤノンとゼロックスの例を挙げて市場をどう棲み分けたかを解説する。

この誘因パターンにより、「第一の死の谷」、「第二の死の谷」を克服していることを示す。

6.1.1 技術革新の誘因パターン

本節では、キヤノンとシャープのファネルの違いを解説することにより、いかにキヤノンとシャープが「第一の死の谷」を克服したかを解説する。

シャープにおいては、「徳尾錠」や「シャープペンシル」の開発の考え方が企業組織の風土に根付き、1931年7月にテレビの研究がスタート、1953年の国産第1号テレビの開発が、後の電子デバイス技術の醸成につながった。テレビの販売は、三流メーカ扱いされていたが、テレビの研究や開発を手掛けることにより、ブラウン管や真空管の技術を、コアコンピタンス（競争優位性を確保し、他者にはなく、自社ならではの技術）として獲得した。

これが後の電子デバイス技術の醸成に結び付いている（図6.1.1）。シャープを創始者の早川徳次は、「模倣される商品をつくれ」といっているが、シャープの国産第1号の多さに驚く。国産第1号鉱石ラジオセットの組み立て、国産第1号テレビ、世界初電卓「コンペットCS10A」と続く。

早川徳次は「まねする人間」と「まねされる人間」が切磋琢磨して、お互いが競争して、さらに製品が良くなり、良くなった分を消費者に還元している。

シャープの中では、「オンリーワン」の商品の開発と称しているが、シャープの亀山

第 6 章　ものづくりとリスクマネジメント

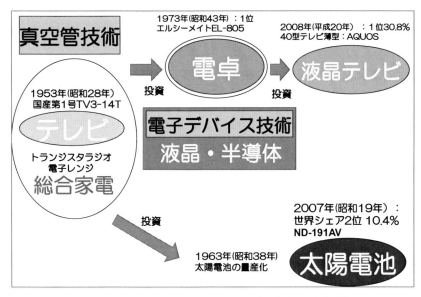

図 6.1.1　シャープの技術醸成と移転[1]

　モデルのAQUOSの液晶テレビの変遷から明確なように、液晶技術をコアコンピタンスとして醸成したところに、三流メーカから今日のシャープを創り上げた源泉がある。

　このことについては、早川の著書『私の考え方』にある「さらにより優れたものを研究すること」は、先輩の研究者や開発者の遺産を継承できる者がいて、後に続く者が存在することで、テレビ開発や、シャープの技術醸成や技術移転から窺うことができる。

　一方、キヤノンにおいては、シンクロリーダーでは失敗するが、世界初のテンキー電卓「キヤノーラ - 130」を開発し、そこで蓄積した電子化の技術は、複写機開発の電子化に貢献している（図6.1.2）。

　複写機自体は550個のセンサーをもち、マスターのCPU 1個、スレーブのCPU 4個からなるコンピュータ製品である。ドラムの表面温度を司るセンサーなどから情報を取得し、マスターのCPUは、搬送系、光学系、給紙系のスレーブのCPUに命令指示を与えている。

　また、カメラ製品においても他社に先駆けて電子化を可能にしたのは、電卓などで獲得した電子化技術にほかならない。カメラの部品点数は、メカによるリンク構造が主力を占め、1,000点を超えていたが、電子化を図ることにより、モータードライブなどの駆動系に変化し、被写体の測光は、測光ICにより、瞬時に測定が可能となり、得られた情報をもとに、駆動系に指令し、ピントや絞りの自動化が可能となった。

　複写機そのものも、昔の日光写真の原理で、カメラの技術が生きている。ガラス板に置かれたコピー対象物に光を当て、その像をレンズを介して、ドラム表面に静電画像を映し出している。静電画像は光が当たると電子が飛び出す光電効果を利用して、ドラム表面に負の電気と正の電気の像をつくり出すことである。

第1部　製造業経営の要諦—ものづくり新論の確立

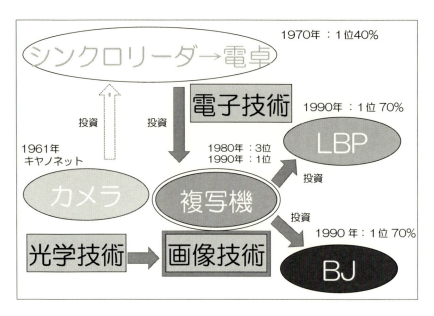

図6.1.2　キヤノンの技術醸成と移転[1]

　キヤノンの製品開発の企業風土は、カメラ開発によって培われたものと、複写機開発によって培われたものとに表現でき、カメラの品質を尊ぶオーソドックスな企業風土と、複写機の開発スピードを重んじる企業風土からなる。これらのものは、組織の中に脈々と、先人から後に続く者へと受け継がれている。

　キヤノンとシャープでは共通する省エネ、小型化で開発風土が共通しているが、シャープの「諦めない体質」に対して、キヤノンは「スピードの速い体質」では、企業風土が根本的に違う。

　「スピードの速い体質」について、もう少し説明を加えると、キヤノンの初代社長御手洗毅と、2006年の6月に経団連の会長となった御手洗富士夫は、大分県の蒲江に居を構える御手洗水軍の末裔である。御手洗富士夫は本家筋で、御手洗毅は分家である。キヤノンは分家が創って、本家が継承する形となる。御手洗家は永く家系が続いた由緒正しい家柄である。

　御手洗富士夫が、1989年に米国から帰って来てから、キヤノンも大きく転換した。当時は円高に苦しめられ、コンピュータ事業部が赤字を出していたが、誰も手の打ちようがなく困窮していた。

　この御手洗富士夫が、1995年、社長に就任するや、不採算部門の6事業部を撤退させ、黒字の事業部に資源を集中させた。数年後には8,000億円の有利子負債を返済し、2兆6,000億円の企業へと押し上げた。この戦略こそが、スピードを背景とした、まさしく御手洗水軍の戦略の真価を発揮した瞬間で、今でいうGEの選択と集中の戦略そのもので

あり、Ansoffの「企業戦略論（Corporate Strategy）」の戦略展開に沿っている。

日米の複写機開発の比較で、キヤノンが畳半畳分の小型の複写機を開発したことも、水軍の小型舟で敵と対峙する戦法に似ている。

6.1.2　市場牽引型の誘因パターン

本節では、キヤノンとゼロックスの複写機市場での棲み分けを解説し、いかにキヤノンが「第二の死の谷」を克服したかを解説する。

1938年、米国のC. F. Carlson によるゼログラフィ（Xerography）の基本技術を元に、1962年に商用の1号機として、ゼロックスのモデル「914」が発売された。

一方、1962年の複写機研究開発のキヤノンのスタート当時、複写機製品はゼロックスの100％の市場であり、複写機の特許がゼロックスに完全に押さえられていた。米国の有名な調査会社のアーサー・D・リトルは「複写機では、1960年代、70年代を通じてゼロックスの独占をおびやかす技術開発は起こり得ない。どのメーカもゼロックスの特許を乗り越えることはできない」というレポートを出していたくらいである。

しかし、キヤノンは数年後に、これを簡単にくつがえし、1968年にはNP（New Process）を考案し、500件以上の特許、実用新案を取得し、新ジャンルの複写機を開発した。ゼロックスは官公庁や大企業の大規模ユーザーをターゲットとしているのに対して、キヤノンは司法書士事務所や弁護士事務所などの小規模事業主をターゲットとして、低価格、小型（省資源、省エネルギー）の複写機（図6.1.3）で、電子複写機事業に参入した。

市場戦略的にも、1966年当時、キヤノンは販売網・サービス網がなかったが、ゼロックスのたたみ三畳分の大きさに対して、キヤノンのたたみ半畳分の大きさの複写機は、狭

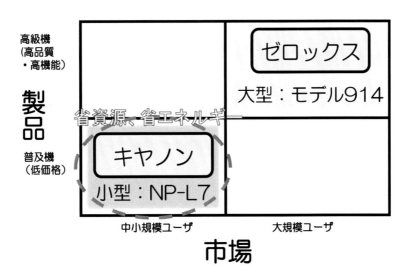

図6.1.3　キヤノンの狙い[1]

い日本のオフィスにフィットした。当初は海外向けのＯＥＭが主であったが、いち早くカメラで培った海外拠点を中心に海外代理店の展開を行い、1987年リコーの輸出シェア15.7％、キヤノン25.1％と、リコーを追い抜き、リコー、ゼロックスの二強時代に終始符を打った。

ゼロックスは1981年、事業所200箇所、販売会社21社630名体制に、メンテナンス・サービスを含めて4,000名体制の直販体制を敷いていた。キヤノン販売は、これとはまったく逆の代理店戦略を選択し、1983年、全国700店に及ぶ代理店の組織化を行い、1993年、リコー、ゼロックスを追い抜き、市場シェア25.0％で1位となる。

ゼロックス社は大型の複写機モデル「914」を開発し、キヤノンは小型の複写機NP-L7aを開発した。筆者は1977年にゼロックス社の副社長に出会ったときに、キヤノンの複写機は「Small & Beautiful」と言われたことを思い出す。

指揮者で有名な、山本直純が作詞、作曲したチョコレートのCMソング「大きいことはいいことだ」は当時流行語となったが、一方では、カシオの「カシオミニ」も、シャープの「エルシーメイトEL-805」も美しく、すべて小さい。12桁の計算をわずか0.15秒でこなしても、重量25kg、厚さ25cmの計算機は早々と市場から姿を消した。

小さく、美しいことは、資源やエネルギーを使わないことであり、無駄を除いて自然環境にやさしい製品に生まれ変っている。

米GMは、環境はビジネスにならないとして、大型車に固執し、2008年9月のリーマンショックに端を発した世界的な景気低迷により、経営破綻を招いたが、フォルクスワーゲンは、自動車には「排出ガスによる健康被害、CO_2排出による地球温暖化、そして自動車の燃料であるエネルギーの枯渇」という3つの重大な問題があることを指摘した。

複写機においても、省資源、省エネルギー、健康被害がないことは、製品として成り立たせるための自然な成り行きである。

6.1.3　二重螺旋構造の技術革新プロセス

1970年代の後半、キヤノンは1,000個の研究開発テーマを洗い出していた。そのうちより、20の研究開発テーマに絞り込み、さらに4つの主力テーマに絞り込んだ。それらは、Dog、Sheep、Fox、Catと呼ばれ、Dogはバブルジェットプリンター(BJP)、Sheepはレザープリンター(LBP)、Foxはファクシミリー、Catはワードプロセッサーとして、市場に送り出した。

ファネルとは"ふいご"のことで、下から風を送り込み、上部で燃え上がる構造となっている。科学的調査から技術開発を経て、事業孵化（商業化）までの、研究開発のプロセスを示している。

第6章　ものづくりとリスクマネジメント

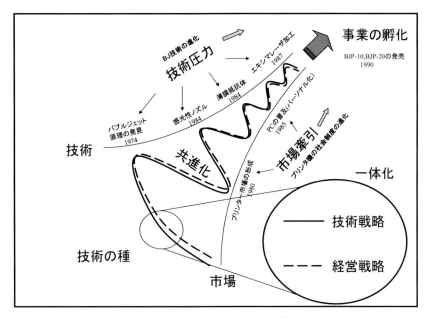

図6.1.4　二重螺旋構造の技術革新プロセス

　図6.1.4はキヤノンのバブルジェットプリンター(BJP)のファネルを示す。1974年、注射器にインクを入れ、注射器の先を温めていると泡が出てきた。この泡に電荷を掛け磁界を発生させて、インクの泡を紙の方向に引っ張るという偶然の出来事と思いつきが、後のBJPの原理となる。その当時の経営者の判断により研究所の四大テーマとして扱われ、製品開発の昇進の道を辿った。

　技術革新の誘因パターンについては、技術圧力型と市場牽引型が論じられるが、技術の種が存在しても、開発投資と技術の醸成の同期がないと研究開発は成功しない。二重螺旋構造の螺旋は技術戦略と経営戦略が同期し、研究開発が進むに従って成長していく様を示す。

　バブルジェット原理が発見される一方で、SBC(スモール・ビジネス・コンピュータ)やPCが1980年の初めに現れ、フロアーで共有するビジネスユースのワイヤドット式や感熱式のプリンターの市場を形成していた。音が静かで印字品位のいいプリンターが求められ、BJPの原理を製品実現するために必要なヘッドの開発が急務であった。ノズルからインクを飛ばすためには、熱を加える薄膜抵抗体の実装とともに、インクの通り道となるヘッダー部分に溝を掘るエキシマレーザ加工の技術の導入が必要となった。

　ペルとは単位1ミリ当たりのドットの数をいうが当初は8ペルが限界で、印字品位において機械式のプリンターの印字品位を超えることができなかった。そこへ、レザービームでヘッダー部分に溝を掘るエキシマレーザ加工の技術が導入され、12ペルを超えた加工が可能となった。機械式のプリンターの印字品位を超えるようになりカラー化の印

字品位も高めた。数十万円の PC はより安価となり、より小型化した。市場は活性化しPC はパーソナル化し、それに伴いプリンターは PC の出力部として欠かせないものとなった。1990 年、BJP-10、BJP-20 を発売しプリンターのパーソナル化を助長した。

技術開発は独自で自社内に開発を行う一方で、エキシマレーザ加工の技術などは技術アライアンスを行い、タイミングを逸することなく技術導入を図る。一方では、HP や IBM と提携し PC のプリンター市場の形成を図る。技術開発や導入については多額の投資を必要とし、市場形成については他社との提携は欠かせないものとなる。技術戦略と経営戦略を同期させることにより、BJP の技術は醸成し市場形成が図られた。

6.2 事業リスク分析

すべての研究開発は成功するのではなく、一方では、将来、大きな市場を形成し、大きな利益が見込まれていても、多大な研究開発投資は企業の債務超過の原因となる可能性がある。

規模型事業では多大の投資を必要とし、しかも長期にわたり継続的に投資することが求められ、事業リスクを増大させ企業を破綻させる。ここで、事業リスクとは「事業を行う場合に、事業目的である利潤追求を阻害し、損失の恐れのあるリスクを分析、発見、評価し、管理・制御すること」である。

例えば、研究開発費は他事業体を含めた総売上高の 10%と最大投資累計額を定め、回収期間は３年あるいは５年と定める。事業リスクを回避する方法として、事業収益性の観点から事業継続あるいは再投資のスタビライザーとしての意思決定をする必要がある。

1）最大投資累計額[2]

事業を継続する投資の総累計額を定め、一定の投資額を超えると事業を打ち切る判断基準となるものである。この基準としてたとえば投資額がキャッシュフロー以下に抑えることなどが用いられる。ただし、このレベルは企業の余力や体力により異なる。

2）投資の回収期間[2]

設備や研究・開発などに投資した費用を何年ぐらいで回収するかを定め、この期間を超えると回収の見込みがないものとして事業を打ち切る。この期間は当該事業の成長性や企業の競争力により異なる。

研究開発に投資を行う上で、将来、どのようなリスクが存在しているかを顕在化させるために、図６.２.１に示す「事業リスクのマッピング」の方法が提案されている。

第6章　ものづくりとリスクマネジメント

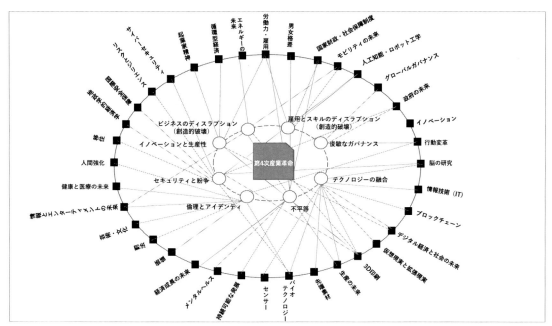

図6.2.1　事業リスクのマッピング

　同心円状にくるリスク要因は、組織をとりまく外部の課題(外部環境)に、政治(Political)、経済(Economical)、社会(Social)、技術(Technological)、法(Legal)、自然環境(Environmental)を取り上げる。PESTLE 分析（要因の頭文字をとって PESTLE と称する）と同様な考え方でリスク分析が進められる。

　戦略そのものは、ドラッガーが"経済活動とはリスクを冒すことである"と主張するように、多くのリスクの中から、リスクを捨て、一方で、take a risk で取り上げるリスクを選択することである。このリスクマッピングの考え方は、リスクを包括的に取り上げ、その中には重大なリスクが含まれていて、重大なリスクの漏れがないことが要求される。すべてのリスクを取り上げると同時に、一方ではリスクを取捨する動作がある。

　事業リスクのマッピングの結果、例えば重大なリスクには、少子化と超高齢化により、労働力の不足と競争力の低下が懸念される（図6.2.2）。労働力の不足は、優秀な開発や製造技術者の確保が難しくなることを示し、労働力の豊富な中国やインドに生産が移ることになる。

6.2.1　事業の脆弱性と対策

　シャープは亀山第2工場の建設など液晶事業に多大な投資を行い、債務超過に陥り鴻海の傘下に入ることになる。また、東芝はM&Aの際、のれん代（買収額から買収先の純資産を差し引いた額）の見積もりを誤り、7,000億円の巨額損失を計上する。これらのリス

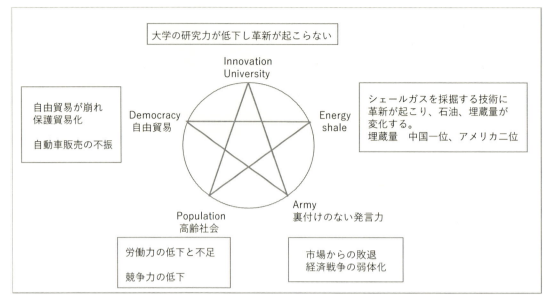

図6.2.2 事業リスクの分析

クは事業経営を危うくするリスクであり、事業を推進する前に、事業リスクを特定し対策を講じる必要がある（表6.2.1）。

　軒並み、日本の名だたる企業が債務超過や巨額損失を計上するのは、事業リスクについて、大企業、中小企業の規模に関係なく発生することを示し、事業リスクの分析と同時に、それぞれの企業で、どこまで投資が可能で、どこまで投資を続けて事業収益性を確保するかの観点が欠測している。

　マネジメントリスク（統制リスクともいう）を扱うものとしてISO 31000:2009[3]がある。統制リスクそのものは、プロセスの脆弱性・管理不足、力量（知識・技能）不足、認識の不足、不十分な経営資源、組織内のコミュニケーション不足、不正行為等を対象とする。表6.2.1に示すように、東芝の例では、のれん代を100億円と見積っていたが、事業を始めると7,000億円の損失が計上された。事前の調査や組織の担当者から多額の損失がM&Aの前に経営者層にもたらされなかったことは、マネジメントの力量（知識・技能）不足、認識の不足に相当する。また事業リスクマネジメントのスタビライザーが十分に機能しなかったことも解決を遅らせた。

　マネジメントリスクはビジネスリスクの範疇に属し、リスク対応の選択肢は次の七つが存在する[3]。

①リスクを回避する（回避）：リスクを生じさせる活動を、開始又は継続しないと決定することによって、リスクを回避すること。
②リスクを取る：ある機会を追求するために、リスクをとる又は増加させること。
③リスク源を除去する

④ 起こりやすさを変える（軽減）
⑤ 結果を変える
⑥ リスクを他者と共有する（移転）：一つ以上の他者とリスクを共有すること（契約及びリスクファイナンスを含む）。
⑦ リスクを保有する（保有）：情報に基づいた選択によって、リスクを保有すること。

表6．2．1　脆弱性と対策

	リスク	脆弱性	対策
2018/3/1	テスラリスク パナソニックのEV電池供給	量産技術の脆弱性 モデル3の週5千台の生産	リスク分散、過大評価
2009/3/1	シャープの巨額の負債	亀山第2工場の建設など液晶事業に過剰投資	最大投資額
2017/3/14	アメリカの原子力事業で7,000億円を超える巨額損失の計上	見積もりの誤算 もともとのれん代は100億円程度と見積もっていた。 東芝の米国子会社であるWHが買収した米原子力サービス会社ストーン＆ウェブスター（S&W）ののれん代（M&Aの際、買収額から買収先の純資産を差し引いた額）	スタビライザー機能 情報の透明化と下位上申

6.2.2　設計品質とライフサイクル品質

　設計や製造の過誤により発生するものづくりに共通のリスクが存在する。特に自動車やオートバイの製造においては、道路運送車両法第36条3に基づき、製品に不具合が発生すると、メーカや輸入業者が国土交通省に届け出て「無料で修理（リコール）」することが求められ、事業運営を危うくする事業リスクの一つである。

　1996年、スバルのレガシーがブレーキ故障により正面衝突事故が発生した。2014年にはタカタ製のエアバックの不具合が発生し本田技研工業が全世界でリコールを行った。タカタ製のエアバックを搭載した自動車は、全世界で1億台に及びその費用総額は1兆円とも推定されている。

　リコールが発生すると、多大な損失が発生することからリコール隠しに発展する例がある。三菱のランサーのエンジン関連部品のクランクシャフトのボルトの欠陥によるエンジン停止、三菱のギャランの燃料キャップの壊れによる燃料漏れなどの不具合が1999年に発生し、運輸省への三菱自動車の社員の内部告発により発覚する。一連の不具合の

原因は、ネジ締め付け管理方法や旋回時に生じる金属疲労などであった。三菱自動車は、2002年、市場の信頼を失い経営危機に陥る。

それ以降も、2018年、油圧器メーカのKYBと子会社のカヤバマシナリーが免振・制振装置で10,900本のデータ改ざんが発覚する。制振ダンパーはクレーンで上げて修理するため、免振・制振装置の無償修理は2020年9月まで掛かる可能性がある。

2009年、レクサスのフロアマットのアクセルペダル操作妨害の不具合では、米国の使用方法を加味した評価方法を採用していると、防げた不具合である。また、三菱自動車のネジ締め付け管理方法は製造段階での工程管理の問題で、旋回時に生じる金属疲労については設計の不具合である。

多くの製造メーカでは、開発の評価、市場感覚の評価基準を採用し、仮に設計に不備があっても、設計移行審査、生産試作移行審査、量産移行審査、販売移行審査の多重の評価プロセスを設けている。"絶対安全な製品はないが、設計、生産、販売、市場での使用、廃棄"という、製品のライフサイクルの全段階に渡って、品質を保証する仕組みが講じられている[4]。

製品の不具合が生じる大きな原因の一つは、設計品質と実験評価プロセスの脆弱性に起因する。これは、マネジメントリスク（統制リスク）そのもので、プロセスの脆弱性・管理不足、力量（知識・技能）不足、認識の不足、不十分な経営資源、組織内のコミュニケーション不足、不正行為等に起因している。

ところで、設計不良、製造工程の瑕疵→不具合の発生→リコール隠し→企業不祥事→企業経営の危機、へと進む事例が多いのは、一つには、柔軟に組織の体質を変化させ、組織改善が図れないことにある。

バーナード[5]は、階層組織では利益優先、効率重視、成果主義の結果として、組織要員の正当なる評価が歪められ、特定の人物による地位の独占が強くなる。その結果、賃金、名誉、威信が地位により配分に差異が生じ、階層組織の統制機能が逆機能として働き、事件や不祥事が発生することを示した。

さらに、企業の生産活動の根幹となるテイラリズムでは、"能率"は、投入と産出の関係で決まるとしたが、サイモン[6]は、組織の目標に企業活動の社会的価値が加えられてこそ、企業活動は意義あることで、組織目標と"社会的価値"の不協和により、社会的不祥事が発生することを示した。

組織は、個、組織の目的、個と個の関係性（相互作用）、マネジメント（経営）の四つの要素で構成される[7]。この考え方は、経営者も個にすぎず、経営者を個という関係で従業員と同列で論じ、経営者の方針や目標が適切でないと、是正のフィードバックがかかり、方針や目標が修正される。適正でない方針や目標に対して、従業員がそのまま受け入れる場合がある。その場合は従業員、経営者を含めた価値観で、経営者や従業員が

適正でない方針や目標に対して、いかに反応したかの問題がある。組織の内面へのアプローチは、たとえ経営者といえども経営者と従業員との間には相互関係のみが存在する。

また、経営者は通常、権限や権威を保有しているとしているが、仮の姿にすぎず、現場の場面情報や、人、お金、設備は、従業員である個がコントロールし、経営者という個は、従業員である個との相互作用なくしては、経営者が掲げた目標を達成することができない。逆に、明確な経営目標や、社会的コンプライアンスの重要性を、経営者自らが発することにより、個と個の相互関係性を通して、企業風土が醸成され、従業員が企業価値の重要性に反応する。

経営者を含めた個と組織目標をつなぎあわせるものがマネジメントで、一般的には組織の階層を通して、経営者の上位下達が行われる。しかし、管理指向が強いと組織の中で手続きが重視され、個である従業員が現場の場面情報に反応しなくなり、階層の下位から、重要な情報が上申されなくなる。企業風土が劣化すると、設計不良は多重の評価プロセスをすり抜け、社会的コンプライアンスに反応しなくなり企業不祥事へとつながる。

「第2部 オペレーションズ・マネジメント戦略の実際」の第7章～第10章では、これらのマネジメントリスクをいかに明確にし、いかに解決策を図り、開発設計・生産技術と製造技法・グローバル生産とSCM・マーケティングとビジネスマネジメントを通して、事業の成功へと導いたかの例を示しており、多くの示唆を与える。

6.3 まとめ

製品の不具合が生じる大きな原因の一つは、設計品質と実験評価プロセスの脆弱性であることを示し、マネジメントリスク(統制リスク)への対応を図ることが、製品開発及び事業への成功へと導くことを解説した。

本稿は何ら対策を講じず、あるいは、製品の欠陥や組織の脆弱性を顕在化させずに、脆くもビジネスの世界から、企業が敗退しないための提言としたい。

参考文献
[1] 畠中伸敏著,『環境型配慮設計』, 日科技連, 2012.
[2] 畠中伸敏, 長田洋, 投資リスクを考慮した戦略的方針管理, (社)日本品質管理学会「品質」, 第31巻, 第4号, pp119-130, 2001.
[3] リスクマネジメント規格活用検討会 編著:「ISO 31000:2009」, 日本規格協会, 2010.
[4] 畠中伸敏監修, 岡本真一, 米虫節夫編著,『予防と未然防止』, 日本規格協会, 2012..
[5] Chester I. Barnard, *The Functions of the Executive*, Harvard University Press, 1968.
[6] Herbert A. Simon, *Administrative Behavior*, 1997.
[7] 平野正雄,『マッキンゼー組織の進化』, ダイヤモンド社, 2003.

第2部

オペレーションズ・マネジメント戦略の実際

第7章　開発設計の進展
　7-1　製品設計―品質保証のプロセスマネジメント
　7-2　ものづくり革新技術―フロントローデイング開発
　7-3　自動車開発設計―未然防止技術
　7-4　ＩｏＴ戦略－発電所の遠隔監視サービス

第8章　生産技術と製造技法の進展
　8-1　トヨタ生産方式―ニュージャパングローバルプロダクションモデル
　8-2　生産技術開発と工程設計―多品種少量生産
　8-3　デジタルエンジニアリング―生産シミュレーション
　8-4　生産保全－生産設備の管理技術の体系化

第9章　グローバル生産とＳＣＭの進展
　9-1　生産管理とＳＣＭ戦略―車両・部品の内外製展開
　9-2　人中心の新たな生産の仕組み―知的オペレーション
　9-3　お客様目線での品質担保の再構築―ブランドと信頼性
　9-4　グローバル事業―ＱＣＤマネジメント

第10章　マーケテイングとビジネスマネジメントの進展
　10-1　環境貢献と事業の両立―空調機開発とグローバル展開
　10-2　カスタマーサイエンス―自動車エクステリアデザイン戦略
　10-3　営業・販売の変革―自動車セールスマーケティング戦略
　10-4　ソフトウェア開発―ビジネスプロセスの刷新と診断

7-1
製品設計—品質保証プロセスマネジメント

概要：
本節では、製品設計における"品質保証のプロセスマネジメント"を刷新する"製品設計の品質保証展開要素モデル"を創案し、その有効性を論証する。具体的には、最新の数値シミュレーション（ＣＡＥ）により"製品設計のビジネスプロセス"の強化である。筆者は、自動車の高品質保証・ＱＣＤ同時達成・製品化の期間短縮をねらい、"製品設計ビジネスフローの刷新"を実現にする"製品設計プロセス進化モデル"を創案し、"品質保証統合情報管理ネットワーク"を援用し、創案モデルの有効性を例証する。

キーワード：製品設計、品質保証プロセスマネジメント、製品設計プロセス進化モデル

7.1.1 製品設計と品質保証[1],

本節では、製品設計（Product Design）の品質保証（Quality Assurance, QA）について述べる。製品設計の品質保証とは、消費者（顧客、使用者をいう）の要求を適えるように「具備すべき機能や性能を実現し、信頼性、安全性などを確保する」[2]ことであり、社会、経済、科学・技術を取り巻く環境に十分配慮した製品設計により品質保証を進めるものである[3]。産業社会と工業技術のこれまでの係りでは、製品設計の品質保証とは「工業製品の工学的設計を製品設計」[4]と定義でき、これは「与えられた問題（仕様）をいろいろの制約条件のもとで最適に満足するように、機器の全体、システムあるいはプロセスの具体的構造をつくりあげること」[5]を意味している。

近年、技術革新、製品責任（Product Liability, PL）や環境技術対応の中、企業における品質保証活動は、一般に技術〜生産〜営業・販売に至る直接部門が中心である。さらに、間接部門の事務・管理と相互に関わりをもち、それぞれの部門がトータルリンケージし、タイムリー且つスピーディーなＱＣＤ（Quality, Cost, Delivery）研究活動を展開する[6,7]

7.1.1.1 製品設計の役割

最近の厳しい製品開発競争の中で、製品設計部門は関連各部門と協働し、原価管理、価値分析（Value Analysis, VA）、設計審査（Design Review, DR）、ＴＱＭ（Total Quality Management）活動などを行い、販売価格、製造原価、利益の確保など、戦略的な品質経営の強化のために、ＱＣＤに優れた製品品質（高信頼性）を実現しなければならない[4,7]。

具体的には、製品設計部門は営業・サービス・市場調査・商品企画の各部門と連携し、消費者のニーズを掌握し、製品企画・研究開発・実験評価の各部門との協働により、シーズを創出し、消費者に喜んで使っていただけるように"信頼性のある商品力の高い製品設計"を行う責務がある。その遂行のために、生産技術・生産準備・製造検査・営業販売・購買調達の各部門とも相互に連携し、"製品品質の目標の設定と達成度の確認、デザインレビュー（DR）、技術標準の設定・管理"の強化が求められている[3,8]。

さらには、品質保証・経理・技術管理・設計管理・生産管理・物流管理・知的財産らの管理・事務部門・海外事業と協働して、タイムリーに製品化を実現しなければならない。実施段階では、加工しやすく、組立しやすく、解体しやすく、梱包・包装・搬送・運搬のしやすい、高い生産性を確保する製品設計が必要不可欠となる。

それ故に製品設計の役割は、消費者の要求の主要素である性能・機能（Performance/Function）、価格 (Cost)、製作期限（date of delivery）を満足させるために"創造性、信頼性、経済性"が要求される。いいかえると、製品設計の役割は、"新しい独創性の高い性能・機能を創出し、価格も安く、性能・機能も良好で、製作期間も短い、経済性の高い製品を顧客に提供する"ことであるといえる。その実現のために、必然的に設計者は"英知を結集"し、製品が使用される環境と消費者の行動をつねに考え、製品設計の思考プロセスそのものが創造的で信頼性のあるものにしなければならない[1,8]。

7.1.1.2 製品設計における品質保証

次に製品設計における品質保証の基本的考え方と重点活動について述べる．JIS Z 8101（品質管理用語）では、品質保証（ＱＡ）は「消費者の要求する品質が十分に満たされていることを保証するために、生産者が行う体系的活動」としている。中でも、設計の品質保証は「設計の段階で商品設計、部品設計、生産設計を同時に行い、最初から生産性を確保する開発を行う。設計が終わった後で、部品調達・生産に合うよう設計を変更しない」[2]と定義されている。近年、筆者は製品設計プロセスの各段階を同時進行で行うコンカレント・エンジニアリング（Concurrent Engineering, CE）(注1)の有効性について、企業の実施例を通して論証している[6]。

世界的な品質競争の中で、各企業は製品設計におけるＱＡ[1,6]の重点活動として、"製品化のための開発期間の短縮、ＱＣＤ同時達成が新たな技術課題"となっている。その対応に必要な"製品設計の品質保証展開要素モデル"として、筆者[6,9]は、第3章で創案した"ものづくり新論"（図3．4）の3つのコア原理の一つである"ＴＤＳ"（Total Development System, TDS）(注2)を適用する。従前の製品設計では、ともすればトライエンドエラーの多い"試作・実験に頼る現物改善型の評価"が散見される。

"ＴＤＳ"を適用するこれからの製品設計では、数値シミュレーションに統計科学を活

用する高精度なＣＡＥ（Computer Aided Engineering）解析を行う"高信頼性ＣＡＥ解析による予測評価重視型"への変革が産業界から期待されている[1, 10]。

(注1) コンカレント・エンジニアリング（ＣＥ）は、米国ＩＤＡ (Institute of Defense Analysis) によって、1986年に IDA Report R-338 の中で定義された。

(注2) 筆者は、次世代経営技術 "New JIT, New Management Technology Principle" のコアエレメント "Total Development System, TDS" して、その有効性を論証している[9, 15]。

7.1.2　製品設計のプロセス

7.1.2.1　製品設計プロセスモデル[1, 10-14]

　一般に、製品設計のプロセスは、概念設計（機能設計など）、基本設計（製品形状、品質設計、原価設計など）、詳細設計（精度設計など）、信頼性設計・安全性設計、生産設計、生産設備設計などで要約できる。これらの設計プロセスは、従来はシリアルプロセスであったために、設計構想―1次試作設計―1次試作／実験評価／台上評価―2次試作設計―2次試作／実験評価／台上評価のトライエンドエラー的な繰り返しによる製品設計のプロセスを経て、生産設計―号口（量産）試作―生産へ移行し、開発・設計・生産まで長期間を要していた。

　しかしながら近年、グローバル生産の急進とともに、製品設計から生産までの大幅な期間短縮、製品の高品質保証がますます重要となっており、その実現のためには、製品設計のプロセスの刷新を図ることが最重要課題となっている。そこで筆者は、産業会の要請により"製造業の品質経営あり方研究会"（青山学院大学と日本科学技術連盟との共催、2002年―2006年、主査　天坂格郎　青山学院大学教授：呼称　天坂フォーラム）を組織化し、製品設計のプロセス刷新に取り組んだ(注3)。

　自動車をはじめとする一般的な企業の製品設計プロセスは、設計後に試作―実験を主体にＣＡＥ／ＣＡＤを援用した、サイマルテニアス・エンジニアリング（simultaneous engineering, SE）活動により、本型設計―本型製作（内製・外注）に至るリードタイムの短縮を進めてきたが、依然として試作・実機実験主導の製品設計方式であった。その結果、設計や試作・実験では品質は確保できたが、生産ラインで量産すると思いのほか品質がばらつき、生産に支障をきたすことがよくある。

　これは、製品設計と生産の間に生じる様々な"ギャップ"（ばらつき）に起因するものであり、中でも生産設備の規模の拡大による"スケールアップ"（scale up）と試作プロセスと量産プロセスでの製作条件の違いによる"スケールエフェクト"（scale effect)は製品設計技術者の懸案事項となっている。

　そこで筆者らは、産学の要請による「21世紀の管理技術の体系化の必要性」を捉え、"数値シミュレーションに必要な設計品質保証体系の確立"(注4)のために、ＣＡＥとＳＱＣ（statistical quality control）を併用する"高品質保証ＣＡＥモデル"[12]を確立した。研究例として、7-3"自動車開発設計―未然防止技術"に明示するように、近年、

第２部　オペレーションズ・マネジメント戦略の実際

　"高品質保証ＣＡＥモデル"を援用する"製品設計のオペレーションの効果"は顕著である。現在では源流管理の視点から、ＣＡＥ・ＣＡＤ（Computer Aided Design）と試作／実機実験を併用してＳＥ活動を同期化し、本型設計をシリアル化させることで試作レス／実機実験レスの取り組みが進んでおり、自動車の場合は従来の半分以下に短縮している。

（注３）"製造業の品質経営あり方研究会"の研究成果は、"ニュージャパンモデル：サイエンスＴＱＭ－戦略的品質経営の理論と実際"（天坂格郎編著, 丸善, 2007 年）他[6,11]に詳しい。
（注４）（社）日本品質管理学会　拡大計画研究会「シミュレーションとSQC研究会　第４分科会」（主査　天坂格郎　青山学院大学教授）の研究報告書"自動車産業における数値シミュレーションに必要な設計品質保証体系の確立に向けて"（平成１９年４月）[10]に詳しい。

　凡例として、図7.1.1に示す"製品設計プロセスモデル"は、現在、多くの企業で実施されている製品設計のプロセスを一般化したものである。図中から、商品企画〜製品企画で定められた"製品開発設計指示書"に準拠して設計（図面化）し、タイムリーにデータ化してそれらを的確に加工し活用する。その主要な技術が数値シミュレーション（Numerical Simulation）であり、ＣＡＥによりその評価を素早く適確に行い設計緒言の最適化をすばやく実施する[1,10,11]。"最適化設計"として十分であるかどうか、効率的な試作／実機実験とその評価を行い、問題がなければ生産準備、生産へ展開を図るものである。

　現今、先進企業ではＳＥ／ＣＥ活動を強化し、間違いのない製品設計を行うことで、トライエンドエラーによる"試作・実験評価を繰り返す"ことのないように、製品設計のナレッジシステムとして"フロントローディング設計"[5]が進展している。開発設計段階での"手戻り"がないように、"ソリッドＣＡＤ"や"インテリジェントＣＡＥ"を高精度に運用することで本型設計が同時に進み、超短期開開発コンカレント開発方式を強化している[10,11]。これらにより、現在は自動車の製品設計から生産に至るまでの開発期間を大幅短縮する新たな製品設計法[12-14]として、先進企業で推進されている[15]。

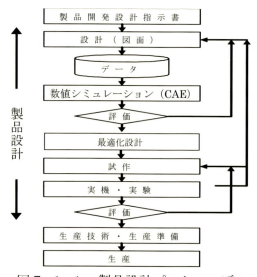

図７．１．１　製品設計プロセスモデル

７．１．２．２　製品設計のビジネスフロー

製品設計では、グローバル生産戦略のために高品質保証、開発期間短縮、ＱＣＤ同時実現などの対応が求められている。具体的には、先進企業では市場調査・商品企画、研究・開発・設計・評価の各プロセス段階とそれらのリンケージにより、製品設計の計画と管理を強化することがますます重要になっている。製品設計の最初のＱＡ段階では、確率・統計・ＯＲ（Operations Research）などを援用し、ＤＲを実施して信頼性・保全性・安全性に係る設計技術を高め[1, 15, 16, 17]、予見技術法として周知を集めて厄介な技術問題を押さえ込むことが不可欠である。実施段階では、故障モード影響解析（Failure Modes and Effects Analysis, FMEA）や故障の木（Fault Tree Analysis, FTA）などが活用される。

第２のＱＡ段階では、消費者のねらいと合致するように機能、強度、精度、意匠など具備できるように試作品をつくり実験（台上と実機）を行い、製品の性能・機能の確認が必須となる。さらに第３のＱＡ段階では、生産工程で造りやすい"生産性を確保できる製品設計図面"になるように努めならない。実施段階では、生産技術と生産準備の各部門が行う"工程計画・工程設計・設備設計・工具設計・量産試作"で問題がでないように、品質管理・製造・生産管理・購買調達などの関連部門とも連携し、工程能力（Ｃｐ）と機械能力（Ｃｍ）を確保することが極めて大切になる。

そこで筆者は、図 7.1.2 に"入力情報—製品設計の思考プロセス—出力情報"として"製品設計のビジネスフロー図"で一般化している。このフロー図は、最適な設計解（ソリューション）を得るために、"製品設計プロセスの最適化"を綿密に計画し、運用管理することを明示している[6, 11, 18]。図中のように、消費者のニーズを捉え、"ウオンツ"の発掘に繋がるように、消費者と生産（前後工程）の様々な入力情報の監視と活用ができる"品質情報管理システム"[19]などを計画し、その進捗状況の管理が大切になる。

そこで製品設計の思考プロセスでは、曖昧情報を要約整理し、問題の定義、総合・推

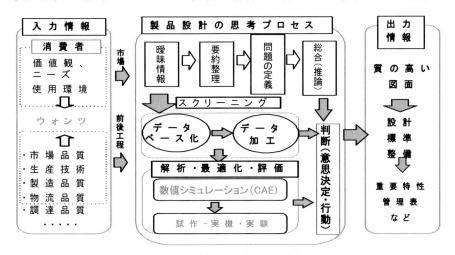

図７．１．２　製品設計のビジネスフロー

論，解析・最適化・評価、判断（意思決定・行動）に至るまでの製品設計プロセスを可視化する。さらに、関連部門が共有化しリアルタイムに活用できるように、"製品設計情報インテグレートシステム"を計画する。これらのシステム運用の進捗管理により、設計技術の統合化とシェアリングを可能にすることが大切になる。それらの出力情報として、質の高い図面の創出、設計標準の整備、重要特性の管理表"製品設計指示書"などを策定し、登録・検索を可能にする"インテリジェンス製品設計技術管理システム"[20]を構築し、後工程の生産準備・生産の関連部門に反映させることが重要となる。

7.1.3　製品設計プロセスマネジメントの刷新
7.1.3.1　製品設計プロセス進化モデル

上述したように、グローバル生産の成功には、高品質保証、QCD同時達成、開発設計の期間短縮が不可欠である。それには、"製品設計の品質保証の展開要素モデル"（図3.4）の戦略的展開として、"製品設計プロセスモデル"（図7.1.1）の展開が必要となる。そこで筆者は、3章で明示したTDSを戦略的に展開する"New Japan Development Management Model" (NJ-DMM)（図3.5）を遂行するために"製品設計プロセス進化モデル"(注5)を図7.1.3に創案する[6, 10, 11, 14, 18, 19]。

本モデルのねらいは、製品設計プロセスマネジメントの刷新に必要な"製品設計の品質保証支援システム"として、デジタル設計、製品設計システムの刷新、知的技術の統合とシェアリング、予測技術の高精度化である。そこで筆者は、図中の4つのコアエレメント"(i) インテリジェンス設計管理システム、(ii)高信頼性製品設計システム、(iii)高度知能型CAEシステム、(iv)設計情報のインテグレートシステム"で構成し、**"製品設計プロセスのハイサイクル化"**を可能にしており、その有効性を実証している[6, 15, 23-25]。

(注5) 製品設計のプロセス進化モデルは、"New JIT principle"のコアエレメント"Total Development System, TDS"をグローバル展開するための"新開発設計技術法―New Japan Development Design Model" (NJ-DDM)として、筆者はその有効性を論証している[19]。

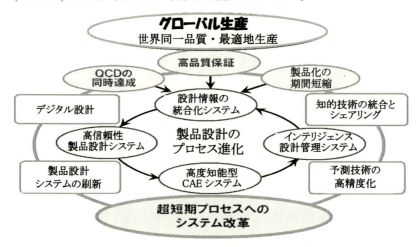

図7.1.3　製品設計プロセス進化モデル

７．１．３．２　製品設計に寄与する品質保証統合情報管理ネットワーク

　近年、製品の情報を統合的に管理するシステムとして製品情報管理（Product Data Management, PDM）[6]が重要となってきており、その展開の中核は製品設計である。"NJ-DMM"（図３.６）の戦略的展開の主眼は、製品設計の期間短縮とＱＣＤの効果的な達成であり、その展開のためには"製品設計プロセスのハイサイクル化"が不可欠であり、"製品設計のビジネスフロー"（図７.１.２）を強化しなければならない。

　そこで筆者は、"製品設計のプロセス進化モデル"（図７.１.３）の展開のために、Ａ動車メーカーをケースに"自動車の品質保証統合情報管理ネットワーク"を図７.１.４に創出した[7,23-25]。図中に示すようにデータベースを援用し、(i) 多様化する顧客の要望・クレーム情報を販売店（営業販売、サービス）と販売管理部門から適確に入手・加工し、さらに(ii) 商品企画～製品企画の各部門から入手する"製品開発設計指示書"を十分に租借して、製品設計に反映しなければならない。

　そのためには、(iii) 技術管理部門や研究開発部門と協働し、市場問題が発生しないように安定化設計[1]を行う。この段階では、(iv) ＣＡＥとＣＡＤを併用する最適化設計を支援する設計管理情報として、製品設計標準と組織学習効果を高めるために各設計者のノウハウ、やってはならない"べからず集"、"成功・失敗の事例集"などを活用することで、試行錯誤的な試作と実験の繰り返しを大幅に軽減できる。そして、(v) 設計図面（中央値と上下限）で問題が出ないかどうか、試作・実験による事前評価（検証）を行う。

　これらのプロセスに併行して、(vi) 生産技術・生産準備部門、製造・検査、購買・調達、生産管理部門と協働し、生産指示情報（工程計画書、工作図・加工手配図）、(vii) 自社の生産工場やサプライヤー（仕入先）の品質指示書（Ｃｍ・Ｃｐ、検査法）との整合を図るための事前調査を行い、ＶＥ（Value Engineering）活動により生産性を確保しなけ

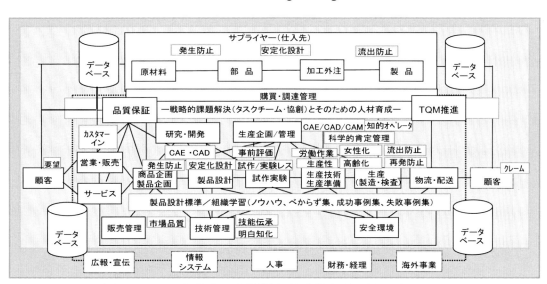

図７.１.４　自動車の品質保証統合情報管理ネットワーク

ればならない。そして、製品設計のそれらの実施結果(効果)は、逐次、製品設計指示書に反映し、(viii)生産部門（生産企画・生産管理、生産技術・生産準備、製造・検査、購買調達など）へ展開を図る。さらには、本社社能部門（品質保証、ＴＱＭ推進、情報システム、広報宣伝、経理・財務、海外事業など）との間で、製品設計の主要な情報をタイムリーにトータルリンケージすることが必要不可欠となる。

7.1.4　適用例―製品設計プロセスマネジメントの実際
7.1.4.1　顧客情報活用ネットワーキングシステムの構築

　製品設計では、これまでの設計技術を流用するケース、それらを改良設計するケース、他の製品化設計技術へ転用するケース、新材料・新部品・新工法などを取り入れた新設計技術をＱＡ展開しなければならない。そのためには、これまでの成功体験による経験知に囚われずに、"製品設計プロセス進化モデル"（図7.1.3）を展開し、当該の製品設計に関連する顧客情報を広範に収集と分析をして、トラブル予測を徹底し再発防止（未然防止）につなげることが極めて重要となる。

　"自動車の品質保証統合情報管理ネットワーク"（図7.1.4）の有効性を加速させるためには、顧客情報の収集と分析が製品設計プロセスの刷新の要諦をなす。製品設計プロセスのＱＡ段階では、デジタルエンジニアリングによる"製品設計の品質保証支援システムの構築と運用"が必要不可欠となる。図7.1.5の実施例は，自動車メーカーＡ社の顧客価値創出法"顧客情報活用ネットワーキングシステム"（Customer Science by utilizing Customer Information and Navigation System, CS-CIANS）[6,20]の概念図を表しており、製品

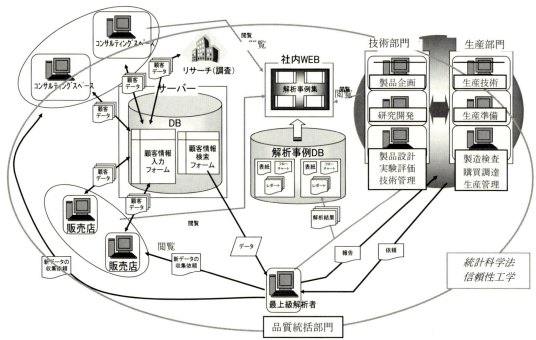

図7.1.5　顧客情報活用ネットワーキングシステム（ＣＳ－ＣＩＡＮＳ）

設計のプロセス強化のために、"自動車品質保証の統合情報管理ネットワーク"（図7.1.4）を具体化したものである。

　図中に示すように、国内外の販売店やコンサルティングスペース、リサーチ会社などから"顧客品質情報"をリアルタイムに"ＤＢ"（Data Base）に収集する。そして、"社内WEB"を介して技術部門と生産部門、品質統括部門が相互にビジネスリンケージし、統計科学法と信頼性工学を駆使し、タイムリーにデータ解析を行う。

　さらに、得られた技術解析情報を技術財産として"解析事例ＤＢ"に登録し、製品企画・研究開発・製品設計・実験評価・技術管理などの技術部門、生産技術・生産準備・製造検査・購買調達・生産管理などの生産部門、及び関連各部門（営業・販売、海外事業、知的財産・渉外など）が"社内WEB"から検索を可能にしている。

　このように、筆者は"統合的な技術情報の収集・整理・分析システムの運用"により、ＳＥ／ＣＥ活動を強化し、インテリジェンスな製品設計の展開を支援することにより、"ＣＳ－ＣＩＡＮＳ"の有効性を論証している[6, 9, 10, 15, 21, 22]。

7.1.4.2　高信頼性ＣＡＥソフトの技術要素モデルの確立と展開

　前述のた"ＣＳ－ＣＩＡＮＳ"（図7.1.5）の効果的な運用により、**"製品設計のプロセス進化モデル"**（図7.1.3）を戦略的に展開させるためには、数値シミュレーション（CAE）による予測精度の向上が必須である。その実現には、"高精度なＣＡＥ解析ソフトの創出"が今日的な課題である。CAE解析結果と実機実験との整合をどのように図るか、物が無い状態でのDRをどうやるか、評価もれや間違いをどう防ぐかなどを克服しなければ、「現物確認改善型」から「予測評価重視型」への製品設計のプロセス変革は進まない[10,11]。そこで筆者らは、試作レス・実機評価に頼らない高品質保証を実現するインテリジェントで高精度なＣＡＥ解析

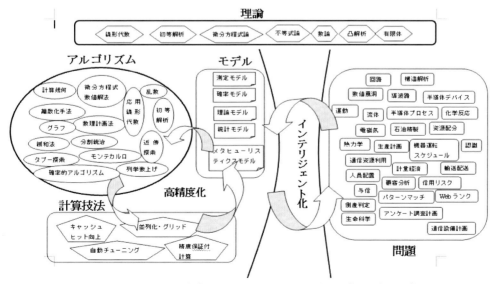

図7.1.6　"高信頼性ＣＡＥソフト"技術要素モデル

ソフトを創出するために、これまでの知見と実証研究例をもとに、製品設計の高品質保証を実現する"高信頼性CAEソフトの技術要素モデル"[10,26,27]を図7.1.6に創案した(注6)。

図中に示すように、まず重要なのは（i）解くべき問題を設定し適切な"モデル"を用意することである。次に、留意すべきは(ii)作成したモデルが現実的に解を与えるかどうかである。入力条件によって解けるかどうかが左右されてしまうのでは，CAEは有効な道具足り得ない。作成したモデルの範囲内の問題はすべて所定の方法"アルゴリズム"によって解くことが求められる。その保証を与えるのが"理論"であり，理論を効率よく実現するためには、必ず"計算技法"の助けが必要となる。

(注6) 本モデルは、"High Quality Assurance CAE Analysis Model"として、CAE解析のインテリジェント化・高精度化に、その有効性が論証されている[10,13,15,22-25]。

本モデルの適用として、"ボルトナット締結用統合シミュレータ"[10,23-25]を図7.1.8に例示する。近年、自動車のエンジン・ドライブユニット・車両組付けなどの重要保安部品では、多数のボルトナットによる"ねじ締結"がなされる。世界の自動車メーカーの製品設計のボトルネックな継続課題として、ボルトナットの締結緩みや母材亀裂などの品質（信頼性）確保のために、"実機実験データと乖離が無いCAE解析の精度保証"が懸案事項となっている。そこで筆者らは、"高信頼性CAEソフトの技術要素モデル"（図7.1.6）を適用し、"ボルトナット締結用統合シミュレータ"の開発により、ねじ締結の緩みメカニズムを究明し最適設計を行う[10,30-35]。

図7.1.7に示す本シミュレータの構成要素は、(i) 物理化学現象のシミュレーションを行うための問題点(技術課題)として、①軸力とトルクの関係、②動摩擦係数と静摩擦係数、③ねじ部・座面の接触面圧、(ii) この問題を解決するためのモデルとして、①動的要素モデル、②弾塑性モデル、③接触モデル、④材料構成則モデル、(iii) アルゴリズムとして、①有限要素法，②動解析法、(iv) 適切な理論式として、①構造力学、②釣り合い方程式、(v) 精度を確保し現実的な時間で計算できる計算技法として，①時間積分

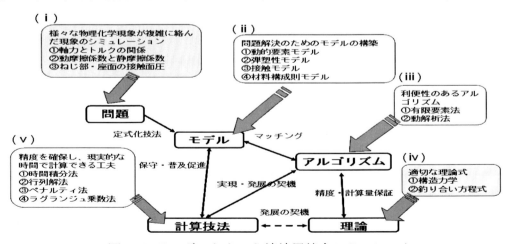

図7.1.7　ボルトナット締結用統合シミュレータ

法、②行列解法、③ペナルティ法、④ラグランジュ乗数法などがある。一般に、これらの各要素を最適化し、さらに適確に組合せ活用して高精度なＣＡＥ解析を実施する。

例として図７.１.８は、市場走行による実車のボルトナット締結緩みの発生現象を、実機実験（３次元加速振動試験）で再現し、その現象をＣＡＥ解析でシミュレートしたものである。図中の例は、トランスアクスルユニットに使用される"標準的なフランジ付き六角ボルト＊ナット"で、母材を締め付けた時のナット座面部の面圧分布である。

実機実験と同様に、(a)ネジピッチ（リード角）が大きいほど、ナットフランジと母材の締付け嵌合部での片当たりが再現でき、⇒部でナットフランジ面圧が不均一となっている。この場合、市場走行時にタイヤホイールやサスペンション廻りを経由（伝達）して、"大きな外力が繰り返しかかるケース"や"悪路走行時の衝撃荷重がかかるケース"では、"母材とナットフランジ嵌合部で相対すべり"が生じ、当該の締結部位の締付け時のボルト軸力が急激に低下し、ボルトとナットの噛み合い部で"ねじ緩み"が発生する。

このように、本シミュレータによるＣＡＥ解析結果は、実機実験を精度よく再現しており、両者の差異（ギャップ）は、従前の１０－１５％に対して、本シミュレータを用いた高精度ＣＡＥにより、両者の差異は１－３％となり、所与の成果を得ている。

(a) ねじピッチ1.75mm)　　(b) ねじピッチ0.50mm)
試験片ナット（材料：SCM435 M12 10T）
図７.１.８　フランジ付ナット座面部面圧の例（締付けトルク３５ＫＮ）

類型の技術課題への展開として、筆者らは本シミュレータを用いた高精度ＣＡＥ解析を適用し、"自動車揚力特性の予測と制御，ドアーミラーの防振設計，座席ウレタンシート発泡成形の最適制御，駆動系オイルシール油もれの解消"などで，同様の成果を得ている[10,15,22]。

7.1.5　まとめ

世界的な品質競争に視座し、筆者は"製品設計プロセスマネジメント"の刷新について論考した。具体的には、製造企業の品質保証活動の要諦をなす"製品設計の品質保証展開要素モデル"を展開し、最新の数値シミュレーション（ＣＡＥ）により、製品設計の最適化を図る"製品設計プロセスモデル"を提案した。

これにより、高品質保証、ＱＣＤ同時達成、製品化の期間短縮を具現化し、"製品設計のビジネスフロー"の強化に寄与する**"製品設計のプロセス進化モデル"を創案した。**さらに、本モデルの展開を強化する製品設計の品質保証支援システムとして、"品質保証統合情報管理ネットワーク"を構築した。

　適用例として、筆者らは"顧客情報活用ネットワーキングシステム"と"高信頼性ＣＡＥソフトの技術要素モデル"を適用し、ボルトナット締結用統合シミュレータの創出により、製品設計のボトルネックである"自動車のねじ締結緩みのメカニズム究明"に所与の成果を得て、製品設計のプロセスマネジメントの刷新の一助とした。

7.1.6　謝辞

　本研究は、日本品質管理学会拡大計画研究会第４分科会（シミュレーションとＳＱＣ研究会：田辺隆人氏（㈱数理システム）、石井隆氏・三橋利玄氏（みずほ情報㈱）、上野俊哉氏（青山学院大学　天坂 New JIT 研究室）他）、製造業の品質経営あり方研究会（日科技連：鈴木一明氏（日本発条㈱、清水一善氏（富士ゼロックス㈱）、石塚伸彦（双葉電子工業㈱、山地学氏（青山学院大学）他）、青山学院大学（理工学研究科　天坂 New JIT 研究室、高橋貴重氏・山田宏樹氏　他）との協働であり、ここに深く謝意を申し上げます。

参考文献

[1] 天坂格郎, 品質保証のプロセス(第２部), 製品設計(第４章), 『新版 品質保証ガイドブック』、(日本品質管理学会編, pp. 87-101, 2009.
[2] 久米均, 『設計開発の品質マネジメント』, 日科技連, 1999.
[3] 吉澤正編著, 『クオリテイマネジメント用語辞典』, 日本規格協会, 2004.
[4] 塚田忠夫編著, 『設計工学』, (財)放送大学教育振興会, 1990.
[5] J. R. Dixon, *Design Engineering*, McGraw-Hill, 1996.
[6] 天坂格郎編著, 『ニュージャパンモデル―サイエンスＲＱＭ, 戦略的品質経営の理論と実際』, 丸善, 2007.
[7] K. Amasaka, Development of Science TQM, A new principle of quality management: Effectiveness of Strategic Stratified Task Team at Toyota, International Journal of Production research, Vol. 42, No. 7, pp. 3691-3706, 2004.
[8] 川面恵司, 須賀雅夫, 『創造的工学設計の方法―新しいモノ創りの原理』, 養賢堂発行, 2003.
[9] K. Amasaka, New JIT, a new management technology principle at Toyota, *International Journal of Production Economics*, Vol. 80, pp. 135-144, 2002.
[10] 天坂格郎編著, 自動車産業における数値シミュレーションに必要な設計品質保証体系の確立に向けて, 日本品質管理学会拡大研究会(第４分科会シミュレーションと SQC 研究会)編, pp. 1-110, 2007.
[11] K. Amasaka, Constructing Optimal Design Approach Model: Application on the Advanced TDS, *Journal of Communication and Computer*, Vol. 9, No. 7, pp. 774-786, 2012.
[12] K. Amasaka, Highly Reliable CAE Model, The Key to strategic development of *New JIT*, *Journal of Advanced Manufacturing Systems*, Vol. 6, Issue 2, pp.159-176, 2007.
[13] K. Amasaka, Proposal and effectiveness of a High Quality Assurance CAE Analysis Model, *Current Development in Theory and Applications of Computer Science Engineering and Technology*, Vol. 2, No. 1/2, pp.23-48, 2010.
[14] K. Amasaka, T, Ito and Y, Nozawa, A New Dedelopment Design CAE Employment Model, *The Jpournal of Japanese Operations Management and Strategy*, Vol. 3,No. 1, pp. 18-37. 2012.
[15] K. Amasaka, *New JIT, New Management Technology Principle*, Taylor &Francis, CRC Press, Boca Raton,

London, New York, 2015.
[16] 日本信頼性学会編, 『２１世紀への技術：信頼性ハンドブック』, 日科技連, 1997.
[17] M. Yamaji and K. Amasaka, CAE Analysis Technology for Development Design Utilizing Statistical Sciences, *The Open Industrial and Manufacturing Engineering Journal,* pp. 1-8, 2008.
[18] K. Amasaka, Highly Reliable CAE Model, The Key to strategic development of *Advanced TDS*、*Journal of Advanced Manufacturing Systems*, Vol. 6, Issue 2, pp.159-176, 2007.
[19] K. Amasaka, 2015, "Constructing a New Japanese Development Design Model "NJ-DDM": Intellectual evolution of an automobile product design", *Tem Journal-Technology Education Management Informatics*, Vol. 4, No. 4, pp. 336-345, 2015.
[20] K. Amasaka and H. Sakai, TPS-QAS, New Production Quality Management Model: Key to New JIT – Toyota's global production strategy, *International Journal of Manufacturing Technology and Management,* Vol. 18, No. 4, pp. 409-426, 2009.
[21] K. Amasaka, Constructing a Customer Science Application System "CS-CIANS*"* – Development of a global strategic vehicle "*Lexus*" utilizing *New JIT –, WSEAS(World Scientific and Engineering and Society) Transactions on Business and Economics,* Issue3, Vol. 2, pp.135-142, 2005.
[22] K. Amasaka, Ed., *Science TQM, New Quality Management Principle: The quality management strategy of Toyota*, Bentham Science Publishers, UAE, USA, The Netherlands.
[23] 三橋利玄, 浜野明千宏, 椿広計, 天坂格郎, CAE 数値シミュレーションの信頼度に関する一考察：ウレタン発泡成形シミュレーションを例として, 日本品質管理学会第８０回研究発表会発表要旨集, 日科技連, 東京, pp. 107-110, 2006.
[24] 山路学, 田辺隆人, 三橋利玄、上野俊哉, 天坂格郎, 拡大計画研究会第４分科会中間報告（第３報）, 高信頼性 CAE の技術要素：インテリジェント化・高精度化（その１）, 日本品質管理学会第３６回年次大会研究発表要旨集, 日科技連, 東京, pp. 43－46, 2006.
[25] T. Tanabe, T. Mitsuhashi, M. Yamaji and K. Amasaka, Intellectualization and accuracy improvement for the development of high reliable CAE software, POM 2008 Tokyo, *Proceedings of the Third World Conference on Production and Operation Management, Gakushuin University, Tokyo,* pp.771-779, 2008.
[26] K. Amasaka, An Integrated Intelligence Development Design CAE Model utilizing New JIT, Application to automotive high reliability assurance, *Journal of Advanced Manufacturing Systems,* Vol. 7, No. 2, pp. 221-241, 2008.
[27] M. Yamaji and K. Amasaka, *New Japan Quality Management Model* – Implementation of *New JIT* for strategic management technology –, *The International Business & Economics Research Journal,* Vol. 7, No. 3, pp. 107-114, 2008.
[28] K. Amasaka, An Intellectual Development Production Hyper-cycle Model – *New JIT* fundamentals and applications in Toyota –, *International Journal of Collaborative Enterprise*, Vol. 1, No. 1, pp.103-127. 2009.
[29] M, Yamaji, T. Tanabe, H. Tsubaki, and K.Amasaka, Proposal and implementation of the High Reliability CAE Model, *Proceedings of the 7th International Conference on Reliability and Safety, Beijing, China,* pp. 114-118, 2007.
[30] T. Ueno, M. Yamaji, T. Mitsuhashi、T. Ono and K. Amasaka, The High Reliability CAE Management System in the automotive development design, *Proceedings of the 8th Asia Pacific Industrial Engineering & Management System, Kaohsiung, Taiwan,* pp. 1-9 (CD-ROM), 2007.
[31] T. Takahashi, T. Ueno, M. Yamaji and K. Amasaka, Establishment of Highly Precise CAE Analysis Model using automotive bolts, *The International Business & Economics Research Journal* (IBER), Vol. 9, No. 5, pp. 103-113, 2010.
[32] H. Yamada and K. Amasaka, Highly-Reliable CAE Analysis Approach – Application in automotive bolt analysis –, *China-USA Business Review and Chinese Business Review*, Vol. 10, No. 3, pp. 199-205, 2011.
[33] T. Onodera, T. Kozaki and K. Amasaka, Applying a Highly Precise CAE Technology Component Model: Automotive bolt-loosening mechanism, *China-USA Business Review,* Vol. 12, No. 6, pp. 597-607, 2013.
[34] K. Hashimoto, E. Ebata and K. Amasaka, Researching technical prevention measures for development and design utilizing Highly-Accurate CAE analysis: Example analyses of mechanisms causing nut loosening in automobiles, *IOSR Journal of Mechanical and Civil Engineering*, Vol. 11, Issue 4, pp. 24-27, 2014.
[35] R. Nomura, K. Hori and K. Amasaka, Problem prevention method for product design based on predictive evaluation: A study of bolt-loosening mechanisms in automobile*, American Journal of Engineering Research*, Vol. 4, Issue 6, pp. 174-178, 2015.

7-2
ものづくり革新技術—フロントローディング開発

概要：
限られた経営資源で、魅力ある商品を間断なくグローバルに提供し、企業として存続するためには、研究・技術・開発・生産が一丸となった「開発生産力」の改革が必要である。特に"モノ"を作った後の種々の手戻りの無駄を撲滅させるために、ものづくりを始める前の開発・生産準備フェーズにおいて品質とコストをどう作り込むのか、どう検証していくのか、『開発生産準備プロセス改革』として富士ゼロックスで実施したフロントローディング活動について報告する。

キーワード：フロントローディング、プロセス改革、開発効率、富士ゼロックス

7.2.1　はじめに
7.2.1.1　経営改革の必要性
　複写機業界の市場成熟化に伴い、競争激化・値引き競争により、当時、富士ゼロックスは、売り上げ鈍化、営業利益率低下、商品原価と粗利率、市場品質・信頼性改善更に、生産拠点再編、グローバル市場での成長加速など多くの課題に直面しており、構造改革が必須の状況であった。

7.2.1.2　富士ゼロックスの技術力・開発力上の課題
　メーカーとしての総合力（企業力）は、商品を適正な原価でタイムリーに市場に供給できること（粗利率改善、売上への貢献）と捉ると、富士ゼロックスの"モノづくり"メーカーとしての課題は、①ワールドワイドマーケットに対して「間断のない魅力商品の提供（機能、品質、低コスト）」、②商品供給リードタイムの短縮を実現することである。富士ゼロックスの経営資源で、上記の課題解決のためには、開発力の効率化を実施し、手戻りを発生させないプロセスの構築と、そのプロセスの定着が必要である。

7.2.1.3　開発生産準備プロセスの改革
　本節では、デバイスの開発生産準備プロセス改革を二つのステップに分けて紹介する。1stステップは、「富士ゼロックス デジタル ワーク ウエイ」活動であり、2ndステッ

プは「真開発プロセス」活動である。これらの活動は、デジタル複合機の開発に適用することにより、結果として手戻りを大幅に削減し、開発期間の短縮と開発費の削減に寄与し、メーカーとしての総合力アップに大きく貢献している。

7.2.2 製品開発生産プロセスの課題
7.2.2.1 設計品質の向上

デジタル複合機は電子写真技術を核とした精密機器である。静電気による帯電、光学素子による光書込み、感光体デバイス、紛体と磁性体を使用した現像技術、圧力と静電力を使用した転写技術、熱力学を使用した定着技術、用紙走行技術、画像を電子化して処理する技術、機器をコントロールするソフトウエア技術など、多くの技術から成り立っている。それらを統合するためには、摺合せ技術が欠かせない要素となっている[1]。

この摺合せをするための製品開発生産プロセス全体にかかわる大きな課題の一つとして、設計変更、手戻り作業の発生がある。富士ゼロックスの商品開発では、必要な機能設計が不足していたために生じる手戻り、設計時点での生産性検討不足、組立て性の検証不足や単純な設計ミスを修正するための手戻り、営業/顧客からの要求検討不足などにより発生する手戻り等が主なものである。開発生産各プロセスで発生する問題や手戻りの多くは、上流工程の企画・設計品質の作り込みプロセス課題へつながっている[2]。

7.2.2.2 開発効率の向上

設計終了後実際に試作してからの設計変更とその手戻りの影響は大きい。図7.2.1に示すように、それらの修復工数とともに、試作・評価・生産準備の工数が無駄になる。設計品質の不十分さによる設計変更が開発の後期で多発し、多額の品質損失コストが発生したり、トラブル改善（設計の手戻り）のための工数が増大し、結果的には開発期間が伸びてしまうといった問題がある。さらには、市場での重要品質問題につながる恐れ

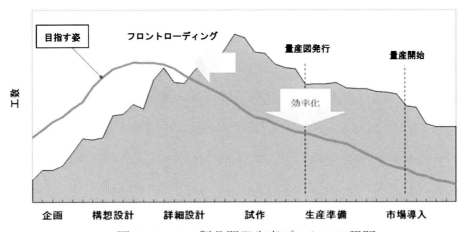

図7.2.1 製品開発生産プロセスの課題

もある。これに対して、プラットフォーム化／共通化・標準化による変えない設計をベースに、上流工程での品質作り込み、手戻りしない開発を徹底し、後工程へのトラブル流出を防止し、目指す姿であるフロントローディング化と効率化を実現する必要がある。

7.2.2.3 開発環境の整備

設計品質の手戻り課題について、ベテラン技術者のタスクで分析した結果、図7.2.2に示すように、手戻りの大半はベテラン設計者の知見で解決できる再発系の問題が個人のバラツキにより発生しているものが多い。過去の知見・ノウハウをデジタル設計時に仕込み、点検することで解決できる可能性が高いことが分った。すなわち、ITツールでデジタル設計時に仕込み、仮想品質点検することで、63％の設計変更が防止できるとの見込みがあり、設計者支援システムで26％、CAE／Simulationで14％、以下、標準部品、金型要件チェック、生産準備ナビシステム等を活用することで、設計変更を未然防止できるとの予測結果を得た[3]。これらのことから、"開発環境の整備とIT化、そしてそれらを上手く活用させる仕組みが必要である"と課題設定した。

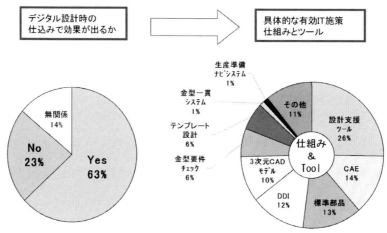

図7.2.2　手戻り課題の分析と有効施策

7.2.3　富士ゼロックスの開発生産プロセスのあるべき姿と取り組み

「設計とは"モノ"を作り始める前に考えることすべて」と捉えている。設計、製造、流通、販売、回収、解体、再利用など、製造業が行わなければならない作業をスムーズに行うためには、設計の段階で商品のライフサイクル全般について考えておく必要がある。また、製品開発に伴う積算発生コストは、上流の設計段階で多くの部分が固まるため、製品の全ライフサイクルコストの80％は設計段階で確定すると言われている[4]。

「フロントローディング＆コンカレント」のコンセプトで実施したデバイスの開発生産準備プロセス改革を、図7.2.3に示す「富士ゼロックス デジタル ワーク ウエイ」（Digital Work Way, DWW）と呼称している。ここでは、バーチャル

フェーズとリアルフェーズの大きく2つに分けて捉え、バーチャルフェーズで、内在する手戻り要因を解決するフロントローディング化と効率化を図ることにした。

富士ゼロックス"DWW"の基本的な考え方と狙いは、3D-CADデータが設計から生産まで流れる事で、"モノづくり"に関わる部門が3Dデータ連携し、フロントローディングと全体最適を図ることによる開発生産の効率化、開発期間短縮、手戻りを発生させないプロセスの実現である。

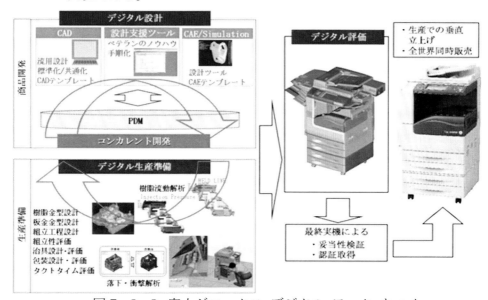

図7.2.3 富士ゼロックス デジタル ワーク ウエイ

7.2.4　富士ゼロックスの開発生産プロセス改革1stステップ：富士ゼロックス"DWW"

富士ゼロックスでは、手戻りを発生させないプロセスの実現に向けフロントローディング施策として、開発上流工程の強化や生産準備の技術力強化の観点で、多くの取り組みを進めてきている。表7.2.1に"DWW"フロントローディング施策（Methodology-13）として、主要な施策項目を示す。

フロントローディングは、単なる工程の前倒しや上流工程への作業シフトではなく、研究・技術開発部門と生産準備・生産部門との技術・技能、経験やノウハウ・知恵の連携、更には、それらをデジタルデータで連携を図ることである。"DWW"とは、3D-CAD等のデジタルデータが設計から生産までシームレスに流れ、連携する仕組みである。

ただし、実際の業務プロセスをみるとデジタルだけではない。顧客要求からの製品仕様の検討、品質機能展開（QFD）[5]、想定される懸念事項への未然防止（FMEA）等は、設計者・生産技術者の知恵とひらめきのアナログ的連携である。富士ゼロックスでは、これらの活動を包含し、「デジタル設計とは、設計根拠と生産準備根拠の確定行為（一貫性のあるデータで裏付けられた設計）と仮想品質点検で行う品質作り込み活動と量産フェーズまでの設計／検証活動」と広く定義している。

表7．2．1 "DWW" フロントローディング施策

No.	主要施策項目 (Methodology-13)
1	QFD（品質機能展開）
2	FMEA/FTA
3	設計支援ツール
4	Simulation
5	CAE(品質工学との融合)
6	E-P表（Engineering-Parts_List）
7	P-P表（Parts-Process_List）
8	3D-CAD/PDM
9	DDIによる仮想点検
10	金型要件チェックツール
11	コントロール金型
12	生産準備ナビシステム
13	フェーズゲート管理によるマネジメント

QFD : Quality Function Deployment
FMEA : Failure Mode and Effect Analysis
FTA : Fault Tree Analysis
CAE : Computer Aided Engineering
E-P : Engineering-Parts (List)
P-P : Parts-Process (List)
PDM : Product Data Management
DDI : Digital Design Improvement

7.2.4.1　全員設計（DDI: Digital Design Improvement）の仕組み化

　3D-CADを使用して設計を行うようになり、"モノを作る"以前に設計者の意図が見えるようになった。3Dのモデリングをする設計工数は、2Dに比べるとかなり増大するが"モノを作る"前に点検することができるため、トータル的には大きなメリットとなっている。そのメリットを確実なものにするために、仮想品質点検のやり方を仕組み化することが重要であり、富士ゼロックスでは全員設計（Digital Design Improvement, DDI）という、名称をつけて開発プロセスの一部に据えている。

7.2.4.1.1　全員設計（DDI: Digital Design Improvement）の概要

　3D-CADで作成したデジタルモックアップを活用し、設計・生産準備・生産・安全・保全・物流・品質管理等関連者全員でデザインレビューする仕組みである。各点検部門やエンジニアが問題を抽出、改善内容の検討、品質の作り込みを行うことで、バーチャル段階で実機に発生するトラブルを未然防止することが目的である。

7.2.4.1.2　DDIの手順

　設計というものは、一朝一夕でできるものではなく、ある期間をかけて段階を経て完成させていくものである。その段階に応じてDDIを繰り返していくことになる。富士ゼロックスでは、L/O進捗率（設計品質）に応じてDDIを行うStepを定めており、Step 1（L/O進捗率：約20％）、Step 2（L/O進捗率：70％）、Step 3（L/O進捗率：90％）、Step 4（L/O進捗率：100％）の4 Stepで実施している。図7.2.4に示すように各Stepに応じた点検項目を各点検部門がチェックを行い、問題点があれば設計者に指摘を行い、対策を一緒に検討するようにしている。その問題点は仮想品質点検リストとして全て一元管理され、対策が確定されるまでフォローを行う仕組みとなっている。

7.2.4.1.3　DDIのマネジメント

　富士ゼロックスでは、このDDIを品質部門がリーディングをしてとりまとめている。品質部門担当は、前任機種でのDDIレビューを受けて、DDIの進め方に対する課題の対

応策立案や対象プロダクトの特徴を受けた点検注意点をまとめる。対象プロダクト毎に、ハード系の全サブシステムと全点検部門のマトリックスで実際の点検作業を行うスケジューリングを行う。これらを点検計画書としてまとめ関連部門に説明を行う。

実際のDDIが開始された後は、指摘項目に対する対策導入状況を確認し、次のStepに進んで良いかの進捗確認とExit可能判断を行う。全Step終了後、実機でのトラブル内容を確認し、なぜ実機で発生したトラブルがDDIで予測できなかったのかを検討する。富士ゼロックスでは、DDIの成果指標として、下式（1）のDDI事前抽出率というものを管理しており、対象プロダクトのDDI効果把握と設計レベル自体の把握に生かしている。

DDI事前抽出率(%)＝DDI指摘件数/(DDI指摘件数+実機発生トラブル件数)　　　(1)

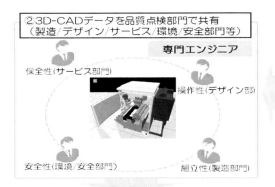
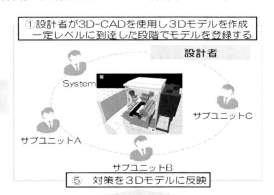

図7.2.4　全員設計（DDI：Digital Design Improvement）

7.2.4.2　CAE／Simulation ゼログラフィ・プロセス解析技術

ゼログラフィ・プロセスを利用した複合機・プリンタの開発では、ハードウェア設計の前にゼログラフィのパラメータ設計が必要である。このパラメータ設計の品質が製品の性能だけでなく、開発期間とコストに大きく影響する。富士ゼロックス"DWW"は、パラメータ設計根拠を開発の早い段階で明確にしながら、コンカレントに生産準備根拠を確立し、設計の手戻りのないフロントローディング開発の実践を狙いとしている。そこでゼログラフィのシミュレーションは主要な施策のひとつとして活用されている。

ゼログラフィは相互に影響しあう複数の物理現象からなる複雑なシステムであり、また放電・摩擦帯電・粉粒体現象をはじめとして、十分に解明されていない現象も含まれる。これらの現象を適切に扱える市販のシミュレータは存在せず、シミュレーション技術そのものの技術開発が大きな課題となる。富士ゼロックスでは、ゼログラフィを対象とし

たシミュレーション技術開発機能を設け、富士ゼロックス"DWW"の実践に必要なシミュレータの技術開発を行い、商品開発プロセスの中で実用化してきている。

従来、ゼログラフィ・シミュレーションは、電界解析、伝熱解析、熱流体解析などをベースとして、部分的な現象を定性的に再現することで、技術・商品開発過程で発生するトラブルのメカニズムの解明、新規技術の実現性探索など、実験結果の検証や定性的な方向性を示す目的で使用するのが一般的であった。しかし、ゼログラフィ・シミュレーション技術はここ十数年で格段に進歩しており、適用範囲、計算速度、計算精度が飛躍的に向上している。

現在では、シミュレーションによって事前に問題を予測し、メカニズムを明らかにして、設計仕様とその物理的根拠を与えることを可能とし、商品開発の中での活用を進めてきている。一方、このシミュレーション技術を特別な知識・スキルを必要とせず設計者が自由に利用できるナビゲート支援環境も開発している。

7.2.4.3 高速金型一貫システム

富士ゼロックスは、生産準備領域に於ける開発期間短縮のキーを、実機試作及び量産の金型部品（特に難易度部品）リードタイムとその出来映え品質と捉え、内製、高速金型一貫システム構築を戦略的に実施した。このシステムは、ベテラン設計者・生産技術者・加工技術者のノウハウ・業務プロセス・過去のトラブル知見を徹底的に分析し、設計・生産設計・金型設計・金型加工・型品計測、夫々のプロセスをリードタイムと品質の観点で最適システムとして構築、加工面に当っては最新の高速設備を導入した。

開発した主な技術は、図7.2.5に示すように、①金型構造の標準化、②金型要件チェックツール、③流動解析ツールの自前化、④生産設計支援ツール、⑤金型半自動設計（テンプレート化）、⑥加工プロセスの半自動化（テンプレート化）である。このことでベテランに頼らず、出来映え品質の観点では出図前に生産設計を完成させるフロントローディングの実現、リードタイムの観点では金型設計・製造の高速化を実現している。

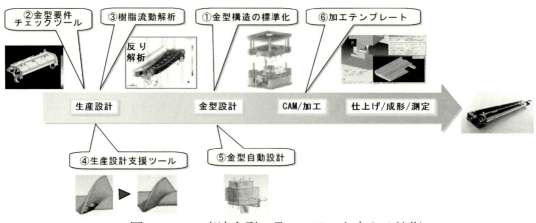

図7.2.5　高速金型一貫システムを支える技術

7.2.4.4　富士ゼロックス"DWW"運用マネジメント

　富士ゼロックス"DWW"の仕組みをシステムとして効果的に運用するには、推進と監査する仕組みが必要である。開発・生産準備プロセスの管理指標のうちフェーズ移行を判断する指標をフェーズゲート項目と呼び、この管理指標の達成状況・課題・対応策を開発生産準備のプログラムスケジュールに合わせマネジメントすることをフェーズゲート管理という。"DWW"推進の初期段階では、役員をトップに、開発・生産準備プロセス改革メンバーを推進事務局にしたプロジェクト体制で進めた。その中で、前述したフロントローディング施策（表7.2.1）の進捗とフェーズゲート管理を定期的に行って来た。現在では、各製品開発チーム責任者のもとで"DWW"運用マネジメントが定着している。

7.2.4.5　1stステップ：富士ゼロックス"DWW"の成果

　富士ゼロックス"DWW"活動の結果を図7.2.6に示す。図7.2.6 (a)は設計変更件数の推移を示している。デジタル化施策によってトラブルの事前抽出が向上した結果、設計変更がA機種に対してD機種で６０％低減し品質向上に貢献した。また、図7.2.6 (b)、図7.2.6 (c)に示すように、開発期間が４０％低減され着実に短縮化、R&D費用も３０％低減の成果が得られている。

　しかしながら、魅力ある商品を全事業領域、グローバルに間断なく提供するには、更に、飛躍的な商品供給リードタイム短縮、品質向上を図る必要がある。

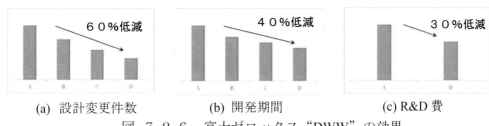

　(a) 設計変更件数　　(b) 開発期間　　(c) R&D費
図　7.2.6　富士ゼロックス"DWW"の効果

7.2.5　2ndステップ「真開発プロセス」活動

　富士ゼロックス"DWW"により大きな効果を得ることが出来たが、開発中の後戻りはゼロになったわけではなく、開発プロダクト毎のバラツキも発生していた。そこで、更なる品質向上と開発工数の削減をするために、新たなプロセス改革活動を立ち上げた。後戻りとなっている項目の分析を行ったところ、メカニカルな設計に起因する設計変更が約７５％も存在することが判明した。

7.2.5.1　設計審査プロセス

　全員設計の名のもとにDDIは、複数回実施してきたが、バーチャルフェーズでの設計審査は１回のみの実施であった。また、リアルフェーズに移行する直前での設計審査となっていた。このため、審査が不十分になり、重要課題の抽出漏れが発生していた。ま

た、抽出できても場合によっては、構想設計までやり直さなければならないような大きな手戻りが発生していた。

7.2.5.1.1　設計審査プロセスの改革

設計審査を今まで最終の1回しか行ってこなかったが、設計段階に応じて3回実施することとした。最初は、商品企画側（主には、プロダクト責任者）が責任を持つ構想設計確認会である。ここでは、商品全体のレイアウトおよび採用技術と、商品コンセプトに不整合が無いかを確認する。第2回目の基本設計確認会では、各サブシステムの構造、機構の妥当性を確認することが目的であり、サブシステムが機能を満足できるレイアウト／構造になっているか、主要部品配置の妥当性、変化変更点や設計項目（心配点）の抽出を完了し、対応方針と設計目標値が決定しているかを審査する。最後に行う第3回目の詳細設計確認会は、設計根拠の妥当性を確認し、QCD目標達成の見通しを得てリアルフェーズへの移行が可能かを審査する。

7.2.5.1.2　デザインリスト

設計根拠を確認するために、"新たなデザインリスト"を作成することとした。設計根拠を残すツールは、過去にもいろいろあり既出のE-P表やFMEAなどがあったが、なかなか定着しなかった、今回は、実際に設計を実施している設計者自らが設計現場を想定して使える/使いたいツールとして考案したものである。リストの構成と作成手順を以下に示す。①品質機能展開により要求機能を明確にする。②DRBFM（Design Review Based on Failure Mode）[6]の思想を取り入れて該当プロダクトの変化変更点に対応する要求機能の

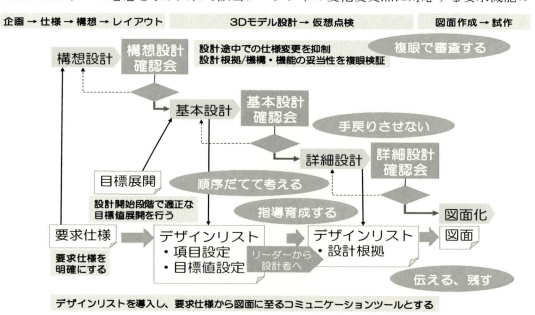

図7.2.7　効果設計確認会とデザインリスト活用

課題心配点を抽出する。③その課題/心配点に対する対応を設計方針として記載する。④その設計方針に沿ってどのような設計をするかを記載する。

　デザインリストの作成前半は、設計リーダーが主に行い、後半は実設計者が記載するという流れで行うため、図7.2.7に示すように設計プロセスを伝授する良いコミュニケーションツールとなっている。また、設計根拠が、第三者が見ても分かりやすいため、設計審査の場で有益な指摘がしやすくなった。更に、設計根拠として残るため、次機種の開発担当者や他機種担当者も参考にすることが出来き、同じような設計をするときに過去の機種の設計根拠を調べることが容易になり、開発効率を上げることができた。

7.2.5.2　メカニズムベース開発

　メカニズムベース開発は、独自のQFD（品質機能展開）の考え方である「富士ゼロックス流QFD"FX-QFD"」、ロバスト設計を担保する「品質工学」、フロントローディングを実現するシミュレーションによって、「真開発プロセス」と連動して開発の効率化を図る活動である。ここでは、富士ゼロックスユニークな"FX-QFD"と、メカニズムに関わる技術情報を蓄積・活用する「技術ドキュメントアーカイバー」を例示する。この２つを連携した仕組みを"TD^{2}M"（Technology Data and Delivery Management）と呼称している。

7.2.5.2.1　富士ゼロックス流QFD（FX-QFD）

　開発の後戻りは、設計における変化点の見落としや、設計変更の予期せぬ波及による二次障害などによって発生する。それらは、技術の作り込みの段階における現象のメカニズムの深堀りが不十分なこと、および深堀りの結果や熟練技術者の知見を設計根拠として残せていないことが原因で起こりやすい。図7.2.8に示す"FX-QFD"は、技術者がメカニズムを議論し、記述するための共通言語を持つと共に、「何をもってメカニズムが理解できたと判断するか」の共通認識を持つことを狙いとしている。

　設計と品質の波及効果を整理するためにQFDが一般に用いられるが、抽出した項目に客観性が不足したり、因果関係の深堀りがおろそかになりやすい。また、ツリー図による因果関係の深堀りも行われるが、技術者の経験に依存してしまうため、妥当性や納得感に問題が生じることがある。そこで、FX-QFDでは、現象のメカニズムを特徴付ける「品質-機能-物理-設計」の４つの要因を共通言語として開発を進めるために、４軸QFD表を用いる（図7.2.8(a)）。また、人の経験に依存しないように、物理現象の因果関係に特化したメカニズム展開ロジックツリー（Mechanism Deployment Logic Tree, MDLT）を作成する（図7.2.8(b)）。

　作成にあたっては専用のツールが用意されており、物理的な因果関係をMDLTで表した後に４軸QFD表を生成することで、設計と品質の波及効果をメカニズムの裏付けの下で可視化し、二次障害の予期に活用することができる。"FX-QFD"には一定水準のスキル

が必要となるため、手法を理解するための教育プログラム、およびファシリテータによる作成の支援体制が整っている。

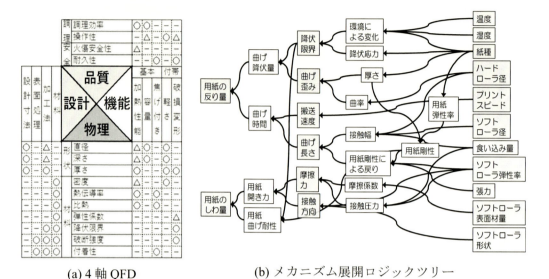

(a) 4軸QFD　　　　　　　　(b) メカニズム展開ロジックツリー

図7.2.8　富士ゼロックス流QFD "FX-QFD" の例

7.2.5.2.2　技術ドキュメントアーカイバー

"FX-QFD" は、実験事実や計算結果などのメカニズムの根拠と紐付けた形で残すことが望ましい。しかし、事象のメカニズムに関わる技術情報は、技術メモ、実験データ、スプレッドシートの計算ツールなど、多岐にわたる非定型なドキュメントであることが多い。そのため、フォルダの下にフォルダをぶら下げていくツリー構造による通常のドキュメント管理では、破綻をきたす。

そこで、体系化された技術属性をタグとして付与し、ツリー構造を持たないフラット管理をすることで、非定型技術情報の蓄積と活用を可能としたのが技術ドキュメントアーカイバー（Technology Documents Archiving System, TDAS）である。この仕組みでは、技術属性情報がオープンになっているので、内容のセキュリティを守りつつ、情報を広く共有することができるという利点がある。

"FX-QFD" で作成したMDLT、4軸QFD表の構成要素をTDASに格納した技術情報にリンクすることができるので、根拠と紐付いたメカニズム情報の蓄積が可能となる。

7.2.5.3　開発効率の改善

設計確認会を追加するなどバーチャル設計期間でのイベントを増加するとその分工数の増加が発生する。企業活動に於いては、できる限り投資額を抑えて多くの売上/利益を得ることが求められるため、開発工数を如何に減らしていくかが重要な課題となる。2ndステップでは、開発工数削減施策も行っているので、ここで紹介する。

7.2.5.3.1　3D正運用

　設計者が設計を行った後、それを現物化するためには、図面が必要となる。その図面には、だれが見ても間違えないように細かい指示や寸法が記載されており、富士ゼロックスでは幾何公差を主体とした運用を行っている。記載するルールは標準書により決められており、部品を作成する部品メーカーにもその標準を展開している。このルールは、3D-CADが導入される前に制定したものであり、2次元の図面だけで部品を作ることが出来るようになっている。昨今の"モノづくり"は3D-CADで作成された3Dモデルを元に作られるため、2次元の図面は"モノ"が出来たときの検査をするために主に使用される。

　このように2次元図面に対する要件が変化したことを受けて、2次元図面のルールを変える活動を行った。具体的には、形体再現の為の寸法や普通公差を適用する形体等は寸法を表記せず、機能的に必要/重要な寸法や公差のみを表記すると共に、寸法が表記されていない形体の解釈をルール化した。この図面を富士ゼロックスでは機能図と呼んでいる。その代り、部品作成に欠かせなくなった3Dモデルには、新たにモデリングに対するルールを制定し、その3Dモデルと機能図で"モノづくり"をする3D正運用とした。3D正運用は3D-CADデータを用いて部品製作/金型製作する場合に適用している。

　図7.2.9に示すように、機能的に必要/重要な寸法や公差のみを表記することで、設計者の図面作成工数は40％削減することができた。また、"モノづくり"をした後の検査工数も68％削減することができ全体工数の削減をすることができた。これらの考え方は、JEITA（一般社団法人　電子情報技術産業協会）三次元CAD情報標準化専門委員会　のJEITA ET-5102　3DAモデル規格や、3DAモデルガイドラインにも反映されている。

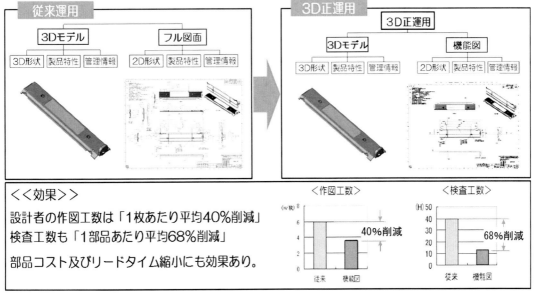

図7.2.9　3D正運用

7.2.5.3.2　金型要件チェックツールの自動化

　富士ゼロックス"DWW"で実施した高速金型一貫システムの金型要件チェック（以降、チェックツール）とは、製品設計された３Dモデルを量産性の視点でチェックするものである。「金型技術標準」や「製品設計規格書」、「保有するノウハウ（製品形状と成形性、過去のトラブル情報や仕入先情報から得られた知見など）」を数値化した判断基準をCAD上に盛り込んでおり、不適合箇所があれば即座に見つけ出すことが出来るツールである。製品設計の段階で金型が成立しないなどのキーとなる生産要件を事前にチェックし、それ以降の手戻りを防止している。このチェックツールを利用することにより、従来の人による判定基準のばらつきやチェック漏れも最小限に抑えることが可能となった。

　図７.２.１０に示すように、このツールを２ndステップではクラウド化し、設計者が３D-CADデータをクラウドサーバーにアップすると、金型の不成立箇所を自動的に計算・抽出し、合否（OK/NG）が判定され設計者に返信されるようにした。試行錯誤のインターバルが短くなり、設計の効率が上がっただけでなく、最近では設計者が最初から金型不成立が起きない設計ができるスキルを身につけ、不成立箇所の指摘が激減し指摘修正の手戻りが削減されている。

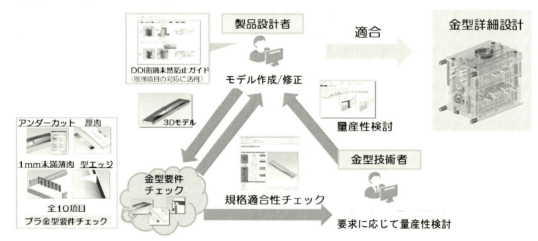

図７.２.１０　金型要件チェック概要

7.2.5.3.3　"モノづくり"分析基盤

　開発活動を効率的に行いたい、商品の原価を下げたいなど開発現場では多様な課題が存在する。低コスト設計をするために、設計者は過去実績のある類似部品を探し、生産準備担当者は低価格な材料を探し、調達担当者は、適正価格で部品を購入するために過去実績を探している。このような探索活動を行う場合、図面情報が元になることが多く、如何に検索しやすく図面情報が整理されているかがポイントである。図面情報を構造データとして活用し、標準化された分類や部品スペック（属性）をデーターベース化し、各部門の要望に応える仕組みを構築したので例示する。

7.2.5.3.3.1　図面情報の抽出/整理

3D-CADや2次元図面に記載されている情報を構造データとして抽出した。抽出は、富士ゼロックスで使用されている全ての図面を対象とした。図面から属性を抽出する作業は当初、全ての図面情報を人が見て抽出する作業を行っていたが、現在は、ITを活用した抽出ツールを社内開発/導入したため、膨大な工数が発生するのを抑制することができた。抽出したデータは、標準化された分類体系に基づいた属性を付与してデーターベースに格納した。

7.2.5.3.3.2　"モノづくり"分析基盤効果

図7.2.11に示すように、図面情報から抽出した部品属性情報を核として、部門毎に分散しているデータを横串検索できる環境を"モノづくり"分析基盤として整えた。これにより、原価低減、流用設計、部品集約などの活動が的確に効率よく実施することが出来るようになった。具体的には、同じ種類（例：モーター、センサーなど）の単価と仕様と購入量を即座に一覧表示できるため、適切な部品を直ぐに探すことが可能となった。また、各種の評価軸（重量、トルク、回転数など）とコストで散布図を作成することで、バラツキを把握し原価低減の糸口を見出すことが可能となった。

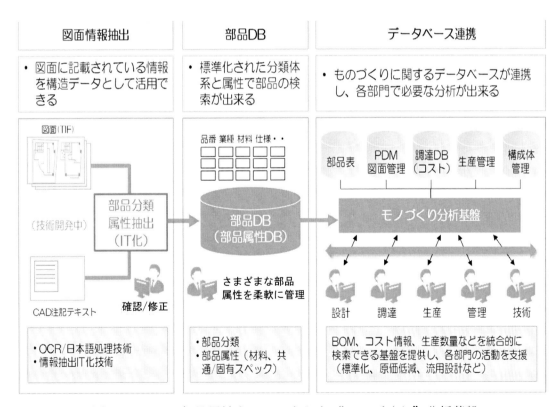

図7.2.11　部品属性をベースとした"モノづくり"分析基盤

7.2.6 まとめ

　デジタル複合機開発を対象に活動してきた開発生産準備プロセス改革により、1st ステップの「富士ゼロックス"DWW"」活動を通して、設計変更件数、開発期間、R&D 費で効果を出し、更なる改善を狙った2nd ステップの「真開発プロセス」活動では、開発中の手戻り指摘件数が50％改善、量産段階での手戻りフォロー工数も50％改善することができた。フロントローディングとして設計根拠、生産準備根拠を明確にし、後戻りしないプロセスを構築し、開発活動が効率良くできるツール及び仕組みも同時に構築し、現場へ展開し定着を図ってきた結果である。

　このような改革をしつつ魅力ある商品を提供してきた結果、市場での信頼性も大幅に向上しており、お客様からは高い評価を得ている。しかし、現状でも開発中の手戻りは完全には無くなっておらず、商品に対する要求も日々高まっているため、より高度で精緻な商品開発が求められているのが実態である。摺合せ技術の集合体であるデジタル複合機を如何に効率良く開発し、お客様に魅力ある商品を間断無く提供できるかが、企業存続の鍵であり、そのためにはプロセス改革に終わりは無いのである。

7.2.6 謝辞

　本節を執筆するにあたって、富士ゼロックス㈱の関係各位に多大なるご協力をいただき厚く謝意を申し上げます。引用文献"富士ゼロックステクニカルレポート：No.18（2008）および No.26（2017）"の執筆者各位に深くお礼を申し上げます。また、関連図書として、日経BP社『富士ゼロックスはなぜ開発の手戻りを6割減らせたのか』の編集者各位のご理解をいただきました。ここに謝意を申し上げます。

参考文献
[1] 藤本隆宏,『日本のもの造り哲学』, 日本経済新聞社, 2004.
[2] IBM ビジネスコンサルティングサービス「ものコトづくり」企業革新セミナー講師グループ,『ものコトづくり　製造業のイノベーション』, 日経BP社, 2006.
[3] 北原仁, 富士ゼロックスのグローバル生産へ向けた設計―金型一貫システムの実現,「世界同一品質・同時立上げと生産管理, 第21回日本生産管理学会全国大会講演要旨集, 2005.
[4] Fabrycky.Wolter J., Blachard.Benjamin S., "Life-Cycle Cost and Economic Analysis", *Prentice Hall International Series in Industrial and Systems Engineering,* pp. 352, 1991.
[5] Clausing.Don,『TQD 品質・速度両立の製品開発』, 日経BP社, 1996.
[6] 吉村達彦,『トヨタ式未然防止手法・GD^3』, 日科技連出版社, 2002.

引用図書
・富士ゼロックス㈱, 開発生産準備プロセス改革推進グループ,『富士ゼロックスはなぜ開発の手戻りを6割減らせたのか』, 日経BP社, 2011.
・影山敏一, 第7章 モノ作り革新技術―フロントローディングとそのマネジメント、天坂格郎編著,『研究開発特論』, 三恵社, pp. 103-122.
・影山敏一, 第13章（13-2）富士ゼロックスの生産準備革新―新製品開発のスピードアップ,『研究開発特論』, 三恵社, pp. 218-246, 2012.

7-3

自動車開発設計―未然防止技術

概要：

本節では、自動車開発設計における未然防止のために、筆者は開発設計のビジネスプロセス刷新に貢献する"高品質保証ＣＡＥ解析モデル"を創案し、その有効性を例証する。具体的には、従前の"実機実験による現物確認改善型"から、"信頼性の高いＣＡＥ解析による予測評価重視型"へと転換させることにより、製品の高品質保証・コスト削減・開発期間短縮による"ＱＣＤ同時達成"を実現した研究例を紹介する。

キーワード：自動車開発設計、未然防止技術、高品質保証ＣＡＥ解析モデル、ＱＣＤ同時達成

7.3.1　自動車開発設計の未然防止

　"世界品質競争"と比喩されるように、日本の製造業を取り巻く環境はますます厳しい。グローバル生産を成功させるためには、上流工程の開発設計のビジネスプロセスを刷新し、輻輳する市場問題の未然防止を図り、"ＱＣＤ同時達成"を具現化することが切迫した経営課題となっている[1,2]。

　そこで筆者[3-5]は、"自動車開発設計の未然防止"に視座し、開発設計プロセス刷新のための数値シミュレーション（Computer Aided Engineering, CAE）を適用し、さらに"ビジネスプロセスの暗黙知を明白知化する新たな統計科学法"品質管理新論―Science SQC"[3]を援用する"高品質保証ＣＡＥ解析モデル"を創案する[4-6]。

　本モデルのねらいは、従前の試行錯誤的な実機実験法"試作－実験―評価"を繰り返す"実機実験による現物確認改善型"から脱皮し、"信頼性の高いＣＡＥ解析による予測評価重視型"へ転換である。具体的には、4つのコアモデル"トータルインジェンスＣＡＥマネジメントモデル、インテリジェンスＣＡＥシステムアプローチモデル、高信頼性ＣＡＥ解析技術要素モデル、高信頼性ＣＡＥ解析システムアプローチモデル"で構成し、これらのコアモデルを統合化している。

　以下では、自動車開発設計の現状とＣＡＥの課題を整理し、開発設計の未然防止に寄与する本モデルの特質を捉える。そして、本モデルを今日的な開発設計課題の解決に適用した研究例を紹介する[6]。

7.3.2　自動車開発設計の現状とCAE活用の課題
7.3.2.1　自動車開発設計とCAE

　現今、日本の自動車産業は生き残りをかけ"世界同一品質・最適地生産"の実現に向けてグローバル生産を展開している。急変する経営技術の環境の中、自動車の開発設計〜生産の命題は、世界市場から淘汰されないよう"世界品質競争"に対応し、顧客価値を高める最新モデルの高品質な製品を他社に先駆けて提供できる、"新たな経営管理技術モデルの確立"が求められている[1,7,8]。

　ここでは、懸案となっている自動車産業の開発設計〜生産プロセスの管理技術面にフォーカスする。開発設計と生産ラインの橋渡し段階での"スケールアップ効果"防止のために、度重なる"試作・実験・評価"（実機実験）を繰り返してきている。その結果、開発設計段階での"造りこみの品質保証"が安定せず高コストで開発期間が長くなるなど、"開発設計プロセスの刷新"が急務となっている[9]。具体的方策として、最新の数値シミュレーション技術（CAE）の有効活用により「現物確認改善型」から「予測評価重視型」へ転換を図ることで、開発設計の高品質保証・コスト削減・開発期間の短縮を両立させる"QCD同時達成"の実現が必須要件となっている[4]。

　第3章の図3.7に示した"日本の自動車開発設計の変遷"より、過去のモデルチェンジ（車両開発〜生産：約4年）では、開発設計完了後に実機実験を主体とした問題発見と改善を繰り返していた。しかし現在では、開発設計の初期段階でのCAEとサイマルテニアス・エンジニアリング（Simultaneous Engineering, SE）により、試作車両を製作しない開発設計が一部で実施され、車両開発期間が半減するなど大幅な改善が見られる。

　昨今では、"CAEの活用"は従来の実機実験の補助的役割の"サーベイランス"から"相対的評価"へと用途が広がり、CAE活用比率は実機実験と同等レベルにまでに改善されている。さらに現在では、車両開発〜生産が約1年へと短縮され、CAEとソリッドCAD（Computer Aided Design）を中核として、車両開発〜生産の各プロセスが同時進行する"超短期コンカレント開発"へ移行している。もはや試作品を作って実験評価を繰り返す現状の開発設計のビジネスプロセスでは、QCD同時達成は困難である。

7.3.2.2　開発設計刷新のためのCAEの適用課題

　そこで筆者[4]は、自動車開発設計のビジネスプロセスを刷新させるために、"CAEの適用課題"を抽出し、QCD同時達成を実現させる観点から、図7.3.1に要約・整理した。図中のように、これまでの実機実験偏重の"現物確認改善型"から脱皮し、CAE解析を主体とする"予測評価重視型"へ置き換えるには、実機実験データとの乖離"ギャップ"（解析誤差）は、従前の十数％から1〜2％程度になるようにしなければならない。CAEの適用技術・解析技術・評価技術・管理技術の観点から、因果分析によりCAE

適用課題を抽出した。

　図中に示すように、"QCD同時達成"を実現させるためには、特に"CAE解析技術"の向上の基底をなす"解き明かしたい重要な技術問題の発生メカニズム（からくり）"の掌握が重要である。そして、得られた知見を適確に数値シミュレーションに反映させることで、実機実験との解析誤差を最小化する"CAE解析の新たな方法論の確立"が重要になる。実施段階では、実機実験の結果を正確に且つ精度のよいCAE解析で合理的且つ高精度に再現できるよう、CAE解析技術レベルを向上させることが不可欠となる。

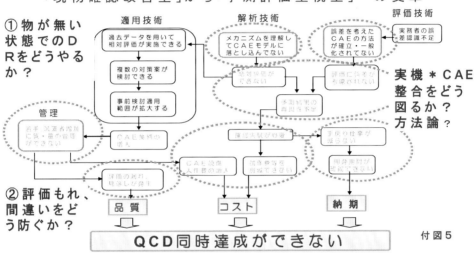

図7.3.1　開発設計刷新へのCAE適用課題

7.3.2.3　CAE解析技術向上への統計科学の有効性

　CAE解析による開発設計の技術課題の解決に寄与する"統計科学"（Statistical Science）の有効性について考究する。筆者[4, 11, 12]の調査から、開発設計者の関心事は"具体的発想支援ツールとなるインテリジェントCAE解析"の実施であり、"実機実験の解析結果"と乖離のない"高精度CAE解析"の展開である。これらの実現に向けて、CAE解析技術の向上に期待される統計科学活用の狙いは、以下の3つのケースに集約される[6]。

(ⅰ) 1つは、"変動要因解析"である。技術課題解決のための問題の構造を形成する設計諸因子の多くが"経験知"として判明し、技術論的に特定可能であるが、それらの寄与率が十分に明確でないケースである。

(ⅱ) 2つは、素早い問題解決における主要な"開発設計諸因子の特定と制御"である。このケースでは、問題の構造は技術論的に推測できるが、設計諸因子が輻輳している技術領域である。ここでは、判然としない設計諸因子の寄与率を探り、変動要因解析による対策因子の特定と結果の制御（調節）が期待される。現今の統計解析では、一

般に"近似解法"として"カーブフィッティング"（多項式近似）が活用されている。
(iii) 3つは、問題の構造の発生メカニズム（からくり）が不明なケースであり、"問題の構造推定と予測・制御のための合理性のあるモデル化"である。そのねらいは、経験知や固有技術が十分でない"新技術問題の解決"と、懸案となっている"ボトルネックな技術問題の解決"である。このケースでは、実証科学的なアプローチ法により"問題発生時の動的挙動"を可視化技術で明らかにし、"問題の構造"を解明して、それらの因果関係を適確にモデル化することが要求される。

7.3.3 自動車開発設計の高品質保証CAE解析モデルの創案
7.3.3.1 高品質保証CAE解析モデル

量産化段階では、試行錯誤的な試作と実験を繰り返す生産性の低い開発設計を戒め、関連部門が"戦略的協創"（第4章参照）により英知を結集し、最新のCAEを駆使して"開発設計の変革"を図ることが急務である[13,14]。

そこで筆者[4-6]は、旧態の開発設計に固執せず、開発設計のプロセスの刷新を図る"高品質保証CAE解析モデル"を図7.3.2に創案する。図中に示すように、グローバル生産に必要な高品質保証のもの造りで"QCD同時達成"を実現させるためには、"開発設計ビジネスプロセスのハイサイクル化"が鍵であり、（A）デジタル化設計、（B）開発設計システムの刷新、（C）超短期開発プロセスシステムへの変革、（D）予測制御の高精度化、（E）知的技術の共有などが"克服すべき技術課題"である。

"高品質保証CAE解析モデル"では、CAE解析を体系的・組織的にマネジメントし、合理的なCAE解析を進化させるために、4つのコアモデルとして（1）トータルインテリジェンスCAEマネジメントモデル、（2）インテリジェンスCAEマネジメントシステムアプローチモデル、（3）高信頼性CAEソフト技術要素モデル、（4）高信

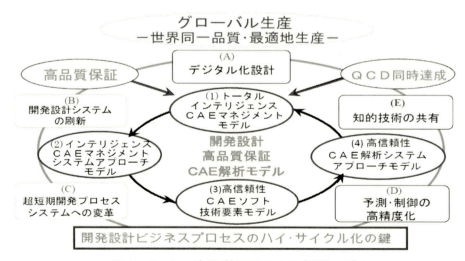

図7.3.2　高品質保証CAE解析モデル

頼性ＣＡＥ解析システムアプローチモデルを具備しており、それらのコアモデルを"ハイリンケージ"させている。以下に、４つのコアモデルの特質を明示する。

７.３.３.２　トータルインテリジェンスＣＡＥマネジメントモデル

　筆者[5]が創案した図７.３.３に示す"トータルインテリジェンスＣＡＥマネジメントモデル"のねらいは、開発設計者の具体的発想支援ツールとしての"インテリジェントなＣＡＥ解析"であり，"実機実験の解析結果"と乖離のない"高精度ＣＡＥ解析"の実現であり、筆者は主要な研究例を基に、その有効性を論証している[4-6]。

　一般に開発設計段階においては，図中のように実機実験値とＣＡＥ解析値にギャップ（乖離）が存在する。最下層のステップⅠでは、ＣＡＥ解析に対する信頼性不足から実機実験偏重のサーベイ試験が顕在化し、実機実験の割合が７５％に対し、ＣＡＥ活用の割合が１５％程度とその活用比率は低い。

　次のステップⅡでは、先進企業でさえＣＡＥ解析は"相対評価"に止まっており、ＣＡＥ活用比率は実機実験と同程度の５０％程度であり充分とはいえない。それらを打開するために、可視化技術と統計科学の併用により、懸案となっている問題のメカニズムを解明しＣＡＥ解析精度の向上に寄与した研究例とその効果に着目する。

　そしてステップⅢでは，それらの知見を活かし"ボトルネックな問題の因果関係"を探索し、"一般化モデル"を導出し、これにより"絶対評価"が可能となり、ＣＡＥ解析精度の大幅な改善によりＣＡＥ活用比率を７５％へ高めることを可能にしている。さらにステップⅣでは、ステップ（Ⅰ）～（Ⅲ）で導出できたＣＡＥ解析技術を反映し、実機実験を精度よく再現できる"最適化ＣＡＥ設計"に必要な影響因子と寄与率を捉える。これにより、ＣＡＥ解析精度を高める適確な予測制御が可能になり、ＣＡＥ活用比率が１００％へと飛躍的な向上が実現している。その結果、ＣＡＥ解析を基にした開発設計が可能になり、実機実験はＣＡＥ解析の検証の役割へ転換させることを可能にしている。

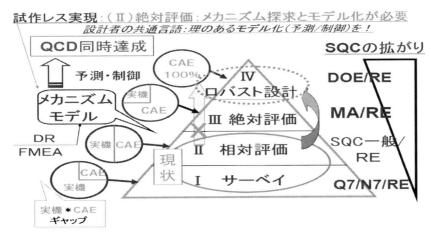

図７.３.３　トータルインテリジェンスＣＡＥマネジメントモデル

第2部　オペレーションズ・マネジメント戦略の実際

図中に示すように、筆者[6]はＣＡＥ解析の各ステップで"統計科学の新たな方法論—品質管理新論"（Science SQC）の援用の有効性を捉えている。図中より、Ｑ７（ＱＣ７つ道具）・Ｎ７（新ＱＣ７つ道具）・ＲＥ（信頼性解析手法）・ＳＱＣ（統計手法一般）・ＭＡ（多変量解析手法）・ＤＯＥ（実験計画法）などを効果的に組み合わせ活用する"ＳＱＣテクニカルメソッド"を適用し、その有効性を実証している。

7.3.3.3　インテリジェンスＣＡＥシステムアプローチモデル

一般に熟練ＣＡＥ技術者は、具備すべき技術要素のすべての専門家ではないが、それらの特性と相互作用を暗黙知（経験則・経験知）として理解し、良い相互作用が得られるような選択と組み合わせを行うことで好結果を導いている。一見、このような暗黙的な"属人的ノウハウ"の定式化は、問題解決手法としてのＣＡＥ解析技術の洗練に欠かせない"経験則・経験知"を活かす"課題解決のＣＡＥシステムアプローチ法"であり、それを明白知化することは"高品質保証ＣＡＥ解析モデル"に不可欠な方法論と考える。

そこで筆者[5]は、それらの開発設計のプロセス"行動様式"を一般化するために、前述の"トータルインテリジェンスＣＡＥマネジメントモデル"を適用した、高信頼性ＣＡＥソフトの開発とその知的運用をねらいとする"インテリジェンスＣＡＥシステムアプローチモデル"を図7.3.5に創案した。

例えば、懸案としている"市場クレーム"（機能故障）の低減が進まないケースでは、"何故、故障が起きるのか"、"故障がどのようなからくり"で生じるのか"などについて、当該の技術問題の解明"真因を探る"場合は、まず（Ａ）実機・実験により"問題の動的挙動の可視化"が必要である。ここでは、社内外の専門家の英知を結集する協働活動"パートナリング"[15,16]により、最新のＳＱＣ手法も活用し、（Ｂ）輻輳した因果関係を調査分析し、故障の発生メカニズムの推論を行なうことが大切である。適確な故障解析と要因解析を行なうために、Ｎ７・ＳＱＣ・ＲＥ・ＭＡ・ＤＯＥなどを援用し、こ

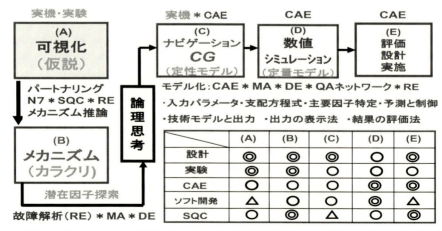

図7.3.4　インテリジェンスＣＡＥシステムアプローチモデル

れまでに"知見が無く、見過ごされている潜在的な因子の探索を行い、論理的な思考プロセス"で"故障の発生メカニズム"(からくり)を論証することが肝要である。

次に、(C)それらの知見を統合化し、"コンピュータグラフイックス"(Computer Graphics、CG)を援用し，実機実験により"故障が生じる瞬間(動的挙動)を"可視化"により合理的に再現し、それを"定性的なレベル"で整合する"CAE，CG、ナビゲーションソフト"(CAE-CG-NS)を創案する。この"CAE-CG-NS"の創作段階では、未解明の"からくり"の因果関係をモデル化する知的作業として"実機・実験"が必要不可欠になる。これらを通して、実機・実験とCAE解析の両方による"絶対値評価"により、乖離(ギャップ)を大幅に減縮させることが極めて大切になる。

そしてさらに、(D)高信頼性CAE解析ソフトの開発段階では，精緻な実機・実験を行い、からくり(暗黙知)を充分に明白知化する。これらの知的作業のプロセスで得られた多くの知見を統合化し"絶対値による予測・制御"を可能にする"信頼性の高い数値シミュレーション"(定量モデル化)を行い、最終段階の(E)実機・実験で検証を行なう。分散化した組織によるビジネスプロセスの場合、これらの各作業のプロセス段階(A〜E)では、設計－実験－CAE解析－CAE解析ソフト開発－SQCに係わる専門家が"各作業プロセス段階で、チーム活動(◎メイン，〇サブ，△サポート)"を行う、所謂、"パートナリング"が必要不可欠になる．

7.3.3.4 高信頼性CAE解析の技術要素モデル

前述で得られた知見を基に、筆者[4]は信頼性の高いCAE解析を実現するために、"高信頼性CAE解析の技術要素モデル"を図7．3．5に創案した。実機・実験に頼らない

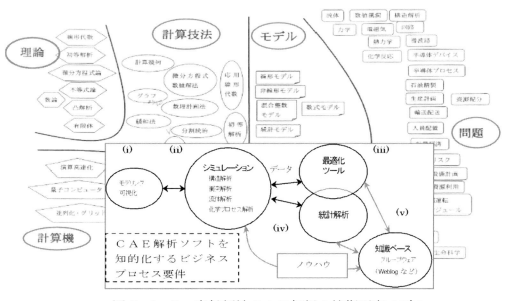

図7．3．5 高信頼性CAE解析の技術要素モデル

知的なＣＡＥ解析ソフトを創出するための技術要素として、（1）問題の設定（現物による問題の正しい確認）、（2）モデル（数値計算・モデルの適合）、（3）アルゴリズム（計算技法）、（4）理論（問題を解き明かす必要な理論の確立）、（5）計算機技術（計算機の選定選定）など，適確な掌握が不可欠となる。図中から、一般にＣＡＥ解析を行う際の各技術要素の選択肢は十分に広いことが推察される。ＣＡＥを開発設計の課題解決手段として、当該プロセスに組み入れる視点に立つとき、これらの技術要素がいかに多く、且つ、それぞれが充実したものであっても十分とは言えない。何故なら、信頼性の高いＣＡＥ解析では、複数の技術要素から構成される展開プロセスが必要である[13, 17, 18]。

それ故に、ＣＡＥ解析の実施段階[13]では、まず（1）解決したい問題を設定し、その問題を、例えば何らかの数式としてモデル化するところから出発する。次に、（2）ＣＡＥ解析においては、当該のモデルを解析する手段として計算機を利用するが、（3）その際の解析手段は、ソフトウェアとして実現可能な計算手段、すなわち、アルゴリズムとして与えられている必要がある。ここで、アルゴリズム自体の正当性、適用範囲、性能、あるいは期待すべき精度は、何らかの理論から導かれる。（4）アルゴリズムを実現する"器"として、機能する計算機そのものに関する技術がＣＡＥ解析の成功を左右する大きな要素である。さらに，（5）ＣＡＥ解析プロセスを構成する技術要素は相互に整合し，また弱点を補完し合うものでなければならない。理論的に優れたアルゴリズムでも、計算機上に効率良く実装できなければ期待通りの解析結果を出すことはできない。アルゴリズムの性能も、モデリングとの相性に大きく左右されるので、問題設定が正しくともモデリングを誤ると、アルゴリズムが効率良く動作しない。

7.3.3.5　高信頼性ＣＡＥ解析システムアプローチ法

そこで筆者[6, 13, 19, 20]は、高品質保証のものづくりの視点から"自動車開発設計プロセスの進化"が不可欠と考え、ＣＡＥ解析を知的に運用するために統計科学手法を援用する、所謂、"数値実験統計学"を駆使した"高信頼性ＣＡＥ解析システムアプローチ法"を図7.3.6に創出した。そのねらいは、技術課題解決に不可欠な技術要素である開発設計に必要な技術要素（設計諸因子）の影響度を適確に把握するために、統計科学を援用し要因解析、特定・制御、メカニズム解析に至るまでの近似解により、適確な構造モデルの提供を行うことにある。

具体的には、（1）設計諸因子が固有技術的に特定可能なケースメソッド―1では変動要因解析を行い、（2）設計諸因子の特定・制御が技術的に不明なケースメソッド―2では、ニューラルネットワーク（Neural Network, NN）とＭＡの併用によるカーブフィッティングを行う。さらに（3）技術問題のメカニズムが不明なケースメソッド―3では、可視化実験―因果分析による問題発生の"メカニズム"を推量・洞察し、定性的なモデル

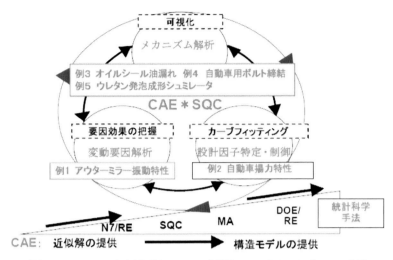

図7.3.6　高信頼性ＣＡＥ解析システムアプローチ法

化（ＣＧとナビゲーションの併用）を行い、さらに定量的モデル化（ＣＡＥとＣＡＤの併用）を行う。合理的な展開の方法論として、筆者[3]が確立した"Science SQC"のコア原理の"問題解決の山登り－SQC Technical Methods"（N7－SQC－RE－MA－DOE)を適用する。図中には、次項の適用事例で取り扱う今日的な技術課題を示している(例１-例５).

7.3.4　適用例

ここでは、7.3.3に創案した"高品質保証ＣＡＥ解析モデル"を自動車開発設計の今日的な技術課題解決に適用した研究成果を例示する[6,21]。

7.3.4.1　設計諸因子が固有技術的に特定可能な例
—ドアアウターミラーＣＡＥ防振最適化アプローチ

設計諸因子が固有技術的に特定可能な例（ケースメソッド—１）として、Ａ社のドアアウターミラー（以後、ミラーという）のＣＡＥ防振最適化アプローチ法を取り上げる。トラック用"ミラー振れ"の防止は、前後左右の視界確保に重要であり、ＣＡＥ解析によりミニマムコストで"防振設計構造の最適化－ＱＣＤ同時達成"が要求される。

筆者ら[10]は、試行錯誤のない防振設計を行うために、蓄積された経験技術を基に"ミラー振れ"の因果分析として"ＳＱＣテクニカルメソッド"を援用する"高信頼性ＣＡＥ解析システムアプローチ法"を適用した。図7.3.7に示すように、実機・実験結果と乖離のないＣＡＥ解析（防振対策に寄与率の高い設計諸元因子と最適水準の探索）のために、統計科学を援用し数値シミュレーションを行った。これにより、ミラー振れを回避する共振周波数を予測・制御し、設計諸元(質量・構造)の改善を図った。

まず、防振性能向上を図るステップフローとして、(1)問題設定 (2)要因検討（Ｎ７：要因系統図、マトリックス図など）(3)目標設定（無共振点：３０Hz以上）を行った。次

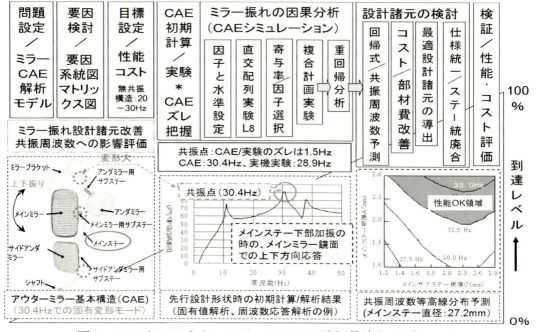

図7.3.7 ドアアウターミラーのCAE防振最適化アプローチ

に、(4)CAE初期計算の段階では共振(上下振れ)する"メインミラーを保持するメインステー"の主に3箇所の変形に対し、実験値とCAE解析値の共振周波数の"ズレ"を把握した。そして、(5)因果分析(CAE)では、(i)因子と水準の設定(メイン/サイドサブステーの板厚と直径；5因子とそれらの交互作用)を行い、(ii)直交配列実験（L8：2水準系）により (iii)寄与率の高い因子を選択した。そこで、(iv)選択された因子の2次効果を鑑み、追加実験として(v)複合計画実験を行った。それらの実験データを用い、(vi)重回帰分析を行い、1次と2次の効果を考慮する"カーブフィッテング"を実施した。

さらに、(vii)導出できた回帰式を用い、設計諸元の検討を進めた。ここでは、(viii)性能とコストの両立を目指し、(ix)共振周波数等高分布予測を行い、最適設計諸元を導出した（図中のメインステー板厚＊サブステー板厚の例）。以上のように、筆者らは"高信頼性CAE解析システムアプローチ法—ケースメソッドⅠ"により、複数仕様のステーの統廃合を行い、(x)性能とコストを両立することで生産段階に素早く移行でき、QCD同時達成を実現した。さらに、類型の問題解決にも同様に適用し所与の成果を得ている。

7.3.4.2 設計諸因子が不明な例
—NNと重回帰解析を併用した車両揚力特性CAE最適化アプローチ

次に、設計諸因子の特定・制御が技術的に不明な例（ケースメソッド—2）として、B社の統計科学を援用した"車両揚力特性CAE最適化アプローチ法"を取り上げる。

一般に開発設計段階では、因果関係が輻輳し、蓄積技術だけでは解決されないケース

が多々ある。因果分析に必要な設計諸因子が固有技術的に不明な典型的な問題解決に、筆者ら[3,22,23]は、図7.3.8に示す風洞実験による実車両を用いた"揚力特性の特定・制御のモデル化"を進めた。このケースでも、"ＳＱＣテクニカルメソッド"を援用し、揚力特性の特定・制御を可能にするモデル構築を進めた。

まずStep 1では、風洞実験により得られたデータを活用し、多変量解析（MA）と非線形回帰分析（Neural Network, NN）を併用する"変動要因解析"により、主要な設計諸因子の影響度（主効果）、並びに設計諸因子の交互作用の有無を推量した。次のStep 2の要因分析では、得られた知見と経験知を活かした因果分析により、輻輳した新たな設計諸因子の洗い出しを行った。そして、得られた"揚力特性の特定・制御のモデル式"の妥当性（設計諸因子の主効果と交互作用）を把握した。さらにStep 3の要因の検証では、偏回帰プロットとＮＮなどの統計解析により、実利性のある精緻なモデル化を行い、製品開発（モデルチェンジ）へ適用した。

具体的には、Step 1では多変量連関図と線形重回帰分析法を繰り返し援用し、経験技術で取り込んだ設計諸因子の結果（前輪と後輪の揚力係数値）への影響度（非線形効果）を残差分析などで確認した。そしてStep 2では、これらの解析アプローチを基に、残差分析と偏回帰プロットの効果から、乗用車の車体上部の形状因子に加え、新たな設計因子として車体下部形状因子を発見し、それらの輻輳する因子間の相互作用を特定した。

これらの知見を得たことにより、"車両揚力特性CAE最適化設計アプローチ"が効果を発揮し、

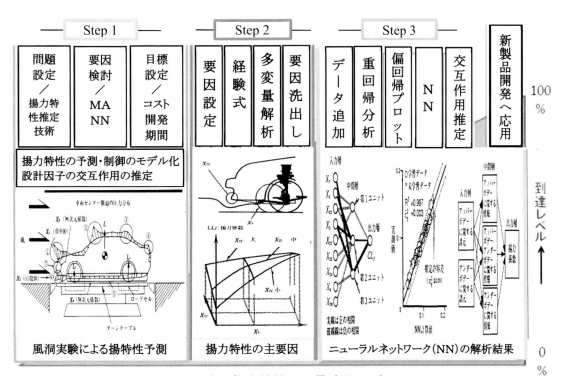

図7.3.8　車両揚力特性CAE最適化アプローチ

QCD同時達成を実現した。さらに同様に、類型の問題解決にも適用し所与の成果を得ている。

７．３．４．３　技術問題のメカニズムが不明な例
―駆動系オイルシール油漏れの高精度ＣＡＥ解析

さらに技術問題のメカニズムが不明な例（ケースメソッド-3）として、自動車アッセンブリーメーカーＣ社とサプライヤー（部品供給メーカー）Ｄ社のパートナリング"による"駆動系オイルシール油漏れの高精度ＣＡＥ解析"を取り上げる。

筆者ら[3,4,23]は、ここでも"ＳＱＣテクニカルメソッド"を援用し、図７．３．９に示すように、"自動車オイルシール油漏れ防止のためのＣＡＥ最適化設計アプローチ"を適用した。図中に示すように、"現象把握―可視化実験―論理思考―ＣＡＥ解析―最適化設計"の解析プロセスにより、世界の自動車メーカーのボトルネックな技術課題"駆動系オイルシール油漏れ"の解決を進めた。まず、よくわかっていないオイルシールの油漏れが発生するメカニズムを推量するために、現象把握として可視化装置を開発した。

これにより、オイルシールリップ回転摺動部廻りの歯車回転摩耗粉（異物）が機械的結合により成長していく過程、所謂、"動的挙動の可視化"を可能にしたことで、オイルシール油漏れのメカニズムを洞察できた。そして得られた知見から、設計対策として(i)状態）を理化学的に適切に確保できる設計方案を創出できた。そして、図７．３．１０の"オイルシールシミュレータ用の技術要素モデル"を適用し、数十万キロ走行しても異

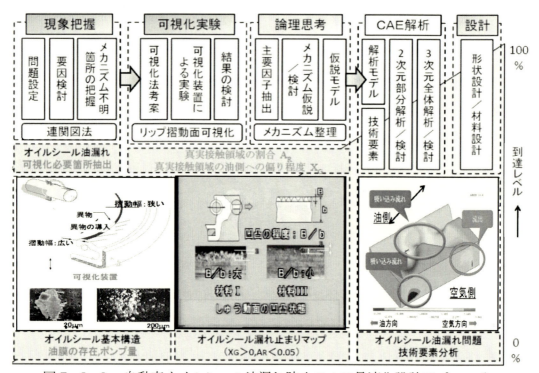

図７．３．９　自動車オイルシール油漏れ防止ＣＡＥ最適化設計アプローチ

物が発生しにくい"歯面強度改善"（材質・熱処理改善）と、(ii)ドライブシャフトと回転接触するオイルシールリップ表面層の潤滑状態（摺動面の凹凸取り込むことで、オイルシール油漏れの実現象を精度よく再現でき、それらの特定・制御を適確に掌握できる"高信頼性ＣＡＥ解析ソフト"として具現化した。

図中に示すように、(1)"問題の特定"では、様々に輻輳する"物理化学現象のシミュレーション"（方法論 (i)：①～③）、(2)"モデル化"では、"問題解決のためのモデル構築"（方法論 (ii)：①～③）、(3) 計算技法では、"利便性のあるアルゴリズム"（方法論 (iii)：①～②）、(4)"合理性のある理論"では、(方法論 (iv)：①～③) を適用した。(5)"計算機"では、計算精度を確保し、現実的な時間で計算できる工夫（方法論 (v)：①～③）を実施した。

その結果、図７．３．１０中に示す信頼性の高い"数値シミュレーション（ＣＡＥ解析、２次元解析 (Two-dimensional analysis, 2D) ―３次元解析 (Three-dimensional analysis, 3D)"が可能になり、"高品質保証ＣＡＥ解析モデル"を具現化できた。図中のＣＡＥ解析は、オイルシール部廻りのポンプ流量（潤滑油の流れ：空気（大気）側―油（歯車）側）の数値シミュレーションの例である。これにより、設計改善（形状設計、材料設計）を適確に実施でき、オイルシール油漏れ（市場クレーム）が１／２０以下となり、所与の成果を得ることができた。

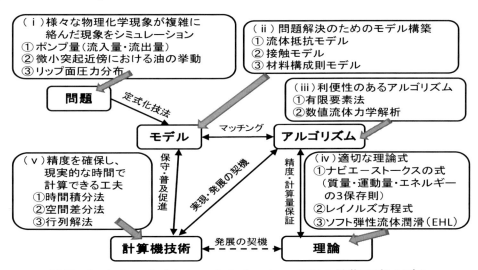

図７．３．１０　オイルシールシミュレータ用の技術要素モデル

７．３．４．４ "高品質保証ＣＡＥ解析モデル"の水平展開とその成果

筆者ら[4,9,13]は、上述の"技術課題のメカニズムが不明なケース"として、１つは自動車用座席シートパッドの成型に対して、試作期間短縮と成型精度の向上を目的とした"自動車シートパッドのウレタン発泡成型シミュレータの開発"に、"高品質保証ＣＡＥ解析モデル"を適用し、生産工程での造り込み品質の飛躍的改善に、所与の成果を得ている。

さらに筆者ら[4, 24-26]は、"高精度ＣＡＥ解析アプローチ"を応用し、"自動車用ボルトナット締結部の緩み防止"のために、"ボルト締結用高精度CAE解析シミュレータ"の開発を進め、所与の成果を得ている。

7.3.5 まとめ

筆者は、自動車開発設計の未然防止技術として、開発設計ビジネスプロセス刷新に寄与する高品質保証ＣＡＥ解析モデルを創案し、適用事例を通してその有効性を例証した。何れの適用事例も、"高品質保証ＣＡＥ解析モデル"の４つのコアモデル―トータルインジェンスＣＡＥマネジメントモデル、インテリジェンスＣＡＥシステムアプローチモデル、高信頼性ＣＡＥ解析の技術要素モデル、高信頼性ＣＡＥ解析システムアプローチ法―を統合的に適用し、開発設計のビジネスプロセス刷新に寄与している。

7.3.6 謝辞

本研究は、日本品質管理学会拡大計画研究会第４分科会（シミュレーションとＳＱＣ研究会：石井隆氏・三橋利玄氏（みずほ情報総研㈱）、田辺隆人氏（数理システム㈱）、竹岡修史氏・陶広志氏・坂本健一氏（日野自動車㈱）他）、トヨタ自動車㈱（中矢裕之氏・織田和典氏, 大橋徹也氏）、ＮＯＫ㈱、青山学院大学（理工学研究科 天坂 New JIT 研究室、伊藤貴裕氏・野澤保瑛氏・山路学氏他）との協働であり、ここに深く謝意を申し上げます。

参考文献

[1] 天坂格郎編著，『ニュージャパンモデル―サイエンスＴＱＭ：戦略的品質経営の理論と実際』，製造業の品質経営あり方研究会編, 丸善, 2008.
[2] 天坂格郎, 黒須誠治, 森田道也,『ものづくり新論―ＪＩＴを超えて：ジャストインタイムの進化』, 森北出版, 2009.
[3] K. Amasaka, *Science SQC, New Quality Control principle: The quality strategy of Toyota*, Springer, 2004.
[4] K. Amasaka, Highly Reliable CAE Model, The key to strategic development of New JIT, *Journal of Advanced Manufacturing Systems*, Vol. 6, No. 2, pp. 159-176, 2007.
[5] K. Amasaka, An Integrated Intelligence Development Design CAE Model utilizing New JIT: Application to automotive high reliability assurance, *Journal of Advanced Manufacturing Systems*, Vol. 7, No. 2, pp. 221-241, 2008.
[6] K. Amasaka, Proposal and effectiveness of a High Quality Assurance CAE Analysis Model: Innovation of design and development in automotive industry, *Current Development in Theory and Applications of Computer Science, Engineering and Technology*, Vol. 2, No. 1/2, pp. 23-48, 2010.
[7] 天坂格郎, 特集 マネジメントにおける質（Quality）の変化・拡大―２１世紀の管理技術の体系化をめざして, 品質, Vol. 3, No. 4, pp. 5-7, 2000.
[8] 日本経済新聞, さらなる成長へのヒント―新たなる経営モデルを求めて：ニッポン新・成長戦略フォーラム―持続的成長の条件, 2006. 4. 14.
[9] 天坂格郎（第４分科会主査）, 自動車産業における数値シミュレーションに必要な設計品質保証体系の確立に向けて, 日本品質管理学会, 第111回シンポジウム―デジタルエンジニアリング時代の品質管理, 日本品質管理学会拡大計画研究会第４分科会報告, pp. 41-46, 2006.

[10] 天坂格郎他, シミュレーションデータを基に行うリスク評価のための数値実験統計学を目指して, 2008年度リスク解析戦略研究センター, 第2回「製品・サービスの質保証・信頼性」研究会, 統計数理研究所, 2009.
[11] 天坂格郎, 高信頼性CAEモデルの研究：シミュレーションと統計科学, 統計数理研究所平成20年度研究報告会報告集, pp. 85-86, 2009.
[12] 天坂格郎, 高信頼性CAEモデルの研究（II）：開発設計と数値実験統計学, 統計数理研究所平成21年度研究報告会報告集, pp. 82-83, 2010.
[13] 天坂格郎編著, 自動車産業における数値シミュレーションに必要な設計品質保証体系の確立に向けて, 日本品質管理学会拡大研究会研究報告, シミュレーションとＳＱＣ研究会第4分科会編, pp. 1-110, 2008.
[14] 天坂格郎, 第4章 製品設計, 日本品質管理学会編『新版品質保証ハンドブック』, 第Ⅱ部 品質保証のプロセス, pp. 87-101, 2010.
[15] K. Amasaka, *Applying New JIT*- Toyota's global production strategy: Epoch-making innovation in the work environment, *Robotics & Computer-Integrated Manufacturing*, Vol. 23, Issue 3, pp. 285-293, 2007.
[16] 天坂格郎, 4. 戦略的品質経営とSCMの新展開―トヨタとNOKの協創タスクチームを例として、『サプライチェーンマネジメント：企業間連携の理論と実際』,朝倉書店,pp.79-109,2004.
[17] R. C. Whaley et al., Automated empirical optimization of software and the ATLAS Project, *Technical Report, University of Tennessee, Knoxville, TN, Department of Computer Science*, 2000.
[18] E. Alba, *Parallel Metaheuristics: A new class of algorithms,* Addison Wiley, 2005.
[19] S. Stefan et al., Distributed manufacturing simulation as an enabling technology for the digital factory, *Journal of Advanced Manufacturing Systems*, Vol. 2, No. 1, pp. 111-126, 2003.
[20] V. Leo et al., Simulation-based decision support for manufacturing system life cycle management, *Journal of Advanced Manufacturing Systems*, Vol. 3, No. 2, pp. 115-128, 2004.
[21] 天坂格郎, リスク評価のための数値実験統計学の確立―自動車開発設計の高品質保証CAE解析モデルの研究―,日本行動計量学会第38回大会抄録集,pp.318-321,2010.
[22] 天坂格郎,中矢裕之,織田和典,大橋徹也,尾崎俊治,自動車の揚力特性推定に関する一考察：ニューラルネットワークと多変量解析の併用,システム制御情報学会論文誌,Vol.9,No.5,pp.229-237,1996.
[23] Y. Ito, M, Sato, M. Yamaji and K. Amasaka, An analysis of bottleneck technology by using experiments and CAE: Example of the automotive transaxle oil seal leakage, *International Business & Economics Research Journal,* Vol. 9, No. 12, pp. 123-129, 2010.
[24] T. Ueno, M. Yamaji, H. Tsubaki and K. Amasaka, Establishment of Bolt Tightening Simulation System for automotive industry, Application of the Highly Reliable CAE Model, *The International Business & Economics Research Journal,* Vol. 8, No. 5, pp. 57-67, 2009.
[25] T. Takahashi, T. Ueno, M. Yamaji and K. Amasaka, Establishment of Highly Precise CAE Analysis Model using automotive bolts, *International Business & Economics Research Journal,* Vol. 9, No. 5. pp. 103-113, 2010.
[26] H. Yamada and K. Amasaka, Highly-Reliable CAE analysis approach - Application in automotive bolt analysis, *China-USA Business Review*, Vol. 10, No. 3, pp.199-205, 2011.

7-4

ＩoＴ戦略－発電所の遠隔監視サービス

概要：
MHPS(三菱日立パワーシステムズ㈱)では、従来から発電所の遠隔監視システムにおいて、IP-VPN 専用通信回線を利用した異常予兆検知を行い、発電所の稼働率を高める事に主眼を置いたサービスを提供してきた。さらに近年では、発電所にとっての KPI (Key Performance Indicator) は稼働率の向上のみならず、遠隔監視による性能のアップグレード、パーツの余寿命予測による点検期間の延長、ランニングコストの最適化運用など、発電所の経済性を改善させる様々なサービスが戦略的に展開されている。本節では、MHPSの遠隔監視システムである MHPS-TOMONI®の事例を紹介すると同時に、水質遠隔監視による信頼性の向上、水・薬品などのランニングコストの最適化、ナビゲーションシステムによる O&M（Operations and Maintenance）の高度化についてその概要を説明する。

キーワード：発電所、IoT、遠隔監視サービス、異常予兆検知

7.4.1 MHPS-TOMONI の概要

　MHPS-TOMONI は、発電設備の運用に携わる顧客それぞれが持つ課題を解決するために開発された総合的なデジタル・ソリューションのアプリケーション群で構成されている。これらは、電力業界向けに特別に開発されたもので、MHPS が数十年にわたり培ってきた火力発電に関する技術や専門知識、O&M ノウハウのほか、顧客とのパートナーシップに基づくビッグデータ解析や人工知能（AI）技術などの情報通信技術が活用されている。

　IoT (Internet of Things) 技術を適用して発電設備の効率および信頼性を高めるためには、運用者である顧客との連携と熟練技術者の洞察力を組み合わせる事が不可欠であり、"MHPS-TOMONI"にはソリューションを"顧客と共に一緒に作り上げる"という MHPSの経営理念が込められている。MHPS-TOMONI は、複雑なパズル状になった現象を解析するために、ビッグデータを的確に分析するとともに、人間の直観に基づいた洞察力を活用している。MHPS と顧客が協働して取り組むことにより、発電設備の最適化と柔軟

第2部 オペレーションズ・マネジメント戦略の実際

な運用を実現している。

　顧客やパートナー、社会を尊重することが日本の文化であるように、単に電力コストを引き下げるだけでなく、火力発電設備における化石燃料の使用量を削減し、地球環境の保全にも貢献することができるデジタル・ソリューションを提供している。MHPS のデジタル・ソリューションは、1980 年代の初めに高度なボイラ燃焼管理システムを電力業界に先駆けて開発したことが端緒となっている。設備のデジタルデータ収集は、1997 年に兵庫県高砂工場で実証発電設備（通称 T 地点）の運営を開始したのを機に本格化した。

　1999 年には顧客の発電設備を遠隔監視する最初の施設を開設し、顧客と協力しながら、設備の信頼性や運用性を検証するツールを開発してきた。MHPS による発電設備の運用に関わる顧客を対象とした MHPS-TOMONI のサービス提供と、三菱重工が開発している「ENERGY CLOUD® Service」は IoT や AI を使ったグリッドの需要予測とのマッチングにより、エネルギーに関する様々な課題解決を提案している[1]。

　MHPS は、図 7.4.1 の発電所遠隔監視システムの運営状況に示す様に、①Alabang（フィリピン）、②高砂工場（日本）、③Orland（米国）の拠点において、3 つの Remote Monitoring Center（以下、RMC と称する。）を運営している。RMC は世界で稼働している 約 30GW の 発電設備を 1 日 24 時間、週 7 日間休みなく監視している。高砂工場の RMC は、MHPS フリートのみならず、高砂工場内に設置された実証発電設備も 2011 年から継続的に監視

図 7.4.1　発電所遠隔監視システムの運営状況

している。

　実証発電設備は、開発機種の新技術や新装置システムの長期信頼性の検証、電気送電線網への給電が適切に行われているかの確認を実施する目的で設置されている。実証発電設備では、常設監視項目以外に仮設で各種計器やセンサーが設置されており、実機から得られるデータに基づいてソリューションサービスの創出へと繋げている。

　この様なアプローチは、MHPS-TOMONI で提案するソリューションが実機のデータに基づいている為、現場のプラント・オペレータにとって有益な解決策を提案することが出来る優位点となっている[2]。

7.4.2　遠隔監視システム
7.4.2.1　遠隔監視システムの構成

　発電所遠隔監視システムの構成を図 7.4.2 に示す。遠隔監視システムは、発電設備の運転データを収集し、セキュリティ装置を通して遠隔監視用データサーバに送信し分析評価することにより、設備の運転状態を把握することができる。この情報は遠隔監視センターで行う監視サービスに活用される。また運転データはこのサーバに保存されており、これによりリアルタイム監視はもちろん、過去の運転データを容易に検索・調査ができる様になっている。

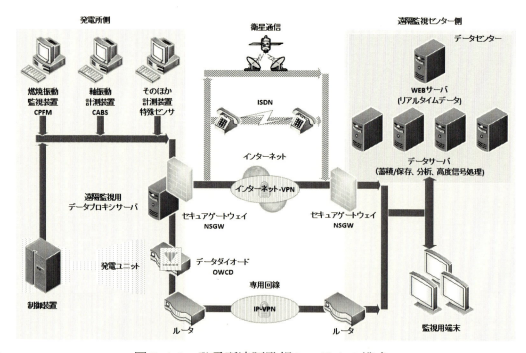

図 7.4.2　発電所遠隔監視システムの構成

7.4.2.2　遠隔監視用データサーバ

運転データは、発電所内に設置した遠隔監視専用のデータサーバが制御装置や計測装置から取得することで、それを MHPS-TOMONI が提供するサービスメニューに基づき定周期に WEB サーバへ送信する。

7.4.2.3　通信セキュリティ

当初は ISDN（Integrated Services Digital Network:デジタル通信網）や衛星回線も活用していたが、地上通信インフラの整備にともない提供サービスメニューによってインターネット-VPN や通信事業者がネットワーク全体を管理する IP-VPN サービスを使い分け、データトレイサビリティの要求仕様に応じた選択を行っている。また、不正侵入防止対策としてセキュアゲートウェイ(NSGW)やデータダイオード(OWCD)を開発し適用している。このように情報通信セキュリティには細心の注意を払ったシステム構成となっている。

7.4.2.4　データセンター

発電所の遠隔監視用データプロキシサーバからインターネット-VPN や IP-VPN などを通じてリアルタイムに送信されるデータは、データセンターの分析評価用プログラムで処理され、WEB により遠隔監視センターの専用端末のほか、お客様，MHPS 内の営業・技術・サービス要員が持つ端末で表示される。一方、蓄積・保存用サーバは定周期に受信したデータを蓄積する。ここではプラントの運転データを長期間保管することが可能であり、後述する機能をはじめデータに基づいたソリューションサービスや最適対応ができるエキスパートの知識を提供するために何時でも活用することができる[3]。

7.4.3　MHPS-TOMONI のプラットフォーム

MHPS-TOMONI のプラットフォームを図 7.4.3 に示す。MHPS-TOMONI のプラットフォームは、①ICT 基盤（クラウド・プラットフォーム）、②高精度 AI アプリケーション、③サービス・アプリケーションの 3 層で構成されている。MHPS-TOMONI が接続されている発電設備では、それぞれの顧客のプライオリティに適合するソリューションサービスを提供することが可能な包括的なシステムとなっている。MHPS-TOMONI は、OEM とプラント・オペレータとの協働を促すことによって、双方のエキスパートの洞察力により、効率や信頼性を引き上げ、O&M コストを最適化し、そして環境性能を強化することで、発電所のメリットを最大化することができる。

MHPS-TOMONI のサービス・アプリケーションの特徴は、①顧客のプラント全体レベ

第7章　開発設計の進展　7-4

ルでの運転上の問題を予測・回避する、②入手したデータから自動的にエキスパートシステムや熟練したエキスパートによる実践知に転換する、③発電所の信頼性や効率を改善し、顧客のO&Mコストを最小化する、などが挙げられる。さらに、今日のダイナミックな電力市場の広範囲なニーズに答える為に、CBM（Condition Based Maintenance）、リモートモニタリング、などのアプリケーションラインナップを提供している。これらのアプリケーションはさらに拡張し、我々のソリューション範囲は最近の市場傾向に適合するために発電所のデジタル化を一層推進している。

　MHPS-TOMONIの高精度AIアプリケーションの特徴は、「性能モデル」と「寿命モデル」の2つで構成されておりMHPS-TOMONIのデータ「解析エンジン」として実用化している。「性能モデル」ではパターン認識、熱効率モデル、エキスパートシステムを包含している。また、「寿命モデル」では余寿命診断、RAM分析、メンテナンス＆資産管理で構成されている。これらのモデルは先端技術を活用してMHPSの高精度ＡＩアプリケーションを可能にしている。

　これらは、マイクロソフト社とOSIソフト社との提携関係を確立することで、マイクロソフト社のクラウドサービスであるAzureとOSI社のパイ(PI)システムとを技術的に統合したことが背景として挙げられ、解析に使われるデータは世界中から収集され、MHPS-TOMONIの解析プラットフォームへ貯蔵する様に設計されている。

　一方で、顧客プラントからプラントシステムと常設センサーを通して収集されたプラ

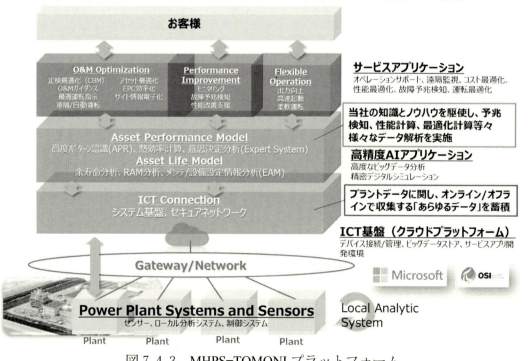

図7.4.3　MHPS-TOMONIプラットフォーム

ントデータは、現場解析システムで一元管理され、リアルタイムそして安全な計算が実施されている。この何千というプラントデータは、ガスタービン、蒸気タービン、ボイラ、発電機、環境コントロールや他のシステムなどに組み込まれた常設センサーから収集されている[2]。

7.4.4　MHPS-TOMONI のコンテンツ
7.4.4.1　O&M の最適化

O&Mの最適化では、プラント・オペレーションとメンテナンスを改善するソリューションを提供している。影響を受ける KPI としては、信頼性、稼働率とメンテナンス性がある。MHPS-TOMONI は、異常予兆検知を行う「Pre-ACT」、アラーム発信時の運転員の対処行動をサポートする「Post-ACT」、監視員による監視サービスと「24H-Expert Support」を提供可能であり、これらの KPI をカバーすることができる。

具体的な機能としてプラント・オペレータが、異常による「強制停止（Forced Outage）」や、メンテナンスの為の「計画停止(Planned Outage)」を最小にし、より長い「MTBF（Mean Time Between Failure)」と、より少ない「MTTR（Mean Time To Repair）」をもたらすことができる。「Pre-ACT」は、発電所の運用に関わる「トリップ」、「アラーム」、「ランバック」などのインターロックが作動する前に、運転上のパラメータのわずかな変化を捉えることが出来る。それは、ある事象における異常パラメータと推定要因とを結びつける先進的なパターン認識システムを含んでいる為である。このパターン認識システムには、品質工学の手法である「マハラノビス − 田口法（ＭＴ法）」が適用されている。

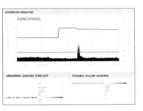
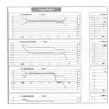

図 7.4.4　MHPS-TOMONI 「Pre-ACT」

操作する上でのパラメータは、多数のパラメータ間で相関関係を持っており、たとえある一つのパラメータの値が、インターロックの閾値内で多数のパラメータの健常パターンから少し逸脱した値となっていても、それは一般的なこととして認識される。逸脱は、多数のパラメータのパターン認識によって検出され、「マハラノビス距離（Mahalanobis Distance: MD）」として置き換えられた一つのインデックス（MD）によって表示される。

マハラノビス距離の値は、その運転状態が健常状態にあるか、あるいは異常状態にあるかどうかと言った機械の健全性を知らせることに繋がっている。もしそれが異常を検知した場合、マハラノビス距離を計算すると同時に、SN 比によって異常パラメータの特定を行うことができる。従来から、遠隔監視センターではこの手法を用いて異常予兆検知を行ってきたが、推定される異常発生個所は、監視員の経験に依存していた。

MHPS-TOMONI では、異常パラメータを特定することに加え、パターン・マッチングシステムにより過去の経験から異常パラメータを含めた類似パラメータを探索する機能を追加することで、アプリケーションのかたちでエンドユーザーにも提供できるよう改善している。図 7.4.4 の画面に示す「Pre-ACT」機能は、①E-mail による異常情報の連絡、②原因・可能性の分析、③データの表示、④初期動作の表示、でありプラントの信頼性と稼働率を改善する為に、可能性がある問題を特定し、オペレータがその問題に対処する応急処置を関連づけて提示することが出来る。

「Pre-ACT」は、インターロックが動作する前に運転パラメータのわずかな変化により異常を検知することが出来るシステムである。予測システムが設置されていない場所で、どの様な運転パラメータの変化も生じていない場合に、インターロックが作動した場合を想定してみよう。プラント・オペレータは、このような状況に遭遇する可能性があり、またプラントの「アラーム」、「トリップ」や「ランバック」に遭遇する可能性もある。

熟達したオペレータは、過去の経験と知識に基づいて効果的な対策と O&M に対する影響を最小にするための行動を即座に取る事が出来る。しかし、MHPS-TOMONI の「Post-ACT」であれば、経験の少ないオペレータに対して OEM の経験に基づいたガイダンスを与えることで、熟達したオペレータと同じ行動を取ることが出来る。

プラントのコントロールシステムがインターロック作動するとき、図 7.4.5 の画面に示す「Post-ACT」は、①起点となるシグナルによって、②OEM が推奨する適切なガイダンスを探索し、③その経験を共有することが出来る。

そして、インターロック作動が再発した場合に活用されるよう、オペレータと同じ経験と解決策を選択する事が出来、O&M における MTTR を改善する事が可能となる[2]。

Screen samples

① Specific Alarm

② Alarm Search

③ Alarm & Solution

図 7.4.5　MHPS-TOMONI 「Post-ACT」

7.4.4.2　性能向上の支援

性能向上の支援としては、プラント性能を改善するソリューションを提供している。プラント性能に影響を与える KPI として、プラント出力、熱効率、稼働率、信頼性が挙げられる。現在の発電事業における競争において、プラント・オペレータが本サービスを適用することで、発電所の地位(Merit Order)をより高く維持することが出来る。図 7.4.6 に示す様に KPI Analyst は、プラント出力、熱効率、稼働率、信頼性などのプラント性能を含め、発電所のオペレーションと維持管理における KPI を可視化することで発電所の競争力を改善する提案をすることが出来る。このアプリケーションは、プラント・オペレータがプラント経済性に影響を与えるかもしれない数値に関して、現在どの様な状態にあるかを認識し、改善の見通しを与える事が出来る。Upgrade Advisor にもとづいた KPI Analyst は、KPI をもっと良くするために可能な改良案と実行プログラムを提案することができる。

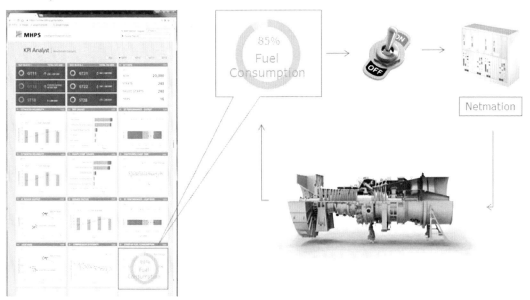

図 7.4.6　MHPS-TOMONI　KPI Analyst and Upgrade Advisor

例えば、プラント性能劣化の回復と改善方法の提案である。運転データの分析によって、性能劣化要因の見通しを得ることが出来、運転パラメータを調整することで性能劣化を回復する処置を提供できる。この様な場合、運転データベースに基づいたアップグレードは、プラント性能劣化を最小化する目的で Upgrade Advisor を通して実現される。アップグレード提案には、運転データ分析や経済性試算に基づいたアップグレードすべき要素や、置き替えるべきハードウエアの推奨を含んでいる。別の例として、プラント性能の最適化が挙げられる。これは、プラント性能を改善する最新のソフトウェアやコントロール方法が含まれている。また既存のプラントにおいては、最新のコントロール方法を実施することによって、プラント性能面で最新プラントに追いつくことが可能となっている。

Upgrade Advisor は、プラント・オペレータにダイナミックな発電市場での競争力を改善する提案を行うことができる。プラント・メンテナンスの実践は、稼働率、信頼性や発電原価のような KPI に影響を与える。メンテナンスの実践における範囲の縮小や停止期間の短縮は、プラント・オペレータの関心領域である。複合火力発電所(GTCC)で導入されている時間依存の点検(Schedule Based Maintenance)は、通常幅広く行われている。しかし、技術的に見ると構成要素やシステムの劣化と言うものは経過時間だけではなく、構成要素やシステムそれぞれがどの様な運転をしたかによる現時点の状態に依存している。

つまり、時間毎に異なってくる大気温度条件やプラント負荷などは、実は構成要素に影響を与える物理的パラメータとなっている。また、別の視点として構成要素とシステムが常に時間依存の要因によって影響を受けている訳ではなく、様々な劣化モードや要因を持っている。従って、個別の劣化要因は、これらの因子データ解析により評価することが出来る。これは、状況依存の点検(Condition Based Maintenance)のコンセプトであり、信頼性を維持しつつ、経済性や運用性の観点からメンテナンス活動を最適化するためのものである[2]。

7.4.4.3　フレキシブル運転の支援

ここ数年で、再生可能エネルギーの台頭により数多くの 複合火力発電所がベースロード運転から部分負荷運転に移行し、その結果1年間の運転時間が減少している。MHPS は、ベースロード運転されるユニットと比較して、信頼性や稼働率を維持しつつ、プラント・オペレータがダイナミックな市場でより敏感で、信頼でき、そして経済的に実現可能な操作をするのに役立つ広範囲のデータ駆動型デジタル・フレキシビリティ・ソリューションを開発し適用してきた。2011 年以来、累積 125 以上のデジタル・フレキシビリティ・

第2部 オペレーションズ・マネジメント戦略の実際

ソリューションは、再生可能エネルギーが台頭しているヨーロッパにおいて、より速いプラント起動、より低いプラント負荷運転、より高い部分負荷効率運転を達成するために実施されている。これらのソリューションは、発電プラントをこれまでより良い稼働をもたらし、発電所の地位を向上させた。デジタル・フレキシビリティ・ソリューションのさらなる展開として、ダイナミックな発電市場に敏感に順応するために、発電所をより柔軟で持続的な運用をさせるよう推進している[2]。

7.4.5 O&M の高度化
7.4.5.1 水質遠隔監視による信頼性の向上と水・薬品使用量の最適化

発電所で水に起因する腐食やスケール発生に気が付かずに放置すると、やがて、ボイラやタービンなどの主機や、配管、熱交換器、弁など補機の損傷や性能低下などのトラブルにつながる。図7.4.7 は、水の pH や水温、溶存酸素濃度、流速などによって発生する流れ加速型腐食（Flow Accelerated Corrosion: FAC）の例、図 7.4.8 は FAC によるトラブルの例である。このようなトラブルが発生すると保有水を全ブローし、腐食した箇所の補修やスケールを除去するための洗浄などで発電所が長期間停止する。このようなトラブルを防止し、発電所の安全確保、信頼性や採算性向上の面で水質管理は重要となる。

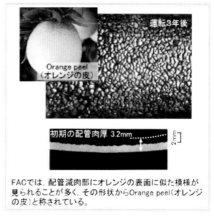

図 7.4.7　FAC による減肉例[5]

図 7.4.9 に水質変化の特性要因図を示す。この図は、水質の変化は装置や材料など発電所の仕様や、人や運用など動的な条件、環境や計測上の誤差など制御できない条件など、様々な要因があることを示している。また、腐食やスケールは、pH や溶解成分濃度などの水質に加えて、水と接触している固体表面の材質や温度、流速、形状など局所の条件が加わるので、同じ水質であっても流速が早いところと遅いところでは減肉速度が異な

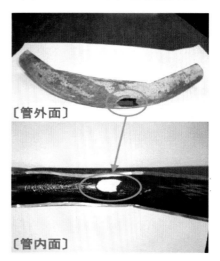

図 7.4.8　FAC によるトラブル例[6]

り、熱交換器の非冷却流体の温度が違えばスケール付着量が異なって来る。この様な背景から、水質診断は専門的な知識をベースに水質と運転データを総合的に判断する必要がある。

131

図 7.4.9　水質変化の特性要因図

　MHPS-TOMONI 水質遠隔監視サービスは①リアルタイム情報、②自動診断、③専門家の診断の三つのサービスによって構成される。①と②について、図 7.4.10 に画面を示す。③専門家の診断は、水質に加えプラントの運転状況もあわせて総合的に診断している。専門家の診断の結果、腐食やスケールのトラブルの前兆が把握された時は、必要な検査、メンテナンス計画を提案する。検査は発電所の点検時に系統内の水を全ブローし、減肉やスケールの発生しや箇所を検査する。

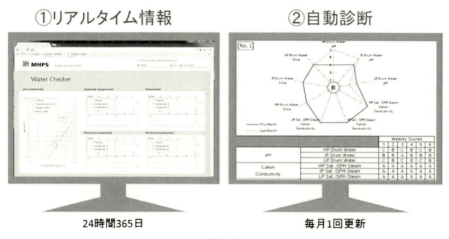

図 7.4.10　水質最適化 ICT サービス

　図 7.4.11 は、ECT(Eddy Current Testing)による減肉の検査状況を示す。減肉やスケール等が確認された場合は、水質改善要領に加え、確認箇所のリスクを評価したうえ、定期点検計画に対策アイテムと対策プランを追加した補修計画をお客様に提案している。また、発電所では作動流体である蒸気を復水に戻すため、種々の冷却方式が採用されてい

第2部 オペレーションズ・マネジメント戦略の実際

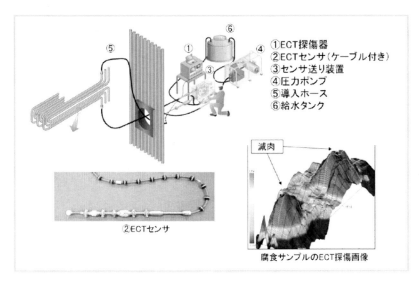

図 7.4.11　管内挿入式 ECT による減肉検査状況[6]

る。例えば、湿式冷却塔方式では、熱収支上、冷却塔の蒸発量は、復水流量とほぼ等しくなるので発電所の出力変化により蒸発量が変化する。冷却塔系統の水質は、冷却塔の蒸発による補給水の溶解成分の濃縮倍率(COC)により管理されている。従来は補給水の水質変動で最大値をもとに濃縮倍率を最低に設定していたが、冷却塔水質の遠隔監視を実施し、補給水水質や運転条件の変動に応じて濃縮倍率の制御を行うことで冷却塔の補給水、薬品コストを最適化することができる。

7.4.5.2　運転員を多能工化するナビゲーションシステム

個々の発電プラントでの運転操作は APS（Automatic Plant Start and Stop）を備え，自動により起動発停止を行っている。ただし、一部のプラントではガバナ（調速装置）以外は手動操作にて起動及び停止を行っているプラントも存在する。自動化・省力化の第一歩としては、この APS 機能の導入であるが、この APS においてもプラントごとの特性があり設計を同じくするプラントでない限り同一の操作とはならない。また、同様に確認項目も一様でない。このような状況においては、個々の発電プラント毎に専属の熟練運転員が必要となり、プラントの数だけ専門の熟練運転員が必要となる。昨今、この熟練運転員の育成・維持が，採用及び教育の両面から難しくなってきていることから運転操作の共通化による簡略化が必要となっている。

事業環境変化からも少人数化の要望も高くなっており、ICRT（Information, Communication and Robot Technology）技術を用いて複合火力発電設備の運転集約化や、巡回ロボットによる屋外点検が必要な状況である。ナビゲーションシステムは、運転集約化を実現するものとして MHPS が保有する実証発電設備（T地点）にて開発・検証を行

っている。MHPS では、DIASYS Netmation®という制御装置を有しており、ガスタービン、蒸気タービン、排熱回収ボイラ、といった主機の制御を行うと同時に APS もお客様に提供している。これらの上位系システムとして DIASYS Netmation にて構築した制御システムを配し、そこにナビゲーションシステムを搭載することで、複数の発電プラントを同時に予定及び起動/停止進行管理するシステムを実現した。図 7.4.12 にシステムハードウエア構成概要図を示す。

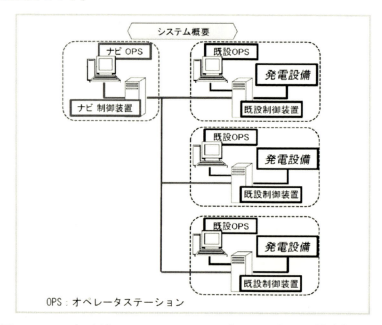

図 7.4.12　ナビゲーションシステム（ハードウエア構成概要図）

このようなハードウエア構成とすることで、発電所側の制御装置の種類に関わらず運用が可能となる。更なる機能向上として、温度上昇待ち等の進行予測機能などを追加していく予定である。

ナビゲーションシステムの適用で次の効果が期待できる。
① プラントを共通運用化し，運転員の多能工化を実現
② 複数プラントの運転予定一括管理にて集約運転が可能
③ プラント自動運用/運転記録作成機能の搭載で人的作業の省力化
④ 給電連絡等必要な対応や情報を音声告知にて運転員をナビゲート

以下にナビゲーションシステムの基本搭載機能を略記する。

(1) 予定管理及び自動運転

操作〜ユニット停止予定時刻を事前に入力することによりユニットごとの主要ポイント到達予定管理及び自動運転が可能となる機能を有している。

(2) 自動化メッセージ，音声通報

操作前や操作タイミングに必要な情報を音声にてナビゲート（通知）する機能を有している。機器の起動操作や給電への併入連絡など，必要なアクションについて音声にて運転員をナビゲートする。

(3) APS 監視画面，運転記録自動作成

進行状況確認、及び起動/停止記録の出力が可能となる機能を有している。APS を含むプラント起動/停止進行工程を自動確認する機能を有し、運転記録として出力する（手動確認項目にも対応可能）。今後更に、APS 進行管理及び温度・圧力等スケジュール待ちとなる要素の予測管理機能等を追加予定である。

(4) 警報ガイダンス

OPS（Operator Station）画面上に表示された警報メッセージに運転継続や機器保護に必要な確認内容や1次対応方法を明示し運転員を支援する機能を追加予定である[4]。

7.4.6 まとめ

本節では、発電所の遠隔監視サービスとして、MHPS-TOMONI の構成要素である、O&M の最適化、性能向上支援、フレキシブル運転支援の概要に加え、O&M の高度化の現状について紹介した。

7.4.7 謝辞

本節執筆に当たり、三菱重工業㈱ 総合研究所の関係各位。MHPS-PESB 本部、高砂サービス部、長崎サービス部の関係各位、並びに MHPS 高砂機器設計課の関係各位にご支援いただいている。ここに深く謝意を申し上げます。

参考文献

[1] MHPS ニュース第 149 号, 2017, https://www.mhps.com/jp/news/20170309.html
[2] K. Misawa, K. Imakita, D. Massey and J. Kessinger, Power Plant Digital Analytics Platform and Application Cases for GTCC, *Power-Gen Asia*, 2017.
[3] 三上尚高, ガスタービンの遠隔監視サービス, 日本ガスタービン学会, Vol.35, No.6, pp.401-406, 2007.
[4] 高須素志, 岡誠司, 野村真澄, 工藤敏文, 星島秀之, ICT と AI 技術活用による GTCC 運転・監視業務の負担軽減の取り組み, 三菱重工技報, Vol.54, No.3, pp.74-79, 2017.
[5] 椿崎仙市, 和田貴行, 徳本壮男, 市原太郎, 木戸遥, 高橋俊介, 火力発電水処理技術（現状と展望）, 三菱重工技報, Vol.50, No.3, pp.43-48, 2013.
[6] 椿崎仙市, HRSG 信頼性向上に向けた新水処理技術, 火力原子力発電, Vol.68, No.8, pp.467-474, 2017.

8-1

トヨタ生産方式
—ニュージャパングローバルプロダクションモデル

概要：
日本的生産方式を代表する"トヨタ生産方式"は，今では国際的に共有されたグローバルな生産システム"ＪＩＴ"として開発・普及している。しかしながら近年、日本の独占的な経営管理技術ではなくなってきている。そこで本節では、ＪＩＴを超える新たなトヨタ生産方式の戦略的展開に焦点をあてる。具体的には、グローバル生産の成功の鍵"世界同一品質・最適地生産"のために、筆者は"ニュージャパングローバルプロダクションモデル"（New Japan Global Production Model, NJ-GPM）を創案し、その有効性を例証する。

キーワード：トヨタ生産方式、ニューグローバルプロダクションモデル、グローバル生産

8.1.1　高度化生産システムと技術・技能の進化の必要性[1-4]

　現今、顧客ニーズの高度化・多様化に伴い、生産拠点の海外展開に呼応したグローバル生産が切迫した経営課題となっている。これまでの日本国内での新製品の生産立上げは、図８．１．１のように数多くの設計変更を念頭に入れたコンカレントな組織体制で生産機能部門ごとに生産準備を進めている(注1)。しかしながら海外生産の場合は、資材調達～生産準備～製造に至るビジネスプロセスの各段階で日本人の経験・カン・ノウハウが現地の関係者に伝承できておらず、応用問題が解けないケースが散見される。その打開策として，まず日本の生産工場で立上げ、多様な問題を潰してから、そのままの状態で生産を海外の生産工場に移管するというのが実情ではなかろうか。もし現状のままで世界同時立上げを行う場合には、各海外拠点への大量の立上げ要員の派遣が必至となる。
　一方、最初から海外立ち上げ（現地生産）を行うケースでは、設備・資材調達，生産準備が重なることがなく、シーケンシャルに進められるのが一般的であり、日本のケースよりも、3～6ヶ月位遅れて生産開始となる。日本での品質トラブルが収束してからの生産であるにもかかわらず、生産が開始されると現地特有の要因（調達資材・作業者等）に起因する"予想しにくい品質や生産トラブル"がさらに発生する。発生したこれらのトラブルについては、日本と同様にトライエンドエラーで、随時、対策がとられ、品質トラブルは徐々に減少し、生産性が高まるケースが多く見受けられる。

所謂、"世界品質競争"に打ち勝つ高付加価値商品を顧客に提供するためには、高性能・高機能の新製品を素早く生産できるように、生産技術や生産管理システムを知的化する"高度化生産システム"の確立が求められている。これらのシステムを使いこなし、製造現場で間違いのない"ものづくり"を実現できる"技術・技能の進化"がグローバル生産戦略の成否を決めると、筆者[5-8]は考える。

（注１）"製造業の品質経営あり方研究会"（主査 天坂格郎 青山学院大学 教授,日科技連）に詳しい[1]。

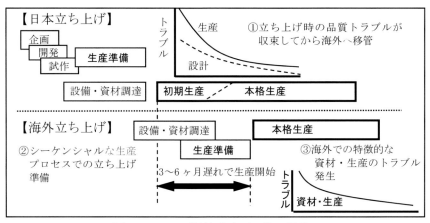

図8.1.1　海外立ち上げの現状

8.1.2　ホワイトカラーと製造現場の協働による生産工程の刷新[5-10]

　トヨタ生産方式の主眼は、徹底したＶＡ／ＶＡ（Value Engineering/Value Analysis）活動である。具体的には、ホワイトカラーとよばれるエンジニアリングスタッフ（製造技術員，生産技術開発と生産準備（工程設計，工程計画）、生産管理、購買調達などの各部門のエンジニアとマネージャー）と製造現場の管理監督者の協働による"ものづくりの進化"に貢献する"生産工程の刷新"である。その主な実施事項を下記に示す。

- １つは、ＪＩＴ生産の基本原則である"売れるものを売れるときに売れるだけ造る"ための合理的な生産対応として、必要なものを必要なときに必要な量だけ生産し、運搬を可能にする"フレキシブルな生産システムづくり"が必要となる。
- ２つは、その実現のために"生産企画"を充実させ、生産技術と生産準備の各部門が主導する"平準化生産、生産のリードタイムの短縮、後工程引取り"などを適確に行えるように、工程計画・工程設計に織り込むことが不可欠となる。
- ３つは，製造現場の管理監督者と製造技術員が参画し、"合理的なものづくり"にネックとなる"はなれ小島"を解消し、ＱＣＤ同時達成を具現化する"新たな生産レイアウトと生産設備の工夫により製造工程を刷新する"ことが最重要となる。

　これらにより、日々の生産変動に呼応した"フレキシブル生産"が可能になり、生産稼働率の向上、品質の安定化（Ｃｍ、Ｃｐの確保）の実現が可能になる。

・4つは、そのための道理に適う方法として、"かんばんの導入、精度を上げるための小刻み運搬の工夫、工程の流れ化、必要数でタクトタイムを決める"ことが重要となる。
・5つは、誤欠品や誤組み付けの凡ミスの解消である。多品種生産では、ワークの種別を正確に行うために、"生産指示情報、電子かんばん、ＩＣタグ、ポカヨケ装置などの最新の情報処理技術"を運用する。これらにより、"１個流し生産"におけるワーカーの当該ワークの取り出し作業をセンサーと視認装置により、マッチングが可能になる。
・6つは、近年の顧客の感性品質の向上に対応し、製品品質の徹底した"つくりこみ"が不可欠となる。ボトルネックな"カンコツ作業"を定量評価し、"故障診断する自働検査装置の開発導入"が必要不可欠となる。
・7つは、"ＪＩＴ生産の進化"を具現化する"従前にない生産技術開発"を行い、生産の刷新を具現化する。これにより、ボトルネックな製造技術を解消し、製造品質と生産性を大幅に改善し、製造現場の体質強化を図ることが極めて大切になる。

8.1.3　ニュージャパングローバルプロダクションモデルの創案[3,4,8-10]

"世界の顧客に信頼感を与えるものづくり"に向けて、ＱＣＤ同時達成を強化する"グローバル生産"の戦略的展開の鍵は、"高品質保証、高生産能率、生産リードタイム短縮"の実現である。そのために、ロボットなどによる自働化された生産システム系と、それを知的に操作できる熟練技能を持つ人間系（生産オペレータ）、それらを有機化させる生産情報システム系を具備する"新たな統合化生産システムの構築"が不可欠となる。

それ故に、筆者は"グローバル生産に適応する新たな生産システム"の必要性を捉え、上述した"New Japan Production Management Model"(NJ-PMM)（図３.８）を戦略的に展開するために、"ニューグローバルプロダクションモデル"（New Japan Global Production Model, NJ-GPM）を図８.１.２に創案した。このモデルは、生産企画、生産技術、生産

図８.１.２　ニュージャパングローバルプロダクションモデル（ＮＪ-ＧＰＭ）

準備、製造・検査に至る生産プロセスの各段階で、これらのプロセス間の"暗黙知"を"明白知化"し"トータルリンケージ"することにより、"ものづくりの信頼性"を高める"グローバル生産対応型の高信頼性生産システムの実現"を意図している。
　"ＮＪ-ＧＰＭ"は、"技術と情報に基づく生産"と"ヒューマンマネジメント"に基づく生産である。その特質は、(i) 生産企画段階から、数値シミュレーション（computer aided engineering、CAE）とコンピュータグラフィックス（computer graphics, CG）などを駆使して事前に技術課題を予測制御し、(ii) 生産オペレータの"高度化設備の操作技術"と"ものづくりの技能"を強化するものである。さらに、(iii)それらを情報技術（information technology, IT）により可視化し、世界各地の生産工場を"グローバルネットワーク化"により"生産情報系の刷新"を図るものである。
　以下に、本モデルを構成する6つのコアエレメントについてそれらの特徴を述べる。

（1）生産企画の刷新：高信頼性生産システムを実現させる"ＴＰＳプロセスレイアウトＣＡＥシステム"（TPS-Process Layout CAE System, TPS-LAS）[11]は、数値シミュレーションを駆使することで、"生産ライン（物流・運搬）、ロボット（編成）、生産オペレータ（配置と作業性）"等に関する"生産工場の全体と各工程の的確な編成などを最適化する生産最適化システム"である。"TPS-LAS"は"デジタルファクトリーＣＡＥシステム"（Digital Factory CAE System, LAS-DFS）、"ロボット制御ＣＡＥシステム"（Robot Control CAE System, LAS-RCS）、"作業性向上ＣＡＥシステム"〈Workability Investigation CAE System、LAS-WIS）、"ロジステックスＣＡＥシステム"（Logistic Investigation CAE System, LAS-LIS）の4つのサブシステムで構成している。

（2）生産準備の刷新："知的オペレータ育成システム"（Human Intelligence Production Operating System、HI-POS）[12]は、"人中心の新たな生産の仕組みの確立"のために所定の技能を習熟させ、均質性を持たせる訓練と診断を行うことで、"生産オペレータを適材適所に配置する"ものである。"ＨＩ-ＰＯＳ"は"技能習熟支援システム"（Human Integrated Assist System, HIA）と"技能レベル診断システム"（Human Intelligence Diagnosis System, HID）の2つのサブシステムで構成している。

（3）労働作業環境の刷新：労働作業の質変革に繋げる加齢化対応快適作業システムとして、"知的生産オペレーティングシステム"（Intelligence Production Operating System, TPS-IPOS）[8]は、"生産オペレータの高度熟練技能を向上させ、快適な職場作業環境のもとで高度化生産設備の操作技能の信頼性を高めるシステム"である。本システムは、"知的作業教育システム"（Virtual-Intelligence Operator System, V-IOS）[13]、"加齢化対応快適作業システム"（Aging & Work Development-Comfortable Operating System, AWD-COS）[14]、"ロボット高信頼性システム"（Robot Reliability Design-Improvement Method, RRD-IM）[15]のサブシステムで構成している。

（4）工程管理の刷新：科学的工程管理により、生産工程で品質を造り込む"高品質保証生産システム"（TPS-Quality Assurance System, TPS-QAS）[16]は、Ｃｐ・Ｃｍを確保するために、統計科学を用いた統合化品質管理システム"インテリジェンスＱＣシステム"（Quality Control Information System, QCIS）と"設備稼働情報管理システム"（Availability & Reliability Information Monitor System, ARIM）のサブシステムで構成している。

（5）生産プロセスの可視化：雇客最優先の高品質保証のものづくりを的確に実現させるために、"デジタルパイプラインシステム"（Human Digital Pipeline System, HDP）[17]により、"製品設計、生産企画、生産準備、生産工程に至るまでの知的生産情報"を可視化し、トータルリンケージさせるものである。これにより、"ものづくりのビジネスプロセスのハイサイクル化"[5]が可能になる。

（6）生産情報のグローバル化："世界同一品質・同時生産（最適地生産）"を達成するための高信頼性生産システムの実現に必要な生産管理技術の体系化が"グローバルネットワークシステム"（Virtual-Maintenance Innovated Computer System, V-MICS）[18]である。
"ＮＪ-ＧＰＭ"は、生産技術・生産準備・製造に至るビジネスプロセスを一元的に統合化させることにより、ＪＩＴの進化モデル "New Japan Production Management Model"（NJ-PMM）（第3章 図3.8）の根幹をなしている。

8.1.4　適用例

ここでは、グローバル生産戦略に向けた"ＮＪ-ＧＰＭ"の適用を例示する[1-4, 8, 10, 19, 20]。何れも、生産に係る関係各部門の管理者・ホワイトカラー（エンジニアリングスタッフ）と製造現場の管理・監督者・生産オペレータの協働によるものである[21]。

8.1.4.1　生産企画の刷新：プロセスレイアウトＣＡＥシステム（TPS-LAS）

近年、筆者ら[11]はものづくりの進化の必要性を捉え、最新のデジタルエンジニアリングによる"生産企画のインテリジェント化"を急ピッチで展開している。品質と生産性の刷新を図るために、従前の生産システムや生産プロセスに内在するボトルネックな問題点を表出し、生産企画段階での事前検証に生産シミュレーションを適用する。製品開発から生産準備プロセスまでのリードタイムを画期的に短縮させ、生産立ち上がりから高稼働率を確保できるように、新生産技術モデルの確立を進めている。ここでは、生産企画の刷新に寄与した高信頼性生産システムとして、4つのサブシステムで構成する"ＴＰＳ-ＬＡＳ"を適用したメインボデー搬送のシミュレーションを図8.1.3に例示する。

初めに、生産設備をモデリングして、コンピュータ上のデジタルファクトリー内に仮想プロセスラインをセットし、工場内の人の流れ、物の流れについて"ＴＰＳ-ＬＡＳ-ＤＦＳ"を用いて再現する。これにより、生産設備と生産サイクルタイムの干渉を事前の生産シミュレーションによって確認できる。中でも、車両生産の知的自働化の要であ

る"メインボデーの溶接ロボット群"の最適な設備配置と干渉が生じないように、"ＴＰＳ－ＬＡＳ－ＲＣＳ"で事前に生産シミュレーションを行う。

その次に，決められたサイクルタイム内に決められた作業（標準作業）が、ムリ・ムダの無い作業姿勢で行われるかどうかを"ＴＰＳ－ＬＡＳ－ＷＩＳ"にて事前検証する。さらに、"ＴＰＳ－ＬＡＳ－ＬＩＳ"では、工程間の最適物流経路や最適バッファ数を導き出す。特にボデー生産ラインにおいては、車種毎のボデー吊り上げハンガーが出入り口で過不足になったりするのを、事前にシミュレーションで発見する。同様にして、搬送設備の衝突時の故障時を想定し、バッファ数と可働率をシミュレーションし、目標を下回らないかどうか事前検証している。さらには、ボデー吊り上げハンガーの最適数を求め、メインボデーの搬送経路を調整することで、ライン可動率の低下を予見することを可能になり、現在、ＴＰＳ－ＬＡＳは国内外で所与の成果を得ている。

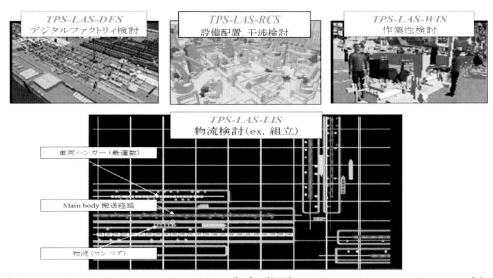

図8.1.3　ＴＰＳ－ＬＡＳ,メインボデー搬送ルートのシミュレーションの例

8.1.4.2　生産準備の刷新:知的オペレータの育成システム（HI-POS）

今後、日本の製造業がグローバル生産を成功に導くためには，生産準備の刷新がキーとなる。中でも、生産システム技術の高度化に適応できる"ハイスキル生産オペレータによる知的ものづくり"が不可欠である。筆者ら[12]は"顧客最優先の高品質保証のものづくり"を実現させるには、創造性豊かな働き甲斐のある"人中心の知的生産の仕組み創り"が必要と考え、２つのサブシステムを持つ"ＨＩ－ＰＯＳ"を創案し、それを運用するものである。

（１）"技能習熟支援システム"（ＨＩＡ）[22]は，生産オペレータのパフォーマンスをさらに高めることをねらいとしている。技術・技能の能力に加え、生産オペレータに"挑戦と創造"を自己実現させ、意欲・誇り・倫理観などを持たせるために，生産オペレータ

の高度熟練技能（カン・コツ）を進化させる"技能習熟支援システム"の構成要素として、(i) 世界共通，(ii) 利便性，(iii) 保守・保全性のインテリジェント化に特徴がある。
（2）高品質保証のものづくりの阻害要因を見つける"ＨＩＤ"[23]は、高度化生産設備については、ものの流れを中心とするラインの構成要素として、設備や作業者，制御機器やコンピュータの全体の稼働状況を"ビジュアル化"する。さらに、高度化生産プロセスについても，制御機器などの情報を"生産技術情報データ"に変換し，"生産プロセスのビジュアル化"を具現化する。これらにより，ブラックボックス化していた高度化生産設備や高度化生産プロセスの暗黙知の中身を明らかにすることが可能になる。

ＨＩＡとＨＩＤを併用した実施例として、"トータルリンクシステムチャート"（Total Link System Chart, TLSC）を図8.1.4に示す。その主な特徴として、(a) 分析の明確化、(b) 生産プロセスの良否を計る尺度の整理、(c) 組織間の業務関係の明示、(d) 業務と情報の流れを鳥瞰、(e) 知見・ノウハウの明確化、(f) 所要リソーセスの把握、(g) 問題点の発掘整理などで構成している。問題の洗い出しでは，顕在化していない様々な問題点を洗い出す。問題の整理では，列挙された様々なレベルの問題をＫＪ法などでグルーピングする。真因の追究では，さらに論理展開し適切な証拠の収集・整理をする。

対策の立案と評価では、取り上げた項目（問題）の改善度合いと改善費用などを評価する。現在、ＨＩ‐ＰＯＳは"カイゼン"を自発的に進めることを効果的に支援する新たなシステムとして国内外で運用され、所与の成果を得ている（詳しくは、9-2 人中心の新たな生産の仕組み―知的オペレーションで例示する）。

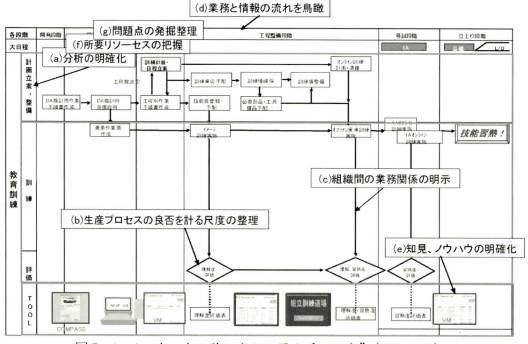

図8.1.4　トータルリンクシステムチャート"（ＴＬＳＣ）

8.1.4.3 労働作業環境の刷新：知的生産オペレーティングシステム（TPS-IPOS）

これからの生産オペレータの期待と役割の1つは、量産化のための高度化生産設備を巧みに操り、生産ラインの稼働率の低下や品質不良が発生しないように、ロボットに代表される自働化された生産ライン全体の信頼性・保全性を確保できる生産システムと生産設備の故障診断、保守・予防保全などの"高度化設備の操作技術"が求められる。

2つは、自動車のような総合組み立て産業では、自動化できない作業領域が多く、重要な品質のつくりこみ段階では"高度熟練技能（カン・コツ）"が要求される。さらに、生産量の少ない手作業ラインの多い発展途上国では作業範囲が広くなり、日本人と同等以上の技術・技能が要求される。3つは、これまでの単純労働作業から脱却し、"生きがい"の持てる知的生産作業へのパラダイムへ転換し、高齢化・女子化に適応する"労働作業環境の変革"が求められている。

そこで筆者ら[8,13-15]は、3つのサブシステム"V-IOS, AWD-COS, RRD-IM"で構成される"知的生産オペレーティングシステム"（TPS-IPOS）を運用する。

（1）"知的作業教育システム"（V-IOS）[13]は、国内外の新人（未熟）の生産オペレータのスキルを高めるために、例えば図8.1.5のように実際の車両組み立てラインを模擬した専用のトレーニングセンターにおいて、(a) 組み立て作業の訓練プロセスと(b) 組み立て作業の作業訓練システムを併用する。ここでは、座学研修,作業要素単位の技能訓練とそれらの要素を組み合わせたオフライン作業訓練を行い、さらに"技能習得レベルの適正度を評価・診断"を行う。一定の技量（スキル）をマスターした場合には、実際の組み立てラインで、上述の"ＴＬＳＣ"からリアルタイムに抽出した(c) 組み立て作業の作業手順書を活用し、適確に"高度熟練技能者"として育成するものである。

本システムの運用により、例えば海外新工場の生産開始からの目標稼働率が国内工場と同等のレベルで達成できるなど、所与の成果を得ている[23-25]。

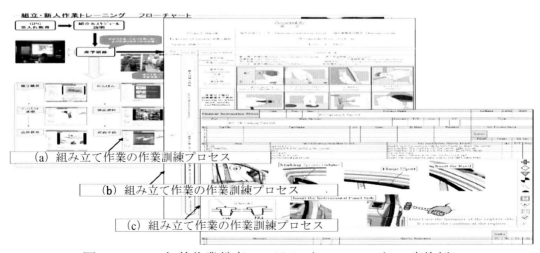

図8.1.5　知的作業教育システム（V‐IOS）の実施例

第8章　生産技術と製造技法の進展　8-1

（2）"知的生産オペレーティングシステム"（AWD-COS）[14]は、自動車組立ショップの"労働作業の質変革"である。グローバル生産戦略の布石として、"労働の価値"を高めるために必要な労働条件とは何か，そして労働意欲がさらに向上し"高齢になってもいきいきと働ける職場造り"のために必要な"職場周辺環境（アメニティー）と直接作業環境（エルゴノミクス）"などのベストミックスとは何かについて、客観的な論拠も得て労働科学の見地から明らかにすることは重要である。

　そこで筆者らは、図8．1．6に示す"加齢化対応の全社プロジェクト：Aging & Work Development 6 Programs Project"（AWD6P／J）を発足させた。その活動を例示する[26]。

・P/J Ⅰ「働く人の意欲（やる気・元気）の喚起」では、新しい技能系の制度（いきいきアクションプログラム）に活動を移行し、"上級の専門技能職の職務開発"が進んだ。

・P/J Ⅱ「疲労の少ない作業形態の検討」では、"慢性疲労"の回復の方策として日内の疲労状態の変化に着目し休息パターン（連続作業時間と休息回数）変更を行い、作業遅れによるライン停止時間を半減した。

・P/J Ⅲ「組立に必要な体力づくり」では、モデル職場で"疲労回復のためのストレッチ体操"の効果を検証し，ストレッチ体操の普及および定着化を実施した。

・P/J Ⅳ「使いやすい道具・装置による高負担作業の改善」では、車両への部品の組付作業は、人手に頼る割合が多く、自動化の拡大も現状では困難な工程であり、人の作業を補助する"使いやすい補助装置の開発導入"が有効な方策となり得た。

・P/J Ⅴ「組立作業の特性に合った温熱環境の構築」では、温熱と疲労の関係を把握し、疲労を助長させない"推奨環境（暴露温度，暴露気流，空調方式の改良など）"を生産ラインで実施し、併せて"快適作業服"を開発・導入し、所与の効果を得ている。

・P/J Ⅵ「疾病防止の徹底強化」では、疾病予防のために手指の負担を把握する評価方法を開発し、モデル職場で疾病予防活動を展開し、その成果は顕著である。

　現在，本システムを"トヨタのグローバル生産戦略"として全面展開し、国内外で期待通りの成果を得ている。

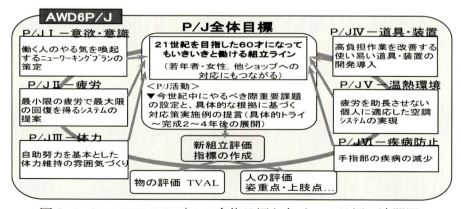

図8.1.6　AWD6P／Jの全体目標と各チーム目標の連関図

（３）"ロボット高信頼性システム"（RRD-IM）[15]は、ロボットの開発、生産、導入、稼働、そして老朽更新に至るまでの"ロボット信頼性向上"の実現である。ここでは、ロボットの故障形態を基に、"ライン可動率"が確保できるように適切な信頼性設計を行う。

ロボットの信頼性要件として"ＭＴＢＦ"などの目標値を明確にするとともに、信頼性向上のための方法論を提示し、その有効性を実ラインで実証している[13]。偶発故障期のロボットは、稼働時間によらず故障率が一定であるため、"複数台のロボットを採用した生産ラインシステムの理論的な可動率の予測"が可能になる。そこで、ロボットを採用したラインの"理論的な信頼性設計"を実施し、ＭＴＢＦを明確にする。そして、現状のロボットの信頼性の実態と比較して、合理的な対応方法を実現する。

例として、ボデー組付ラインは図８.１.７のようにロボットが複数台配置された直列モデルであるため、生産ラインの可動率は導入されるロボットの台数で決まる。ここで、１ヶ月の稼働時間 Ｔ＝４００時間、有意水準 α＝０.０５、故障修復時間 r＝１.２時間、ラインの要求可動率 A＝９８％として、ロボット台数Ｎとロボットのインテリジェンス ＭＴＢＦ；ｔとの関係を求めたものが図８.１.８である。これにより、ボデー組付ラインに導入されるロボットが３００台の場合、必要なＭＴＢＦは３０,０００時間となり、現存のロボットのＭＴＢＦ；３,０００時間を１オーダ向上させる必要がある。

得られた知見をもとに、筆者ら[27-29]は合理性のある信頼性設計法としてグローバル生産戦略に"ＲＲＤ－ＩＭ"を展開し、所与の成果を得ている。

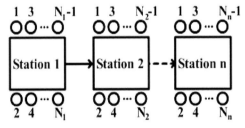

図８.１.７ ロボット配置の直列モデル　　図８.１.８ ロボット台数とMTBFの関係

８.１.４.４　工程管理の刷新:高品質保証生産システム（TPS-QAS）

グローバル生産に呼応した"高精度品質管理システム"として、"ＩＴ化管理図"を駆使する"インテリジェンスQCシステム"（QCIS）と設備の信頼性・保全性をリアルタイムで確保する"設備稼働情報管理システム"（ARIM）を統合化させることで、品質と生産性に優れた"ものづくり"が展開できる[16]。

（１）ＱＣＩＳは、図８.１.９に示すように（a）管理図用ハードウェアシステムと（b）ＩＴ化管理図ソフトウェアシステム[30]で構成される。

（a）管理図用ハードウェアシステムは、メインシステムとサブシステムで連結され、組

付け工程（A、B，‥最終）で必要な計測データがリアルタイムで順次書き込まれる。図中のように、①製品はパレットに搭載されてＩＤタグに書き込まれ、②ＩＤコントローラ、③計測マイコンを経由し、④データ収集パソコンに蓄えられる。収集されたデータは、⑤製造現場詰所の端末、⑥機械部ハウス、品質管理部ハウス、生産技術および技術設計などの各部門、さらには海外関連部門へネットワーク化し、リアルタイムに情報の開示と活用を可能とする"インラインシステム・オンラインシステム"である。
（b）ＩＴ化管理図のソフトウェアシステムは、図中8のように管理図を自動作図し、1）スクロール機能、2）群データ・生データの表示、3）層別要因解析の工夫、4）工程改善履歴のデータベース化、5）異常診断機能、6）他のアプリケーションソフトとのデータリンクを有している。本システムは、"リアルタイムに工程管理の良否の解析と診断"を行い、生産オペレータの迅速・的確な処置（改善）を実現している。

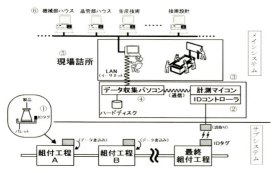

(a) 管理図用ハードウェアシステム　　　(b) ＩＴ化管理図ソフトウェアシステム
図8.1.9　インテリジェンスＱＣシステム（ＱＣＩＳ）

（2）ＡＲＩＭ[31]は、例えば自動車ボデー組付けラインの設備故障による製品の品質低下および不良品の発生を未然に流出防止するものである。図8.1.10に示すように、(a)ハードウェアシステムと (b) ソフトウェアシステムで構成される。設備の高信頼性・保全性を確保し、生産ラインの稼働率を高めるために、国内外工場の設備機器群より"設備稼働情報を収集しネットワーク化するグローバル設備稼働情報管理システム"である。
（a）ハードウェアシステムは、工程内の「あんどん」のＰＬＣ（プログラマル・シーケンサ）の信号を取り込み、設備情報、稼働状況などのデータ収集パソコンを経由し、オフィス管理者用の"設備故障管理モニタ"のデータベースに蓄えられる。さらに同様にして、最終工程の"ボデー自動計測装置"により，"ボデーの面位置、穴位置などの品質管理情報を"品質管理ミニコンピュータ"を経由して蓄えられる。
（b）ソフトウェアシステムは、"ロボット自動化ラインの生産情報処理システム"から得られる設備故障情報を基にして、例えば"溶接ロボット設備の故障形態（故障モード）を捉えるワイブル解析などを可能にしている。これにより，ワイブル解析で得られた

故障モードから、ロボットの故障が初期故障、偶発故障、摩耗故障などを特定し、故障発生までの故障間隔時間の長さ（故障寿命）などから、適確にロボット故障に至るロボットの設計と製作上の問題を早期に発見し、"設備の対処方法の最適化"を行う。

ＱＣＩＳとＡＲＩＭのデュアルシステムを有する"ＴＰＳ－ＱＡＳ"は、生産準備段階から生産段階へ運用することで、新車立ち上げ時のライン稼働率が向上し、Ｃｐ・Ｃｍの早期確保に貢献し、所与の成果を得ている。

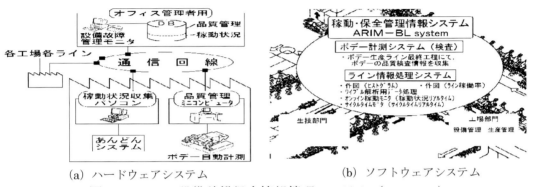

(a) ハードウェアシステム　　　　(b) ソフトウェアシステム
図8.1.10　設備稼働保全情報管理システム（ＡＲＩＭ）

8.1.4.5 生産プロセスの可視化：デジタルパイプラインシステム（HDP）

筆者ら[17]が創案した"HDP"は、国内外の生産オペレータに対し、蓄積された技術・技能に関する知的生産情報を設計から製造までの生産プロセス全体を可視化する。図8.1.11に示すように、HDPの構成要素をデジタルパイプラインでトータルリンケージさせることで、生産オペレータの知的生産性が高まるように知的な教育訓練を可能にする。

HDPは、デジタルパイプラインより必要なデータを取り出し、生成可能なソフトウェアとハードウェアを有する。その特徴は、(i) 試作品が無くても、設計から生産技術にかけて準備した新製品の設計データおよび設備の設計データの活用により、生産オペレータが組み付け作業（一つ一つの作業）を順に記した作業手順書を事前に作成し提供する。次に、(ii) 部品が組みあがっていくステップ順で、実際のものが無くても、イメージトレーニングを可能にし、生産準備段階での技術・技能プロセスの理解度と習熟度の向上により、"ハイスキル生産オペレータ"の育成を適確に短期間で実現している。

具体的には、前述のＴＰＳ－ＩＰＯＳを援用し、組み立て部品の設計データを利用し、組み付け作業手順書を生成する（図8.1.5（ｃ））。従来は、新製品立ち上がり時に生産オペレータがトレーニングしていたが、本システムの活用により生産開始前に前出しを可能にしている。さらに、設計データを透視化させることで、注意すべき箇所を色分けすることにより、組付け方法を判り易く説明する。また、品質確認箇所については、良い例、悪い例についてＣＧを援用して明示する。

これらのシステム運用により、設計部門と生産部門（生産技術、生産準備、製造）の

サイマルテニアス・エンジニアリング (Simultaneous Engineering, SE) 活動が強化され、フロントローディング（Front Loading）が進展している。近年、ＨＤＰはトヨタの海外事業体における新車切り替えで順次展開されており、所与の成果を得ている（詳しくは、8.3"デジタルエンジニアリング―生産シミュレーション"に例示する）。

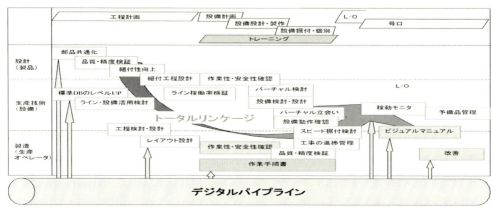

図8.1.11　デジタルパイプラインシステム（HDP）

8.1.4.6　生産情報のグローバル化：グローバルネットワークシステム(V-MICS)

グローバル生産を成功させるためには，世界各国の生産工場の高信頼性生産システムを有機化する"生産情報のグローバル化"が必須となる。中でも、生産オペレータとエンジニアリングスタッフがノウハウを共有化して活用し、お互いに研鑽しあう仕組みが必要である。例として、"デジタルエンジニアリング"を駆使し、図8.1.12に示す"グローバルネットワークシステム"（Ｖ-ＭＩＣＳ）を運用している[18]。

Ｖ-ＭＩＣＳは，各生産工場に各工場サーバを設置し、"サーバ＆クライアントシステムの形態"をとる。データベース（ＤＢ）とＣＧを駆使して，必要な時に生産オペレータが閲覧し、必要であれば特記事項を書き込む。各保全詰所にあるクライアント（パソコン）からネットワーク経由して、必要な時に生産オペレータや設備保全スタッフ、生産準備や生産技術のスタッフらが閲覧できる（図中①）。

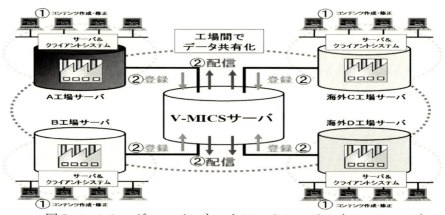

図8.1.12　グローバルネットワークシステム（V-MICS）

さらに、各工場のサーバ（図中①）は"中央のサーバ（V-MICSサーバ）と同期制御"を実施しており、変更内容が発生すると同時に登録と配信を実施することにより、各工程の情報を"国内外工場間の生産オペレータがパソコン上で仮想体験できる"など、同一工程に関する知識などを共有でき、グローバル生産戦略の布石としている[32]。

8.1.4.7　NJ-GPMの適用とグローバル生産戦略

近年、筆者ら[24,33-36]は"トヨタ生産システムの進化モデル"として、"NJ-GPM"を適用し、グローバル生産戦略"日本に負けない海外でのものづくり"として、北米、トルコ、タイ、マレーシア、ベトナムなどの先進国と発展途上国への進展を図っている。

8.1.5　まとめ

筆者らは、次世代に通用する経営技術の原理や世界をリードできる日本独自の経営管理技術の再構築のために、日本的生産システムの進化モデル"ものづくり新論"のグローバル生産戦略の展開を強化する"ニューグローバルプロダクションモデル"（NGPM）を創案し、先進企業と発展途上国に展開しており、その有効性を例証している。

8.1.6　謝辞

本研究は、製造業の品質経営あり方研究会（日科技連：馬場順治氏（富士ゼロックス㈱）、鹿沼陽治氏（双葉電子工業㈱ 他）、青山学院大学（理工学研究科 天坂 New JIT 研究室：酒井浩久氏（トヨタ自動車㈱）他）との協働であり、ここに深く謝意を申し上げます。

参考文献

[1] 天坂格郎編著,『ニュージャパンモデル：サイエンスTQM，戦略的品質経営の理論と実際』，丸善,2007.
[2] 天坂格郎,黒須誠治,森田道也,『ものづくり新論：JITを超えて―ジャストインタイムの進化』，森北出版,2008.
[3] K. Amasaka, *New JIT, New Management Technology Principle*, Taylor & Francis Group, CRC press, Boca Raton, London, New York, 2015.
[4] K. Amasaka, *Toyota: Production System, Safety Analysis, and Future Directions*, NOVA Science Publications, New York, 2017.
[5] K. Amasaka, An Intellectual Development Production Hyper-cycle Model - *New JIT* fundamentals and applications in Toyota -, *International Journal of Collaborative Enterprise*, Vol. 1, No. 1, pp.103-127, 2009.
[6] K. Amasaka, The foundation for advancing the Toyota Production System utilizing New JIT, *Journal of Advanced Manufacturing Systems*, Vol. 80, No. 1, pp. 5-26, 2009.
[7] K. Amasaka and H. Sakai, Evolution of TPS fundamentals utilizing New JIT strategy - Proposal and validity of Advanced TPS at Toyota, *Journal of Advanced Manufacturing Systems*, Vol. 9, Issue 2, pp. 85-99, 2010.
[8] K. Amasaka and H. Sakai, The New Japan Global Production Model "NJ-GPM": Strategic development of Advanced TPS, *The Journal of Japanese Operations Management and Strategy*, Vol. 2, No. 1, pp. 1-15, 2011.
[9] K. Amasaka, Strategic QCD studies with affiliated and non-affiliated suppliers utilizing New JIT, *Encyclopedia of Networked and Virtual Organizations*, Vol. III, PU-Z, pp. 1516-1527, 2008.
[10] M. Yamaji and K. Amasaka, Strategic productivity improvement model for White-Collar Workers employing

Science TQM, *The Journal of Japanese Operations Management and Strategy,* Vol. 1, No. 1, pp. 30-46, 2009.
[11] H. Sakai and K. Amasaka, TPS-LAS Model using Process Layout CAE System at Toyota: Key to global production strategy New JIT, *Journal of Advanced Manufacturing Systems,* Vol. 5, No. 2, pp.1-14, 2006.
[12] H. Sakai and K. Amasaka, Strategic HI-POS, intelligence production operating system - Applying Advanced TPS to Toyota's global production strategy, *WSEAS Transactions on Advances in Engineering Education,* Issue 3, Vol. 3, pp. 223-230, 2007.
[13] H. Sakai and K. Amasaka,, Construction of "V-IOS" for promoting intelligence operator – Development and effectiveness for "Visual Manual Format," *The Japan Society for Production Management, The 18th Annual Conference, Nagasaki Institute of Applied Science, Japan,* pp. 173-176, 2003. (in Japanese)
[14] K. Amasaka, Applying New JIT - Toyota's global production strategy: Epoch-making innovation of the work environment, *Robotics and Computer-Integrated Manufacturing,* Vol. 23, Issue 3, pp. 285-293, 2007.
[15] H. Sakai and K. Amasaka, The robot reliability design and improvement method and the Advanced Toyota Production System, *Industrial Robot: International Journal.* Vol. 34, No. 4, pp. 310-316, 2007.
[16] K. Amasaka and H. Sakai, TPS-QAS, new production quality management model: Key to New JIT－Toyota's global production strategy, *International Journal of Manufacturing Technology and Management,* Vol. 18, No. 4, pp. 409-426, 2009.
[17] H. Sakai and K. Amasaka, Human Digital Pipeline Method using total linkage through design to manufacturing, *Journal of Advanced Manufacturing Systems,* Vol. 6, Issue 2, pp. 101-113, 2007.
[18] H. Sakai and K. Amasaka, V-MICS, advanced TPS for strategic production administration: Innovative maintenance combining DB and CG, *Journal of Advanced Manufacturing Systems,* Vol. 4, No. 6, pp. 5-20, 2007.
[19] K. Amasaka, New Japan Production Model, An advanced production management principle: Key to strategic implementation of New JIT, *International Business & Economics Research Journal,* Vol. 6, No. 7, pp. 67-79, 2007.
[20] H. Sakai and K. Amasaka, Highly Reliable Production System for expanding global production: Total linkage of planning, preparation and production, *International Journal. of Operations and Quantitative Management,* Vol. 19, No. 3, pp. 157-168, 2013.
[21] K. Amasaka, Development of "Science TQM", a new principle of quality management : Effectiveness of Strategic Stratified Task Team at Toyota-, *International Journal of Production Research,* Vol. 42,No. 17, pp. 3691- 3706, 2004.
[22] H. Sakai and K. Amasaka, Human-Integrated Assist System for intelligence operators, *Encyclopedia of Networked and Virtual Organization,* Vol. II, G-Pr, pp. 678-687, 2008.
[23] H. Sakai and K. Amasaka, Human Intelligence Diagnosis Method utilizing Advanced TPS, *Journal of Advanced Manufacturing Systems,* Vol. 6, No.1, pp. 77-95, 2007.
[24] K. Ebioka, H. Sakai, M. Yamaji and K. Amasaka, A New Global Partnering Production Model "NGP-PM" utilizing Advanced TPS, *Journal of Business & Economics Research,* Vol. 5, No. 9, pp. 1-8, 2007.
[25] M. Yamaji, H. Sakai and K. Amasaka, Evolution of technology and skill in production workplaces utilizing Advanced TPS, *Journal of Business & Economics Research,* Vol. 5, No. 6, pp.61-68, 2007.
[26] トヨタ自動車㈱, AWD6P/J 第 1 期活動報告書'96-'99 (Aging & Work Development 6 Program Project)―21 世紀を目指した 60 才になってもいきいきと働けるライン造り活動, pp. 1-99, 2000.
[27] H. Sakai, and K. Amasaka, Development of a robot control method for curved seal extrusion for high productivity in an advanced Toyota Production System, *International Journal of Computer Integrated Manufacturing,* Vol. 20, Issue 5, pp. 486-496, 2007.
[28] H. Sakai, and K. Amasaka, Establishment of Body Auto Fitting Model "BAFM" using NJ-GPM at Toyota, *Journal of Japanese Operations Management and Strategy,* Vol. 4, No. 1, 38-54, 2013.
[29] H. Sakai, and K. Amasaka, How to build a linkage between high quality assurance production system and production support automated system, *Journal of Japanese Operations Management and Strategy,* Vol. 4, No. 2, pp. 20-30, 2014.
[30] 天坂格郎編著,『ものづくりの原点：インテリジェンス管理図活用のすすめ―デジタルエンジニアリングによる高品質保証』, 日本規格協会, 2003.
[31] K. Amasaka and H. Sakai, Availability and Reliability Information Administration System "ARIM-BL" by methodology in "Inline-Online SQC," *International Journal of Reliability, Quality and Safety Engineering,* Vol. 5, No. 1, pp. 55-63, 1998.
[32] H. Sakai and K. Amasaka,, Proposal and demonstration of V-MICS-EM by digital engineering: Robot operation and maintenance by utilizing Visual Manual, *International Journal of Manufacturing Technology*

and Management, Vol. 18, No. 4, pp. 344-355, 2009.

[33] K. Amasaka, Innovation of automobile manufacturing fundamentals employing New JIT: Developing Advanced Toyota Production System, *International Journal of Research in Business, Economics and Management,* Vol. 2, Issue 1, pp. 1-15, 2018.

[34] Y. Y. Siang, M. M. Sakalsiz and K. Amasaka, Proposal of New Turkish Production System, NTPS: Integration and evolution of Japanese and Turkish Production System, *Journal of Business Case Study*, Vol. 6, No. 6, pp. 69-76, 2010.

[35] H. Shan, Y. S. Yeap and K. Amasaka, Proposal of a New Malaysia Production Model "NMPM", A new integrated production system of Japan and Malaysia, *Proceedings of International Conference on Business Management 2011, Miyazaki Sangyo-Keiei University, Miyazaki, Japan*, pp. 235-246, 2011.

[36] S. Miyashita and K. Amasaka, Proposal of a New Vietnam Production Model "NVPM," A new integrated production system of Japan and Vietnam, *IOSR Journal of Business and Management,* Vol. 16, Issue 12, pp. 18-25, 2014.

8-2

生産技術と工程設計—多品種少量生産

概要：
自動車は、新興国でも生産し製品開発もしている。日本の自動車産業が生き残った要因の一つは、生産技術部門を自社の組織に持ったことである。筆者が知る限り、欧米や新興国の自動車会社には生産技術部門が無く、自社の生産のポリシーや生産原価の低減を生産ラインに織り込めていないと思われる。日本の生産技術は設計と製造を結び付け、良いものを安く、素早く造ることを追求している。そこで本節では、トヨタを例に"生産技術と工程設計－多品種少量生産"のあらましを述べる。

キーワード：工程設計、SE活動、多品種少量生産、生産技術、自動車産業

8.2.1 生産技術と原価

２０１６年のトヨタ自動車とフォルクスワーゲンの生産、営業利益率を比較すると、図８．２．１に示すように営業利益率はトヨタの方がフォルクスワーゲンより２倍上回っている。筆者の視察から、中国でフォルクスワーゲンの工場を見ると作業者の多さに驚く。フォルクスワーゲンは生産技術部門を持っておらず、生産準備や設備構成等はエンジニアリング会社が担当している。筆者が視察した生産ラインを見る限り、大きな汎用機で生産ラインを構成しており、そのために作業者（オペレータという）の歩く距離が長くなりオペレータ一人当たりの設備の持ち台数が少ない。トヨタと比べてオペレータの設備の持ち台数は1/2以下である。

図８.２.１ トヨタとVWの比較
出典：山田「儲かる工場造り」セミナー（２０１６）

トヨタ生産方式（Toyota Production System、TPS）は営業利益を向上させることである。営業利益の向上は原価を下げることにより達成される。生産技術部門は安価な投資で高品質な製品を造り、平準化生産を達成することが業務である。ところが、2010年までに世界生産年間１千万台達成が社内の目標となり、生産設備のグローバル化と標準化が急務になった。

表8.2.1にトヨタの製品と加工ライン、制御の変遷を示す。エンジンがDOHC 4 valveに変わるころから加工機が数値制御（Numerical Control、NC）と高速回転軸頭の登場で急激に進歩した。従来の軸頭の回転数は１０００ｒｐｍ程で切削していたが高速回転軸頭は１０，０００ｒｐｍで回転するため、従来の10倍の穴を明けることになる。

そのため製品の穴位置に合わせて多軸軸頭を設計した生産準備の工程が、NCと高速回転軸頭（1軸NC機）により省略され、汎用の1軸NC機で製造ラインが構成できるようになり生産準備のリードタイムが半減した。また産業用ロボットの発達はマテハン（Material Handling）を容易にして、専用設計を無くして1軸NC機同様に生準リードタイムを短縮させたのである。

表8.2.1 トヨタ自動車の変遷
(出典：山田「儲かる工場造り」セミナー, 2016)

リーマンショック

グローバル化、１０００万台 → ｜ 標準ラインの生産能力1/2 →

	１９８０ｓ	１９９０ｓ	２０００ｓ	２０１０ｓ	２０２０ｓ
製品（ガソリンエンジン）	OHC 2valve	DOHC 4 Valve	気筒内噴射	ハイブリッド	基準の標準化
加工機の変遷	多軸ヘッド TRM/C	高速TRM/C	1軸NC機	中種中量	多種少量
制御の変遷	集中制御	分散制御	安全PLC	ユニット分散制御	IOT、AI 共働ロボット

8.2.2 リーマンショック後の生産ライン

リーマンショック後の生産量は少なく毎日100%可動が出来ない生産量であった。そのため新しい生産ラインは、よりフレキシブル性を高めるべく生産能力を従来の半分、投資も半分にしてタイプの異なる製品も製造できる事を目標にしたのである。当然、それを実現するためには、1）エンジンを例にとると製品をシンプル化して標準化する、2）従来機械加工だったネジの下穴をダイキャストで造り直接ネジ立てする、3）ベースマシンである1軸NC機をモデルチェンジして安価にする、4）搬送をコンベアからロボットによるローダーに変更する、等々の工夫が不可欠だった。

ここで、TPSの要諦をなす、現状生産しているエンジンの多品種少量生産を実現することがテーマになった。形の異なる製品の多品種少量生産を実現するには、搬送基準や加工基準を統一することが必要である。新規の製品の場合では変更は自在だが、既存の製品の変更は難しいため、生産技術で対応することが必要不可欠であった。一般的な方法としては、製品をパレットの上に載せてコンベア上を搬送させ、機械加工は直接製品の加工基準で加工する。

しかし、パレットを使用するとパレットの初期投資や保全費用が必要となり管理が大変であるため、製品を把持して搬送するピック＆プレス方式を採用した。図8.2.2にトランサーマシンの治具構造を示す。構造は下方から位置決めピンで製品を位置決めして、上方からクランプする構造である。搬送は、治具をアンクランプして製品をリフト＆キャリーすることにより次工程に送るのである。しかしピック＆プレスでは治具の上から製品が入ってくるため、アンクランプ時には製品の上側をオープンにして製品が入ってから上側からクランプすることが不可欠である。

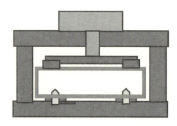 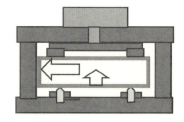

図8.2.2　トランサーマシンの治具（リフト＆キャリー搬送、上側よりクランプ）

そこで、図8.2.3に示すように、右から左の順番に治具は動作する。製品が上から搬送されてきて、治具に製品を下降させ、治具に製品を載せてから、クランパーは回転しながら下降してクランプ（スイングアーム式クランプユニット）するのである。

生産技術としては信頼性の高い設備を工場に据え付け、安定した生産を実現しなければならない、そのためには構造が簡単で市販されている油圧のスイングアーム式クランプユニットを使用したが、スイングさせる構造に剛性が無かったため、破損する故障が頻発した。そのためメーカーと一緒に改善したが、市販製品の耐久性評価不足を実感した。市販されている新製品の要素部品についてカタログ値は参考値として耐久性の評価が必要不可欠である。特に自動車の製造工場は一度に多くの設備を購入するため新製品を使用する場合は事前の評価試験が必須条件である。

この問題を解決するには、設備メーカーや要素部品メーカーとのコミュニケーションが必要となり、製品切替では多くの設備が必要なため設備メーカーの負荷も把握しなけ

第2部　オペレーションズ・マネジメント戦略の実際

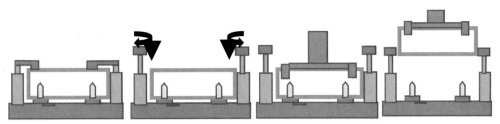

図8.2.3　治具（ピック＆プレス搬送、スイングアーム式クランプユニット）

ればならない。エンジンを例にとると、シリンダーヘッド、シリンダーブロックは横型の一軸 NC 機を多く使い、カムシャフト、クランクシャフトは NC 旋盤や円筒研削盤を使用するため定期的に各設備メーカーと連絡会を実施して情報を密にしている。

また生産準備のリードタイムを短縮する上で新製品の垂直立上げは必要不可欠で、設備の初期故障を設備メーカーの製作途中に撲滅しなければならない。それを実現するためには、1）設備を標準化する。部品加工や設備の組付けを標準化して作業ミスを無くし設計を大幅に変えないで改善できる環境にする。2）新規に使用する設備及び機械要素は必ず評価を実施する、等々が重要となる。

設備標準化のメリットは多く有り、設備の設計が不要になることにより設備が安価になる。これにより、自動車会社の生産準備のスタッフも減らすことができ、海外工場の設備も海外のスタッフだけで新製品の切替が合理的に可能になる。これを実現するには製品の標準化を必要とする。

小型車から大型高級車まで同じ構造にする工夫がキーとなる。トヨタのエンジンは他社と比べると部品点数が多く高価と一般には思われるが、部品を共通にして設備も標準化することにより日々の創意工夫で原価改善を可能にしている。

8.2.3　トヨタ生産方式と生産技術
8.2.3.1　自工程完結の例—7つのムダの改善

TPS による自動車生産に於いて、自工程完結（参考文献）の要諦キーは JIT と自働化であり、その展開のキーは"7つのムダ"の徹底したムダの改善である。7つのムダとは、1）造り過ぎのムダ、2）手待ちのムダ、3）動作のムダ、4）運搬のムダ、5）不良手直しのムダ、6）加工のムダ、7）在庫のムダを指し、以下の様に7つのムダが発生しないように、生産設備の仕様に盛り込み、生産ラインを改善している。

1）造り過ぎのムダ：設備の後工程に製品が有る場合は、後工程に製品を搬送しない。また前工程から製品が搬送されないと加工しない工夫をする。
2）手待ちのムダ：全設備の加工時間を同じにして設備間の時間差で待ちが生じないよ

うに工夫する。また生産工場内では、設備異常や品質チェック、刃具交換のタイミングを表示するアンドンが有り、設備毎にランプの色で状態表示する（注1）。

（注1）赤は設備異常、黄色は品質チェックと刃具交換時のオペレータの呼び出し、白色はオペレータが設備を停止させて処置中を意味する。

3）動作のムダ：動作のムダについてはオペレータの歩行数が最小になる様に設備の形状を工夫している。具体的には工程の流れ方向には狭くして一人のオペレータが多くの設備を担当できる仕組みとしており、原価低減に寄与している（注2）。

（注2）各オペレータがムダな動きをせず毎日安全な生産ができる様に、全作業の流れに淀みが無く流れを短くできる様に仮想レイアウト上でチェックしてから設備レイアウトを決定している。

4）運搬のムダ：運搬の仕事は、何を幾つ何時までに運ぶかである。レイアウト上で動線が短くなる工夫をしている。例えば、製品の積み替えの無駄を無くす荷姿にして、積み替え回数を減少させている。

5）不良手直しのムダ：不良品が出た場合、良品の生産分を考えると2倍の工数がかかる。それを防ぐために製品公差内に加工するように所定の生産技術標準に基づいて、設備の工程能力を確保している。

6）加工のムダ：加工のムダとは、製品の精度に関係しない部分の加工や製品に不要な加工であり、最小限に留めている（注3）。（これは"設計のデザインレビュー"時にチェックされる）。加工基準や搬送基準が無い場合には、ボルト穴の精度を上げて加工基準穴にして、搬送基準をつくるために製品では不要な面削りを追加するケースである。

（注3）製品が類似のケースでは、ポカヨケとして穴あけやテーキン表示を追加する場合が有る。

7）在庫のムダ：一般に在庫する事による弊害は多いことは言うまでもない。

しかし、ここでは工程内在庫を持つことで加工ラインの可動率を確保するケースを例示する。

（1）加工機では、刃具交換時間の長い設備の前後に工程内在庫を持つケース。

（2）高速搬送を使って工程間を結ぶ場合、繋いだ設備の可動率は各工程間の可動率の掛け算となり、工程毎に信頼性が無ければ高い可動率は実現できない。途中、コンベア等で工程間を結んで各工程に手持ちワークを持たせれば可動率は大幅に向上するケース。

8.2.3.2　工場レイアウト

新しい工場を計画する時は人件費を算出するためにも何人のオペレータが必要か試算する。オペレータの作業時間と移動時間を積算して1日の労働時間で割れば、何人必要か出てくる訳である。作業時間も7つのムダで記述したように作り過ぎのムダ、手待ちのムダ、運搬のムダが無いように配置する必要がある。

素材を運搬して加工ラインから組付けラインに製品を搬送するコースは最短で他の輸送経路と交差しないように、さらに加工された製品は組付けのライン側に直接運搬して加工と組付けラインの中間は最小の在庫としたい。図8.2.4にエンジンの工場レイアウトを示す。工場内には部品の機械加工ラインと組付けラインが有り、外部から部品の素材が運ばれてくるトラックヤードとエンジン組付けラインにサプライヤーの部品を供給するトラックヤードが有る。全加工ラインは素材受け入れ側に素材置場が有り、直接運搬できる。

エンジンの組付け順番はブロック、クランク、ピストンサブアッシー、ヘッドサブアッシーのため、加工ラインも組付け順番に並べて有り、搬送が最小になるように工夫されている。ムダの多くはレイアウトにより発生するので、工場スペースに合わせたレイアウトにするのではなく、最少のレイアウトにして工場の空き地を増やした方が次の仕事に繋がり易い。また自働化の進んだ工場では自働化できなかった工程毎に1人ずつ距離をおいて作業者を配置するが、作業者間の応受援ができなくなるため、新人を配置した場合はラインのサイクルタイムは新人の遅い作業時間になり生産性が落ちることになる。そのため自働化ゾーンとオペレータゾーンを分けてオペレータを集めてオペレータ間で応受援できることが重要である。

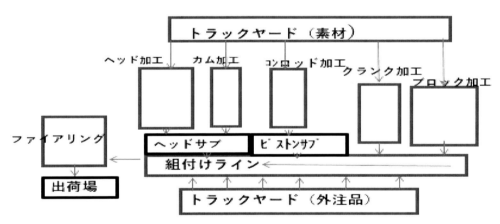

図8.2.4 エンジンの工場レイアウト

8.2.3.3　設備の構成

製造ラインには、製品を加工する仕事と設備を管理する仕事がある。設備を管理する仕事とは、毎日、始業前に電源を入れて操業後に電源を切る、電源を入れた後、設備の起動ボタンを押して操業できるようにして操業後に停止ボタンを押す作業等である。また保全の一環として加工機であれば設備の切粉がたまった切粉台車を運搬する、作動油の量の管理や汚れの管理、潤滑油の量の管理と補給、切削用クーラントの量の管理と汚

れの管理などで、オペレータの仕事と保全の仕事に分けられる。

図8.2.5に設備の構成を示す。オペレータは一人当たり数十台の設備を担当し保全マンも百台ほどの設備を担当しているため、管理作業を容易に行う工夫が必要である。設備は製品側に操作盤を持ち、製品側で操作する。加工機であれば切粉はクーラントタンク後方に設置された台車上に排出される。電源を入れる制御盤、作動油や潤滑油を管理する油圧ユニット等も後方に配置されている。製品搬送用に設備間はコンベア等で結ばれているのでコンベア内は製品の加工や品質チェックを行い、コンベア外で設備の管理作業を実施して加工作業と管理作業がオーバーラップしない様にしている。管理作業も設備間を歩行すれば一直線で作業できる様に工夫してある。

設備構成で重要な事は、オペレータの歩行を少なくして作業を容易にすることである。設備形状も縦長にして歩行を少なくするように工夫している。また生産技術としては積み重ねた工夫を標準化して新しい技術にもチャレンジしている。設備の標準化と同様にユニット（例えば油圧ユニット、切粉の排出ユニット等）に小型のPLC（Programmable logic controller）を持たせ設備の制御盤から電源線と信号線をユニット側に供給するだけで設備が構成され生準リードタイムを短縮している。ユニットの故障時も最小の配線の入れ替えのみで交換できる。

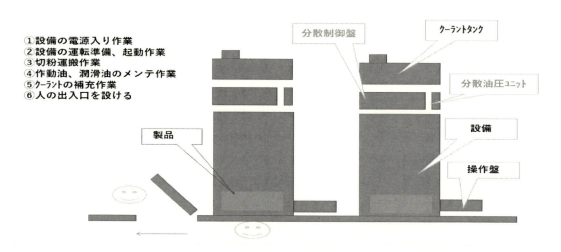

図8.2.5　設備の構成

8.2.3.4　自働化ラインと手作業ライン

加工ラインは、自働ラインと手作業ライン（オペレータが設備に製品を搬送して設備内の治具に製品をセットする）が有り、異なるレイアウトにしている。自働ラインは搬送の自動化が容易な直線ラインにして設備の管理を容易にしている、手作業ラインはオペレータの歩行が最小になるようにU字ラインにしている。レイアウトは作業の優先順

位で、該当する項目が最適になるように工夫している。

図8.2.6に示すのは自働化ラインと手作業ラインの注意点である。自働化ラインに於いて工程間を高速搬送でつなぐ場合、工程を多くすると設備の可動率はそれぞれの可動率の掛け算になってネック工程になりがちである。設備計画する時には、可動率を考慮して適切な工程数で設備を構成する。また可動率を上げる手段として設備間をコンベアで結んで設備間に手持ち（設備間の中間在庫）を置くことである。それにより前工程が停止しても手持ち分だけ生産でき、設備停止してもラインの生産は継続できる。設備故障や工具交換時間が長時間に及ぶと予想される設備の前後には手持ちを増やすようにすればラインの可動率を下げることなく生産できる。

また設備計画で重要な事は、自働化の判断である。自働化しても設備故障ばかりしていては生産できないので、判断に困ったときは手作業として生産ラインを立上げ、自働化の問題が解決してから改善した方が良い。その時、自働ラインの真ん中に手作業工程が有り、オペレータを配置したら、作業の応受援が出来なくなり、ライン可動率が低下する可能性が有る。オペレータを集めて配置することが不可欠である。

手作業ラインでは、生産の工程の入口と出口を担当するA作業者をベテランにして品質のチェックを工程の中に入れる。タクトタイムに合わせて、ライン内のオペレータの人員を増減させれば、タクトタイムに関わらず製品原価は増減しない。

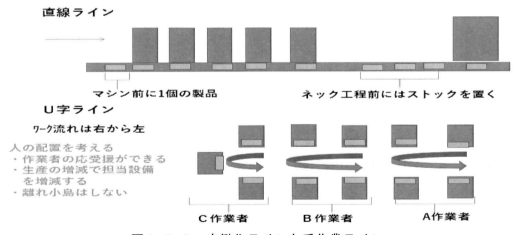

図8.2.6　自働化ラインと手作業ライン

8.2.4　適用例
8.2.4.1　平準化生産と多品種少量生産

エンジンの加工ラインは比率生産(排気量の異なるエンジンを例えば2対1の比率で、A、A、Bの順に生産する（以後、平準化生産という）。図の8.2.7に平準化生産の段替え方法を示す。設備の入口で製品の車種検測をして、製品のタイプを判別する。加工が

終了すると第1工程に搬送され、第1工程の治具内で製品の車種検測をして、段替えした車種と治具内の車種が同一であることを確認して加工を開始する（2工程、3工程も同様である）。

製品のタイプにより、必要な段替え箇所、加工プログラム、工具、治具を段替えするのである。設備信頼性の問題点は車種検測である。製品間の形状に差が無い場合は、車種検測用に識別用の穴あけ又はボスを削って識別用に使用している。識別用の段差が大きいほど目視での誤判別も無く、安価なセンサーが使用できて設備の信頼性も向上する。

多品種少量生産も同様に実施しているが、製品の種類数が多くなるほど車種検測のセンサーが増加する。ポカヨケも含め設備には多くのセンサーが使用され、設備故障の50％以上はセンサーの故障や製品の誤判別によるセンサーの調整である。信頼性が高く誤判別しない製品の識別方法が製造ラインの高可動率を約束する重要な鍵である。

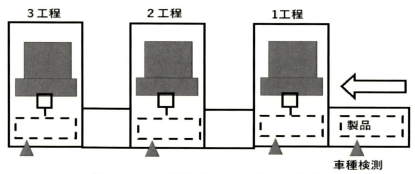

図8.2.7　平準化生産の段替え方法

8.2.4.2　設備の品質保証

設備計画を実施する上で重要な項目は、設備の品質保証である。加工した製品を工程毎に全数チェックする必要が無い、品質を保証できる設備を計画しなければならない。精度の厳しい箇所の加工をする設備は、インプロセス加工等をしているが、測定器の信頼性や維持管理を考えると加工工程のみで品質を保証したい。生産準備のプロセスで加工箇所の精度からインプロセスにする工程やポストプロセスにする工程は過去の積み重ねから標準化されているが、精度上ボーダーラインの工程も有る。

そういう工程は連続25台の切削試験をしてCpが1．33を超えていれば加工工程のみとして全数検査は実施しない。生産ラインの定量の抜き取り検査で品質を保証するのである。設備メーカーに設備を発注後、完成時の立合い検査で25台の連続切削をしてCpを確認する。1．33を超えていれば合格として工場に搬入するのである。

8.2.5 新技術と生産技術
—自働組付ロボットの例

多品種少量生産の代表例として、トヨタ内製開発の自働組付ロボットが生産性を高めた。車両工場では"タイヤ組付けやウインドウシィールドガラス組付け"など、エンジン組付けでは"シリンダーヘッドの動弁系部品・ピストンアッセンブリー"などの全自動ロボット組付け"は、QCD同時実現を可能にした。

中でも特筆すべきは、図8.2.8例に示す

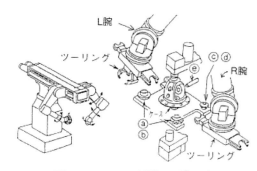

図8.2.8　双腕ロボット
(出典：TOYOTA Technical Review Vol.44, No.1, 1994)[3]

"デフ（デファレンシャル ギア ユニット）の組付け"を可能にした"双腕ロボット"の開発である（両手で異なる仕様の歯車を持ち、ギアユニット軸に自動組付けする）。この双腕ロボットの実現は、多軸の同期制御を必要とし、サーボモータ、アンプ、コントローラに至るまで、全て自社開発して少人化に大きな貢献をした(注2)。

(注2) 市販のサーボモータやアンプ、コントローラ等の電装部品の信頼性が低かった。そこで生産技術開発と同時に、可動率確保のための保守保全やロボットの復帰プログラム開発を実施した（生産工場の保全担当と協働し、教育プログラムを作り、故障したロボットの短時間復帰を可能とした。創意工夫として、長時間修理が必要な場合は、故障したロボットの電源を切っても安全にオペレータが組付け作業できるように制御装置を搬送系と分割して生産が継続できるようにした）。

8.2.6　まとめ

TPS は、トヨタの生産技術標準に織り込まれ、設備仕様として工場造りに反映している。TPS はトヨタの経営管理技術であり、本節の「多品種少量生産」による「欲しい時に欲しい物を欲しい量だけ造る。」は、現在、多様な産業の"ものづくり"を支援している。工場に人と設備が有ると、我慢できずに受注予測で製品を造ってしまい、在庫となり、キャッシュフローが悪化する。トヨタの生産技術を担当してきた者としては、今後も「我慢できる」生産ラインを造ることが肝要である。「良い製品を安く素早く造る―生産技術を進展し持続する事」が、日本の製造業が生き残る道であると筆者は考える。

8.2.7　謝辞

今回、ご指導いただいた天坂格郎青山学院大学名誉教授、トヨタ自動車㈱の関係各位の皆様には、心より感謝いたします。

参考文献

[1] 山田敏博,「儲かる工場作り」, 豊田エンジニアリングセミナー（専用テキスト）, 名古屋, 2016.
[2] 堀切俊雄,『トヨタの原価』, かんき出版, 2016.
[3] 倉田純生他, "ユニット組付の自動化と要素技術", TOYOTA Technical Review, Vol. 44, No. 1, 1994.

8-3
デジタルエンジニアリング―生産シミュレーション

概要：
本節では、グローバル生産に向けて、知的生産情報を設計から製造までデジタルパイプラインでトータルリンケージさせる"ヒューマンデジタルパイプライン(Human Digital Pipeline, HDP)"を援用する、"生産ラインの工程編成作業のコンピュータシミュレーションシステム"を提案し、その有効性を論証する。これにより、工程の造り込みに必要不可欠な"生産工程計画"、"生産オペレータ"の作業手順などの"生産準備プロセスの刷新"に寄与し、量産開始時の高い目標稼働率を実現している。

キーワード：グローバル生産、ヒューマンデジタルパイプライン(HDP)、工程編成作業、コンピュータシミュレーションシステム

8.3.1 グローバル生産の鍵―デジタル生産方式の必要性

現在、日本の製造業は"顧客最優先のものづくり"を世界で実現させるために"グローバル生産-世界同一品質・同時立ち上げ"を急ピッチで展開している。"自動車の海外立上げ"の例からも伺い知れるように、生産準備から量産立上げ準備段階における業務プロセスにおいて、やり直し業務がいく度となく発生し、その度、日本の支援により試行錯誤的に立上げを行っているのが散見される。

従前の海外生産立ち上げ準備方式は、日本で先行して問題点を摘出して改善し、それらを海外生産（現地生産）に順次、おりこむやり方が一般的であり、このやり方では"時間と労力"がかかっているのが現状の姿である[1]。

このような事態を克服するためは、デジタルエンジニアリングとITの活用による新たなデジタル生産方式"DPS"(Digital Production System)の研究が"グローバル生産の成功の鍵"といえる[2-5]。"DPS"による多種多様な入出力データを開発・設計から工程設計・生産設備の生産準備だけでなく、製造現場のオペレータの作業性検討、作業訓練に至るまで、"知的生産情報"として活用することが必要になってくる。

8.3.2 コンピュータシミュレーション"HDP"

このようにグローバル生産戦略に向けて、デジタルエンジニアリングの活用が欠かせ

ない時代になってきている。そこで論者ら[6]は、知的生産情報を設計から製造までデジタルパイプラインでトータルリンケージさせる"ヒューマンデジタルパイプライン"（HDP, Human Digital Pipeline System）を図8.3.1のように創案する。

図中のように、"HDP"は"ハードウェア・シミュレーション・ソフトウェア"で構成される。コンピュータシミュレーションを援用し、工程の造り込みに必要不可欠なワーカー（生産オペレータ）の作業手順、工程レイアウトなどの生産ラインの"工程編成作業"を刷新し、量産開始時の高い目標稼働率を達成することを試みる。

本システムのねらいは、(i) 一つのラインで複数の車種を生産させる生産計画に対応すべく、(ii) 実際の生産タクト内で生産できるかどうか、工程編成をあらかじめ検証し、さらに (iii) 作業者の各工程における作業負荷の平準化を実施し、ライン立ち上がり前に工程の造り込みを完了させることにある。

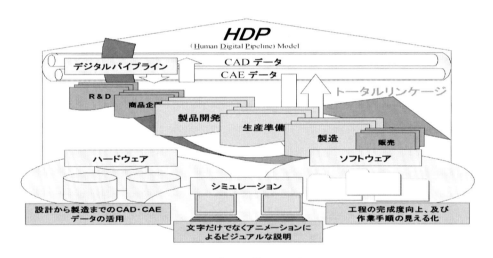

図8.3.1 "HDP"のアウトライン

（1）ハードウェアの構成

"HDP"のハードウェアの構成を図8.3.2に例示する。図中のように、当該ハードウェアは、開発から生産技術にかけて活用されるCADデータ、およびCAEデータがデジタルパイプラインを通して①製品D/Bに格納される。次に、②生産規模・生産台数などの生産管理情報や調達部品や現地調達部品などの部品手配情報を有する"生産情報D/B"から、過去の作業手順書の代表例を蓄積した③"作業手順D/B"がトータルリンケージされる。これらにより、その"作業手順書"を元に、作業者が移動できる経路を準備しておき、後述の"ソフトウェア"と"シミュレーション"により最適な作業の組み合わせを行う。

ここでは、各工程での"多車種"に対応すべく、工程を並び替える、所謂、"工程編成作業"を量産開始前に検証する。また同時に、目標の日当たり生産量から求まる"タク

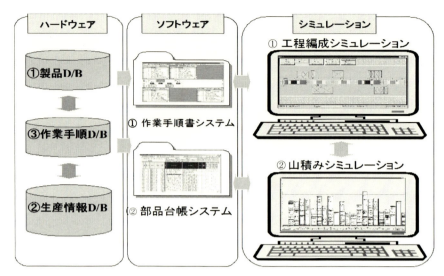

図8.3.2 "HDP"のハードウェア・ソフトウェア・シミュレーションの構成

トタイム"に対して、各工程の生産オペレータの"作業要素（作業負荷）時間"を重ねる作業、いわゆる、"山積み"を行う。これにより、工程（生産オペレータ）間のバラツキ（異なる車種、車型間の作業量のバラツキ）を改善する。

必要なコンピュータシミュレーションは、①"工程編成シミュレーション"と②"山積みシミュレーション"であり、さらに作業姿勢や作業負荷を事前に検証し、評価・問題発見まで結びつける。

(2) ソフトウェア構成

次に、ソフトウェアの構成について述べる。作業手順書は、図8.3.2の①"作業手順書システム"により作成される。本システムで作成される"作業手順書"は、作業名、作業時間、作業位置で構成される"作業データ"、部品の仕様、品番、個数で構成される"仕様データ"、さらの"品質、作業姿勢、工具、安全、カン・コツ"などに至る各種の情報を有している。

同様にして、②"部品台帳システム"により、部品の"ビジュアルデータ"を生成する。具体的には、当該する部品を"品番、品名、型式、数量"などから抽出し、それらに付随する"三次元の形状データ（CADデータ）"や"検証データ（CAEデータ）"の検索を行う。

(3) シミュレーションのアルゴリズム

① 工程編成シミュレーション

前述の"作業手順書"を元に最適な作業の組み合わせを導出する"工程編成シミュレーション"の主要素である、(a) 作業者干渉シミュレーション、(b) 工程干渉シミュレーション"について概説する。

ここでは、"生産オペレータの歩行時間"について例示する。たとえば、図8.3.3に示す"座標計算の考え方"を援用し、生産オペレータの現在の作業位置から次の作業位置に移動する際、コンベアーのスピードを加味して直線移動できるようにする。

ここで、図中の図示記号は、以下のように定義する。

T；歩行時間、
V；歩行スピード、
VG；タクトスピード、
VX；Vの作業位置のX座標、
VY；Vの作業位置のY座標、
MG；スタート位置からの移動距離、MGX；X座標の単位時間あたり最大移動時間、
MGY；Y座標の単位時間あたり最大移動時間

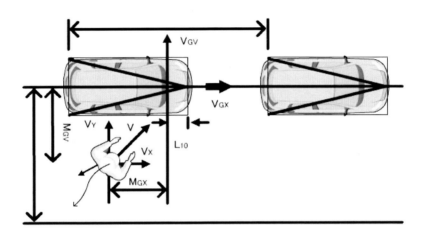

図8.3.3　座標計算の考え方

そうすると、オペレータの歩行時間（T）は（1）式の「歩行時間計算式」で表される。

$$T = (-b + \sqrt{b^2 - ac})/a \quad \cdots (1)$$

ここで、a, b は以下の式から求められる。

$$a = V^2 - V_{GX}^2 - V_{GY}^2$$

$$b = -M_{GX} \times V_{GX} - M_{GY} \times V_{GY} \quad c = -M_{GX}^2 - M_{GY}^2$$

ここでは、さらに、実際の作業とのマッチングを考慮し、以下の三つの要件を補完し、次の座標位置を計算する。

-(i) 生産オペレータとボデー（車両）との接触を回避して回り込みする"ルート"をシ

ミュレーションするために、図8.3.4に例示するように、どの作業位置からどの作業位置の場合はどの回避点（図中の図示記号）を通るか、あらかじめ設定している。

実際の車両内部（C1～C9）での作業の際には、回避点は車両前方（エンジンコンパートメント）、後方（ラゲージ）もしくは全体をそれぞれ一つの四角と見て左右（センターピラー）の2箇所を合わせて計4点に回避点が設定され、オペレータを車両との干渉を回避するようにプログラムされている。

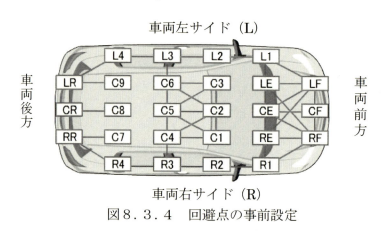

図8.3.4　回避点の事前設定

-(ii) 最短経路と最短距離を求めるために、"最短経路計算法（ダイクストラ法）"を用いて移動すべき、次の作業位置を計算する[6,7]。

（車種・車型ごとに、オペレータが移動できる経路を次図のように線分で接続されているパターンを設けておき、その中でどの経路を通ると最短になるかを計算する。）

-(iii) 諸条件として、刻み時間（初期設定は1秒）ごとに次の移動座標を計算する。この刻み時間が短ければ、より精密なシミュレーションを行うことができる（ただし、計算量は増加するので、計算機への負荷は増大する。）

次に、"生産オペレータ干渉シミュレーション"を例示する。時系列でどの車種・車型の組み合わせにより、作業者がラップするか"オペレータの干渉"をシミュレーションにより検証する。具体的には、オペレータ同士の中心座標から距離を計算し、オペレータの半径より小さければ、"オペレータ干渉"と定義する。どの順番でどの車種の車型を流すかは任意で決めることができるので、前述のハードウェアの②"生産管理情報"に基づきシミュレーションが可能である。

同様に、"工程干渉シミュレーション"を例示する。同時に設定したタクトタイム内にある生産オペレータが一工程の作業をすべて終えられるかどうか、終えられなければ実際のコンベアーは停止せざるを得ず、これをシミュレーションにより検証する。

このシミュレーション結果により、どの工程のオペレータが、いつどの車型の作業の時にコンベアーを停止させるか事前に検証することが可能となる。

② 山積みシミュレーション

　前述のソフトウェアで説明した"手順書システム"で入力した作業時間、および、既定された歩行時間を諸条件として、ボデーの幅、長さも指定して積算する。

　また、生産オペレータの歩行時間については、前述した①"工程編成シミュレーション"にて計算した歩行時間も使用可能である。加重平均を算出する際には、"手順書システム"で"インポート"したデータを使用し、車型の生産台数、およびオプションの生産台数を予め条件として設定しておいて算出する。

　それぞれの車種・車型の生産台数の比率に応じて、ランダムで出現する車種・車型の順番で車種・車型ごとの作業の"山積みのシミュレーション"を実施する。これにより、車種・車型ごとの負荷の変動を事前検証し、最適な負荷配分になるよう工程レイアウトを再検証する。

　さらに、工程別の車型グラフの表示も可能であり、車種・車型ごとの作業時間を検証し、工程配分から、さらには作業時間短縮のための改善項目の洗い出しを事前実施する。

8.3.3　トヨタにおける HDP の展開と効果

　創案できた"HDP"を用いて、トヨタの国内外の新車の切り替えに際して、量産立上げ準備段階で生産オペレータの作業訓練を実施している。ここでは一例として、組立作業の工程編成作業について"HDP"のシミュレーション結果を以下に記す。

①　工程編成シミュレーション

　時系列でどの車種の組み合わせにより、"生産オペレータ干渉"するかを検証している一例を図8.3.5に示す。これは工程を上面から見たものであり、車両は一定速度でコンベアー上を流れ、オペレータは所定の作業を行いながらリアルタイムに歩行経路を直線にて表示される。

　そして、一工程内に複数の生産オペレータが異なる作業を行っており、生産オペレー

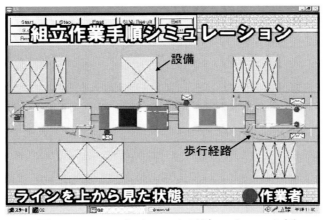

図8.3.5　オペレータ干渉のチェック例

タ同志が"生産オペレータ干渉"が生じると瞬時に"画面表示"され、どの車型の組み合わせにより起こったかが即時に"出力"される。

また同時に、設定したタクトタイム内にある作業者が一工程の作業をすべて終えられるかどうか、当該の"工程編成シミュレーション"により確認できる。"終了"できない場合は、画面内のコンベアーを停止させ、どの工程の生産オペレータがいつどの車種・車型の作業時にコンベアーを停止させたか、シミュレーションにより、"表示"される。

② 山積みシミュレーション

工程ごとの作業山積みを実施した一例を図8.3.6（左）に示す。(ⅰ) 作業時間は、それぞれ組付位置、仕様、優先度を色で識別して山積みされ、(ⅱ) 歩行は車両の各部位間の軌跡により自動計算され、(ⅲ) それぞれタクト時間内に入っているかどうか確認する。

さらに、(a) 正味作業率の把握と (b) 歩行時間の確認の一例を図中（右）に示している。"山積みシミュレーション"結果を作業時間と歩行時間により、それぞれソートすることにより、工程ごとの正味作業時間、歩行時間などの付随作業時間のバラツキを層別し、工程レイアウトの見直しなどの指針となる。

また、要素作業を工程間で移動させて、作業量の再計算を"山積みシミュレーション"の画面にてドラッグ＆ドロップにて簡単に移動でき、瞬時に前後の作業位置を検証して歩行時間も自動で変更が可能である。

このようにして、"HDP"を新車立ち上げ時に国内・海外事業体で運用したことで、①"工程編成業務"が従来に比べて半分以下で前出し可能となり、さらに②"山積みシミュレーション"について、現場との一致度で工程別に検証したところ、１１２工程のうち７５％以上が一致しているとの高い評価を得ている。

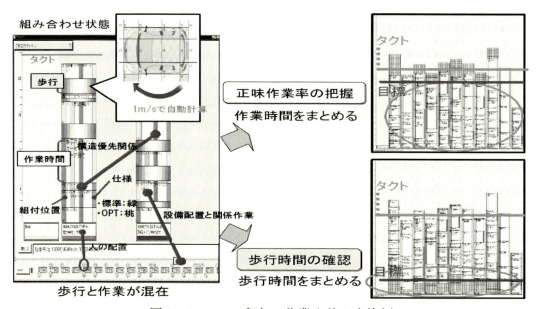

図８.３.６　工程毎の作業山積み実施例

8.3.4 "グローバル生産"への貢献

論者らが創案した"HDP"は、トヨタの海外事業体の新車切り替え時、および日々の生産改善活動で、順次展開されている。たとえば、トヨタの海外事業体である、フランスなどの新車切り替え（2000～）で順次展開され、また米国などの混流生産の一役を担っている。

図8.3.7に示すように、生産性・品質の何れも量産開始前の組み付けのトライ段階で目標レベルに達しており、所与の成果を得ている。さらに、立ち上がり後の生産能力増加、および車種追加に伴うサイクルタイム変更、平準化などの変化点での落ち込みも回避している[3]。このように"HDP"は、トヨタの適用を通して"グローバル生産戦略"の一助としている。

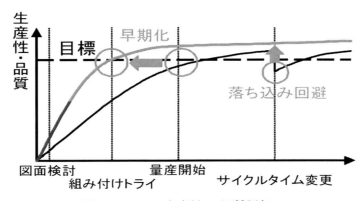

図8.3.7　生産性・品質評価

8.3.5 まとめ

グローバル生産に向けて、知的生産情報を設計から製造までデジタルパイプラインでトータルリンケージさせる"ヒューマンデジタルパイプライン(Human Digital Pipeline, HDP)"を援用し、生産ラインの工程編成作業のコンピュータシミュレーションシステムを提案した。具体的には、①工程編成シミュレーション、②山積みシミュレーションから成り、これにより工程の造り込みに必要不可欠な"生産工程計画"、"生産オペレータ"の作業手順などの生産準備プロセスを刷新し、量産開始時の高い目標稼働率を実現した。

8.3.6 謝辞

本研究は、日本品質管理学会拡大計画研究会第4分科会（シミュレーションとＳＱＣ研究会）、製造業の品質経営あり方研究会（日科技連）、青山学院大学理工学研究科（天坂 New JIT 研究室）との協働であり、ここに深く謝意を申し上げます。

参考文献

[1] K. Ebioka, H. Sakai, M. Yamaji, and K. Amasaka, A New Global Partnering Production Model "NGP-PM" utilizing "Advanced TPS", *Journal of Business & Economics Research*, Vol. 5, No. 9, pp. 1-8, 2007.
[2] 天坂格郎編著、『もの造りの原点：インテリジェンス管理図活用のすすめ-デジタルエンジニアリングと高品質保証』、日本規格協会、2003.

［3］H. Sakai and K. Amasaka, Proposal and Demonstration of V-MICS-EM through the Development of Intelligence Operators: Development of Advanced TPS for Global Production Strategy, *International Journal of Manufacturing Technology and Management*, Vol. 18, No. 4, pp. 344-355, 2009.

［4］H.Sakai and K.Amasaka, TPS-LAS Model using Process Layout CAE System at Toyota: Advanced TPS, Key to Global Production Strategy New JIT, *Journal of Advanced Manufacturing Systems*, Vol .5, No. 2, pp. 127-140, 2006.

［5］H. Sakai and K. Amasaka, Human Digital Pipeline Method using Total Linkage through Design to Manufacturing, *Journal of Advanced Manufacturing Systems*, Vol. 6, No. 2, pp. 101-113, 2007.

［6］E.W. Dijkstra, *Communication with an Automatic Computer*, University of Amsterdam, 1959.

［7］E.W. Dijkstra and W. Feijen, *A Method of Programming*, Addison-Wesley, Reading, MA, 1998.

8-4

生産保全－生産設備の管理技術の体系化

概要：
本節の"生産保全―生産設備の管理技術の体系化"では、生産を阻害する要因（頻発停止、設備トラブル）を低減する単なる設備保全だけに言及するのではない。筆者は、安全・品質・出来高などを高いレベルに安定させ、生産設備の最大効率と生産コストミニマムを追及する生産工程の体系的活動"ＴＰＭ"（Toyota Productive Maintenance）の観点から、"生産保全"を論述する。

キーワード：生産設備の最大効率、生産コストミニマム、生産設備の管理技術の体系化、生産保全、ＴＰＭ、加工点解析、トヨタ

8.4.1 トヨタ生産方式と生産保全の係り

　トヨタのものづくりの基本原理は、トヨタ生産方式（Toyota Production System, TPS）である。ＴＰＳの２本柱であるＪＩＴ（Just in Time）と自働化による"ものづくり"は、「必要なものを・必要な時に・必要なだけ」お客様に供給することである。ここで、ＴＰＳと生産保全の係りについて論考する。昨今の生産工程を見てみると、機械加工工程のみならず、多くの生産工程で機械化・自働化が進展しており、高度化された生産設備によって製品が作り出されている。

　現在では、品質、生産量、原価、安全などの同時満足が必須要件であり、生産工程に要求されるアウトプットは、生産設備の可動と運転性能の状態に極めて大きく左右される。従来、「保全」というと「設備保全」が一般的なイメージとして散見されるが、トヨタの『生産保全』は、（良い品を必要な時に効率的に造れるように）『可動率100%』へ挑戦し、製造・保全・生産技術部門が一体で進める『生産保全』を「保全」としている。

　本節で論考する"生産保全―生産設備の管理技術の体系化"では、生産を阻害する要因（頻発停止、設備トラブル）を低減する単なる設備保全だけではない。このような観点から筆者は、安全・品質・出来高などを高いレベルに安定させ、生産設備の最大効率と生産コストミニマムを追及する生産工程の体系的活動"ＴＰＭ"（Toyota Productive Maintenance）の観点から『生産保全』を論述する。

8.4.2 自動車生産と生産保全
8.4.2.1 生産保全とムダの低減
(1) 製造原価を押し上げる"ムダ"の見える化

　トヨタでは、朝、出勤すると、昨日の自分の部署の製造原価がわかる。当然自分の部署のものだけではなく、自動車の全生産工程の"製造原価"がリアルタイムで見える仕組みになっている。

　例えば、A製造課で昨日設備故障により生産が2時間停止した。50人の作業者が2時間残業したので、労務費、エネルギー費が増え、原価が30％上昇してしまった事も、データで明らかになる。また、B課では、昨日、加工不良が50個発生し、追加生産の為、30分残業した。その為、加工仕損費、労務費、エネルギー費等が増加し、1．5％原価が上昇した事も、誰もが見る事が出来る。

　このように、1つは、製造原価を押し上げる要因（"ムダ"）として、設備故障、品質不良、欠品、作業遅れ、労務管理不良などのあらゆるムダが、製造原価という形で「見える化」されている。2つは、「生産能率」という指標があり、労働生産性を「見える化」している。製造原価、生産能率の指標によって「見える化」された様々な"ムダ"は、基本的にその日のうちに対策を打つ。製造現場では毎朝7時に部長以下の責任者が、約30分の打ち合わせを持つ。その打合せでは、問題、原因と対策案が示され、対策が完了している事が求められる。

(2) 生産保全の指標「設備総合効率」

　つぎに筆者は、「設備総合効率」という指標を使って、いかにして、設備起因のムダをゼロにしていくかについて、論考する。

　「設備総合効率」とは、図8.4.1に示すように、設備起因によるロスを明らかにして生産効率をあらわす指標である。これは、トヨタでは古くから「可動率」と呼ばれてきたもので、「稼働率」と区別するために「べきどうりつ」と呼ばれている。意味するところは、「設備を動かしたい時に、動いた割合」である。ここでは、一般的用語として知られている設備総合効率という呼称を使う事にする。設備総合効率は、3つの効率から構成されている。

　一つ目は「時間効率」である。設備を動かしたい時間（負荷時間）を分母にして、分子には、「負荷時間」から「停止ロス時間」をマイナスした「稼働時間」をあてて算出した値である。「停止ロス」について詳述する。設備故障によって停止した時間や、段取り替え作業や、その後の良品を生産するまでの調整作業時間や、刃具の交換時間や、さらに、特に休日明けなどの設備の熱変形のサチュレーションに要する時間としての「立上げ時間」などが「停止ロス」に相当する。

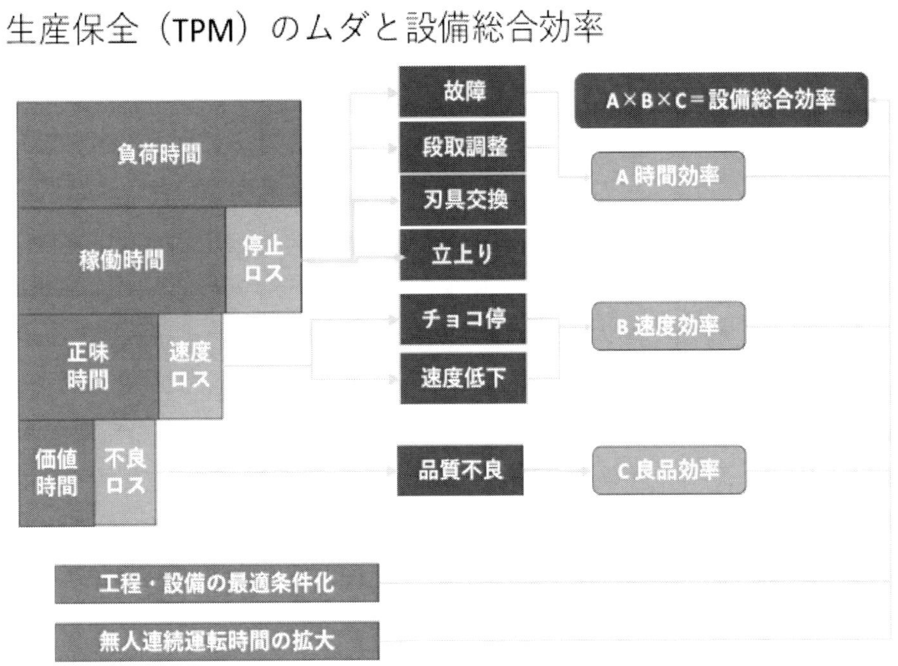

生産保全（TPM）のムダと設備総合効率

図8.4.1　設備総合効率

　二つ目は「速度効率」である。速度効率は二つの要因で構成されている。ひとつは、「チョコ停」である。ここで、「設備故障」と「チョコ停」の定義を述べる。設備の不調により設備が停止した場合、或いは製造作業者が停止させた場合に、保全の専門家（保全マン）を呼んで修理してもらう場合を「設備故障」と呼ぶ。同様の状況で、製造作業者が、自ら「異常処置」をして再運転した場合は、それを「チョコ停」と呼んでいる。
　当然、故障データは、保全部署がまとめ、チョコ停データは製造部署がまとめる。多くの企業でこの「チョコ停」のロスが見逃されている。保全体制が整っていない企業の場合、「チョコ停」ロスが３０％を越えている場合も珍しくない。
　「速度効率」は、分母に、前述の「稼働時間」をあて、分子には「稼働時間」から「速度ロス時間」を差し引いた「正味時間」をあてて算出する。例えば、５０台の設備がコンベアで連結されている自動ラインを考えてみよう。工程設計上のラインサイクルタイムが６０秒であっても、実際のラインサイクルタイムは６６秒と１０％遅くなっていた。
　その原因は多岐にわたるが、ある一台の設備の油圧アクチュエーターの動作速度が何らかの原因で遅くなっていたり、ある設備で刃具の欠損が頻発するので、暫定的に送り速度を遅くしていたり、何かの改善で設備のシーケンス回路を変更した結果、対象の問題は改善されたが、サイクルタイムは遅くなっていたなど、５０台の設備の１台でも１０％遅くなっていれば、ライン全体のサイクルタイムが１０％遅くなってしまう。

この原因を見つけ出すには、１台１台サイクルタイムを計測する必要があり、多くの時間を要するため、放置されている事が多い。そこで改善として、トヨタでは１９９０年頃から、各設備の操作盤に、常に過去5サイクルのサイクルタイムとその平均値を表示するようにした。さらに、ネットワークにより全ての設備、ラインのサイクルタイムがオンタイムで可視化され、それによって、工程のボトルネックも可視化されている。

　次に「良品効率」について述べる。「良品効率」は、分母に前述の「正味時間」をあて、分子には「正味時間」から「不良ロス」時間を差し引いた「価値時間」をあてて算出する。不良ロス時間の計算は、「不良の個数」に「工程設計上のサイクルタイム」を乗じて算出する。その際、不良の個数には、「手直し」によって救済された製品の数量も計上する事が大事である。なぜならば、「手直し」による救済が、品質不良対策を遅らせる隠れ蓑になっているケースが多く散見されるからである。

　以上で、「時間効率」、「速度効率」、「良品効率」の３つが算出された。「設備総合効率」は、この３つの効率を掛け合わせて求める事になる。このように、「設備総合効」を「見える化」して、管理して「日々の改善」に生かしている企業は少ない。

　筆者の経験知から、東証一部上場している企業においても、設備総合効率が５０～６０％というところがある。ムダを「見える化」しないと改善をすることはできない。設備起因のムダを発見し、日々の改善に結び付けるには、設備総合効率を「見える化」する事が重要である。

8.4.2,2　生産保全の重要性「品質保全」
（１）品質不良現象の背景と実態

　近年、製品品質に対して市場の要求は益々高度化してきている。品質問題を発生させた企業に対して、厳罰を求める意識が高まってきている。ものづくりは、機械化、自働化のみならず、検査工程の自動化や、刃具交換の自働化など、人から設備へと移行している。その潮流は、IOTやAIなどの導入によって益々進んでいくと思われる。

　図8.4.2は、品質不良現象の背景と実態を例示している。図中に示すように、１つは"品質に対する社会の対応の変化であり、２つはものづくりの変化である。また、ものづくりの現場では、品質不良原因の約７割が、設備の保全不良が起因で発生している。これには、作業者の取り扱いミスによって引き起こされた故障のも含まれている。これは、設備の高度化に作業者が対応しきれていない実態があらわれている。

　このような状況にあって、高品質を維持して生産を続けていくためには、品質の為の保全、いわゆる「品質保全」をしっかり意識して実施しなければならないという考え方が1990年代から今日に至るまで、トヨタのものつくりの要諦をなしている。

第8章　生産技術と製造技法の進展　8-4

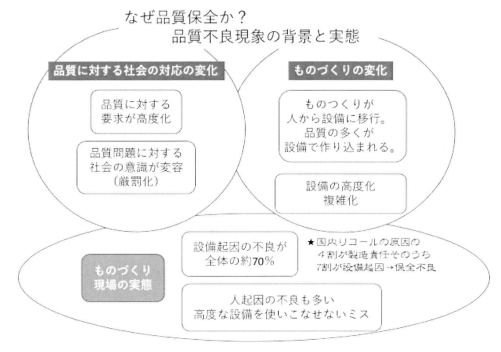

図8.4.2　品質不良現象の背景と実態

（2）「品質保全」の必要性

（2-1）良品条件の維持

　品質保全の2つの原則は、図8.4.3に示すように、「不良をつくらない為の発生源対策」と、「不良を流さない為の流出防止対策」の2つである。発生源対策としては、「良品条件」を設定して、それを維持する事である。

　「良品条件」とは、「その条件で加工すれば、良品が保証される」条件のことをいう。良品条件の内、設備の経年変化は著しく、またその変化は100％の確率で発生する。即ち、適切な保全をしないと、100％の確率で品質問題が発生するという事である。

　つまり、不良を未然に防ぐためには、製品品質に悪影響を与える、設備の経年変化する部位を予め明確にしておかなければならない。そして、その部位を予防保全する活動、すなわち、設備の「品質保全」が必要になる。

（2-2）今までの品質保全活動の問題点

　これまでの品質保全活動の問題点を以下に例示する。

① 設備は適切に保全をしないと、良品条件を壊すという明確な意識が全員には無かった。
② 良品条件は基本的に全社ルールとして厳格に規定されているが、保全台帳の保全項目や周期は、時々の経済状況や方針の変化で、安易に変更されることが多かった。

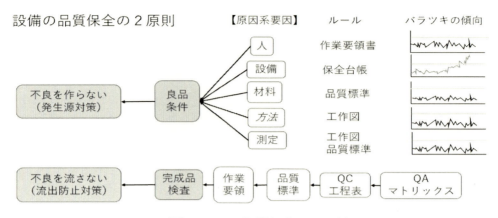

図8.4.3 品質保全の必要性

8.4.3 生産保全の価値「品質保全」
8.4.3.1 「品質保全」の展開

　従来の製造現場での品質管理は、加工された製品が品質規格を満足しているかどうかを検査することに主眼が置かれていた"きらい"があった。いわゆる「結果系要因」による品質管理である。それに対して、トヨタの生産保全（TPM）は、図8.4.4に示すように、故障発生ゼロを目指す立場から、故障の「原因系要因」に対して、予防保全、兆候管理保全等を実施してきた。品質保全は、品質管理の結果系要因の活動に、TPMの原因系要因の活動、つまり、品質に影響を与える設備要因を予防保全するという考え方を導入して、不良が発生しない製造環境を保証する活動だと言える。

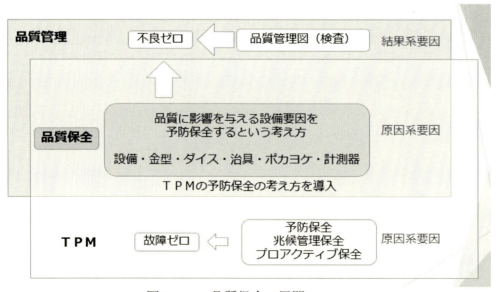

図8.4.4 品質保全の展開

8.4.3.2 「品質保全」の具体例—機械加工の加工点と加工点チャート

　加工点とは、図8.4.5に示すように、加工が実際行われているポイントを言う。加工ポイントでは、様々な物理現象が発生し、その物理現象同士が影響しあって加工が行われ、品質が作り込まれているわけである。

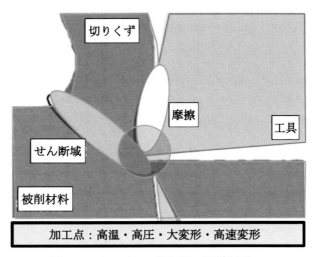

図8.4.5　加工点とは（切削例）

　例えば、鋳造の「加工点」は溶湯と金型の接触点（接触面）であり、塗装の「加工点」は非塗装面と塗装粒子の接点である。具体例として、図8.4.6に示す"フライス加工の加工点チャート（要因図）を例示する[注1]。つまり、この場合、加工点は刃先とワークの接触点である。そこからスタートし、一方は刃具、ホルダー、主軸、スライドユニットと、加工点から外側に展開していく。もう一方は、加工点からワーク、治具、クランプ・基準金、油圧シリンダーと外側に拡げてゆくのである。さらに、加工点と結びついているものとして、切粉とクーラントがある。

　そこで筆者は、図8.4.7に例示する"加工点チャートと品質コンポーネント"を用

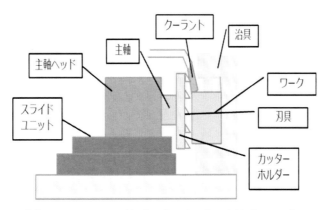

図8.4.6　フライス加工の加工点チャート

第2部　オペレーションズ・マネジメント戦略の実際

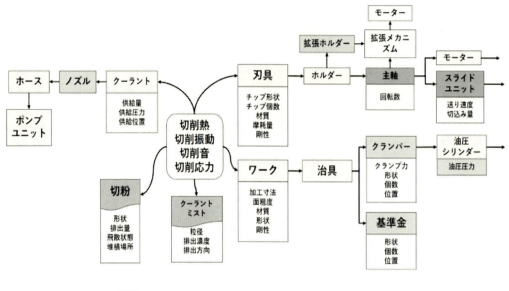

図8.4.7　加工点チャートと品質コンポーネント

いて、加工点と品質に影響を与える要因を見つけ出すことを可能にしている。そして、「品質コンポーネント」（"Qコンポ"）として、別途定めた「品質保全」要領に登録し、主要な"品質コンポーネント"として、品質保全項目とする。また、登録にあたっては、保全項目、内容、周期などの他に、「もし、保全をしなかった場合に想定される品質問題」を記載する事が重要である。

（注1）加工点チャートは、以下のツールとしても用いる事が出来る。
① 品質要因（Qコンポ）や保全要因（Mコンポ）を選定する時に用いる（要因リストアップツール）。
② 設備の清掃＆微欠陥の点検時に、設備の構造・機構・構成部品を学ぶための学習・教育ツール。
③ 従来の加工条件や加工方法を根本的な見直し・改善のときに使う思考・解析ツール。

8.4.3.3　保全─生産設備の管理技術の体系化
（1）微欠陥の発見と修復・改善・維持作り

　従前の生産保全は、図8.4.8（左）に示すように、発生した故障に対して、故障の真因を追究し、同じ故障を起こさないために、再発防止対策を確実に実施していく方法であった。再発防止には、真因に対する対策と、長時間故障になったことに対する対策が含まれていた。それは組織的に管理され、保全、生産技術、設備メーカーまで巻き込み、出来得る最善の再発防止と、必要と認められたものは、その対策の全社的な横並び展開も組織的に実施してきた。その結果、総じて故障は減少するが、可動率は80％止まりで充分でなかった。

第8章　生産技術と製造技法の進展　8-4

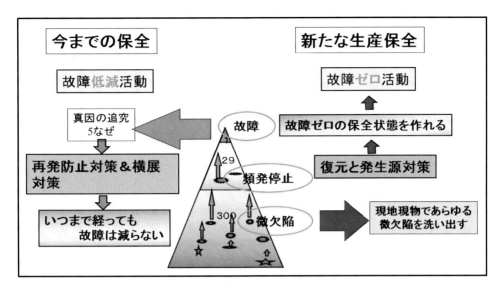

図8.4.8　新たな生産保全への移行（2000年～現在）

　そこで現在では、図8.4.8（右）のように、「新たな生産保全」へ移行している。従前の"リアクティブな生産保全"から、可動率を高める工夫として、「故障していない設備」の「微欠陥」、つまり「故障の種を見つけて、故障する前に摘出する」という、"プロアクティブな生産保全"への移行である。具体的な事例は省略するが、これにより、現今、可動率90％以上を達成している。

(2)「製造技術―保全技術―生産技術」三位一体の生産設備の管理技術の体系化
　設備のライフサイクルに対応し、図8.4.9の"トヨタの生産保全の体系"に示すように、生産設備の管理技術は4つの柱（(i)～(iv)）から構成され、相互に関係しあっている。
(i) 一つ目の柱は、「良い設備の造り込み」である。「生まれの悪い設備」は、導入後、いくら苦労して改善をしてしても、「良い設備」に改良する事は困難である。だから、最初から、良い設備にして、製造現場に引き渡さなければならない。
　良い設備の定義は、①シンプルで使いやすく、故障ロスの無い設備。　②保全項目の明確な設備である。「良い設備の造り込み」の為に、設備の全ライフサイクルを通じて、「故障の未然防止」、「故障を正しく早く直す」ための「良い設備に改善する」情報を、生産技術部門にフィードバックするしくみがある。さらに生産技術では、専用設備から、汎用設備化に取り組んでいる。
　エンジン加工ラインを例にとると、設備の種類が90％減少している。設備の種類が減少すると、保全予備部品の在庫種類を削減できる。また、保全マンの覚えるべき保全

179

技術も、大幅に減らすことが出来る。さらに、シンプルな設備を、量産する事で信頼性の高い設備をつくる事が可能になる。

(ii) 二つ目の柱は「故障の未然防止」である。未然防止の定義は、①「壊さない活動」、②「壊れる前に直す活動」である。

(iii) 三つ目の柱は、「故障を早く正しく直す」である。その定義は、①「適確、迅速に直す能力を持つ事」、②「真因の追求と的確な再発防止」である。

(iv) 四つ目の柱は「良い設備に改善する」である。その定義は、①故障とロスの低減、②性能の向上、安全性、環境向上」である。

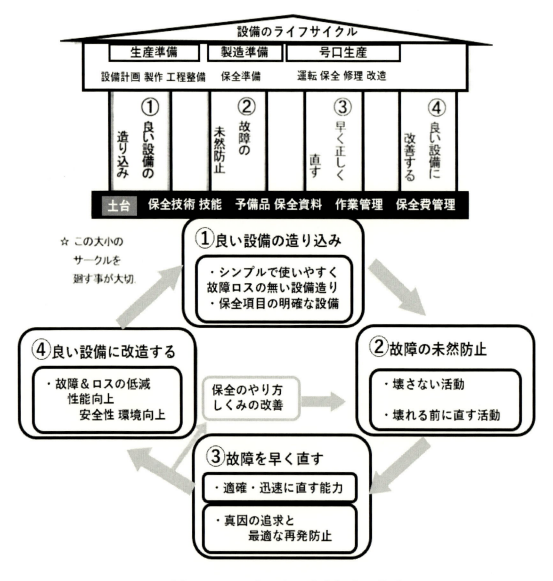

図8.4.9　トヨタの生産保全の体系

それが、一つ目の柱の「良い設備の造り込み」にフィードバックされ、次期設備モデルの改善データとして検討され採用されていく。二つ目、三つ目の柱は相互に関係しあい、「保全のやり方、しくみに改善」を継続的に行う。つまり、トヨタにおいて保全部署は、単に設備の保全をする部署ではなく、「生産技術の革新」のためのバックヤードとなってそのニーズとシーズをフィードバックする役目を果たしている。また、製造技術に対しても、原価低減のための工程の「最適加工条件化」などにその役割を果たしているのである。それぞれの柱が、どの部署で行われて、より具体的に何をするのかについて、図8.4.10の"トヨタの生産保全の体系と組織間の連携"に例示した（詳述は略す）。

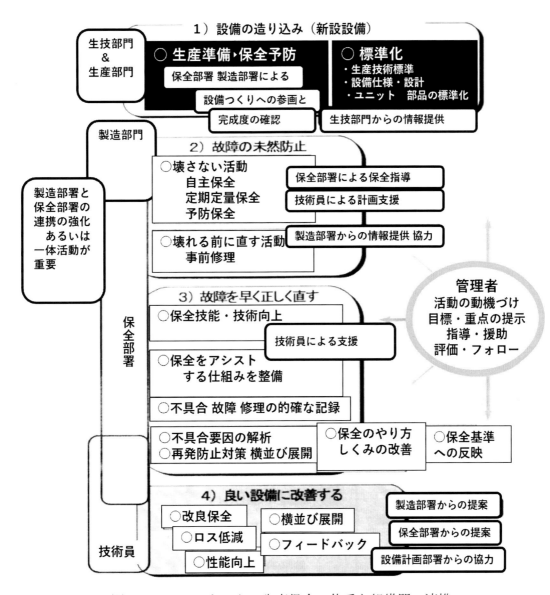

図8.4.10　トヨタの生産保全の体系と組織間の連携

8.4.4　適用事例
8.4.4.1　加工点の物理現象からの解析からの改善事例

　機械加工工程の「最適切削条件」を簡便に摘出し、刃具寿命の大幅に向上の例である。長年設定されてきた加工条件を変更し、寿命を延長させる取り組みは、１工程当り１〜２か月を要していた。多くは、刃具の材質や形状を変更するというもので、切削条件の変更は、変更後の刃具に適していると言われている（切削工具メーカー推奨）ものに変更する場合が多かった[1-6]。その場合の刃具寿命の延長は平均して１０％程度であった。

　そこで筆者は、上述の「加工点解析」を用い、対象の生産設備の被削材（ワーク）、設備、刃具、切削送り速度（サイクルタイムに影響を与える為、変更しない）の組合せに最適な切削条件を合理的に素早く実施した。実施段階では、図８．４．１１に示すように物理現象と要因との科学的な因果関係"を捉えた。

　図中の①では、筆者のこれまでの知見を基に、切削速度と刃具寿命、刃具温度、切削応力との比例関係、並びに振動波形について実験的に確かめた。そして、図中の②では理科学的な公知技術との合理性との整合性を掌握した。これらにより、図中の③では、超硬の工具材質では、切削速度を１／２にすることで、刃具寿命が４倍と推量できた。

　この知見を基に、実際の生産ラインで、従前に比較して、刃具寿命は２倍〜５倍延長させることを可能にした。

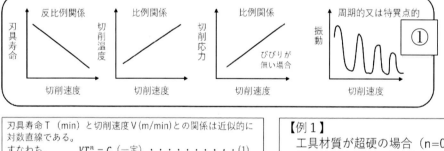

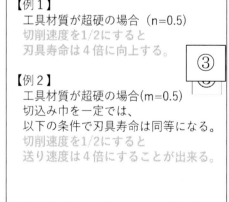

図８．４．１１　物理現象と要因との科学的な因果関係（フライス加工の例）

8.4.4.2　加工点解析による鋳造工程の改善事例

　アルミ製シリンダーヘッド鋳造の不良率、補修率の大幅改善への加工点解析例である。不良には、再溶解する「不良品」と補修工程で不良個所を手直しして、良品化する「補修品」がある。加工点解析における加工点は「金型内壁面」と「溶湯」であり、溶湯が凝固を開始するポイントである。

　図8.4.12（左(a)）は、加工点解析を例示している。図中より、不良率が上昇するのは「配湯後」、「昼休み後」、「ノロかき後」であることがわかる。最適条件下の不良率と他の条件下での不良率の状態を捉え、溶湯温度と金型温度の最適条件の設定を行った。図中（左(b)）では、注湯時の"溶湯温度上昇"の実データの計測より、現状の管理水準の幅を半減する"最適水準範囲"を設定できた。同様に、"金型温度のばらつき"を計測し、現状の管理水準の幅についても、"最適水準範囲"を設定できた。これらの最適条件の設定と同時に、図中（右（C）下段のように、塗型膜厚、溶湯清浄度の最適条件の設定を実施した）。その結果、図中（右（C））の"不良率、補修率"（客先を含む）は、目標通り、約3分の1（ ⇨ ）以下に減少させることができた。

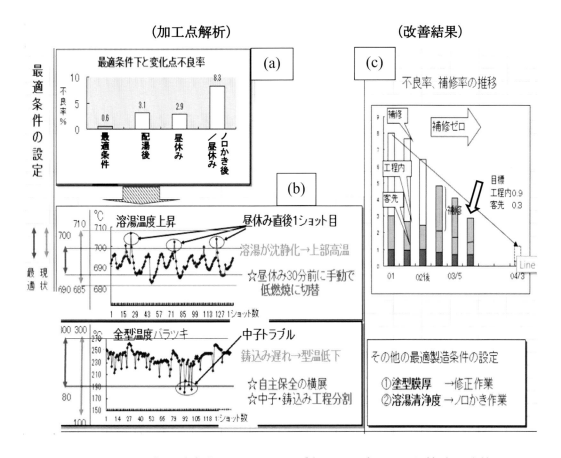

図8.4.12　加工点解析によるアルミ製シリンダーヘッド鋳造の改善

8.4.5　まとめ

　本節では、トヨタのＴＰＭ活動にフォーカスし、筆者が取り組んだ"生産保全―生産設備の管理技術の体系化"について論述した。生産を阻害する要因（頻発停止、設備トラブル）を低減する単なる設備保全だけではなく、安全・品質・出来高などを高いレベルに安定させ、生産設備の最大効率と生産コストミニマムを実現する重要性を捉えた。適用事例では、加工点解析の視点から、機械加工工程と鋳造工程の品質改善を例示した。

参考文献

［１］M. Weck, K. Teipel,『工作機械動特性の測定と評価』,マシニスト出版, 1979.
［２］大久保信行,『機械のモーダル・アナリシス』, 中央大学出版部, 1982.
［３］星鉄太郎,『機械加工 びびり現象:解析と対策』, 工業調査会, 1977.
［４］牧修市,『振動法による設備診断の実際』, 日本プラントメンテナンス協会, 1983.
［５］タレット加工技術研究会,『知りたい切削の急所』, タレット加工技術研究会　難切削材加工専門委員会編, ジャパンマシニスト社, 1969.
［６］一般財団法人　機械振興協会技術研究所,「加工技術データファイル」技術セミナー（東京）, 2012

9-1

生産管理とSCM戦略―車両・部品の内外製展開

概要：
本節では、トヨタ自動車㈱の"生産管理とSCM戦略―車両・部品の内外製展開"について論述する。具体例として、"自動車と部品製造のTPS展開の鍵"である生産管理部門における"内外製企画と生産場所検討の考え方と進め方"を例示する。

キーワード：内外製企画、生産場所企画、生産管理とSCM

9.1.1 車両生産場所企画

　生産管理部門のグローバル生産企画部（内外製企画部署）が実施する"車両生産場所企画"は、国内外の車両工場でどの車種をどれだけ生産するかを検討し提案するものであり、当該工場と事業体にとっては経営を左右する重要な事項となっている[注1]。

　国内生産の事業展開においては、各車両工場の仕様制約と車両仕様との関係と、販売から提示される中期生産台数を鑑み、プロジェクト（P／J）毎に車両生産場所を検討・提案する。実施にあたり、生産技術と製造技術の維持向上を図るために、内製工場とボデーメーカ（B／M）の生産台数の比率をフォローしながら、著しい変化と偏りを回避する[注2]。

　海外生産の事業展開においては、図9.1.1に示す3つのステージ"①海外進出黎明期、②現地生産安定期、③現地生産拡大期"に視座し、さらに海外諸国の自動車の生産と販売に係る法令、自動車の市場規模などを勘案し、国内生産と同様に検討がなされる。

(注1) 開発車種の生産企画内容（仕様・台数）を踏まえ、当該車両の目標の品質・生産台数・コストを安定的に達成する為に、中長期的な観点で検討・提案を行う。
(注2) 内製工場とB／M間では、生産性等の比較と組立・塗装・プレス・ボデー等のショップ軸での技術交流を行い、競争状態と協力体制を維持する。

＜海外生産＞の例

①海外進出黎明期：日本親工場⇔現地新工場
　　　　　　　　　移行時は並行（リンク）生産
　　　　　　　　　（日本親工場が現地新工場の生産全般を支援）

②現地生産安定期：現地工場のみ生産（需要のある所で生産）

③現地生産拡大期：現地A工場⇔現地B工場⇔日本の工場
　　　　　　　　　並行（リンク）生産
　　　　　　　　　（安定供給と需要変動対応／各工場の稼働率確保）

図9.1.1　海外生産における車両生産場所企画の例

例えば、ステージ③のケースについて　海外生産における車両生産場所企画の例を図９．１．２で説明する(注3)。

各地域で需要拡大へ対応する中で（ａ）工場新設（北米Ａ工場・北米Ｂ工場）し能力増強を実施するが、需要は環境変化で大きく変動する。現地の工場の稼働を安定化させる為、（ｂ）日本の高岡工場と並行（リンク）生産を行い、変化に合わせ量をシフトし稼働率を確保する。

（ｃ）高岡工場では、国内の工場・欧州の工場と異なる車種で並行（リンク）生産を行っており負荷調整が可能となる。

世界の需要が地域軸・時間軸・商品軸の狭間で変動する為、国内外の稼働率に差が発生し機会損失あるいは低負荷で経営を圧迫する。対応策として、生産量の多い車両を並行（リンク）生産する事で負荷調整を行う事が可能となる。

この並行（リンク）生産は、ＴＰＳにより構築した多車種生産が可能なものづくりにより成立している。このように、車両工場では常に生産技術・製造技術を革新させ高い汎用性を確保している。

(注3)　参考文献　ＴＯＹＯＴＡ　ＡＮＮＵＡＬ　ＲＥＰＯＲＴ　２００７
　　　「特集　生産競争力強化への挑戦　ＰａｒｔⅢ　生産革新の現場」に詳しい。

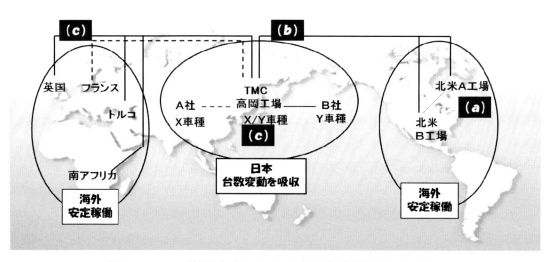

図９．１．２　海外生産における車両生産場所企画の例

９．１．２　部品内外製企画

前述と同様に、生産管理部門のグローバル生産企画部（内外製企画部署）が実施する"部品内外製企画"は、ユニット・部品の内製又は外注の生産場所をどの様にレイアウトするかを検討し提案するものであり、部品生産を行う外注メーカーにおいては経営を左右する重要事項である（特に、経営規模の小さな外注メーカーが関係する場合は、車両メーカーの購買調達部署と連携し、慎重に検討を進める必要がある）。

実施にあたり、当該のユニット・部品が車両性能に与える重要度・生産量などを整理し、以下の「基本的な考え方」に基づき検討を行う(注4)。

第9章　グローバル生産とSCMの進展　9-1

①工程は出来るだけ短いこと、②工程は出来るだけ一貫化していること、③生産台数の変動に対応できること、④種類増になる工程は極力後工程で実施すること⑤輸送効率の良い工程設定をすること等

　内製は、自動車メーカーが目指す性能とコスト競争力（牽制力・査定能力）維持のために、ボデーのプレス部品、溶接部品、エンジン（E／G）・駆動ユニット・サスペンション・パワーステアリング（P／S）の主要部品、制御コンピューター、電動車用のモータ、パワーコントロールユニット、電池等を重要度とリソーセスのバランスで選択する必要がある。開発スピードが求められ、生産品の変化が激しい中、限られた生産工場の人員・設備・スペースを余剰・低負荷のムダが無い様に変化に合わせて、内外製の選択をしていくことが重要である。以下に、2つの事例を示す。

（i）パワーステアリング（P／S）搭載黎明期の例：内製と外注でパワーステアリング（P／S）を分担して生産していた。この度、"新タイプ パワーステアリング（P／S）"の生産にあたり生産管理部（内外製企画）が主導し、開発部署・生産技術開発部(生技開発)・生産工場と協働し、"内外製の比較検討"を行い、外製から内製へ変更したケースを図9.1.3に例示する。

　図中に示すように、（a）外注から開発部門へ新タイプの提案があり開発部門は内製生産車両への採用・評価を先行試作で開始　（b）生産管理部（内外製企画）で内外製を検討。（c）生産工場に対して設備（ライン）・人員が余剰し工場運営に大きな影響がある事を確認。（d）内製パワーステアリング（P／S）の部品開発（生技開発）部門に進捗を確認し同じレベルのものを開発する様に調整（e）生産管理部（内外製企画）で内製に変更した。
（注4）参考文献　トヨタ生産方式―脱規模の経営を目指して―大野耐一著（1978）

（ii）パワーステアリング（P／S）生産安定期の例：これまで内製と外注で分担していたパワーステアリング（P／S）の完成度が高まり、それを生産するグループ企業で（合

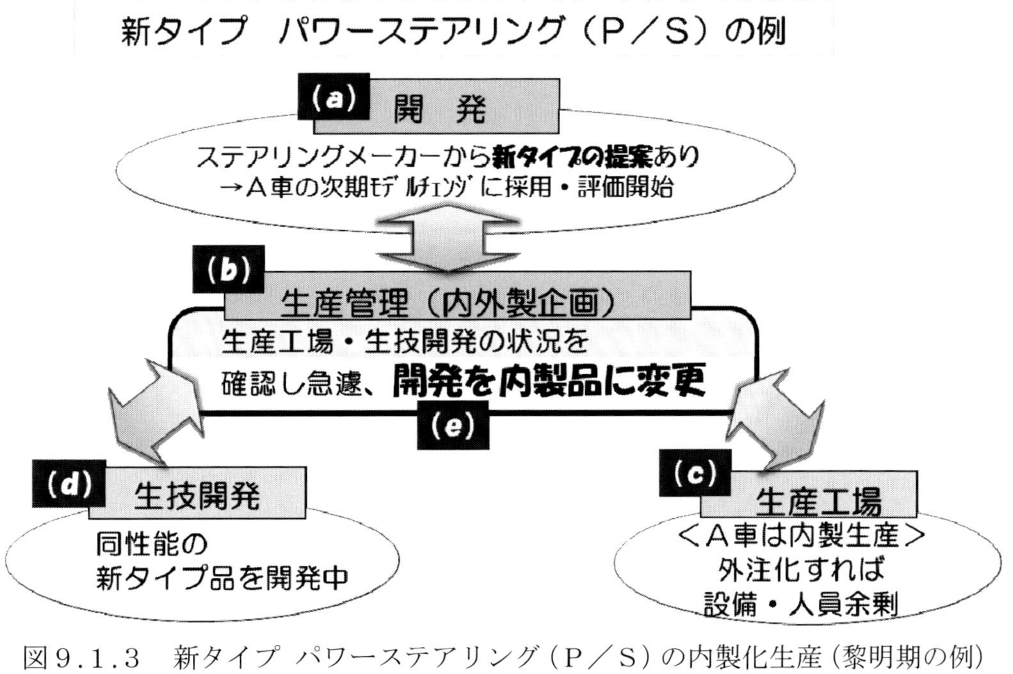

図9.1.3　新タイプ パワーステアリング（P／S）の内製化生産（黎明期の例）

併を行いながら）技術担保を行う事で内製生産撤退したケースを図９．１．４に例示する。
　図中の（ａ）は、見直し活動の全体を示す。環境変化を踏まえ、開発・調達・生産の三位一体で戦略的再構築活動（Ｖａｌｕｅ　Ｓｔｒａｔｅｇｙ（Ｖ／Ｓ）委員会）を発足し、内製と部品メーカーの分担を開発から抜本的に見直した。全体事務局を生産管理部（内外製企画）が担当している。この活動の中の具体的な事例として、パワーステアリング（Ｐ／Ｓ）を示す。図中の（ｂ）では、従来、内製・グループステアリングメーカー２社・専門メーカーが競合していたが、グループの開発・生産が重複し整理統合が必要となった。そこで、図中の（ｃ）のように、グループ２社の合弁を行い、グローバル競争力を確保した上で、内製の撤退を行った。

図９．１．４　パワーステアリング（Ｐ／Ｓ）の内製生産撤退のケース

　このように、部品内外製・生産場所決定は、お客様（需要）の変化に対応するのは勿論であるが、基本は「経営安定と向上、他社に対する優位性確保」のもとに、検討・提案・決定すべき重要事項である。一部の組織のリソーセス問題等によりその時々で考え方を変える事は生産現場に大きな影響を与え、安定した品質の確保、生産性向上活動、更には生産技術・製造技術の維持向上を阻害する為、慎重を要する。
　又、一つ一つの工程設定が、コスト、Ｌ／Ｔ、品質、生産性に大きく影響する為、前述した基本的考え方に基づき検討する事が極めて重要である。この工程設定が現場での改善活動のスタートポイントを大きく左右する。

9.1.3　部品メーカーでの取組み
9.1.3.1　内外製決定プロセスの見直し
　部品メーカーにおいては、内外製決定プロセスそのものが明確になっていない場合があり、プロセス決定ステップを明確にした事例を　図９．１．５で示す。

２０１１年から勤務しているばね製造会社（中央発條株式会社）において、図中の（a）では、従来、受注した部品の内外製企画・生産場所決定はＴＯＰ判断／関係者が合議／設計者×生産技術者で判断等々、ケースバイケースで決定していた為、誰が（どの部署が）どの様な理由・判断で決定していたか等のエビデンスがまとまっていなかった。同様に図中の（b）では、特に関係者の合議／設計者×生産技術者判断ではお客様対応がメインになり、内製は現有技術と現有設備中心の対応で結果として「作りにくい、作った事が無いものは外注（協力会）に任せる」という判断がされていた。

そこで図中の（c）の変更後では、対策として、内外製は「経営安定と競争力確保、維持向上の観点で判断」する為、受注部品全点を一つの事務局（生産管理部）で検討し、組織として提案、社長・副社長の決裁により決定する事に統一した。

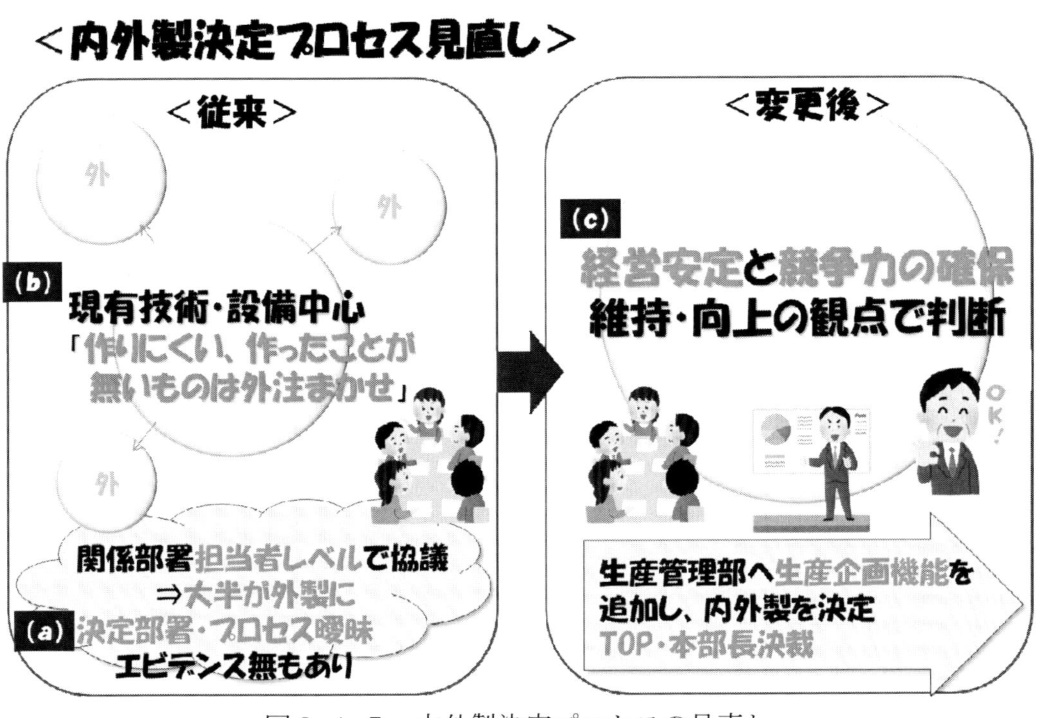

図9.1.5　内外製決定プロセスの見直し

9.1.3.2　「工法の手の内化」活動

内外製決定プロセス見直しと同時に、サプライヤである中央発條株式会社として、取組みはじめた、呼称の「工法の手の内化」の活動について図9.1.6に例示する。

従来は、図中の（a）のように、ばね製造に関する加工技術に注力していたが、国内自動車生産台数の減少と電子化等により、これまでのばね製品が減少し売上高が減少してきた。

そこで対策として、競争力を向上し拡販を行うために、
（b）内製加工技術の幅を広げる
（c）外注に任せた加工を内製化
（d）商品対応の幅を広げ、ＡＳＳＹ品の受注、材料加工の内製化

このような活動において、生産管理部の内外製企画の事務局が細かな検討調整を行い見直し、活動を実施した。

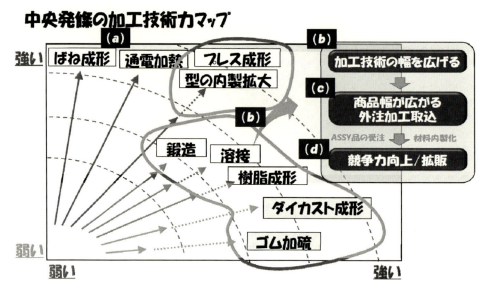

図9.1.6 「工法の手の内化」の例

具体的な取り組み事例①、事例②、事例③を記述する。図9.1.7は、加工技術の幅を拡大して、周辺部品、組付け、機能保証を取り込んだ<事例①>を示している。

図中の(a)のばね製造加工技術で対応可能な部品は、板ばね、ワッシャ等の付加価値の少ない部品ばかりであるが、(b)のように加工技術の幅を拡大して、アルミダイカストと切削加工の内製化により、組付け工程、機能保証を取り込む事が出来た。結果として、売上額でばね製品のみに比較して、66倍の売上額の高付加価値ユニット製品の供給を実現した。

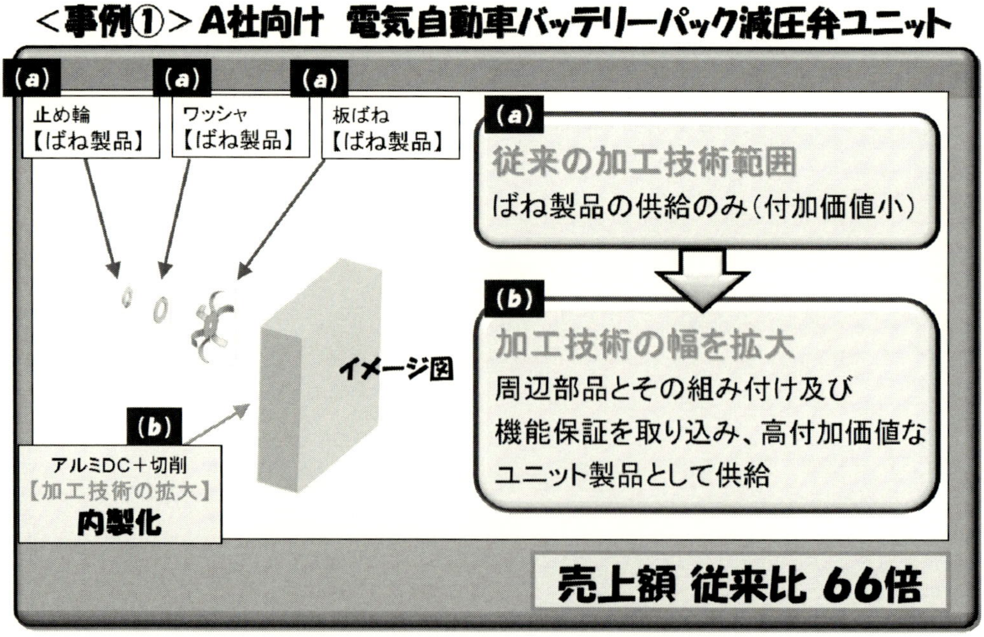

図9.1.7 A社向けバッテリーパック用減圧弁の取組み

次に示す図9.1.8の<事例①>は、プレス集約と表面処理内製化により、内製工場一貫生産に変更したものである。

図中の（a）では、従来、プレスのある藤岡工場から熱処理のある三好工場へ運搬し熱処理後、表面処理（バレル処理）を仕入先で行っており、検査・出荷対応を再度三好工場で行うというリードタイムの長い工程であった。そこで図中の（b）のように、見直し（対策）を行い、プレス設備の移設、表面処理（バレル）の内製化により、一つの工場で一貫生産を行うことで、リードタイムを大幅に短縮した。

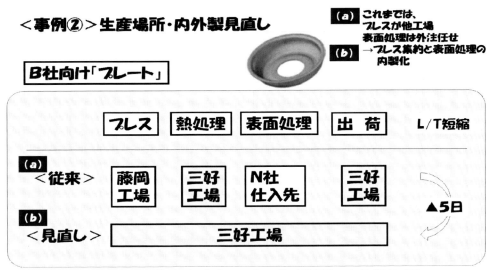

図9.1.8　B社向け「プレート」生産場所・内外製見直し

さらに同様に図9.1.9は、設備制約の為、遠隔地生産していたものを設備改造しL／T短縮、無駄な物流を廃止した事例を示している。

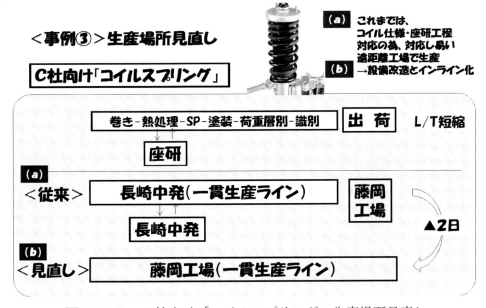

図9.1.9　C社向け「コイルスプリング」生産場所見直し

図中の（a）では、従来からコイル仕様への対応と座研工程がインラインで生産出来ない為、長崎県の遠隔地工場で生産し愛知県の藤岡工場へ運搬していた。（お客様は愛知県）。そこで図中の（b）のように、座研設備をライン側に移設し、設備改造を行うことにより、藤岡工場で一貫生産を行い、リードタイムを大幅に短縮した。

9.1.4　考察

　ＴＰＳは生産方式として広く知られているが、生産企画・コントロールする部署の影響が大きい事は議論されていない。図9.1.10に示すように、生産管理部（内外製企画）は、開発と生産技術・調達・生産工場の部門と"トータルリンケージ"を展開している。本節で例示したように、一貫して経営安定と競争力確保・維持・向上の観点で、内外製・生産場所を検討・提案を行っており、ＴＰＳの要"トヨタの生産戦略"の中枢である。
　ものづくりの競争力は、内製の生産技術と製造を担う工場が主役であるが、内外製企画業務とその検討組織が企業の規模に関わらず、今後とも最重要であると考える。

図9.1.10　内外製・生産場所企画の重要性

9.1.5　まとめ

　ＴＰＳの改善に関しては議論されているが、企画部署の業務に対しては不足している。最適な内外製企画と生産場所検討が実施されることにより改善活動のスタートポイントは大きく異なる。企業規模に関わらず、経営安定と競争力確保・維持・向上の観点で、内外製・生産場所を検討・提案を行う業務について、トップ自らその重要性を認識し組織を設ける事が重要である。

参考文献

[1] トヨタ自動車㈱、TOYOTA ANNUAL REPORT 2007「特集 生産競争力強化への挑戦，ＰａｒｔⅢ 生産革新の現場」，pp.24-25，２００７年３月期．
[2] 大野耐一,『トヨタ生産方式―脱規模の経営を目指して』，ダイヤモンド社,１９７８．

9-2
人中心の新たな生産の仕組み―知的オペレーション

概要：

本節では、グローバル生産の拡大にともない、"品質と生産性"を確保するためには、新規採用の"新人生産オペレータの素早い技能習熟化"が必要であり、生産オペレータのインテリジェント化を可能にする"短期技能習熟化訓練システム"を創案し、その有効性を例証する。

キーワード：グローバル生産、生産オペレータのインテリジェント化、短期技能習熟化訓練システム

9.2.1 グローバル生産戦略の要－生産オペレータのインテリジェント化

現今、"世界品質競争"の環境下の中でグローバル生産の規模の拡大にともない、生産オペレータの技能を向上することが急務である。特に、"量産開始の立ち上がり"や"生産量増大"時の"品質と生産性"を確保するためには、新規採用の"新人生産オペレータの素早い技能習熟化"が最重要課題である[1]。

国内外の需要拡大への対応から、多数の新人生産オペレータを製造現場に登用している。しかしながら、国内の製造現場では(i)"期間従業員の比率が増大し、(ii) 海外からは、"ものづくり"が未経験な生産オペレータの研修の受け入れなどの対応に追われている。さらには、(iii) 海外工場での生産の立ち上がり時に、国内の熟練技能者、いわゆる、"インテリジェンスオペレータ"が"現地指導"に派遣され、(iv) 肝心の国内の製造現場が"手薄"になるなど、国内外における"現場力"の低下による"品質や生産性"の確保が懸念されている[2-4]。

これまでの日本の製造現場の強みは、管理・監督者からの徹底した"OJT"や"OFF-JT"により、"見よう見まね"で"カン・コツ作業"を学び、時間をかけて"技能習熟レベル"を高めて"インテリジェンスオペレータ"を育成していくのが一般的であった。しかしながら、これでは"世界同一品質・同時立ち上げ"の実現はおぼつかない。グローバル生産戦略の実現には、従前にない"インテリジェントな技能習熟プログラム化"を展開することによる、"新人生産オペレータの短期技能習熟"の実現が急務になっている。

9.2.2　新人生産オペレータの"技能習熟訓練"の重要性

"自動車の組み立て作業"を例にとると、新規に採用される新人生産オペレータは、所定の"作業技能"を身につけるまで、個人の資質"器用さ"により"技能習熟の期間"にかなりのバラツキが散見される[5]。

図9.2.1に示すように、技能習熟訓練時における"作業習熟までの所要時間の長さ"で比較すると、"器用なグループ"と"器用でないグループ"では、図中の"立ち作業（静的訓練）"で代表される"基本動作"に、かなりのばらつきがあることが確認できる。

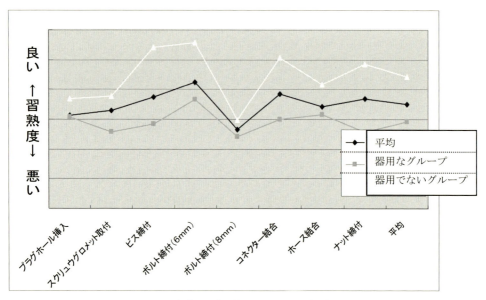

図9.2.1　作業要素ごとの技能習熟度のばらつき

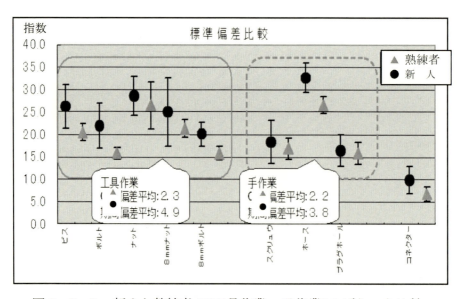

図9.2.2　新人と熟練者の"工具作業－手作業"のばらつき比較

この知見をもとにして、自動車組み立てライン作業を代表する"作業要素全般"について、さらに掘り下げてみる。図9.2.2は、新人の生産オペレータと一人前（熟練者）の生産オペレータの"工具作業－手作業"のばらつき具合を比較したものである。図中から、"締め付け工具"を使用した作業のばらつきが、"手作業"のそれに比して大きいことが確認できる。

これは、締め付け工具への部品（ボルトやナット）のセットするときの"カン・コツ作業"の技能習熟レベルが、新人生産オペレータの場合は十分でないため、"まごつき"が生じて作業時間が余計に増えたり、"作業の失敗"（やり直し）の頻度が多くなり"作業の安定性"に欠けることが、図中の標準偏差の大きさから推察できた。

それらの作業の態様を層別して捉えるために、これらのデータを"統計処理手法"（主成分分析法）で図9.2.3のように層別してみる。図中から、"手作業系－工具系"の作業要素軸と、作業時間（早い－遅い）の二つの軸で"技能習熟レベル"をおおよそ4グループに層別できる。熟練グループが多い"Aクラス（Excellent）"と"Bクラス（Good）"と，新人グループが多い"Cクラス（Fair）"と"Dクラス（Bad）"に大別できた。中でも、図中のDクラスのグループは"指が動かず"習熟レベルが、このままでは向上しないグループであった。

このことから、新人生産オペレータの"自動車組み付け作業訓練"を行う前に、事前に"器用さ"をあらわす"手・指の作業－基本動作"の適正診断を行い、"器用でない"と診断された場合は、"熟練技能者"による作業指導による"技能習熟訓練"を行う新たな視点のプログラム化が必要である。

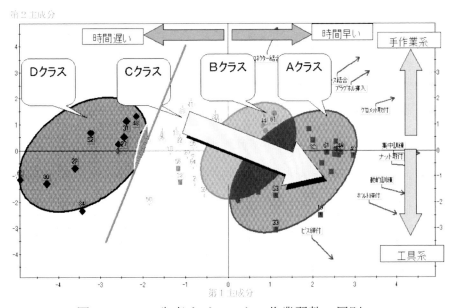

図9.2.3　生産オペレータの作業習熟の層別

9.2.3 短期技能習熟化訓練システムの創案

これらの調査分析から得られた知見をもとに、技能習熟レベルの向上に必要なプログラムとして、新人生産オペレータの"器用さ"の適正診断を行い、その結果を活かした"合理的で効率のよい技能習熟"が可能になるプログラムを考え、"短期技能習熟化訓練システム"を創案した。

図9.2.4は、"新人生産オペレータの短期習熟化訓練システム"の一例である。図中のように、(1)"適正診断"(4.0hr)、(2) 基本技能訓練（静的訓練、7.0hr）、(3) 連続訓練（2.0hr）、(4) 動的訓練（3.0hr）の四つの技能習熟訓練ステップで構成した。最短の2.5日間を標準にしている。

この技能習熟訓練システムをマスターすることで、(i) 指が動くようになり、次に (ii) 手作業が可能となる。さらに (iii) 工具作業が可能となることで、その後の (iv) 技能習熟の反復訓練を重ねることにより、"失敗回数"が減少し、安定した作業を可能にするものである。

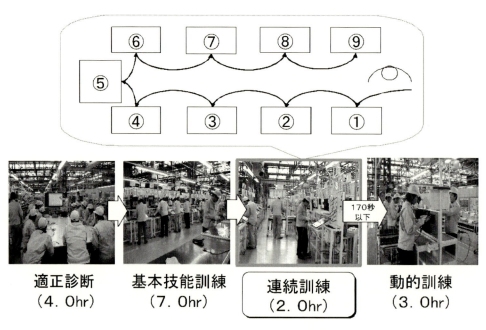

図9.2.4　新人生産オペレータの短期習熟化訓練システム

(1) 新人オペレータの"器用さ"の事前確認

採用された新人生産オペレータに、図9.2.5の例に示す"適正診断法（ミネソタ）"を援用し、事前に作業の"器用さ"を確認する。具体的には、一方の手で盤上のプラスチック円板を持ち上げ、もう一方の手でひっくり返し、盤上に置き直す作業を16秒で20個できるかどうかを判定するものである。

第9章 グローバル生産とSCMの進展　9-2

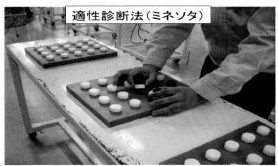

確認事項	"器用さ"のレベル確認
確認方法	一方の手で、盤上のプラスチック円板を持ち上げ、もう一方の手でひっくり返し、盤上に置き直す
判定基準	16秒以内で20個を終了

図9.2.5　適性診断法（ミネソタ）

(2) 基本技能訓練と適正診断

次に、基本技能訓練から成る"静的訓練作業"（歩行停止作業）を行う。自動車組み立て作業に必要な"作業要素"は多種多様であるが、図9.2.6（左）に示すように"基本技能訓練の作業要素"を8要素で構成している。図9.2.7は、"ねじ締め付け"の基

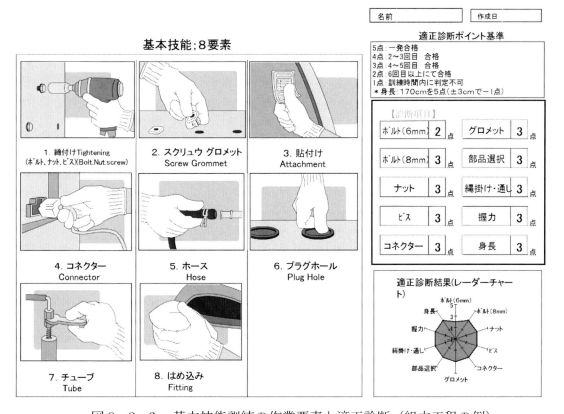

図9.2.6　基本技能訓練の作業要素と適正診断（組立工程の例）

197

図9.2.7　基本技能訓練の例（ねじ締め付け）　　図9.2.8　技能習熟レベルの評価

本技能訓練の例を示している。基本技能訓練の"適正診断"の実施段階では、図9.2.6（右）のように、適正診断ポイント基準を設け、8つの作業要素別に適正診断結果を"5点法"でレーダーチャートで"可視化"している。

(3) 基本技能訓練の反復訓練と技能習熟レベルの評価

　さらに、各訓練作業要素に対する"技能習熟レベル"を高められるように、"反復訓練"を行っている。そして図9.2.8に示すように、"作業要素"ごとに定められた方法で"技能習熟レベル"の習熟効果を"基準ランク付け（AランクからDランク）"し、さらに"総合評価"を可能にしている。

　そして、"技能習熟レベル"が十分に向上した"新人生産オペレータ"は、次のステップ"連続訓練"に移行する。

(4) 連続訓練

　"実際の生産ライン"を想定した"技能習熟訓練ステージ"で"基本技能訓練の8つの作業要素"（静的作業訓練）を歩きながら繰り返し訓練する事により、"技能習熟レベル"をさらに高められるようにプログラム化している。

　一般に、新人生産オペレータの作業は、熟練者の作業に比べて、当該作業から次の作業に移行する"作業の遷移"時に余分な動きが多い。当該作業工程での作業時間を比較すると、"作業要素"が連続的に変化していく一連の連続作業において、この余分な動きを当該の新人生産オペレータに気づかせることができれば、"静的作業"から"動的作業"の訓練へスムーズに移行できる。

　そこで、前述の図9.2.4に示したように、"連続訓練"のプログラムとして基本技能訓練（図中では①から⑨の作業要素）を組み合わせし連続して行う"連続作業訓練プロ

グラム"を新たに開発し、"動的作業"の前に設定した。これにより、"基本技能訓練"の"つなぎ目の動作"のスムーズさを体得する。

ここでも、"技能習熟作業"に対して、技能習熟のレベルの評価は、"基本技能訓練"と同様にして、被験者と熟練指導者、ともに定量的に自己診断・相互診断して"反復訓練"を行い、技能習熟レベルを確保する。

(5) 動的訓練

連続訓練からスムーズに移行できるように、"実際の生産ライン"を模擬した"技能習熟訓練ステージ"で"動的作業"を歩きながら行う。

ここでは、図9.2.9に示すように、実際のラインで使用している"作業標準書"を参考に作成した"要素作業票"で当該作業の"勘所"を捉える。そして、図9.2.10に示す"動画"を活用する。

図中のように、"ビジュアルマニュアル"から、実ラインの"タクトタイム"でステップ順に開示された"標準作業"を捉え、さらに"技能の良し悪し"を確認し、"技能訓練"を反復する事により、応用動作の効くように"技能習熟レベル"を上げるようプログラム化する。

ここでも、被験者と熟練指導者、ともに定量的に自己診断・相互診断を行う。

このように、"技能習熟訓練システム"を適用することで、新人生産オペレータの習熟技能レベルを短期間で向上させ、"インテリジェントオペレータ"として育成を図る。図9.2.11は、この"技能習熟訓練システム"の成果を例示している。

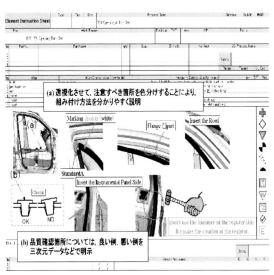 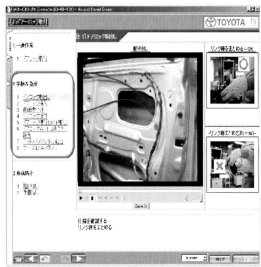

図9.2.9　動的作業用"要素作業票"の例　　図9.2.10　ビジュアルマニュアルの例
　　　　（ウィンドウモール取り付け）　　　　　　　　（ドア内部の取り付け）

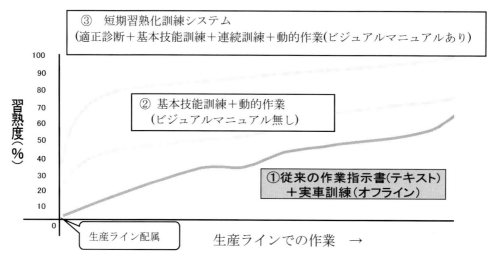

図9.2.11 新人生産オペレータの"技能習熟度"の比較

　図中には、トヨタ（M工場車両組立ライン）の"トリム工程"に配属された新入生産オペレータの"技能習熟度"について、①従来の作業指示書（テキスト）を活用したオフラインでの実車訓練のケース、②基本技能訓練と動的訓練（ビジュアルマニュアルは使用なしのケース）、③短期習熟化訓練システム（適正診断＋基本技能訓練＋連続訓練＋動的作業（ビジュアルマニュアル使用ありのケース）の比較例である。

　図中から伺い知れるように、③"短期習熟化訓練システム"により育成された"新人生産オペレータ"の量産ラインに配属後の習熟度の達成レベルは、①従来の作業訓練方式に比べて明らかな効果を得ている。そして、②基本技能と動的訓練の効果に加え、適正診断と連続作業、さらにはビジュアルマニュアルを活用する動的訓練の相乗効果が大きいことも確認できている。

　習熟度を時系列的に示すと、決められた技能作業が定時間内に決められた"品質と生産性"を確保するまでに、①のケースでは4週間を要したが、③のケースではその期間を1/4までに短縮化でき、所与の成果を得ている。

9.2.4 まとめ

　グローバル生産の拡大にともない、"品質と生産性"を確保するためには、新規採用の"新人生産オペレータの素早い技能習熟化"が必要と捉え、生産オペレータのインテリジェント化を可能にする"短期技能習熟化訓練システム"を創案した。従来は、新製品立ち上がり時に生産オペレータがトレーニングしていたが、従来に比べ生産開始前に前出しを可能にした。

参考文献

[1] H. Sakai and K. Amasaka, Proposal and Demonstration of V-MICS-EM through the Development of Intelligence Operators: Development of Advanced TPS for Global Production Strategy, *International Journal of Manufacturing Technology and Management*, Vol. 18, No. 4, pp. 344-355, 2009.

[2] K. Ebioka, H. Sakai, M. Yamaji, and K. Amasaka, A New Global Partnering Production Model "NGP-PM" utilizing "Advanced TPS", *Journal of Business & Economics Research*, Vol. 5, No. 9, pp. 1-8, 2007.

[3] H. Sakai and K. Amasaka, Strategic HI-POS, Intelligence Production Operating System: Applying Advanced TPS to Toyota's Global Production Strategy, *WSEAS Transactions on Advances in Engineering Education*, Issue 3, Vol. 3, pp. 223-230, 2006.

[4] M. Yamaji, H. Sakai and K. Amasaka, Evolution of Technology and Skill in Production Workplaces Utilizing Advanced TPS, *The Journal of Business & Economics Research*, Vol. 5, No. 6, pp. 61-68, 2007.

[5] H. Sakai and K. Amasaka, Human Intelligence Diagnosis Method utilizing Advanced TPS, *Journal of Advanced Manufacturing Systems*, Vol. 6, No. 1, pp. 77-95, 2007.

9-3

お客様目線での品質担保の再構築—ブランドと信頼性

概要：
グローバル生産での"継続した高品質保証のモノ作り"の成功の鍵は、ハード的システムの導入だけでない。各生産工場の「お客様への最前線にいるという緊迫感の醸成」と、本社の「適切なガバナンス強化と水平展開」の両輪による活動が必須と考え、散発していたヒューマンエラーの撲滅の取り組んだ結果、一定の成果が得られたので紹介する。

キーワード：ヒューマンエラー、未然防止、ビジランス、グローバル生産

9.3.1 はじめに

　日本の各企業は、コスト競争力強化や最適地生産を追及し、グローバル生産体制を確立し、"世界品質競争"に打ち勝たなければならない。グローバル生産を成功させるためには、上流工程の設計品質の向上と生産準備品質の向上はもちろん必要条件であるが、量産開始以降の継続した品質担保の十分条件がそろって初めて、お客様に満足していただける商品を提供できることになる。[1-2]

　弊社（富士ゼロックス（株））でも、グローバル生産成功の鍵は、国内外問わず全生産工場における"モノ作り"の強化であると位置づけ、富士ゼロックス流モノ作りの考え方をベースにグローバル生産体制を整え、"いかにして品質と生産性を確保するか"を追求してきた。[3-7] しかし、1件のヒューマンエラーによる品質問題でもお客様から見るとそれがすべてであり、お客様からの信頼を大きく揺るがすような事例が散見され、その撲滅が経営課題となっている。

　以下では、国内外を問わず全生産工場で、お客様目線でヒューマンエラー撲滅に取り組んだ活動を紹介する。

9.3.2 富士ゼロックス流の"モノ作り"の考え方
9.3.2.1 Fuji Xerox Production Way : XPW

　弊社では、図9.3.1で示すようなフレームワークで、トヨタ生産方式をベースとした富士ゼロックス流の生産方式とそれを確立させる活動（XPW）を推進している。XPW

とは、ダントツのお客様満足を得るために、最高のQCDと高い柔軟性および優れた環境対応を成立させる富士ゼロックス流の"モノづくり（生産/サプライチェーンシステム）"を追及し続け、改善・改革をしていく考え方や取り組み方の総称である。「Way」としてモノ作りに関連する人々の進むべき道を示すにあたり、XPWを象徴する表現として、『澱みのない、しなやかな流れづくり』を位置付けている。川のような「澱みのない」流れにするには全員の意識を同じ方向に合わせ、迅速且つ効率的に対応する必要がある。この活動を通じて、強い体質を作り、進化させることにより、他社に追従されない競争力を得ることを目的としている。[8]

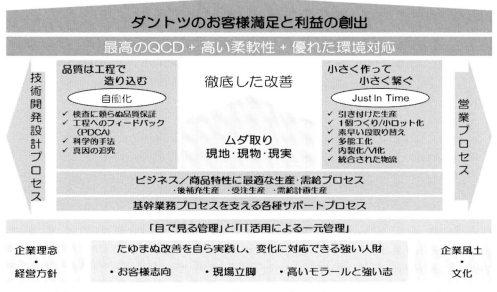

図9.3.1　Fuji Xerox Production Way（XPW）のフレームワーク

上記活動は現在（2015年）も活動中である。その成果として、図9.3.2に示すように、生産ロスコストは対2008年に比べ半減を達成し、弊社の主要生産工場である富士ゼロックスシンセン工場における新機種のお客様先での設置不具合比率も、対2008年に比べ95%の改善が図られた。

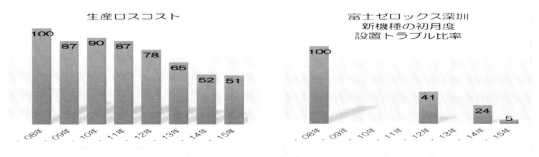

図9.3.2　生産ロスコストと新商品設置トラブル比率推移

9.3.3 高品質保証維持の課題
9.3.3.1 お客様の信頼を損なうヒューマンエラーによる単発品質不具合

　弊社の主力商品である複合機（プリンター機器を含む）の製造は典型的な人手による組立作業である。組立作業の種類別の作業工数の割合は、①部品組付（44％）、②梱包（26％）、③ラベル貼り（16％）、④配線/接続（6％）であり、国内外を問わず組立作業品質（スキル"腕前"の良し悪し）に依存している。

　この組立作業品質の向上を目指して、文献［9］で既に報告のように、弊社はゼロックス品質マネジメントシステム"X-MEA"を創案した。本システムを適用することで、問題発見のための創造手法として実効性が高まるように、（ⅰ）過去の経験や知見をデータベース化し、それを体系化して生かせるように（ⅱ）新たな視点でワークシート化し、それを効率よく作成する（ⅲ）ソフトウエアシステムとして構築し、経験の浅いエンジニアでも"組立ミス"の未然防止策の抽出を可能にした。そして、生産準備段階で適用して"組立ミス"の発生割合を1/10に低減し、所与の効果を得ている。

　しかし、上記の手法では、1/5,000～1/10,000程度で発生する可能性の組立ミスは、作業者のスキル"腕前"の問題ではないと位置づけ、"対策緊急度評価"においては、特に対策不要と評価していた。さらに、たとえ生産準備段階で対策を講じていても、その後の継続した生産の中で、人や工程の変化、量の変化などに対しては、十分対応できていなかった。

　実際、図9.3.3（1）で示すように、過去3年間で弊社の各生産工場で発生したヒューマンエラーが原因となってお客様へご迷惑をかけた事案が少なからず発生していた。具体的一例として図9.3.4で示すように、パレットに積載された商品で、全てOEMブランドで有るべきところが、1つだけFuji Xeroxブランド商品が混入しているという一見単純なミスにみえる事象であった。

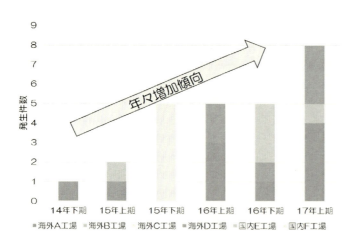 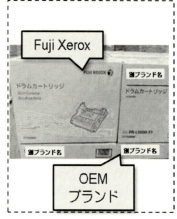

図9.3.3　ヒューマンエラーによる不具合件数推移（1）　図9.3.4　不具合事例

9.3.3.2　発生の原因

　なぜこのような不具合を作りこんでしまったのかをプロセスの視点とマネジメントの視点で分析した。まず、プロセスの視点では、図9.3.5で示すように、従来の"XPW"改善活動や"X-MEA"を用いた品質作りこみ活動は、生産工程の組立工程～調整検査工程～最終検査工程～清掃工程を中心とした工程で品質を作りこむ活動を実施してきた。最終の梱包工程は、完成した製品と必要な同梱部品（マニュアル、DVD、電源ケーブル等）を同梱し、製品本体、製品に貼られた型番ラベル、梱包箱、及び梱包箱ラベルなどのシリアル番号やネットワーク接続用アドレスの一致性を担保して製品と同梱品を梱包箱の中に梱包するという工程である。最終工程であるために、この工程では一つの作業ミス（1 Fail）が起きると直接市場流出を引き起こす領域であり、この工程でのリスク対応やハード化の施策が不足していたことが判明した。

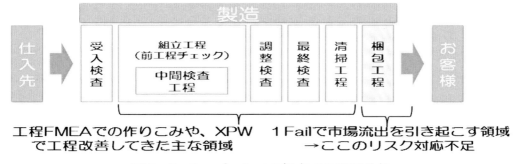

図9.3.5　プロセスの視点での要因分析

　次に、図9.3.6に示すマネジメント視点での要因分析から、マネジメントの視点では、"何のために、その作業をやっているのか？"の意識付けが不足していることもわかった。真偽は不明だがイソップ童話としてよく紹介されている「3人のレンガ職人」[10]の話をご存知と思うが、ある旅人がレンガを積んでいる男のそばに立ち止まって、「ここでいったい何をしているのですか？」と問うと、

◆ 1人目のレンガ職人

「見ればわかるだろう。レンガ積みをしているのさ。」→やらされている

◆ 2人目のレンガ職人

「オレはね、ここで大きな壁を作っているんだよ。これが仕事でね。」→生活費を稼ぐ

◆ 3人目のレンガ職人

「歴史に残る偉大な大聖堂をつくっているんだ。」→世の中へ貢献したい

と答えたという有名なやり取りがあるが、これを生産工場の作業者に当てはめて考えると、図9.3.6に示すように、

◆ 1人目の作業者

「作業指示書に従い、部品を取り付けているのさ。」→やらされている

◆ 2人目の作業者

「オレはね、ここで商品を作っているんだよ。これが仕事でね。」→生活費を稼ぐ

◆ 3人目の作業者

「会社のブランドを背負っているんだよ！」→会社/世の中へ貢献したい

となるのではないだろうか。

　一番モチベーション高く仕事をしているのは、明らかに3番目の職人/作業者である。目的がしっかりしていて、その目的を果たすためにどのような貢献ができるのかを自分で考えるからこそ、より良い仕事をしようとその仕事に積極的に関わる姿勢が生まれる。自分で考えることで「やらされ仕事」が「自分の仕事」に変わり、仕事に価値を見出すことができるようになる。また、マネジメント層は、Know-How（どのようにやるか）ではなくて、Know-Why（なぜそれが大切なことなのか）を徹底するということが一番大切であり、現場のマネジメント層がやる気になって、現場を鼓舞しないと改善の力は起きないが、その改善のベクトルがお客様視点になっているかどうかが重要であると考えた。

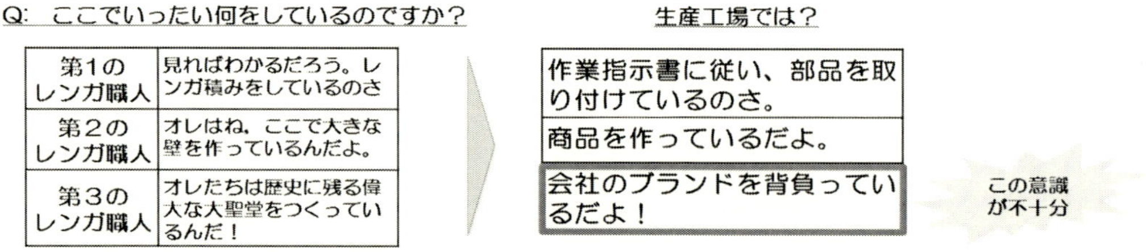

図9.3.6　マネジメント視点での要因分析

9.3.4　課題認識と対応方針
9.3.4.1　課題認識と対応方針

　上記の原因分析の上に立ち、図9.3.7で示すように、定常生産における品質問題が発生する本質的で具体的な4つの課題をあぶりだし、今後類似の品質問題を起こさないためにも、弊社では、1件の発生でもお客様の信頼を大きく落とす（ブランドを毀損する）トラブルをイメージブレーカ問題（Image Breaker Problem：IBP）と定義し直し、ハード的なシステム構築とソフト的なマネジメント活動を2016年から開始した。その改善の柱は3つからなる。

　まず1つ目の施策Aは、ブランド毀損問題を引き起こす部品をお客様視点ですべて見直し、該当部品に対する生産準備段階での統一されたハード化施策の強化である。2つ目の施策Bは、各生産工場の現場で実施する施策であり、現場力（問題発見力＋問題解決力）の向上を図るもので、4M2Sの変化点や非定常作業に対して現場視点でのリスクの見える化と対策立案の実行である。更に、生産工場のトップから現場の作業者までのコミ

ュニケーション強化により、"何のために、その作業をやっているのか？"の意識付けを強化し、"自分で考えて、自分で気づけるようにするにはなにをすればよいか？"を各階層で考えることである。更に、イメージブレーカ問題が発生した場合のお客様へ与える影響など基本的な教育の強化を全従業員に繰り返し実施することである。3つ目の施策Cは、本社のガバナンスの強化の一環として、各階層で各生産工場を監査し、その結果を他の生産工場へ不具合内容と対策を水平展開し、工場間での競争原理を働かせると共に、他生産工場で類似トラブル発生を未然に防止することである。更に月度での全生産工場とのコミュニケーション強化により、他工場で発生した問題だけでなく、先行した好事例の水平展開の強化である。

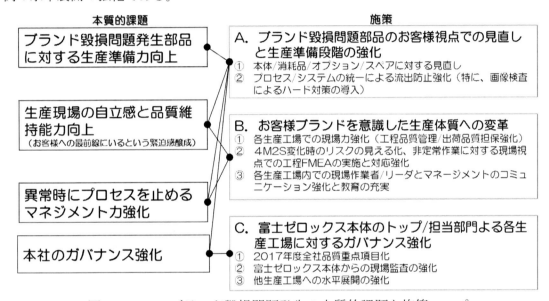

図9.3.7　ブランド毀損問題発生の本質的課題と施策マップ

9.3.4.2　"ビジランス：注意の持続"への取り組み

　これらの活動を学術的な視点で眺めてみる。過去からヒューマンエラーに関しての文献及び取り組みはさまざまなされてきた。まれにしか発生しない、極めて散発的で何時発生するか予測できないが、エラーが起きると重要問題に発展するものに対するエラーの対策防止を狙ったものである。1990年代後半から、日本や海外の企業のトップランナーが取り組んでおり、最近では、心理学・脳科学アプローチと工学アプローチを加えたアプローチも医薬業界などで見られる。

　歴史を紐解くと、英国心理学者ノーマン・マックワース（Norman Mackworth）の実験がある。これは、「文字盤が真っ白な時計の盤面上で、黒い指針が毎秒1回の割合で持続的に時刻を刻み、100ステップで1周する。但し、指針は時々通常の2倍のペースで進むことがある。この文字盤を7フィート（約2.1メートル）離れたところから監視し、この

現象が発生したら、ボタンを押す。」と言うもので、2時間行った結果、30分を過ぎたあたりから検出能力が落ちることを明らかにした。"ビジランス（Vigilance）：注意の持続の30分効果"として有名である。

組立作業のような単調作業中に生ずるうっかりミスは、ビジランスの低下によるものであり、刺激・反応に対する慣れに起因するといわれている。これは、信号検出（刺激）について、①作業開始後の時間経過、②信号の出現率、③信号の規則性、④信号そのものの強度、持続時間、種類、⑤反応信号、反応不要信号の比、⑥重複信号の冗長さ　が影響することがわかっている。監視者の状態（反応）については、⑦睡眠状態、⑧結果に関する知識　が影響することがわかっている。

今回弊社で取り組んだ事は、⑧結果に関する知識の強化に取り組んだといえる。"何のために、その作業をやっているのか？"の意識付けを強化し、"自分で考えて、自分で気づけるようにするにはなにをすればよいか？を考え、従業員全員が、良いもの作る、決してお客様に不具合品を流出させないといった強い信念と責任感の醸成（人財育成）が一つのポイントであったと考える。

また、表9.3.1に示すように、意識のモードとエラー発生率には相関があり、フェーズⅡ（正常、リラックス状態）及びフェーズⅢ（正常、明晰な状態）では、エラー発生率は低下してゼロに近づくが、決してゼロにはならないという事も述べられている。

表9.3.1　意識のモードとエラー発生率
(出典：中條武志、「人間信頼性工学：エラー防止への工学的アプローチ」[11]
http://www.indsys.chuo-u.ac.jp/~nakajo/open-data/Healthcare_Errorproofing2.pdf
橋本邦衛、『安全人間工学』,中央労働災害防止協会、2004年[12])

フェーズ	意識のモード	生理的状態	エラー発生率
0	無意識、失神	睡眠	1.0
Ⅰ	意識ボケ	疲労、居眠り	0.1以上
Ⅱ	正常、リラックス状態	休憩時、定例作業時	0.01～0.0001
Ⅲ	正常、明晰な状態	積極活動時	0.000001以下
Ⅳ	興奮状態	あわてているとき、パニック時	0.1以上

フェーズⅡ及びフェーズⅢの状態でなければ更にエラー率が高くなり、個人の努力だけでは対応が困難となってしまう。従って、今回弊社で取り組んだ事は、英国の心理学者ジェームズ・リーズン[13]が提唱した事故モデルである。「事故は単独で発生するのではなく複数の事象が連鎖して発生するとしたもの（スイスチーズモデル）」とした、重ねたチーズの穴がすべて一致することを防ぐために、全生産工場の全員参加で不具合を撲滅することに取り組み、更に、ハード的な施策を導入してエラーの未然防止に取り組んだ。

9.3.5 活動事例
9.3.5.1 ハード施策の導入事例

生産準備段階での強化の一環として、ハード化を推進している。図9.3.8に示すように、ブランド毀損問題を引き起こす部品には、バーコード管理を徹底的に実施し人の判断に頼らないシステムを構築し、商品外観にある社名ロゴや商品名などブランドを直接表すものは、外観自動検査の導入により人の目に頼らないシステムを構築し、最後に、すべての生産工程の検査データが合格にならないと物理的な出荷ゲートシステムが開かないような工程飛ばしが出来ないシステムを作り上げた。

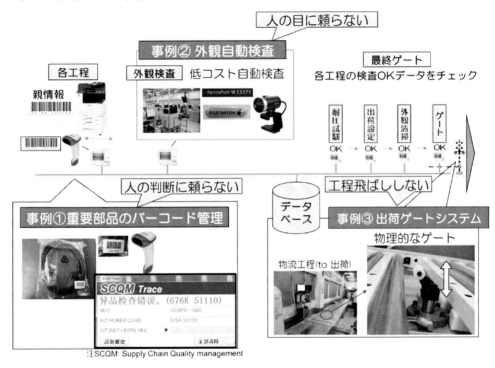

図9.3.8　ハード化施策の導入事例

9.3.5.2 ソフト的改善活動

ハード化できる領域はハード化を推進するためにも、生産工場の現場主導で品質総点検を実施し、リスク抽出と"良品条件"の確立を実施した。リスク抽出においては、"作らない"と"出さない"の2軸で判定し、両軸ともハード対策がある状況に持っていくための活動である。

表9.3.2で示すように、"良品条件"とは、①異品が入り込まない事が保証されている。②他機種の部品が作業場にない。③一気通貫で、生産完了できている。④ハード照合された部材を供給している。⑤ラベルはシステムから印刷された物をその場で貼り付ける　と定義してブランド毀損問題を引き起こすすべての部品/工程に対して実施した。

表9.3.2　品質リスク抽出判定条件

判定条件	作らない	
	良品条件が揃っている ハード対策がある	調整が必要 人が介在
出さない ・自動的に検出/判定ができてる ・不良が後工程に流れない	Rigid Green	Green
・自動照合が出来ているが、照合忘れが検知できない	Green	GreenYellow
・人による目視検査/目視照合	Green	Yellow（ダブルチェック）
		RED

9.3.5.3　現場監査の強化と水平展開活動

　本社のガバナンスの強化の一環として、各生産工場を監査しその結果を水平展開することで、工場間での競争原理を働かせると共に、他生産工場で類似トラブル発生を未然に防止することを狙った。

　「神は細部に宿る」とは、20世紀を代表するドイツの建築家、ミース・ファン・デル・ローエの言葉であるが、「魂は細部に宿る」と考え、本社が生産現場の現状把握に努め、定常状態の生産プロセスの監査と非定常状態のリスクを現場観察により細部にわたって洗い出すことを目的にした。監査結果を項目毎に評価し、全生産工場と情報共有し、生産工場間の競争心に火をつけ、現場が「議論して、自ら考える」という自主的な活動の推進をはかり現場意識の維持を実施した。

　本社メンバの現場監査の頻度はおのずと限られてくるために、生産現場が、本社の監査で「だれかが言ってくれたものを＜リアクティブに解決する＝仕事をする＞。その結果、言われた作業をこなしていてもまた別の部品/工程で再発する」になってしまわないように、指摘事項だけでなく、なぜ指摘されたのか？類似事象は無いか？根本的に何を変化させなければならないか？を常に生産現場が考え、水平展開するプロセスをまわした。

9.3.5.4　ブランド意識教育の教科と現場での意識付け活動

　弊社の各生産工場は国内に4箇所、海外に6箇所存在する。お客様に提供する商品の重要性を理解し、前述の"3人目のレンガ職人"になっていくためには、各生産工場での現状にふさわしい自主的な教育プログラムの展開と現場での意識付け施策が重要である。"Think Globally Act Locally"（地球規模で考え、足元から行動せよ）と言う言葉があるが、"3人目のレンガ職人"のように、会社のブランドを背負っているのだという（Think Globally）ことを、自分の業務の中で具体的な行動（Act Locally）に落とし込むためにも、現場作業者やその監督者に合わせた教育が重要である。

　弊社では、全生産工場の現場作業者（社員、委託業者含む）に対して、ブランド意識を高める教育を実施した。図9.3.9に示すように、例えば、比較的新しい海外A工場

では、身近な事例携帯電話を事例に使い、"何のために、その作業をやっているのか？"の意識付けを強化し、自分の業務では何が必要か"自分で考えて、自分で気づかせる"ことを確認テストやアンケートなどで理解レベルを確認した。経験が豊富な海外 D 工場では、生産現場が自らの事例を元に教育ビデオを作製してより具体的に"何のためにその作業をやっているのか？"を気付かせる活動に取り組んだ。各生産工場での教育内容は、全生産工場で情報共有され、有効な部分を自らの教育に取り組み、教育効果の向上を図った。

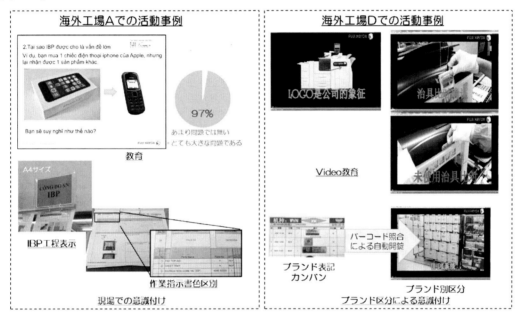

図９.３.９　ブランド意識教育の強化と現場での意識付け

9.3.6　成果

上記に代表される活動を 2016 年度から全生産工場で継続した結果、図９.３.１０に示すように、2017 年度下期には発生件数が現象傾向に転じ、2018 年度上期では０件を達成することが出来た。

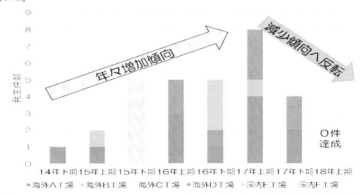

図９.３.１０　ヒューマンエラーによる不具合件数推移（２）

9.3.7　更なる高品質保証のもの作りに向けた課題と対応
9.3.7.1　自工程完結活動の進化

本来、品質は工程で作りこむことが必要で、その為にも自工程完結の考え方で工程を作りこんでいかなければならない。図9.3.11に示すように、絶対良品の成果物を得る為には、良品条件を正しく定める為に、機能の明確化、即ち既存プロセスの機能定義をまず実施した上で、あるべきプロセスとの差の是正のために、工程DRBFMなどの手法を用いた工程のリスクアセスメントを進めていく必要がある。モデルラインを設定し検査に出来るだけ頼らない工程の作りこみを継続実施中である。

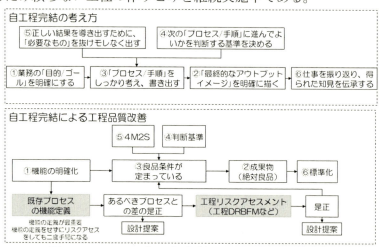

図9.3.11　自工程完結による工程品質改善

9.3.7.2　ハード化施策の更なる進化

図9.3.12に示すように、ハード化施策も更に発展させ、対象部品の拡大、システムの進化、リアルタイムの異常遠隔監視などを進めている。

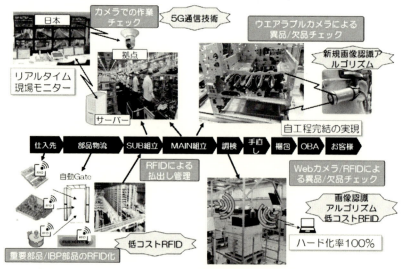

図9.3.12　ハード化施策の更なる進化のイメージ

9.3.7.3 マネジメント施策の進化

弊社の 2016 年からの活動で一旦は成果が現れたが、この維持性を担保する為にはマネジメントの自立化が避けて通れない。図9.3.13に示すように、組織としてまず①基本を教える、次に②マネジメント・組織の活用を行い、最後に③自立して考え結果を出すことが出来る様に、生産工場のトップから部長、課長、ラインリーダまでのマネジメントが重要となる。その結果、①教えられる人が増え、②考えられる人が増え、③経営目標とつながった管理改善が出来るようになっていくことが最重要であると考えている。

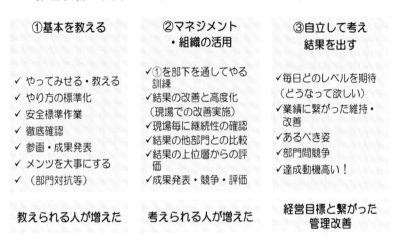

図9.3.13 マネジメントの進化プロセス

また、航空業界でよく使われるエラーチェーン分析によると、図9.3.14に示すように、中心 Lo（自分）と周囲の SHEL とのインターフェースに問題があるとエラーが発生すると言われる。中心 Lo が SHEL に合わせて仕事が出来るよう「訓練」や「自己啓発」を行い、周囲の SHEL が中心 Lo に合うようにしていくことがマネジメントとされる。ヒューマンエラー防止の最大のカギは、個人の能力の向上であり、その為に必要になるのが SHEL のマネジメントであり、弊社でも、この考え方に当てはまる活動の一つが図9.3.13に示す活動である。

図9.3.14 m-SHELL モデル分析

（出典元：河野龍太郎 実務入門 ヒューマンエラーを防ぐ技術）[14]

9.3.8 まとめ

本節では、ヒューマンエラーの撲滅に向けて、ハード化施策とソフト化施策を連携させ、全生産工場と本社との連携により、現場でのブランド意識の向上と、現場が「議論して、自ら考える」という自主的な活動と、現場意識の維持意識の強化に取り組んだ結果、その有効性を得ることが出来た。今後とも維持管理を継続していく。

9.3.9 謝辞

本稿の執筆を強く推していただいた名誉教授 天坂格郎氏（青山学院大学）と、生産現場で日々改善活動を担っていただいた富士ゼロックス(株)モノ作り本部と品質本部、各生産工場、及び富士ゼロックスマニュファクチャリング（株）の多くの仲間に心より深く謝意を申し上げます。

商標について
・SCQMは、富士ゼロックス株式会社の日本及びその他の国における登録商標または商標です。
・その他の商品名、会社名は、一般に各社の商号、登録商標または商標です。

参考文献
[１] 天坂格郎監修,(2004),次世代の品質経営技術の確立に向けて：「製造業の品質経営あり方研究会」報告,クオリティマネジメント,Vol.55,No.1-No6.
[２] 天坂,馬場,鹿沼,酒井,岡田,(2006),グローバル生産成功の鍵"技術・技能の進化"：ニュージャパンモデル"サイエンスTQM"の新展開,日本生産管理学会第23回全国大会講演論文集要旨集,pp81-84.
[３] 馬場,(2004),海外生産における品質の作りこみ：X-MEA,新アプローチによる組立ミスの防止活動,天坂監修,連載(4)"グローバル生産における高品質なものつくりの新展開",クオリティマネジメント,Vol.55,No.4, pp47-51.
[４] K. Amasaka, (2008), Strategic QCD Studies with Affiliated and Non-affiliated Suppliers utilizing New JIT, *Encyclopedia of Networked and Virtual Organizations,* Vol. III, PU-Z, pp.1516-1527.
[５] K. Amasaka. (2004), Development of "Science TQM", A New Principle of Quality Management: Effectiveness of Strategic Stratified Task Team at Toyota, *International Journal of Production Research*, Vol. 42, No. 17, pp.391-3706.
[６] K. Amasaka, (2007), *New Japan Production Model*, An Advanced Production Management Principle: Key to Strategic Implementation of *New JIT, International Business & Economics Research Journal.* Vol. 6, No. 7, pp. 67-79.
[７] K. Amasaka. (2000), Partnering Chains as the platform for Quality management in Toyota, *Proc. of the 1st World Conference on Production and Operations Management Society, Seville, Spain.* pp.1-13 (CD-ROM)
[８] 日経BP社,(2007),「富士ゼロックスにおけるモノ作り改革とスマート工場への取り組み」,FACTORY/ITpro EXPO 2017.
[９] 天坂格郎編著,(2008),『ニュージャパンモデル―サイエンスＴＱＭ：戦略的品質経営の理論と実際』,製造業の品質経営あり方研究会編,丸善, pp. 288-301.
[10] 中務哲郎翻訳,(1999年),『イソップ寓話集』,岩波文庫
[11] 中條武志,「人間信頼性工学：エラー防止への工学的アプローチ」
http://www.indsys.chuo-u.ac.jp/~nakajo/open-data/Healthcare_Errorproofing2.pdf
[12] 橋本邦衛,(1984), 『安全人間工学』,中央労働災害防止協会.
[13] J. Reason, (1999),塩見/佐相/高野(訳),『組織事故-起こるべくして起こる事故からの脱出』,日科技連
[14] 河野龍太郎編集,(2006),『実務入門 ヒューマンエラーを防ぐ技術』,東京電力技術開発研究所ヒューマンファクターグループ編.日本能率協会マネジメントセンタ

9-4
グローバル事業―QCDマネジメント

概要：
モノづくりを通して、世界に貢献するという高い志を持って挑戦し続ける多くの日本企業にとって、"グローバル生産のマネジメント"の重要性は益々増している。"グローバルサプライヤー"の条件として、世界の各地域で商品を供給できる体制の構築が挙げられる。特に、特定のカーメーカーの資本を受けていない独立系サプライヤーにとってそれは不可欠なものとなる。本節では、筆者が"陣頭指揮"し、取り組んできた住友理工（株）における"グローバル事業―QCDマネジメント"の実際を示す。

キーワード：組織体制刷新、品質システム整備、グローバル人材育成

9.4.1 自動車用ホース事業部門の状況

現在、当該事業部門では、世界5極でのグローバル供給体制（中国、アジア、北中米、南米、欧州）を敷き、世界の様々なお客様にQCDに優れた商品を供給することを目指し、日夜、努力している。リーマンショック、東日本大震災の後、2012年の積極的なM&Aにより、今日、欧州系の顧客を獲得すると共に、欧州と南米の生産拠点を手にすることができている。

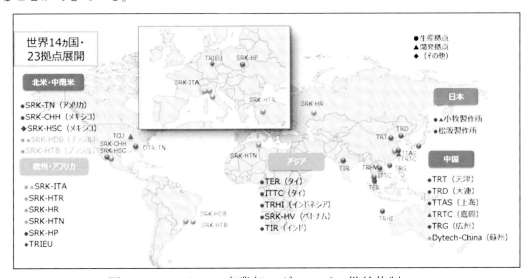

図9.4.1　ホース事業部のグローバル供給体制

しかしながら、M&A後の統合プログラムＰＭＩ（Post Merger Integration）の運用中に、未曾有の超円高という嵐が襲い、そのため当該事業部門の収益力が大幅に低下した。そのような状況下、収益力の回復を中心とした"ＱＣＤ同時達成"を実現する"経営マネジメント"が必要であった。

9.4.2 経営課題の明確化

先に述べた外的な要因と共に事業部門固有の要因が錯綜する中、表9.4.1に示す経営課題を整理し、その対策の方向性を以下に定めた。① M&Aを含めた収益向上のためのグローバルマネジメント体制の改革による機能化、② 重要品質問題の撲滅に向けた、グローバル品質システムの再整備、③ 全ての基本となるグローバル人材の育成。策定にあたっては、全拠点を訪問し、現地現物での事実確認や幹部とのヒアリングで決定した。

表9.4.1 経営課題とその展開方策

課題	本質の問題点	方策
・収益力の向上 ・イタリア買収企業の再建	・グローバルマネジメント体制が機能していない	1)マネジメント体制の改革 ・組織体制見直し ・経営会議体見直し ・方針管理の徹底
・海外拠点重要品質問題の頻発	・グローバル品質システム（本社と拠点のインターフェース）	2)品質システム整備 ・徹底した問題の振り返り ・プロジェクト管理（節目管理） →まずは再発防止
・グローバル人材の育成	・問題解決型の支援 ・本社に依存した拠点	3)改善活動を通じた人材育成 ・グローバル改善組織構築 ・グローバル人材育成支援 ・拠点エキスパート人材育成

9.4.3 グローバルな経営管理と組織体制
9.4.3.1 グローバル連結経営会議の設置

最初に着手したのは、グローバルな経営管理とそれを機能させるべく組織体制の刷新であった。従来、日系の顧客が中心の業態であったため、ほとんどのことが本社（日本）で決められ、判断、処置すれば事足りると考えていた。方針管理の展開においても、本社の幹部のみで策定した計画を事業部方針として掲げて推進していたために、諸外国の各地域（各拠点）の要望や期待と大きなギャップが生じるなど、本社サイドに偏重したマネジメントになっており、反省点が多い。

そこで、グローバルに事業管理を行うべく、事業戦略統括部を再編した。ここでは、「グローバル連結経営会議」を設置し、年に2回、全拠点の拠点長（社長）を集結し、その場で事業部方針、各社の事業計画、目標などを報告し討議した。元々、方針管理すら満

足にできていなかった拠点も存在していたため、会議を通じ、そのレベルを向上させることで、事業部方針が組織の隅々にまで浸透するのにも役立った。会議では、本社側の目線と、地域拠点側目線の両方の目線での討議を重ねた。

図9.4.2に示すように、マネジメント体制は事業本部制とし、国内を含めた海外の生産体制を5つの地域センター制として統括することにした。世界14ヶ国23拠点をマザーとして本社が統括するには限界があり、地域センターに分け、センター長を設けることで、権限移譲、意思決定の迅速化、レポートラインの効率化を図った。先に述べた事業戦略統括部の再編に加え、プロジェクト管理を担う新車進行管理部、グローバルに改善支援を行うグローバル改善促進室を組織化することで、事業戦略の強化及び連携の強化が格段に改善できた。

また、図9.4.3に示すように、方針管理の策定とその展開は、自動車用ホース事業本部の中長期及び短期計画に基づいて、各拠点の中長期及び短期計画を立案し、それに基づいた年度毎の方針を部門毎に作成した。更には、課方針から個人レベルの重点管理テーマに落とし込むことで、トップダウンとして一貫した方針管理を全世界に展開することができるようになり、それぞれの管理指標に対する進捗状況を階層別に幹部、職制がレビューすることに統一した。

これにより、本社の事業部幹部は、方針に沿った各国の活動状況や目標に対する実績が判り易くなり、適切な指示、指導が図られ、事業成果に結びつく結果となった。また、諸外国の各拠点長も、最適な連結事業運営を実感し、連携力が一層向上した。

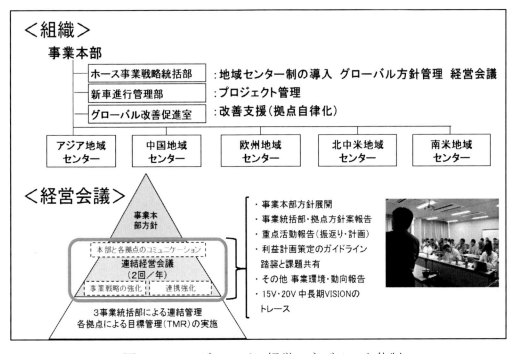

図9.4.2　グローバル経営マネジメント体制

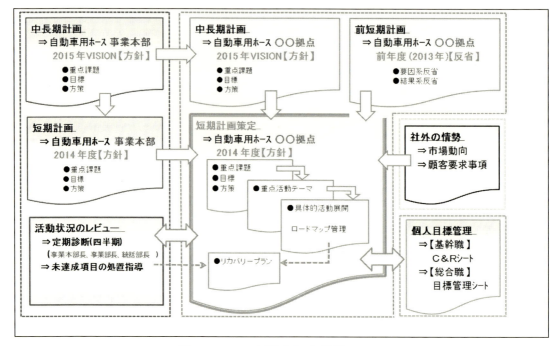

図9.4.3　事業本部方針管理

　また、事業部幹部と各地域、拠点のコミュニケーションを密にし、地域の様々な変化を察知する目的で毎月2回、事業部長と拠点長とのWEB会議を実施した。さらに、日本の各部長と各地域長にグローバル目線での週報を書いてもらい、直接の会議を行なわなくても最低限の情報がグローバルに行き届くような工夫を重ねた。その結果、これらがその後の事業運営の大きなドライビングフォースとなり得た。

9.4.3.2　品質システムの整備と人材育成

　当時、当社は数多くの品質問題を抱えており、その市場対応処置費や不良廃却費、特別検査などの費用の増加が事業の利益を圧迫していた。その主たる原因は、プロジェクト管理の稚拙さにあった。開発、生産準備の段階での未然防止活動が充分にできていないことや、海外に多くのベテラン技術者を駐在させていたため、日本の技術力の低下や支援部隊の弱体化が否めず、上流工程での設計検証や良品条件の整備が不充分であり、単純に伝達されるべき内容が伝達されていないなど、業務の基本的な部分が瓦解しかけていた。

　そこで、プロジェクト管理を専門に実施する組織である「新車進行管理部」とグローバルな製造部門支援部署である「グローバル改善促進室」を新設した。特に、グローバル改善促進室には、事業の基盤である安全、環境、品質を実践で指導できる人材を事業部より選抜し、その任に充てらせた。

以上のように2つの組織を設立し、それを機能的に運営することで事業再生と新たな事業基盤構築を目指した。

9.4.4 新設部門の機能と役割
9.4.4.1 新車進行管理部

設計、生産技術、製造と品質保証部のスペシャリストを中心に重要問題を題材にし、発生案件の振り返りを徹底的に行った。そこでは、従来のなぜなぜ中心の対策立案だけでなく、品質問題になった一つひとつの仕事のプロセスを振り返ることとした[1]。

手順の概略を図9.4.4に例示する（図中①～③に示す）。
①事実を時系列で全て書き出し問題の経緯を明確化する
②品質問題に繋がった課題を発生／流出の観点で洗い出す
③問題発生拠点だけでなく本社や関係部署の改善課題をも洗い出す

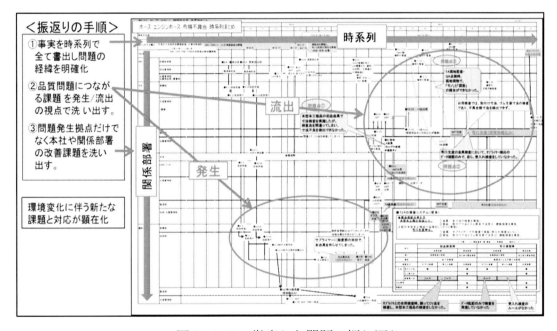

図9.4.4　徹底した問題の振り返り

①～③を実施することで、品質問題を広く捉えることができた。また、複数事例を行ったことで、本質的な課題が抽出でき非常に有用であった。すなわち、品質問題は、直接原因は違えども、組織の業務の進め方そのものに欠陥があることがわかり、その対策として、当該部門での業務管理とそれを監視、指導する立場であるグローバル業務の節目管理機能（プロジェクト管理機能）の強化が最も必要であることが明らかになった。

新設した新車進行管理部においては、個々の業務の進捗は当該部門長に一任することで自己の組織の機能を絞った。すなわち、抽出されたプロジェクト管理の3つの弱点に

特化し、その監視の眼を集中させた。折しも、M&A後の拡販活動が欧米系にシフトしていた。欧米系顧客では、一般的に一つのモデルの受注が単発受注であり、また、グローバル生産対応の要否が受注できるか否かのポイントとなる。そのため、一つひとつの受注戦略の質が求められる。したがって、ＲＦＱ提出前の拡販戦略会議で品質保証部門が、過去の問題の振り返りや開発工数、生産拠点の根拠を各々の部署に求めることでそのプロジェクトのフィージビリティの質を向上させた。

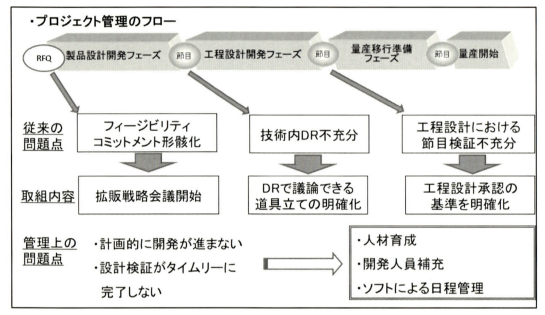

図９.４.５　プロジェクト管理

　プロジェクト管理を図９.４.５に示すが、製品実現に至る各フェーズ間に節目を設け、各フェーズのやるべき要件を満たさなければ、次のフェーズに移行できないしくみを導入した。しかしながら、実質は各フェーズで完結しないまま量産となり、品質不具合や納期緊迫によりお客様に迷惑をかけたり、予定原価を上回る生産となって事業採算性が確保できない等の混乱が散見された。各フェーズの課題をワーキンググループで抽出し、要件定義の明確化やソフト導入といった開発人員の補充も含め、改善を行った結果、徐々に効果が出るようになった。基本となる人材育成は更に強化して継続した。

　図９.４.６は、品質保証部門による節目節目で品証に確認させた内容を示し、各フェーズの移行検証としての節目管理は、検証要件を改めて明確化し、節目の会議体で審議した。各フェーズの統括部長クラスの部門責任者が移行判断し、品質保証部長が最終決済することを厳格化した。検証要件が明確になったため、各スタッフの仕事の質、指導者側のマネジメント力が向上し、手戻りが減少することで、業務プロセスの質が良くなった。

また、各プロセスでは、新規点・変化点に着目し、過去のトラブルを抜けなく抽出した上で、過去からあるツールとしてのＤＲＢＦＭやＰ－ＦＭＥＡなどの未然防止手法にこだわって活動できるようにしたため検証力を高めることができた。

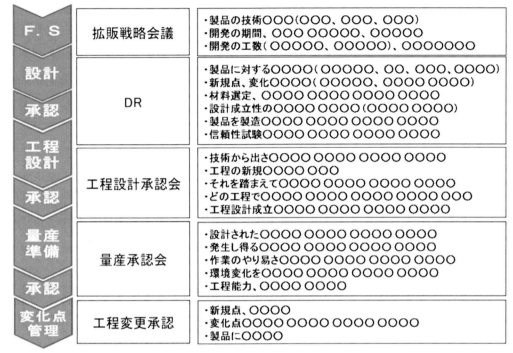

図9.4.6　節目、節目で品証に確認させた内容

9.4.4.2　グローバル改善促進室

　２０１２年から２０１３年当時は、為替は円／ドルで８０円、元／円で１３元を割るなど、前者では円高、後者では元高に悩まされた。特に、機械化が難しく人の手に頼った製造方法であるホースは、国内分の相当量を中国現地生産に依存する構造であり、また、ドルに対しては円高であるため、顧客のカーメーカーからは、非常に厳しい原価低減の要求があるなど構造的な問題を抱えていた。

　人材育成には様々な手法がある。一定の知識を身につけた者が、実際に改善現場に赴き、その国の言葉が不充分でも身振り手振りなどでそのノウハウを伝えることで大きく成長する。また、その者たちには、支援終了後も事業の発展に大きく貢献してくれるようＱＣＤに通じたエキスパート人材になるよう期待した。

　①最も効果の出る重点拠点への支援
　②支援者と拠点でのコラボレーション（改善タスクチーム活動）
　③拠点人材育成による活動の自律化（地域、国、拠点に適合した組織体制）
　④若手の支援人材を選定し、彼らの成長を促した

図9.4.7は、グローバルに改善活動を展開できる組織を構築するために、日本の各部門における改善のプロを10名選出。徹底的なムダ排除による原価低減活動を通じて、次世代の人材育成と体質強化を目的とした。

原価低減活動は、ムダの顕在化と様々な改善手法を駆使して、国内外の拠点及び国内の仕入先に対して指導を行った。育成する人材を明確にし、改善エキスパートを目指して活動することを宣言し、まずは、モデル工程で、具体的に改善指導し、その後自ら横展開させる方法を取った。テーマは品質改善や収益に直結する生産性向上、原価低減等で、各拠点でタスクチームを結成して運営した。最終報告会には、日本の担当役員も参加し、労をねぎらうことで、活動の達成感と喜びを与え、次の活動へとつなげている。

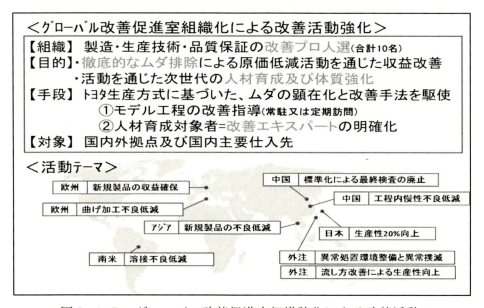

図9.4.7　グローバル改善促進室組織強化による改善活動

また、この組織には、安全、品質、環境に関して工場としての基盤整備の支援責任を持たせることで、単なる業績改善に留まることのないような機能とした。支援内容については、その拠点の抱える課題、問題への対応であるため多岐に渡るが、一つの方針として、「標準作業」による業務改善を掲げた。

そこで以下では、近年、筆者が中国大連工場の総経理（中国人）と取り組んだ"グローバル事業－QCDマネジメント"展開を例示する。

9.4.5　適用例：中国大連での工場改善事例
9.4.5.1　検査での品質保証

中国大連は、ゴムホース専用工場であり、主に日本とアメリカへの輸出拠点である。そのため、販売機能は持たず、製造会社として2003年に稼働した会社である。当初

から日本人の駐在員は少なく、活動を開始した２０１４年当時は、駐在員は生産技術者が１名だけであり、総経理以下の主要幹部は全て中国人で、当社グループの中で最も現地化が進んだ拠点であった。しかし、輸出工場の位置付けであったため、中国の安い人件費を使ったいわゆる「検査で保証する」工程設計がなされており、全ての製品を日本に輸出する梱包の前に最終検査をするために、全作業者の約１７％にあたる７８名の検査員が在籍していた。

　図９.４.８に示すように、過去から慢性的に発生していた品質不具合の主な要因は、人のスキルに依存したモノづくりと、検査に頼った流出防止型の品質保証体制であった。更に、元々、多品種少量生産であるホース製造工程には、品番毎の作業手順書は存在せず、類似部品を集めた形での作業標準になっていたため、要素作業に分解した作業手順書は品番毎に無かった。そのため、人によって作業手順が異なり、結果として最終検査工程での不良検出が日々発生しており、前工程への手戻りが頻発し、各工程で「これでヨシ！」と言える自工程保証ができるしくみと環境が整備できていなかった。

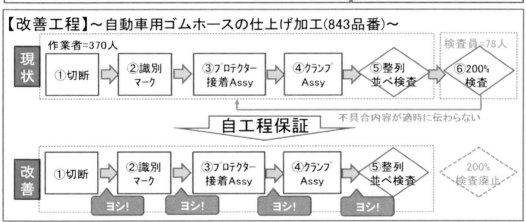

図９.４.８　対象工程の課題とあるべき姿

９.４.５.２　テーマの選定

　元々、品質意識が高く、規律のある工場であるという特質を活かし、「標準作業の徹底～最終検査工程の廃止～」のテーマで改善を進めることとした。言うまでもなく、７８名の検査人員を削減する効果は業績に大きく寄与し、全社を挙げての最重要テーマ活動の位置付けとして全社員に周知徹底した。

　改善チームの結成に当っては、日本からグローバル改善促進室と品質保証部が標準作

業の考え方と実践での活用を教えた後、総経理以下で、拠点単独でチームを結成した。指導者としては、日本人駐在員１名と本社購買部門長の定期訪問及び事業部長も半年に１回の訪問を行うことで日本側の本気度を示した。

9.4.5.3 活動体制

活動体制については、総経理直轄とし、図９．４．９に示すように、製造職長をリーダーに任命し、各製造課より２～３名のメンバーを選出。総勢１０名のメンバーが参画するタスクチームとした[2]。（対象の製造部の組織は４課３７０名の規模）

進め方は、現行の作業手順書に基づき作業観察を行うと同時に、作業者と密にコミュニケーションをとり、やりにくさ、不安定作業、環境不備といった点に着目し、問題点を徹底的に抽出。設計、生産技術、品質保証、製造部門を巻き込んだ改善を展開した。

ここではトップも参画して、人・物・金を適切に配分し、改善状況をトップ自らフォローすることで劇的に活動が活性化された。改善した内容を含めた要素作業毎の作業手順書を個品毎に８５０品番整備し、やって見せて、やらせて見せる作業指導と定期的な作業観察を実施し、そこで新たに抽出した問題点を改善するＳＤＣＡ（Standardize, Do, Check and Action）のサイクルを廻し続けた。

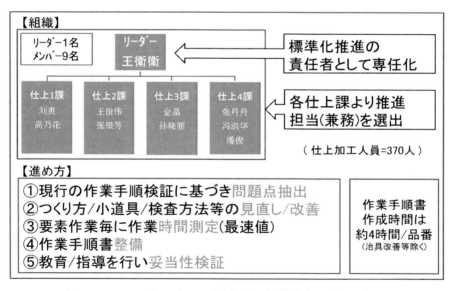

図９．４．９　プロジェクト活動の組織体制と進め方

9.4.5.4 作業手順書の整備と改善

標準作業導入の指導には、日本からグローバル改善促進室メンバーが赴き、作業者一人ひとりが自分の作業に自信を持って「これでヨシ！」と言える「自工程完結」の考え方を教えることで、単なる手順書の改定ではないことを意識させた[3,4]。

第9章　グローバル生産とＳＣＭの進展　9-4

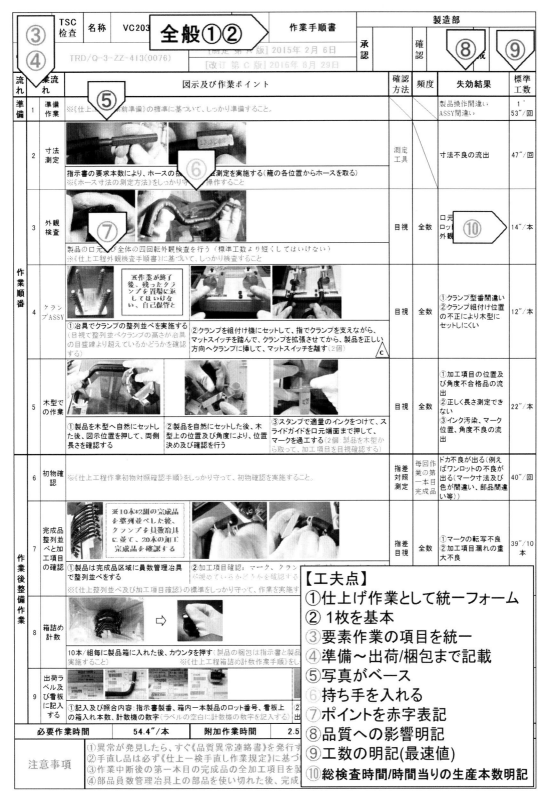

図9.4.10　『これでヨシ!』の基準としての作業手順書[5]

図９.４.１０に示すように、「これでヨシ！」を基準とした要素作業毎の手順書は全面的にフォーマットを見直し、統一したものとして標準化した。作業にあたっては、関係部門で討議し、工夫点を盛り込み運営した。作成方法を具体的に標準化することで、作成者による表現のバラツキが無くなり、指導方法も判りやすく容易となった。

改善に当たっては、自工程保証として要素作業毎に「これでヨシ！」と言えることを条件にして取組んだ。改善内容は８５０品番への徹底した横展開を実施することで、やりにくさや不安定作業が軽減できた。

これが作業者の嬉しさにつながり、改善する側も充実感を得ることで活動がより活性化した。結果として慢性的に発生していた品質不具合がゼロに接近し生産性も向上した。

事例として、図９.４.１１に示すように、中国では設備投資を抑制した人のスキルに頼った加工が主であったため、作業者が自信を持って作業ができるように、やりにくい作業は治具を製作し、安定した作業のためには安価な設備での半自動化を進めた。

例えば、製品に識別マークを塗布する工程では、手でスタンプ塗布していたものを、エアー駆動の半自動化スタンプを導入し、位置精度の向上と塗布忘れについて、スタンプの作動状態で保証することに改善した。

「スタンプ作動ヨシ！」を自工程保証とすることで、マーク塗布位置不良やマーク塗布忘れが防止でき、加工タクトも減少した。この改善設備を６０台導入して横展開を図った。その他、同様の考え方をもとに、個品毎の切断機を１１１台、接着剤ディスペンサー８１台、Ａｓｓｙ治具を５４台導入して、自工程保証度を全体的に向上させた。

また、「これでヨシ！」ができる環境整備として、監督者呼出システムの導入を図った。作業現場毎に監督者呼出ブザーを３５０台設置し、標準以外の作業が発生したら、異常として設備を止めて、監督者の腕時計型のレシーバーに知らせることにした。これにより、タイムリーに異常を確認し改善へ結びつける活動を展開した。腕時計型のレシーバーであるため、どこにいても監督者を呼ぶと同時に、異常発生時の設備を「止める・呼ぶ・待つ」環境整備を１００％実現可能とした。

この改善は、住友理工グループのモデルとなり、事業部を超え活用がグローバルに拡大している[6]。さらに、ＳＤＣＡ活動を継続させるために、要素作業毎の作業手順書に基づいた遵守状況について、点検専任者を任命して実施した。

１日約２０名の作業観察を行い、結果を集計して各工程に日々フィードバックを行い、各工程のリーダーが問題点の調査と対策を迅速に行った。さらに、対策状況を改めて点検専任者が確認し妥当性を検証して、再び、フィードバックをした。このサイクルを愚直に繰り返すことで、改善の風土が根付いていった。

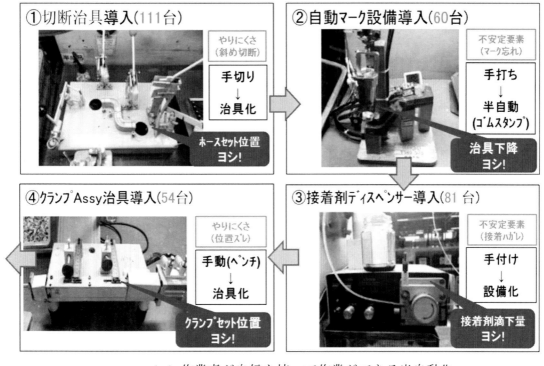

—（1）作業者が自信を持って作業ができる半自動化—

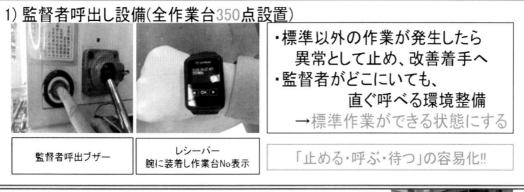

—（2）「これでヨシ！」ができる環境整備—

図9.4.11　『これでヨシ!』と言える改善・工夫

9.4.4.5 自工程保証活動の成果

これらの自工程保証活動を2年間粘り強く継続することで、工程内不良は7割減少し、客先クレームはゼロを達成。品質を格段に向上することができた。これは、自工程保証を取り入れた改善を盛り込んだ作業手順書を再整備し、SDCAのサイクルを廻すことで、標準遵守率が当初82％だったものが97％まで向上したことが大きく寄与している。また、最終検査で品質を再確認する必要が無くなり、全廃を実現することで、78名いた検査員が不要となり、その人員を改善班に異動させて増産対応に充当した。

従来の活動は、日本の改善の横展開に過ぎなかったが、この活動では、「これでヨシ！」と言えるか、という判断基準で改善を進めていったことで、改善を中国人自らが考え、推進できるようになり人材育成の現地化が大きく進んだ。

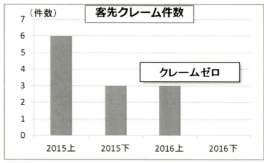

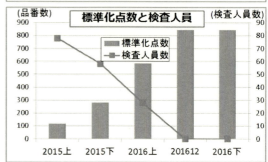

図9.4.12　グローバルQCD向上活動の成果

9.4.6　まとめと展望

本節は、品質管理の基本に沿って忠実に進めてきたプロセスであり、TQMの三本柱である、お客様第一、継続的改善、全員参加をグローバルに実行した事例であるとも言える。その中でも、中国大連の事業体での事例からは、改善の中心はあくまで現地の従業員であり、活動の推進については、定期的な現地社長報告や日本からの事業部長の訪問（1回／半年）を除いても彼らが自主管理できたことにある。

将来に渡り、拠点を牽引していくのは、現地の従業員であり、駐在員ではないということを彼ら自身が気づいてくれたことだ。それこそ「自工程完結」の考え方が彼らに浸

透した結果であると考える。

　現在、自動車業界は、ＣＡＳＥ（Connected、Autonomous、Shared、Electric）に代表される１００年に一度のパラダイムシフトが進行していると言われている。現場に目を移せば、ＩｏＴやＡＩといったコンピュータ技術の革新により現場は大きな変革を遂げなければならない。ただし、現場というのはコンピュータ技術を使えば一足飛びに革新できるものではない。本稿で述べたような、地道な現場力の改善、そこで働く従業員の成長があくまでベースではないだろうか。

　ここで述べたような日本発の現場力を海外拠点の歴史、文化に合わせて進化させていくことは、グローバルな現場力を磨く上で貴重な挑戦の場となると確信する。またそれが、グローバル本社としての適切なマネジメントの根幹であることに変わりはない。

9.4.7　謝辞

　本稿の執筆の機会を与えてくださった青山学院大学　天坂名誉教授と新米の事業部長の方針に従い、力を惜しみなく発揮してくれたホース事業部、品質保証部及び海外拠点の多くの仲間に深く感謝申し上げます。

参考文献
[1]日本品質管理学会中部支部産学連携研究会編,『開発設計に必要な統計的品質管理』, 日本規格協会,2015.
[2]天坂格郎ほか,『サイエンスSQC　ビジネスプロセスの質変革』,日本規格協会,2000.
[3]佐々木眞一著,『自工程完結　品質は工程で造りこむ』,日本規格協会,2015.
[4]佐々木眞一著,『トヨタの自工程完結　リーダーになる人の仕事の進め方』,ダイヤモンド社,2016.
[5]住友理工（株）, グローバル品質連携部編,『作業手順書の作り方』,住友理工社内テキスト,2014.
[6]住友理工（株）, グローバル改善部編,『働き易い働き甲斐のある職場づくり：異常発生時の呼び出しシステム』, 住友理工社内テキスト,2018.

10-1

環境貢献と事業の両立－空調機開発とグローバル展開

概要：
本節では、厳しさを増す環境規制をむしろチャンスとして、環境技術の普及に取り組み、国際規制の改訂をはじめとしたルール形成と途上国支援を通じて、その技術の世界展開を進めたダイキン工業の事例を紹介し、環境貢献と事業の両立について考察する。

キーワード：環境経営、環境規制、環境貢献技術、ルール形成、空調機開発、世界展開

10.1.1 はじめに

近年、環境問題をはじめとした社会課題を起点に市場におけるルールが変化するケースが増えている[1]。事業のグローバル展開や国と地域を越えたサプライチェーンの複雑化により、こうしたビジネスルールの変化は事業に大きな影響を与える。企業はグローバルな競争に勝ち抜くために、従来の受動的なルールへの適合だけではなく自社の競争優位を図る能動的なルール形成に企業経営として取り組む必要がある。

地球温暖化、気候変動をはじめとした地球環境問題の解決に向けて、人材、資金、技術を持つ企業への社会の期待は大きい。一方で優れた環境貢献技術を持ちながら、新しい技術の普及に必要なルール形成に立ち遅れ、その技術を競争力や事業成長に活かしきれない事例もある[2]。こうしたことから企業における環境問題への取り組みは、規制対応や社会活動にとどまらず、国際的なルール形成もふくめた、自社の環境貢献技術を積極的にグローバルに認知させ普及させる戦略的活動として取り組む必要がある。

10.1.2 ルール形成と環境経営の重要性

深刻さを増す地球環境問題を背景に、様々な地域、産業分野で、環境規制が強化されている。企業は事業活動のあらゆる側面での環境影響を認識して適切に行動するとともに、環境規制への対応や環境問題の解決に必要な技術開発を積極的に進めている。図10.1.1に示すように、環境貢献をはじめとした技術開発と競争優位をめざすルール形成は企業の生き残りをかけたグローバルな競争となっている。

欧米企業は従来から国際ルールの形成に大きな影響力を持ち、国際規格・基準の策定といったデジュール(注1)に強みを持つ欧州勢、新しいビジネスモデルのデファクト化に

強みを持つ米国の動きはよく知られている。ドイツ自動車工業会が、タイの物品税制度が CO_2 排出量に連動していないとして、従来ハイブリッド車に有利であったタイの物品税制を欧州勢に有利な CO_2 排出規制に転換させる等、欧米企業が自社や属する経済圏に優位性のあるルールや技術による市場形成を狙って、日本企業にとって重要なアジア市場に自地域の環境基準を適用させる事例もある[3]。

　日本企業にとっても国際的な規制・基準や重要市場でのルール形成による競争優位の確立、あるいは合理性のない規制による事業損失の回避は極めて重要である。

(注1) ISOやJISなどの規格、国際標準化機関などにより定められた規格のこと

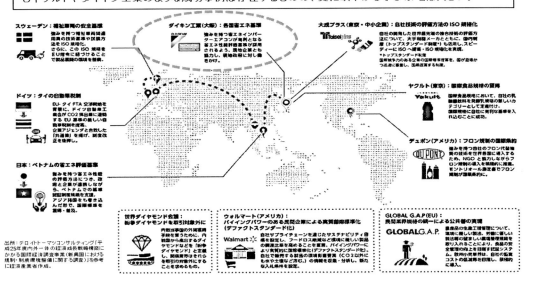

図10.1.1　ルール形成の成功事例
（出典：デロイトトーマツコンサルティング/経済産業省産業構造審議会資料より）

　空調事業とフッ素化学事業を主力事業とするダイキン工業では、「環境貢献と事業の両立」という方針を掲げて環境経営に取り組んでいる。空調機は省エネルギー性が高いながらもエネルギー多消費型の製品であり、化学事業の代表的な製品である冷媒は、省エネルギー性を支えるキー技術でありながら温暖化係数が高い温室効果ガスである。いずれも普及拡大により地球環境に大きな影響を与えることから、同社は環境問題への対応は企業としての存続を左右するという強い危機感とともに、先進的な環境技術の開発と普及を図れば事業成長のチャンスにもなるとの認識を持っている。

　この認識のもとに、図10.1.1の破線で囲んだ例のように、同社はグローバル市場でのライバルである中国大手との提携により自社の省エネコア技術を提供することで、世界最大の空調市場である中国市場で日系メーカーが得意とする省エネ技術をデファク

ト化することに成功した。また各国で急速に規制強化が進む空調機用の冷媒に関しても、従来の冷媒に替わる温暖化係数の低い冷媒の利用に関する基本特許を、国際的な冷媒規制と経済成長の両立で困惑するアジア諸国等に優先的に開放するとともに、普及に必要な国際規格の改訂や途上国での転換支援を推進しながら、いち早く商品化を進めて市場を拡大している。そこで筆者は、空調機における環境技術の具体的なルール形成事例をあげて、環境貢献技術のオープン化、グローバルな普及に向けたルール形成が持続的な事業経営に極めて重要であることを以下に論述する。

１０．１．３　空調事業における環境貢献技術のオープン化の事例
１０．１．３．１　事例１　インバータ技術の中国への提供

　ビルや家庭におけるエネルギー消費の約 30%を占める[4]とされる空調機の省エネルギーは、電力起因の CO_2 排出削減による温暖化の抑制やエネルギー資源の有効利用にとって極めて重要である。その対策技術の中核となるのが新幹線やハイブリッドカー、電気自動車にも用いられているモーターの可変速技術であるインバータ技術である。

　空調機による冷房、暖房の原理は冷凍サイクルである。その作用は、機器内部を循環している作動流体（冷媒）が気体から液体に変化する際の凝縮熱の放出、液体から気体に変化する際の蒸発熱の吸収という物質の状態変化による熱の移動である。例えば最新型の家庭用ルームエアコンでは冷媒の圧縮、循環に必要な動力エネルギーの 7 倍以上の熱を取り出すことができ、大変効率の良いシステムといえる。空調機のエネルギー消費の大半は、この冷媒を循環させながら状態変化させるための使われるモーターの消費電力である。空調負荷は天候や季節、人員の出入りなどにより変化するので、エネルギー消費を最適化するには負荷の大小に応じて必要な能力のみを供給する必要がある。

　空調機では、上記のインバータ技術によりモーターの速度制御をきめ細かく行うことで、年間を通じた能力供給の最適化と省エネルギー性を実現している。インバータ技術は高効率ブラシレス直流モーター、パワー半導体、高速演算可能なマイクロコンピュータ等、日本が得意とする技術分野によって成立しており、インバータ空調機は日系メーカーがグローバルな競争力を持つ製品である。

　2008 年ダイキン工業は中国最大の空調メーカー格力電器との提携を進め[5]、合弁会社の設立と共同開発を通じてインバータ・モーター・高効率圧縮機技術を提供することを意思決定した。同社内には長年にわたりインバータやモーターの研究開発に取り組んできた技術陣に反対意見もあったが、図１０．１．２に示すように世界最大の空調市場であり、グローバルに影響力を増しつつある中国での環境貢献技術による競争優位をめざした経営判断であった。経済の急速な発展にともない著しくエネルギー需要が増加していることから、中国での空調機の省エネルギー規制は年々強化されている。2008 年には定格点

のみの省エネルギー性能規制からより実用条件に近い年間を通じた省エネ規制であるSEER規制[注2]を開始、2013年には日本の省エネルギー規制と同じAPF規制[注3]が採用されている[6]。これらの規制強化は中国の実質的な省エネルギーの推進に極めて重要であるが、数百社のメーカーが存在したと言われる中国の空調業界で、インバータ技術を持たないメーカーの再編を一気に加速させた。家庭用空調機需要が日本国内の3～4倍(年間3000万台超)という世界最大の空調市場である中国[7]は、同社が得意とするインバータ空調機の市場に急速に変貌する。2008年8%であった中国市場のインバータ比率はわずか5年後の2013年には60%を越え[8]、同社は中国市場での売上を大きく伸ばすことに成功する。この事例は外国企業が直接国内規制や行政に働きかけることが困難な中国市場において、あえてグローバル市場で強力なライバルとなる有力企業との提携を進め自社の優位技術をデファクト化した好事例と言える。

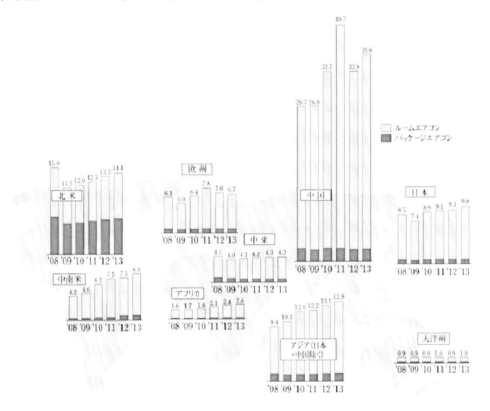

図１０.１.２　世界のエアコン需要推定

(出典：一般財団法人日本冷凍空調工業会，2014年4月)

(注2) Seasonal Energy Efficiency Ratio 季節エネルギー効率。通常エアコンが使用される期間の総冷暖房能力量(Btu)をその期間に投入する電力量(kWh)で割ったもの

(注3) Annual Performance Factor 消費電力(kW)あたりの冷房・暖房能力(kW)を表したもの。定格条件だけでなくエアコンが使用される建物、用途等の負荷条件、冷房・暖房期間における外気温度の発生時間、さらにインバータによる能力変化をともなうエアコンの効率を考慮している。使用実態にあったエネルギー消費効率の評価が可能で、日本によりISO16358として国際規格化された。

１０.１.３.２　事例２　冷媒転換の推進

図１０.１.３は世界の温室効果ガスの排出量の推移と将来の予測を示している。

左のグラフに示されるように、地球温暖化の原因とされる世界の温室効果ガスの排出量は既に 30Gton-CO2 を超えるとみられ、経済成長率の幅を考慮しても 2030 年には 35〜50Gton-CO2 に達すると予測されている。

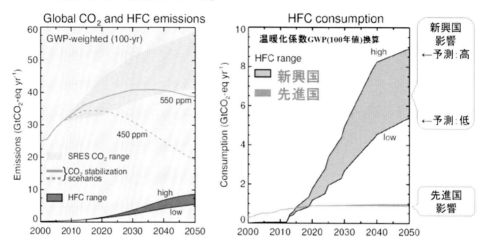

図１０.１.３　世界の温室効果ガス排出量と HFC の影響
(出典：WMO（世界気象機関）library, PNAS(注4)論文, J. M. Velders et al., 2009)

(注4) PNAS: Proceedings of the National Academy of Sciences of the United States of America、米国科学アカデミー紀要、世界で最も引用の多い総合科学誌のひとつ。1914 年の創刊以来、生物学、物理学、社会科学等、幅広い分野のグローバルなトピックについての最先端の研究、ニュース、コメンタリー、レビュー等を掲載している。

温室効果ガス排出量の 75％は発電等のエネルギー起源による CO2 であるが、主に冷凍空調部門で冷媒として用いられるハイドロフルオロカーボン(HFC)(注5)の影響も冷凍空調機器の市場拡大により、右のグラフに示されるように次第に大きく増加すると見込まれている。その大半は図１０.１.３右のグラフに示されるように新興国の経済成長にともなうものと考えられており、経済成長率による幅はあるものの、対策がとられなければ 21 世紀半ばには温室効果ガスの排出量全体の８〜１０％に達すると見込まれる。

こうした予測を背景にして、2015 年 12 月パリで開催された気候変動枠組条約第 21 回締結国会議(COP21)でいわゆる「パリ協定」[9]が締結された。大幅な温室効果ガスの削減をめざす「パリ協定」は省エネルギー規制や温室効果ガス排出に対するさらなる規制強化につながる。また 2016 年 10 月ウガンダのキガリで開催された「オゾン層を破壊する物質に関するモントリオール議定書」[10]締結国会議(MOP)において、図１０.１.４に示すいわゆる「キガリ改正」[11]が採択された。

①モントリオール議定書「キガリ改正」

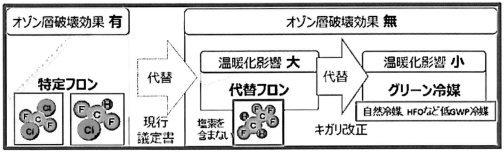

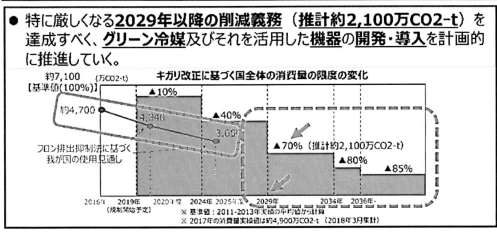

図１０．１．４　キガリ改正の内容

（出典：経産省・環境省，オゾン法改正説明資料より，2018 年 6 月）

　これによりオゾン層を破壊しない代替物質として用いられてきたハイドロフルオロカーボン(HFC)[注5]を温暖化の抑制の観点からあらたな規制物質とすることが決められた。モントリオール議定書[10]は、本来オゾン破壊の原因物質である塩素をふくむクロロフルオロカーボン(CFC)[注6]や冷媒として広く用いられてきたハイドロクロロフルオロカーボン(HCFC)[注7]等の全廃を目的とする国際的枠組みである。国際条約としては史上最大の 197 ヶ国が締結した同議定書により、先進国から新興国への技術支援や資金拠出をふくむ取り組みが進められ、北極、南極でのオゾンホールの縮小など確実にオゾン層保護の成果を上げてきた。しかし「キガリ改正」[11]では、オゾン層破壊防止の対策手段の一つでもあった代替物質であるハイドロフルオロカーボン(HFC)[注5]が規制されることになり、モントリオール議定書に基づくハイドロクロロフルオロカーボン(HCFC)[注7]の廃止期限を迎えている新興国にとっては、対策手段を失い経済成長に伴う冷凍空調機器の普及を阻害されかねない。冷凍空調事業と冷媒事業をあわせもつダイキン工業は、これらの規制強化に先立つ 2000 年前後から次世代冷媒の検討を開始していた。その結果、図１０．１．５に示すように、同じくハイドロフルオロカーボン(HFC)[注5]ではある

が、代替冷媒として普及している R410A と比較して温暖化係数が約 1/3 と少なく省エネルギー効率が高い R32 が次世代冷媒として最適との結論を得ていた。

(注5) ハイドロフルオロカーボン(HFC)、Hydrofluorocarbon、炭化水素化合物を構成する水素の一部または全部をフッ素で置換した化合物の総称。塩素をふくむ クロロフルオロカーボン(CFC)(注6)や冷媒として広く用いられてきたハイドロクロロフルオロカーボン(HCFC)(注7)の利用がオゾン層保護のために規制されたため、代替物質として１９９１年頃から冷媒、発泡剤、洗浄剤等として用いられている。極めて高い温室効果を持つため温室効果ガスとして排出削減が求められている。

(注6) クロロフルオロカーボン(CFC)、Chlorofluorocarbon、炭化水素の水素原子の少なくとも一個をフッ素に置換した化合物の総称。塩素もふくむ。冷媒、発泡剤、洗浄剤等として広く用いられてきたが、大気中に放出されると太陽の紫外線で分解して塩素ガスを発生し成層圏でオゾン層を破壊するため使用が規制されている。先進国では 2020 年、途上国では 2030 年に全廃。

(注7) ハイドロクロロフルオロカーボン(HCFC)、Hydrochlorofluorocarbon、水素をふくむクロロフルオロカーボン(CFC)の総称。冷媒、発泡剤、洗浄剤等として広く用いられてきた。大気中に放出されると対流圏で分解されやすく、クロロフルオロカーボン(CFC)よりオゾン層破壊能力は低いとされるが使用は規制されている。先進国では 2020 年、途上国では 2030 年に全廃。

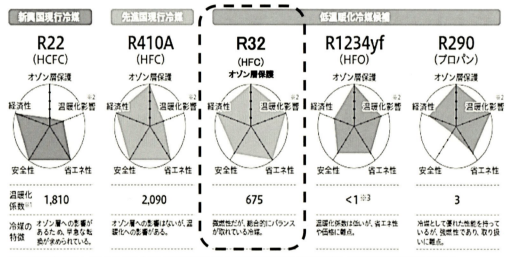

図１０．１．５　次世代候補冷媒の比較

(出典：ダイキン工業(株))

しかしながら R32 は微燃性の冷媒であることから、安全性を立証しつつ認知と普及を目的としたルール形成に取り組む必要があった。従来、空調用途では不燃性の冷媒が用いられており、微燃性とはいえ燃焼性のある R32 には慎重な考えが支配的である。安全性の立証には自社データのみでは不十分であり、客観性を持った評価が求められ、またメーカーや機器によって複数の冷媒が存在すると流通や施工、サービスでの混乱や誤使用など市場が混乱することから、冷媒には業界共通のインフラとしての性格がある。従って個社単独で冷媒転換を進めても転換は進まず、転換が進まなければ結果として温暖

化対策も進まない。このことから国内では、図１０．１．６のように 2011 年より（一財）日本冷凍空調工業会内に微燃性冷媒安全検討ワーキンググループを立ち上げるとともに、（公財）日本冷凍空調学会内に『微燃性冷媒リスク評価委員会』というオールジャパンの体制を構築して R32 をふくむ微燃性冷媒の客観的な安全性評価を開始した。

このリスク評価では ISO/IEC の Guide51[注8]の考え方に基づき、家庭用エアコンからビル用マルチ、大型チラーまで対象機器全てのライフサイクルの事故シナリオを精緻に展開し、必ずしも致命とは限らない着火可能性でも致命事故とみなす厳しい前提のもと、「100 年に一回の致命事故以下」という目標を定めて市場データの洗い出し、実証実験、シミュレーションを駆使したリスクアセスメントが実行された。2017 年に最終報告書[12]が提出されたが、日本の産学官の力で微燃性冷媒の安全な利用への道を拓いたこの取り組みの価値は国際的にも極めて高いといえよう。

（注8）ISO/IEC Guide51、ISO 規格[13]、IEC 規格[14]Safety aspects-Guideline for their inclusion in standards、製品安全を規格に導入するガイドラインを示した国際規格。わが国でも JISZ8051 として JIS 規格化されている。

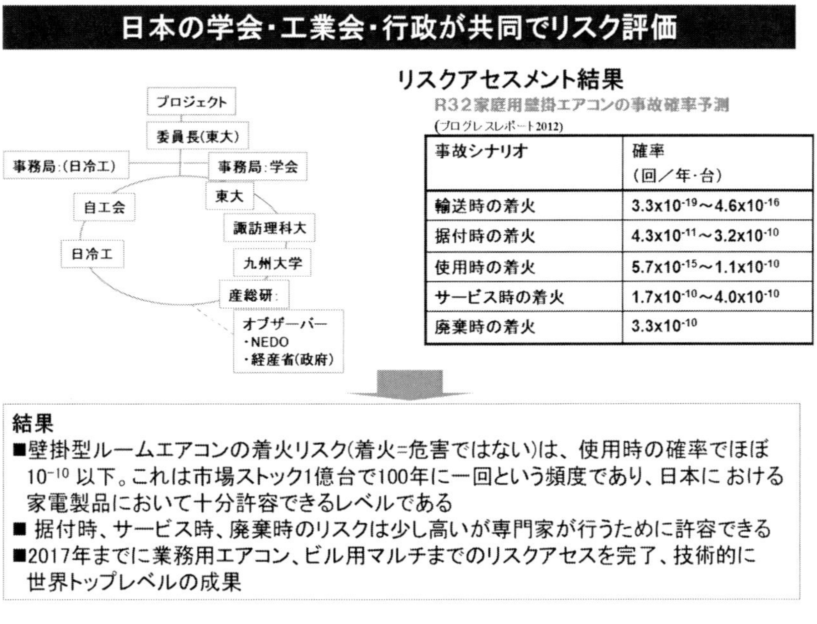

図１０．１．６　日本国内における微燃性冷媒安全性評価体制
（出典：ダイキン工業（株））

一方で微燃性冷媒のグローバルな普及を図るには、各国の安全基準や法令の根拠となる国際規格を改訂する必要がある。空調機の安全性や冷媒に関する国際規格には図１０．１．７に示す ISO 規格[13], IEC 規格[14], 米国 ASHRAE 規格[15]があり相互に複雑に関連しているため複数の規格を改訂しなければならない。国際規格の改訂には、関係国を納得させる技術的根拠と継続的な参画が欠かせず、審議には数年を要する。

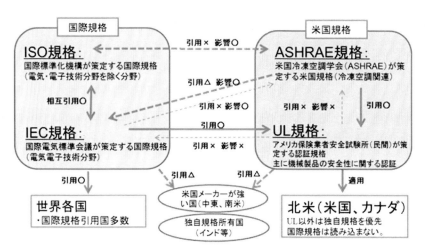

図１０．１．７　微燃性冷媒に関連する国際規格
（出典：ダイキン工業）

　ダイキン工業は、（一財）日本冷凍空調工業会工業会と連携して、自社の技術知見のみならずオールジャパンの安全性評価の成果を活用することで、微燃性冷媒自体の承認と、それまで認められていなかった可燃性冷媒の機器への搭載や搭載量の緩和を働きかけてきた。ISO 規格[13]の一部では、米国を中心にした強力な反対工作により、慣例上ありえない最終文書の否決という苦い経験をしたが、環境意識の高い欧州諸国や次世代冷媒の選択に悩む新興国を粘り強く説得することで 2015 年に改訂を果たした。

１０．１．４　新興国市場での環境貢献技術の普及施策

　図１０．１．８は、次世代冷媒 R32 を例に新興国での環境貢献技術の普及施策を示す。１０．１．３．２に詳述した国際規格の改訂は、国内規制整備を国際規格に依存すること

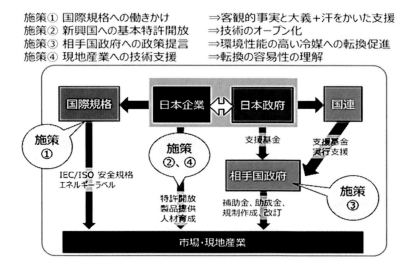

図１０．１．８　新興国市場での次世代冷媒転換施策
（出典：ダイキン工業）

が多い新興国市場での新技術の普及に欠かせない。これは図１０．１．８の施策①にあたる。また早くからR32を利用する技術開発に着手して数多く所有している特許が普及の障害になることも大きな課題となる。特許は自社技術や発明を保護するものであり独占的に使用することに意義があるが、液晶テレビ、DVDプレーヤーの例のように、ほぼ全ての技術領域を特許で囲い込みながら市場撤退を余儀なくされた製品もある[16]。

ダイキン工業は図１０．１．８の施策②として強みとするR32の利用特許を守りではなく市場形成の攻めに使う「技術のオープン化」という方針をとる。2011年にR32を利用するための基本特許93件をモントリオール議定書A5国[17]（新興国）に無償開放し2015年には先進国に基本特許を無償開放する[18]。次世代冷媒の選択を急ぐ新興国を支援して味方につけ成長する新興国市場を取り込む戦略である。さらに環境規制や対策技術の普及には行政による政策措置が必須であり、優れた技術であっても個社による政策提言や普及には自ずと限界がある。そこで図１０．１．８の施策③として、国連、日本政府と連携した新興国の冷媒転換支援や、関連技術者育成といった施策④を同時並行して積極的に進めている。

具体的な事例の一つとして、2012年から2017年にかけてモントリオール議定書多国間資金を利用したタイでの冷媒転換事業[19]があげられる。国連、世界銀行、タイ政府、日本政府、タイ空調工業会と日本企業の協力によりタイの冷媒転換が推進された。タイ国内メーカーの製造ラインの工程診断、技術者育成、転換に必要な設備選定や機器設計情報をパッケージ化して提供するもので、タイ国内市場ではライバルでもあるメーカーへの技術支援であるが、特許開放と同様に、共に冷媒転換を進め、R32搭載空調機の市場を拡大する技術のオープン化といえよう。

欧米諸国は国際機関への資金提供を背景に積極的な規制提案を図っている。これには環境問題の解決や新興国の支援という大義はもちろん、自国や自地域産業に優位なルール形成の側面がある。日本もモントリオール議定書への年間約26億円をはじめとして多額の資金を国際機関に拠出している[20]。それらの原資は全て国民が負担した税金であり、こうした資金を活かした我が国の国際貢献と環境技術の普及につながるルール形成への努力が今まで以上に望まれる。ダイキン工業は2012年10月日本市場向けにR32を搭載したルームエアコンを世界に先駆けて量産を開始した。以降、日系各社から次々にR32を採用した製品が上市され、R32への冷媒転換はパッケージエアコンにも及んでいる[8]。

2018年10月現在、ダイキンのR32搭載製品の世界累積生産台数は1500万台を超え、他社製品も加えると4500万台を超えるR32搭載製品が稼働中と推定される。安全性に厳しい日本市場での量産と普及は、新興国にとって冷媒転換への大きな自信と日本への信頼につながる。理想論を展開して豊富な資金援助はするが、安全性の確保は機器メーカーの責任として、具体的製品も安全に使用する技術も提供しないまま、危険な強燃性の

プロパン冷媒への転換を推奨する欧州勢[21]とは一線を画す取り組み方といえよう。

10.1.5 まとめ

本節では、空調機の省エネルギーのコア技術であるインバータ技術を中国市場でデファクト化した事例と、世界的な冷媒規制の強化をチャンスとして、国際規格の改訂や特許の開放という技術のオープン化などによって冷媒転換を進めている事例を紹介した。2つの事例ともに環境規制を起点としたグローバルなルール形成を、自ら主導してグローバルな競争優位をめざして「環境貢献と事業の両立」を図った取り組みである。

取り組みのポイントとして、環境問題への対応が企業としての存続を左右するという経営の強い危機感、環境貢献と事業の両立という明快な方針、ライバル企業や新興国への技術のオープン化による市場形成、広範なステークホルダーを巻き込む国際ルール形成があげられる。

二十一世紀は「環境の世紀」ともいわれる。多くの日本企業は優れた環境貢献技術や製品を数多く保有しており新しい技術開発への意欲も高い。そして優れた環境貢献技術も普及しなければ意味がない。国内外を問わず、グローバルな生き残りをめざして優れた環境貢献技術を活かす粘り強いルール形成の努力が求められるのではなかろうか。

10.1.6 謝辞

本稿の執筆を強く推していただいた名誉教授 天坂格郎氏(青山学院大学)と、粘り強いルール形成を担ってきたダイキン工業(株)CSR地球環境センター、空調生産本部の多くの仲間に心より深く謝意を申し上げます。

参考文献
[1] 藤井敏彦著,『競争戦略としてのグローバルルール-世界市場で勝つ企業の秘訣』,東洋経済新社,2012.
[2] 國分俊史,福田峰之,角南篤(監修),『世界で勝つルールメイキング戦略 技術で勝る日本企業がなぜ負けるのか』,朝日新聞社,2016.
[3] 経済産業省通商政策局,新思考の通商政策『ルール形成戦略について』,2014年10月9日,http://www.meti.go.jp/policy/external_economy/trade/downloadfiles/rules/rulespresentation.pdf
[4] 経済産業省,資源エネルギー庁,『エネルギー白書2017』、第2部エネルギー動向、第2節『部門別エネルギー消費の動向』,2017.
[5] 藤本悟,第11回日中省エネルギー環境総合フォーラム『中国におけるエアコンの環境・エネルギー対策について』,2017年12月24日.
https://jcpage.jp/f17/02_enesave/02_enesave_03_daikin_fujimoto_jp.pdf?1541486812583
[6] 周夏露、工藤拓毅、田中鈴子,『中国における省エネルギーの動向分析』,エネルギー経済研究所(IEEJ)ホームページ,2011年4月.
[7] 一般財団法人日本冷凍空調工業会,『世界のエアコン需要推定結果』,ホームページ,2014年.
[8] 一般財団法人日本冷凍空調工業会,『地域別インバータ比率&冷媒種』,ホームページ,2017年.

[9] 2016年11月30日から12月13日にかけてフランス・パリにおいて、国連気候変動枠組条約第21回締約国会議（COP21）、京都議定書第11回締約国会合（CMP11）等が行われ、世界的な平均気温上昇を産業革命以前に比べて2℃より十分低く保つとともに、1.5℃に抑える努力を追求することを目的として締結された国際協定．
[10]「オゾン層を破壊する物質に関するモントリオール議定書」（1987年9月16日），ウィーン条約の下で，オゾン層を破壊するおそれのある物質を特定し，当該物質の生産、消費及び貿易を規制して，人の健康及び環境の保護を目的とした条約。世界で最も成功した環境条約といわれる。経済産業省ホームページより．
[11] 2018年10月ウガンダ・キガリで開催された第28回モントリオール議定書締結国会合で採択された「モントリオール議定書」の規制対象に代替フロンであるハイドロフルオロカーボン(HFC)を加えるという改正．
[12] 公益財団法人日本冷凍空調学会ホームページ、調査研究報告、微燃性冷媒リスク評価研究会，『最終報告書』，2017年3月．
https://www.jsrae.or.jp/committee/binensei/final_report_2016v1_jp.pdf
[13] 国際標準化機構(ISO: International Organization for Standardization)が策定する国際規格であり電気・電子分野および電気通信分野を除く全ての産業分野についての国際的な標準規格．近年、国家規格などを制定・改訂する際に，国際規格と整合性を持つことが義務付けられており，日本においてもISO規格とJISとの整合化がはかられている．
[14] 国際電気標準会議（IEC:International Electrotechnical Commission）が策定する電気工学、電子工学、および関連した技術を扱う国際規格。規格作成のための規則群(Directives)、規格適合（ISO/IEC 17000 シリーズ），IT技術(ISO/IEC JTC1)など一部は国際標準化機構(ISOと共同で策定している．
[15] 米国暖房冷凍空調学会(ASHRAE:American Society of Heating, Refrigerating and air-Conditioning Engineers)が策定する空調関連の規格．
[16] 小川紘一著，『オープン&クローズ戦略』，第 1 章,43 ページ〜60 ページ、翔泳社、2018 年第3版
[17] 経済産業省，『オゾン層を破壊する物質に関するモントリオール議定書ハンドブック2017』，経済産業省ホームページ，2017年12月13日．
https://www.jsrae.or.jp/committee/binensei/final_report_2016v1_jp.pdf_Japanese2017.pdf
[18] 日本経済新聞，『ダイキン,次世代冷媒の特許開放 技術標準化狙う』，2015年9月10日付．
[19] 電力中央研究所主席研究員 上野貴弘著，『約束(NDC)達成支援に関する試論』-途上国ニーズと日本企業を結びつける，経済産業省ホームページ，2017年12月13日．
http://www.meti.go.jp/committee/kenkyukai/energy_environment/ondanka_platform/kaigai_tenkai/pdf/004_05_00.pdf
[20] 外務省，『国際機関への拠出金・出資金に関する報告書平成29年作成版（平成28年度）』，外務省ホームページ，2018年5月23日．
[21] 一般財団法人日本冷凍空調工業会作成『日冷工の温暖化防止と次世代冷媒への取り組み』，環境省ホームページ，2011年2月23日．
https://www.env.go.jp/council/06earth/y067-06/ref04.pdf

１０-２

カスタマーサイエンス―自動車エクステリアデザイン戦略

概要：
顧客価値がますます多様になり、自動車エクステリアデザインが顧客の自動車購入に影響を与える最も重要な要素の１つになっている。そこで筆者は、"顧客価値創出法―カスタマーサイエンス"を運用し、「具体的形状発想支援ツール」(Customer Science principle aiming to achieve Intelligence Design Concept Methods, CS-IDCM) を創案する。これにより、"自動車エクステリアデザインモデル"（Automobile Exterior Design Model, AEDM）を創出し、自動車エクステリアデザイン戦略の展開に、所与の成果を得ている。

キーワード：顧客価値、カスタマーサイエンス、自動車エクステリアデザインモデル、
　　　　　　ＣＳ－ＣＩＡＮＳ、デザインＳＱＣ、レクサス、トヨタ

１０.２.１　顧客志向を科学化する"カスタマーサイエンス"

　顧客(消費者)に喜ばれる商品を提供することが企業の使命であり、持続的成長の要諦をなす。"グローバルマーケティングを経営基盤にした新たな世紀"をむかえ、顧客の"ライフステージ"に加え、"ライフスタイル"にフォーカスした"Customer Delight"の視点で"顧客価値を高める商品創り"が必要となっている[1-4]。

　それ故に、顧客のニーズを掘り下げ、"時代を先取りする戦略的商品開発法"を確立することが今日的な課題である。それを実現させるためには、顧客の"暗黙的な主観情報"を"技術的に明白な客観情報"に置換できるように、"顧客に隠された欲求を科学的に数値化"し、商品企画やデザイニングに活かす"理に適う方法論―顧客志向の科学化"の研究が不可欠となっている。

　これからのもの造りは、"顧客が欲しくなる前に欲しいものを提供する"ことが特に重要になる。そのためには、"もやもや"とした顧客の気持ちを、適確に把握することが肝要である。それを具現化する"行動科学原理"が、図１０.２.１に示す"カスタマーサイエンス"（Customer Science Principle）[5,6]であり、これは魅力ある商品創りに欠かせない"ウオンツ"創出のビジネスプロセスを意図している。

　図中から、顧客の言葉(暗黙知)のイメージを共通言語（言語知）で捉え、さらに技術

の言葉（設計図面など）へ相関技術により適切に変換(明白知化)する"主観の客観化"が大切になる。"カスタマーサイエンス"の展開により、商品企画やデザインニングのビジネスプロセス段階での"発想—作品創出"がより適確なものになり、"成功の積上げ・失敗の是正"がこれまで以上に大切になると考える。

一般に顧客は、現在の商品に対して良い悪いといった評価をしているが、将来どんな物が欲しいかは具体的にイメージしていないことが多い。それ故に、顧客に一番近い営業・サービスの担当者は、数字で客観的にものを言う研究開発や設計、次の商品開発をするプランナーに顧客のイメージを伝える場合、暗黙的な言葉に頼らずにもっと科学的に共通言語で表現することが大事である。

何故、顧客がこの商品を喜ぶのか或いは文句を言うのか、その表現の根底には何があるのか、次にどういう物を提供しなければいけないか、具体的にどういう状況になった時に不具合が出るか、などを"カスタマーサイエンス"でアプローチすれば共通言語に落とし込みができ、商品の企画・設計が確かなものなる。

今日、日本や世界の中で元気な製造メーカーは、顧客の気持ちを掌握するために暗黙知を明白知化し、さらに図面化したものを"これでいいかどうか"をフィードバックし、"客観を主観化することを常に謙虚に行う"という姿勢が原点にあることが伺える[7-9]。

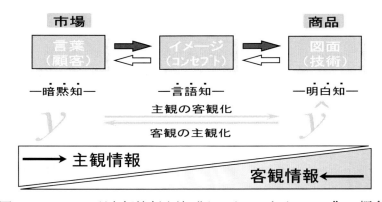

図10.2.1　顧客価値創出法"カスタマーサイエンス"の概念図

10.2.2　"カスタマーサイエンス"の体系的活用
10.2.2.1　商品企画・デザイナーの心配事は何か[4-6]

現今、日本や世界で成長を続けている企業に共通するのは、顧客最優先の企業経営に視座し、顧客欲求を謙虚に捉えて商品開発に活かす姿勢が伺える。しかしながら成功企業においても、商品企画者やデザイナーの"顧客の気持ちを掴むための行動態様(所謂、"デザイニング"の根幹をなす発想法)"は、経験技術や経験知にその多くを依存し、"暗黙的なデザイニングのプロセスによる商品化"が散見される。

その結果、彼らの"仕事の出来ばえ"は、"市場の販売結果の良し悪し"に依存し、今

後の仕事に活かすプロセス系の手当てが十分でなく、暗黙的な処方に偏りやすい。

彼らの心配事の多くは"運良く成功"(あるいは"運悪く失敗")しても、現状のビジネスアプローチでは、個人の固有な業務推進や経験則に依存し、将来に向けた"成功の確率を高める"ことがおぼつかない"ジレンマ"が生じている。

それ故に、現今、彼らの心配事を解消する新たな方法論—洞察力や予見力を高める"戦略的商品開発の発想支援法"—を創出し、商品企画～デザイン業務に取り込み、その有効性を実証することが重要となってきている。

10.2.2.2　"カスタマーサイエンス"の体系的活用と展開

戦略商品の実現には、"ウオンツ"創出のための"顧客情報の収集と知的な解析"が重要である。表10.2.1は、そのための顧客情報の体系的活用レベルと社内外関係各部門の知的共有の体系を現している。"カスタマーサイエンス"の実施レベルを、図中の1～5へと進化させるためには、"関連部門間の顧客情報をオンライン化"し、知的な解析を可能にしなければならない。さらに、グローバルマーケティングを実現するためにも、"海外事業体との体系的・組織的な展開"が大切となる。具体的には、"第7章　7－1　製品設計—品質保証プロセスマネジメント"(図7.1.5　顧客情報活用ネットワーキングシステム（CS-CIANS）[6]の運用)が重要になる。実施段階では、新たな統計科学法として、その有用性が論証されている"Science SQC, new quality control principle"[9]を援用する。そこで次項では、"カスタマーサイエンス"の研究例—日本の"自動車エクステリアデザイン戦略"—「ワールド・カー：名車創り」を例示する。

表10.2.1　"カスタマーサイエンス"の体系的活用

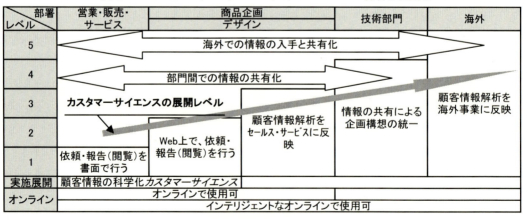

10.2.3　自動車エクステリアデザイン戦略
10.2.3.1　デザインニング発想支援法の創案

カスタマーオリエンティッドな戦略的な商品開発をするためには、顧客の気持ちや言葉を新製品開発のプロセスに組み込む"カスタマーサイエンス"の実践が重要である。"将

来どんなスタイルの車が売れるのか"予測をするためにも、顧客嗜好や価値観を客観的に捉え、デザインプロセスに盛り込み具象化することがデザイン戦略上重要となる[1-4]。

この命題に対し、筆者が創出し、その有効性が実証されてきた"Science SQC"を"デザイニング"というデザインプロセスの変革に適用するために、筆者[5,9]は顧客嗜好を科学化する"デザインＳＱＣ"（Design SQC）を創出した。これは、デザイナー個人の「提案力」を高めることに貢献する「新たな感性のエンジニアリング」[3,4]の方法論を意図している。具体的には、"Science SQC"のコアメソッドの一つ"ＳＱＣテクニカルメソッド"（SQC Technical Methods）[9,10]を適用する。「デザインニング発想支援法」として、"プロファイルデザイン（Profile Design）開発プロセスに大切な"デザイナーの「発想」創出レベルを高める新たな方法論として、「具体的形状発想支援ツール」（Customer Science aiming to achieve Intelligence Design Concept Methods, CS-IDCM）[1,3,5,9,10]を図１０．２．２に創出した。

"ＣＳ－ＩＤＣＭ"は、作品（車）の質向上を図るため、そのツールを用いたデザインプロセスを明示している。従来は、「リサーチ」そのものの解析（事象解析）の後、ダイレクトに「具体的形状発想」（デザインプロファイル）へと展開するのが一般的であった。

創出できたこの方法論は、それらの「橋渡し」（図中のStep１→Step２→Step３→Step４）の段階で、顧客のニーズを掘り下げ、時代を先取りすることを可能にするものである。この図式は、デザイニングという暗黙知から「より創造的な活動」として、デザインプロセスを明白知化するために「解析」プロセス自体が「発想」の要諦をなすものと考える。即ち、「自動車デザイン学」として「一般解」を求める「解析目的論主義」ではなく、「生きた特殊解」を創出することをねらいとしている。

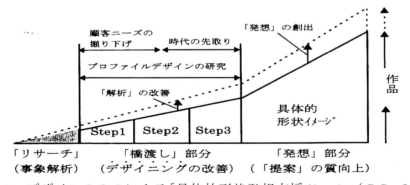

図１０．２．２　デザインＳＱＣによる「具体的形状発想支援ツール」（ＣＳ－ＩＤＣＭ）

１０．２．３．２　価値創造のための"自動車エクステリアデザインモデル"の研究

上述の"ＣＳ－ＩＤＣＭ"を実現するために、筆者[1,11]はトヨタ自動車㈱において"顧客価値"を高める"ＡＤＳ"（Advanced Profile Design utilizing Science SQC）プロジェクトにより、"自動車エクステリアデザインモデル"（Automobile Exterior Design Model, AEDM）を図１０．２．３に創案した。"ＡＤＳ"の展開では、筆者はトヨタのTQM推進

部の統括推進者(1992-2000)(注2)としてデザイン開発部門と協働し、さらに"Amasaka New JIT Laboratory（青山学院大学, 2000-2017）"がトヨタ他の自動車メーカーと協働した。

図中のように、"ＡＥＤＭ"は３つのコアメソッド（(A)（B）(C)）で構成している。
(A) 自動車プロファイルデザインのビジネスプロセス法の改良（Improvement of business process methods for automobile profile design）では、"ＣＳ－ＩＤＣＭ"を適用し、顧客が世界の名車と言われる国内外の代表的な４ドアセダンを対象に、(i) プロファイル（外観）デザインに対して、どのような印象をもっており、(ii) 具体的に、どの部位のデザイン形状（全体、フロント・サイド・リアー）にフォーカスしているのか、探求する。
(B) 自動車プロファイルデザインのサイコグラフィックスアプローチ法の創出（Creation of automobile profile design "Psychographics" approach methods）(注3)では、上記で得られた知見を基に、"サイコグラフィックスアプローチ法"を適用し、トヨタの戦略的プレステージカー「レクサス」（日本車名：アリスト／セルシオ）の新型車"Lexus GS400 /LS430"のエクステリアデザインの具体的形状（主要な外観要素とプロポーション）を実現する。
(C) 自動車プロファイルデザイン、フォルム、カラーマッチング法（Automobile profile design, form and color matching support methods）では、「レクサス」のエクステリアデザイン開発を応用する。多様な「ミッドサイズ・カー」のエクステリアデザイン開発では、プロポーション（プロファイルデザイン）に加え、フォルム、ボデーカラー（以後、カラーという）のマッチング法を創出する。

"ＡＥＤＭ"のコアメソッド（(A)（B）(C)）の実施段階では、筆者[8]は"ＣＳ－ＣＩＡＮＳを有効に活用している。

（注2）ＡＤＳプロジェクトは、車両開発センター各部門、デザインリサーチ研究所（東京）、マーケティングサービス部門、販売店マーケティングシステム部門、北米・欧州の関連部門、顧客情報収集部門、ＴＱＭ推進部、トヨタアムラックス（東京）他とのジョイント式タスクチーム活動（第４章："Task-6"）である[11,12]。
（注3）自動車デザインの骨格ともいえる「外観プロファイル」（プロポーション：比率）を、その車両開発段階で決めていく際、顧客の気持ち（感性）に合うように、形状と心理的要素の関係を科学的に突き詰めることにより、妥当性のあるものにしていくデザインプロセスである[4]。そのための科学的アプローチとして「カスタマーサイエンス」の視点から「デザインＳＱＣ」を適用する。

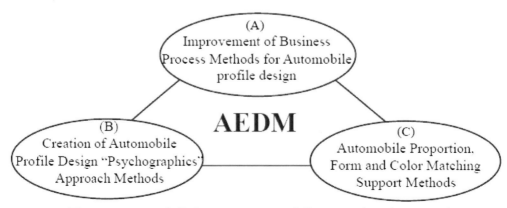

図１０.２.３　自動車エクステリアデザインモデル（ＡＥＤＭ）

１０．２．４　ＡＥＤＭの適用例[1, 3, 4, 6, 9-14]
１０．２．４．１　プロファイルデザインのビジネスプロセス法の改良（Ａ）
（１）顧客の車両「希望イメージ」と「最好意車」との相関関係把握　≪Step 1≫

多様なパーソナリティーをもつ１５７名の顧客（国内パネル）に、表１０．２．２に示すサーベイ調査（アンケート）を行う。まず、車両を提示せずに、パネルに内在する車に対する「希望イメージ」を捉える。次に、車両のブランド名をマスキングした写真を用いた"国産と輸入車の代表４車種（BMW 850i/1990 model, Benz 300-24/1989 model, Legend Coupe/1991 model and Soarer 4.0GT/1991 model）"の車両を提示し、表１０．２．３に示す「最も大好きな車（最好意車）を答えてもらう。

この「希望イメージ」と「最好意車」のアンケートデータを用い"４群判別"を行なったところ、４車種とも７０％前後で概ね判別でき、車ごとに選んだパネルの希望イメージが似ていることがわかった。そこで、これらのデータから、クラスター分析を用いて、BMW派、Benz派、Legend派、Soarer派に帰属するパネルが、それぞれ抽出できた。

この分析結果を用いて、「希望イメージ」と「最好意車」の相関関係をより鮮明に把握するために、"数量化Ⅲ類"で解析した結果、図１０．２．４の散布図（個体数量）を得た。図中より、例えばソアラを好きと答えたパネル群は、ソアラに具備された「洗練された」、「スポーティー」といった車に対する希望イメージを持っていることが分かる。

同様のことが他車型でも確認できたことから、"顧客の嗜好には一貫性がある"と考えることができ、顧客の言葉を具体的な車の形状として具現化が可能であると推量できた。

表１０．２．２　「希望イメージ」と「最好意車」のアンケート

表１０.２.３　「最好意車」質問集

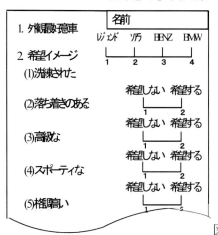

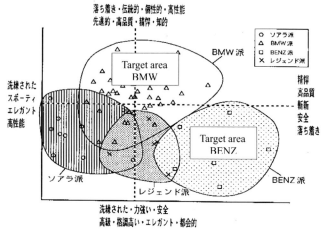

図１０.２.４　「希望イメージ」と「最好意車」との相関関係

　これらの分析結果は、"Target area‐BENZ/BMW"をベースに、日本自動車メーカーが目指す「ワールド・カー／スタイリッシュなフラッグシップ・カー創り」へ貴重なガイドラインとなる。具体的には、得られたこれらの知見は、「グローバル・カー／プレステージ"レクサス"」の"エクステリアデザイン"の"コンセプトの創造"に十分な知識を与える。

（２）顧客が車の外観評価する時、重視する外観要素を探る方法 ≪Step 2≫

　ここで取り上げた課題は、自動車のプロファイルデザインを企画するプロのデザイナーにとっては"定性的且つ経験則"としての以下の"定説（暗黙知）"を客観化することにある。定説では、一般に顧客が外観評価する時、日本人はフロント重視の傾向があり、北米などではフロント・サイド・リヤの全体の外観を評価すると言われている。しかし筆者の知る限り、調査・解析により客観化（明白知化）した例はない。それ故に、顧客が"車両外観（プロファイルデザイン）のどの部位に注目しているかを定量的に把握する"ことにより、"カスタマーイン"のデザイン戦略を進めることができる。

　ここでは、≪step1≫と同じ顧客１５７名を対象に、前述した４車種の車両外観の総合評価と、車両のフロントビュー、サイドビュー、リヤビューの３つの外観要素のそれぞれへの注目度の嗜好評価をしてもらい、「解析Ⅰ」として重回帰分析により両者の因果関係を探ることにする。さらにこの３つの外観要素を、それぞれの全体のデザインバランス（輪郭）と細部の要素（それぞれ４部位、９部位、５部位）に分けて、「解析Ⅱ」として同様に因果関係を探ることにする。

　クラスタ分析により"事前解析"をすると、車両外観の総合評価は"４車種とも総じてパーソナリティーにおいて，年齢と年収が低いグループと高いグループに層別される"ことが分かった。図１０.２.５は、年齢と年収が低いグループに特定したある車種の解析

結果の一例である。図中の数字は標準化偏回帰係数（B）である。これによると、「解析Ⅰ」では外観総合評価(X1)への影響度を表す自由度調整済み寄与率（R^{*2}）が 0.74 となり、因果関係は充分大きいと言える。内訳を見ると、フロントビュー(X2)の影響が B_{fv}＝0.46 とかなり高く、サイドビュー(X7)、リヤビュー(X17)もそれぞれ B_{sv}＝0.30、B_{rv}＝0.29 で影響していることが分かる。さらに、「解析Ⅱ」では、フロントビュー(X2)への影響度はヘッドライト、フロントグリル(X3)が高く、同様にサイドビュー(X7)へはサイド全体の輪郭・デザイン(X16)が、リヤビュー(X17)へはテールランプ(X20)やリヤバンパーのデザイン(X21)が高いことが分かる。

一方、（図示はしないが、）年齢と年収が高いグループ[1,10,13]では、「解析Ⅰ」では、フロントビューの影響が B_{fv}＝0.59 とさらに高く、サイドビュー(X7)、リヤビュー(X17)の影響は B_{sv}＝B_{rv}＝0.18 となり相対的に低いことが分かる。「解析Ⅱ」では、概ね年齢と年収が低いグループと分析結果は類似しているが、フロントビュー(X2)ではボンネット(X4)の影響が高い。そしてサイドビュー(X7)では、リヤーからトランクへのライン(X19)とリヤー全体のデザインバランス(X22)が高いことなど、幅広く車両概観評価をしていることが確認できた。このような解析傾向は他の3車種でも同様であった。

さらに筆者は、北米においても同様な調査分析を行っている[1,10,13]。日本では一般にフロントビューのウェイトが高いが、北米ではサイドビューとリヤビューのウェイトはフロントビューと同等であることを確認している。

以上の結果より、従来から言われていた定説を解析論的に検証できた。この解析結果からデザイナーは国柄を考慮したカスタマーインのデザイン戦略の必要性を把握できた。

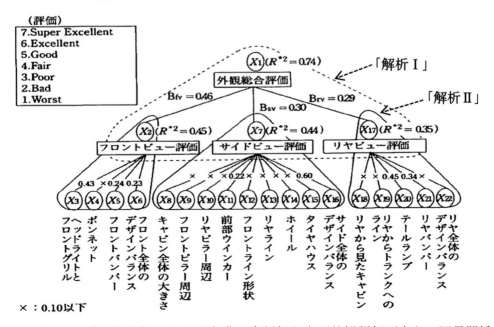

図10.2.5　重回帰分析による顧客満足度評価と車両外観評価要素との因果関係

１０.２.４.２　プロファイルデザインのサイコグラフィックスアプローチ法（Ｂ）
（１）プロファイルデザインのカスタマーオリエンテッドネスの研究 ≪Step 3≫

　ここでは、真のカスタマーインを考え、将来、どのようなプロポーションをした車が売れるのか予測するために、以下のアプローチで解析する。まず、ユーザーが商品をなぜ買うのか考えてみた場合、「払った額に見合うから買う」、「今持っているものより新しくなっているから買う」の２つ要因が挙げられる。この２つの要因を「高級感＝値段」「新しさ＝発表年代」と仮定し、これらと車のプロポーション（フード比率＝フード長／全長、トランク比率＝トランク長／全長、キャビン比率＝キャビンすそ野長／全長、ルーフ比率＝ルーフ長／全長、フロントオーバーハング比率＝フロントオーバーハング長／全長、リヤーオーバーハング比率＝リヤーオーバーハング長／全長、ホイールベース比率＝ホイールベース長／全長、ルーフ／キャビン比率＝ルーフ長／すそ野長、全高比率＝全高／全長、全幅比率＝全幅／全長）の対応関係を解析した。

　解析に使用した計測データは、オートグラフ（或いは、測定線図）を用いて計測した。例えば、"ARISTO"（'94model）は、フード比率は 0.26（＝フード長 1280 mm／全長 4950 mm）となる。このようにして、国内外６２車種（セダン系）を選定し、プロポーション（比率）を測定し、主成分分析により図１０.２.６／図１０.２.７の散布図（主成分得点）を得た。図１０.２.６は高級度合別に、図１０.２.７は発表年代別にいずれも層別分類した結果である。図１０.２.６では、散布図の右の方ほど高級等級が低く、図１０.２.７では、右の方ほど発表年が新しいことが分かる。

　例えば、この２枚の散布図を重ねて比較すると、「最高に高級」で「最高に新しい」という組み合わせの車は実現困難であることが分かる。つまり、「高級」（*Luxury*）と「新しさ」（*Newness*）は背反することが定量的に明らかにでき、これは新知見である。このこ

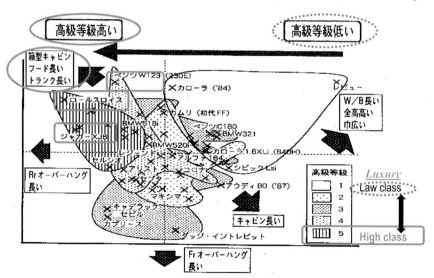

図１０.２.６　「高級度合」による車種の分類

第2部　オペレーションズ・マネジメント戦略の実際

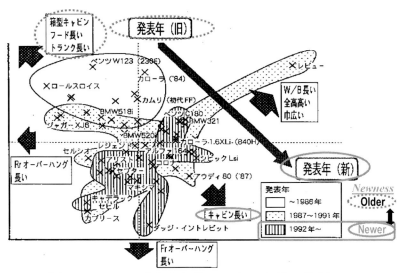

図10.2.7　「発表年代」による車種の分類

とから、解析に「新しさ」という"顧客の嗜好が変化する"という時間軸の概念を含んだ要因を取り込むことで、現在のユーザーの好みではなく、将来のユーザーの好みを予測することの研究指針を得ることができる。これにより、「お客様が欲しいと思う前に、欲しいものを提案」し、デザイン業務のプロセス改善に役立つ指針を得ることができる。

（2）「レクサス」プロファイルデザイン開発　(Lexus GS400/ LS4300) ≪Step 4≫

グローバル・カー「レクサス」のデザイン戦略の最優先課題は、「如何にして、顧客のハート"ときめき"をキャッチするか？」である。そこで筆者らは、「レクサス」のプロファイルデザインの創作（寸法比率研究）(注4) では、"ショートフード"（スモールサイズエンジン）、"ロングキャビン"（ラージホイールベース／スモールオーバーハングユニットアクスル）、"流麗なストリームライン"（ショートルーフ、ラージスロープのフロント／リアウインドウ（ウインドウガラス面積の拡大／キャビンスペースの拡大），"ロービークルハイト"（天井と床の厚みを薄くする構造）のプロポーションとした。

これらのプロファイルデザインの具象化では、(綿密に、エンジン、パワートレイン（ユニットアクスル／サスペンション）、車体廻りの設計技術の革新との融合（同時進行）により，)「高級」(Luxury) と「新しさ」(Newness) を同時に実現した。特に、図10.2.5〜10.2.7の分析結果と、ハイトレンド／ハイクラスな"BMW/BENZ/Jaguar luxury"のポジショニングにフォーカスした。Lexus GS400のターゲットは、"lower in age (youth and middle age)"のための"middle grade class"を凌駕するプロファイルデザインとした。

同様に、LS 4300のターゲットは、"higher in age (middle and advanced age"のための"upper grade class"を凌駕する プロファイルデザインとした。

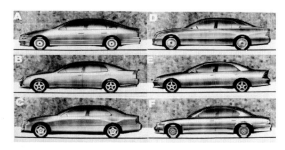 

Lexus GS400 は proportion ratio "D" を採用した。　　Lexus LS430 は proportion ratio "B" を採用した。

図１０．２．８　「レクサス」開発のための寸法比率研究の数値をもとに作成した調査用の
　　　　　　　サイドビュー（左：Lexus GS400、右：Lexus LS430）(出典: 天坂・長屋, 2002)[4]

　そこで筆者ら[4]は、「レクサス」（Lexus GS400/LS430）のプロファイルデザイン開発のための"寸法比率研究の数値"をもとに作成した調査用のサイドビューを図１０．２．８に示す。図中に示すように両車両とも、プロポーション比率をＡからＦまで異なる組合せとしている（詳しい寸法比率は、ここでは例示しない）。

　前述の１０．２．４．１（表１０．２．２、表１０．２．３）のサーベイ調査と類型の調査により、"Lexus GS400"のデザインコンセプト「新しさ」（Newness）では、プロポーション比率"D"を採用した。同様に、"Lexus GS400"のデザインコンセプト「高級」（Luxury）では、プロポーション比率"B"を採用した。これらのプロポーション比率をベースとした、ニューモデル「レクサス」（Lexus GS400/LS430）は、国内外で期待通りの市場評価を得ており、トヨタの"フラッグシップ・カー"として所与の成果を得ている[15, 16]。

（注4）本調査の例では、プロポーション比率（proportion ratio）を以下の①から⑩で表す。
①hood ratio: hood length/overall length, ②trunk ratio: trunk length/overall length, ③cabin ratio: cabin skirt length/overall length, ④ roof ratio: roof length/overall length, ⑤ front overhang ratio: front overhang length/overall length, ⑥rear overhang ratio: rear overhang length/overall length, ⑦wheel base ratio: wheel base length/overall length, ⑧roof/cabin ratio: roof length/skirt length, overall height ratio, ⑨overall width ratio: overall height/overall length, and ⑩overall width ratio: overall width/overall length.

１０．２．４．３　自動車プロポーション・フォルム・カラーのマッチング法（Ｃ）
（１）"プロポーション・フォルム・カラーマッチング支援法"の展開

　上述したように、"自動車エクステリアデザイン"の戦略的展開では、"顧客価値"を高めるように①プロポーション（デザインプロファイルという），②フォルム，③ボデーカラーの3要素のそれぞれを最適化する"デザインニング"の研究が必要となる。

　加えて、昨今の"デザインニング"では，商品企画の段階から"車両デザインコンセプト"に合致するように，④プロポーション＊フォルム，⑤フォルム＊カラー、⑥プロポーション＊カラーの"組み合わせの最適化"に加え、さらには⑦プロポーション＊フォルム＊カラーを統合化した最適なマッチングが今日的な必須要件となっている。

　そこで筆者ら[14]は、"自動車エクステリアデザインモデル"（ＡＥＤＭ）の戦略的展

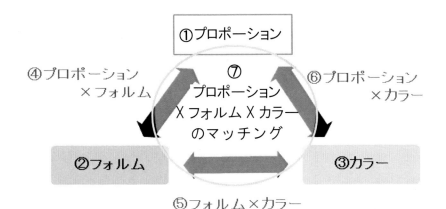

図１０.２.９ 自動車プロポーション・フォルム・カラーのマッチング支援法
―自動車エクステリアデザインの戦略的展開法―

開法"を具現化する"自動車プロポーション・フォルム・カラーのマッチング支援法"(Automobile Proportion, Form and Color Matching Support Methods, APFC-MSM)を図１０.２.９に創案した。上述の"プロファイルデザインのビジネスプロセス法の改良（A）"と"プロファイルデザインのサイコグラフィックスアプローチ法の創造（B）"の知見を基に、トヨタ、ホンダ、マツダ、日本ペイント、関西ペイント、トヨタデザイン研究所、販売店（ネッツトヨタ淵野辺店ほか）と協働し、天坂 New JIT 研究室（青山学院大学理工学研究科）が"ＡＰＦＣ－ＭＣＭ"の展開を主導した。

"自動車エクステリアデザインの最適化"のケーススタディとして、①プロポーションとパッケージデザイン（室内空間）のマッチング[18,19]、②フォルムデザイン[20-22]、③カラーデザイン[23-25]、④デザインプロファイルとフォルムのマッチング[26]、⑤フォルムとカラーのマッチング[27,28]、⑥プロファイルデザインとカラーマッチング[29]、⑦デザインプロファイル・フォルム・カラーの統合化マッチング[30,31]などがある。そこで筆者らは、"ＡＰＦＣ－ＭＣＭ"に寄与した先駆的な"ケーススタディ⑦"を次に例示する。

（２）自動車プロポーション・フォルム・カラーのマッチングアプローチモデルの創出

筆者ら[30]は、"ＡＥＤＭ"の戦略的展開法として、"プロポーション・フォルム・カラーのマッチングアプローチモデル"（Automobile Profile Design, Form and Color Matching Model, APFC-MM）を図１０.２.１０に創出した。ここでは、図中のStep 1～Step 6により、２０代の若者世代（男性５１名）が好む"ミッドサイズ・カー"をケースとして、本モデルの有効性を例証する。

(i)問題点の明白化(Step 1)

現状の日本の自動車エクステリアデザインに対する顧客の期待と要望を知るために，主要な自動車メーカー，販売店，顧客にヒヤリング調査を行う。そして同様に、先行研

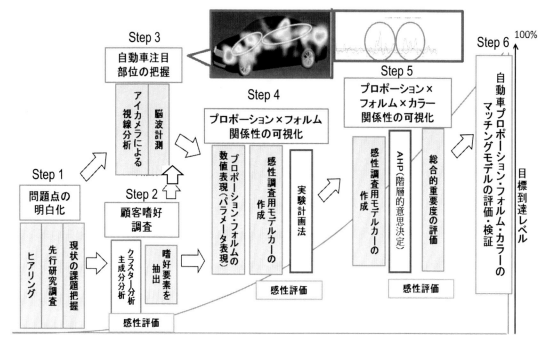

図10.2.10 自動車プロポーション・フォルム・カラーのマッチングアプローチモデル
（Automobile Profile Design, Form and Color Matching Model, APFC-MM）

究において、まだ明らかにされていない問題点を把握する．

(ii) 顧客嗜好調査 (Step 2)

　Step 1 の問題点の明白化を基に，顧客の嗜好調査を行う。Step 2 では，顧客がどのような車に興味があるのか？　自動車購入時に考慮する要素はなにか？を把握するために顧客に対しアンケート調査を行う。さらに、顧客の感性がどのような関係しているか定量的に把握するために、これらの採取データにより主成分分析とクラスター分析を行う。

(iii) 注目部位の把握 (Step 3)

　ここでは，Step 2 で把握した顧客嗜好調査から得た知見をもとに，ターゲットとなる顧客を被験者として、車両外観評価要素の注目部位の把握を行う。具体的には、被験者を選定後，アイカメラ（視線分析装置）と脳波計（highest alpha wave）を用い、被験者が車両外観のどこに注目しているのか？どのように感じているか？について、視線分析と脳波測定を同期化して可視化も行い、実験的に掌握する。

(iv) プロポーション・フォルムの関係性の把握 (Step 4)

　Step 1～Step 3 で得られた知見をもとに、車両外観の重要なプロポーションとフォルムについての関係性を把握する。そのために、３Ｄ－ＣＡＤを用いて実際に車両の寸法を数値化し設計することにより、顧客の求める自動車デザインの具現化を行う。

(v) プロポーション・フォルム・カラーの関係性把握 (Step 5)

Step4で設計したモデルを基に、実験計画法，ＡＨＰ（階層化意思決定法）を援用して分析し、車両外観の評価要素の最適な組合せによるマッチングモデルの選定を行う。

(vi) プロポーション・フォルム・カラーのマッチングアプローチモデルの検証（Step6）

Step 5で選定されたマッチングモデルの有効性を確認するために，脳波計を用いて被験者が他のモデルに比べてどのように反応しているかの検証を行う。このアプローチ法によって創案された最適なマッチングモデルの有効性を確認する。

具体例としてStep4では、これまでに得られた知見[注5]を基に、プロポーションとフォルムの関係性を捉え、図１０．２．１１に示す３Ｄ－ＣＡＤを用いて車両外観デザインの具現化を行った。"自動車公論社のボデーマニュアル車体寸法図集"を基に、基準となるプロポーションとフォルムの寸法を決定し、表１０．２．４に示す３水準で数値化を行った。フォルムは、フロント（ボンネットのふくらみ，エッジ溝ライン）・サイド（ボンネットのふくらみ，キャラクターラインの強さ）・リア（Cピラーの角度，リアバンパーの幅）のそれぞれの組合せにより、マッチングモデル（Ⅰ～Ⅸ）を作成した。

(注5) 筆者ら[ ]の"フォルム形状パラメータ"（ボンネットエッジ, ボンネット, フェンダー, フロントピラー、ベルトライン、キャラクターラインなど）の共分散構造分析による最適化研究、フェンダーパネル（レッド、ブラック、ブラウンの3種類）による、エクステリアカラー（Hue, Luminosity, Intensity, Shine, Opacity, Graininess）と4つの嗜好（Classy, Luxurious, Dignified, Sporty）のパス解析による最適化研究による。

図１０．２．１１　３Ｄ－ＣＡＤによるエクステリアデザイン（プロポーションとフォルム）

表１０．２．４　プロポーション・フォルムの寸法例

モデル	フロントガラスの長さ A	ボンネットの傾斜 B	エッジ溝ライン C
Ⅰ	730mm	40°	40°
Ⅱ	655mm	25°	15°
Ⅲ	805mm	25°	15°
Ⅳ	655mm	50°	15°
Ⅴ	805mm	50°	15°
Ⅵ	655mm	25°	45°
Ⅶ	805mm	25°	45°
Ⅷ	655mm	50°	45°
Ⅸ	805mm	50°	45°

Step5では、上述のStep4で設計したプロポーションとフォルムのマッチングモデル9パターン（Ⅰ～Ⅸ）のＣＡＤモデルを基に実験計画法により分析を行い，最良の組合せとなるマッチングモデルを決定する。（採取データは略すが）表１０．２．５の分散分析表から、フロント部分については因子Ａ（フロントガラスの長さ），因子Ｂ（ボンネットのふくらみ（傾斜角））、因子Ｃ（エッジ溝ライン）と因子Ｂ，因子Ｃ間の相互作用については、何れも5％有意である。この知見から、エッジ溝ラインが浅い方がボンネットのふくらみの違いが顕著になることが判明した。同様に、（分散分析表は略すが）サイド部分についても、キャラクターラインの強さとＡ（フロント）ピラーの角度の2因子の相互作用についても5％有意であることを確認した。これらの分析結果から、フロント

表１０．２．５　分散分析表（フロント部分）

要因	平方和	自由度	分散	分散比	検定	P値（上側）
A	20.816	1	20.816	21.575	**	0.002
B	11.391	1	11.391	11.806	**	0.009
C	5.348	1	5.348	5.543	*	0.046
AB	0.660	1	0.660	0.684		0.432
AC	1.266	1	1.266	1.312		0.285
BC	7.223	1	7.223	7.486	*	0.026
ABC	2.250	1	2.250	2.332		0.165
誤差	7.719	8	0.965	0.558		0.806
測定誤差	82.938	48	1.728			
計	139.609	63				

表１０．２．６　相対的優先度（基準）

	代替案1	代替案2	代替案3	代替案4	代替案5	代替案6
被験者1	0.13	0.17	0.12	0.10	0.16	0.32
被験者2	0.13	0.15	0.10	0.13	0.18	0.30
被験者3	0.09	0.10	0.26	0.39	0.06	0.11
被験者4	0.25	0.29	0.03	0.04	0.15	0.24
被験者5	0.33	0.31	0.19	0.09	0.02	0.06
被験者6	0.31	0.34	0.16	0.10	0.06	0.03
被験者7	0.31	0.34	0.16	0.10	0.06	0.03
被験者8	0.06	0.11	0.08	0.07	0.21	0.48
被験者9	0.17	0.16	0.06	0.08	0.31	0.21
被験者10	0.19	0.23	0.09	0.25	0.11	0.13

部分２パターン，サイド部分１パターン，リア１パターンを抽出することができた。

　抽出されたこれらのパターンを組合せ、さらに３色のボデーカラー（黒，白，赤）を加えた６パターンによる代替案１～代替案６のＣＡＤモデルを作成し，顧客（外観重視派）が求める"感性ワード"（基準）に対する"最良のマッチングモデル"を抽出するためＡＨＰを用いて分析を行った。この分析では，基準（感性ワード）及び代替案（１～６）の優先度を求めるために一対比較法を用いる。被験者１～１０（１０名）に、３Ｄ－ＣＡＤで作成したマッチングモデルを見比べてもらい、"どのように感じたか"のアンケート調査を行った。この調査データから、基準（感性ワード）と代替案（３Ｄ－ＣＡＤモデル）に対する相対的優先度を表１０．２．６に求めた。さらにこれらを総合的に評価することによって、"プロポーション・フォルム・カラーの関係性"を視線分析と脳波計により可視化して捉え、それらの最良のマッチングモデル"の抽出を可能にした。

　Step６では、これらの分析結果を通して、外観重視派の２０代男性に対し、評価値が最も高い値を示した２種類の３Ｄ－ＣＡＤモデル（代替案２、代替案６）を創出することができた。代替案２は、フロントガラスの長さが８０５ｍｍ、ボンネットのふくらみが５０°、エッジ溝ラインが４５°、サイド部分のキャラクターラインの強さとＡ（フロント）ピラーの角度が３０°、ボデーカラーは黒であり、感性ワードは「かっこよさ」を最も重視していることが判明した。代替案６は、代替案２と同様のプロポーション・フォルムで、ボデーカラーは赤であり、感性ワードは「高級感」をもっとも重視していることが確認できた[30]。

（３）自動車エクステリアデザイン戦略の進展

　近年、筆者らは"カスタマーサイエンス"を運用する"ＡＥＤＡ"の新たな展開を進めている。研究例の１つは、自動車のエクテリアデザインとインテリアデザインのカラーマッチングモデルおよび自動車計器デザインのアプローチモデルの開発がある[32,33]。２つは、女性専用車のエクテリアデザインの開発がある[34]。３つめは、ＡＥＤＭの新展開－

スクータおよび自転車のエクステリアデザインへの開発がある[35,36]。

10.2.5 まとめ

筆者は、魅力ある自動車エクステリアのデザインニングのために"顧客価値創出法－カスタマーサイエンス"を体系的に運用する"ＣＳ－ＣＩＡＮＳ"を運用し、"デザインＳＱＣ"を援用することにより「具体的形状発想支援ツール」（ＣＳ－ＩＤＣＭ）を創案した。これにより、"自動車エクステリアデザインモデル"（ＡＥＤＭ）を創出した。

具体的には、トヨタの"フラッグシップ・カー：レクサスのデザイン開発"に適用し、所与の成果を得た。さらに得られた知見を活かし、現在、"自動車プロファイルデザイン・フォルム・カラーのマッチング法"を創出し、ミッドサイズ・カーを対象にした"ＡＥＤＭ"の具体化が進展している。

10.2.6 謝辞

本研究は、トヨタ自動車㈱（長屋明浩氏、布垣直昭氏、松原和子氏、岡崎良二氏、鈴木美絵氏、大橋徹也氏 ほか）、青山学院大学（理工学部／大学院理工学研究科 天坂 New JIT 研究室：豊田峻太郎氏、西尾美則氏、山地学 ほか）との協働により進められたものである。ここに深く謝意を申し上げます。

参考文献

[1] 布垣直昭,柴田和子,長屋明浩,大橋徹也, 天坂格郎, 自動車のプロファイルデザインの顧客指向に関する一研究：デザインの仕事に役立つ"デザインＳＱＣ"の展開,日本品質管理学会,第26回年次大会研究発表要旨集, pp. 23-26, 1996.

[2] 鈴木美絵,岡崎良二,天坂格郎, デザインＳＱＣによる世代別価値観の研究：サイエンスＳＱＣＳによるカスタマーサイエンスの展開, 日本生産管理学会第 11 回全国大会講演論文集要旨集, pp. 139-142, 2000.

[3] 天坂格郎,長澤信也,『官能評価の基礎と応用：自動車における感性のエンジニアリングのために』, 日本規格協会, 2000.

[4] 天坂格郎,長屋明浩,第4章 自動車における新たな感性のエンジニアリング,『感性をめぐる商品開発』,日本感性工学会編,日本出版サービス, pp. 55-72, 2002.

[5] 天坂格郎, 消費者価値観の研究法"カスタマーサイエンス"：戦略的商品開発の発想支援法-デザインテクニカルメソッド, 日本行動計量学会第３２回大会発表論文抄録集, pp. 196-199, 2004.

[6] K. Amasaka, Constructing a Customer Science application system "CS-CIANS": Development of a global strategic vehicle "Lexus" utilizing New JIT, WSEAS Transactions on Business and Economics, Vol. 2, No. 3, pp. 135-142, 2005.

[7] 天坂格郎編著,『ニュージャパンモデル：サイエンスＴＱＭ－戦略的品質経営の理論と実際』, 製造業の品質経営ありかた研究会編, 丸善, 2007.

[8] K. Amasaka Ed., Science TQM, New Quality Management Principle: The Quality Management Strategy of Toyota, Bentham Science Publishers, UAE, USA, The Netherland, 2012.

[9] K. Amasaka, Science SQC, New Quality Control Principle: The Quality Strategy of Toyota, Springer, 2004.

[10] K. Amasaka, A. Nagaya and W. Shibata, Studies on Design SQC with the application of Science SQC: Improving of business process method for automotive profile design, Japanese Journal of Sensory Evaluations, Vol. 3, No. 1, pp. 21-29, 1999.

[11] K. Amasaka, Automobile Exterior Design Model: Framework development and supporting case studies,

The Journal of Operations Management and Strategy, Vol. 8, No. 1, pp. 67-89, 2018.

[12] K. Amasaka, Strategic Stratified Task Team Model for Realizing Simultaneous QCD Fulfilment: Two Case Studies, *Journal of Japanese Operations Management and Strategy*, Vol. 7, No.1, 14-35, 2017.

[13] K. Amasaka, The Validity of "*TDS-DTM*", A Strategic Methodology of Merchandise: Development of *New JIT*, Key to the Excellence Design "*LEXUS*", *The International Business & Economics Research Journal*, Vol. 6, No. 11, pp. 105-115, 2007.

[14] S. Toyoda, Y. Nishio and K. Amasaka, Creating a Vehicle Proportion, Form, and Color Matching Model, *Journals International Organization of Scientific Research,* Vol. 17, No. 3, pp. 9-16, 2015.

[15] モータファン, 新型 アリストのすべて", ニューモデル速報, 別冊, Vol. 213, pp. 24-30, 1997.

[16] J. D. Power and Associates, URL:http://www.jdpower.com/, 1998.

[17] モータファン, 新型セルシオのすべて", ニューモデル速報, Vol. 268, pp. 23-24, 2000.

[18] 岡部祐司,山路学, 天坂格郎, 自動車パッケージデザイン発想支援法 "CS-APDM"：車の外観と室内空間を同時満足させるCustomer Science Approach, 日本生産管理学会論文誌, Vol. 13, No. 2, pp. 5761, 2007.

[19] M. Yamaji and& K. Amasaka, 2009, An Intelligence Design Concept Method Utilizing Customer Science, *The Open Industrial and Manufacturing Engineering Journal*, Vol. 2, pp.10-15, 2009.

[20] H. Asami, T. Ando, M. Yamaji and K. Amasaka, A study on Automobile Form Design Support Method "AFD-SM," *Journal of Business & Economics Research,* Vol. 8, No. 11, pp. 13-19, 2010.

[21] M. Yamaji and K. Amasaka, A study on Automobile Form Design Support Method "AFD-SM", *Journal of Business & Economics Research,* Vol. 8, No. 11, pp. 13-19, 2010.

[22] K. Yazaki, H. Takimoto, and K. Amasaka, Designing vehicle form based on subjective customer impressions," *Journal of China-USA Business Review.* Vol. 12, No. 7, pp. 728-734, 2013.

[23] M. Muto R. Miyake and K. Amasaka, Constructing an Automobile Body Color Development Approach Model, *Journal of Management Science,* Vol. 2, pp. 175-183, 2011.

[24] S. Takebuchi, T. Nakamura, H. Asami, and K. Amasaka, K. The Automobile Exterior Color Design Approach Model," *Journal of Japan Industrial Management Association*, Vol. 62, No. 6E, pp. 303-310, 2012.

[25] T. Shinogi T., S. Aihara and K. Amasak, Constructing an Automobile Color Matching Model. *IOSR Journal in Business and Management*, Vol. 16, No. 7, pp. 7-14, 2014.

[26] H. Takimoto, T. Ando, M. Yamaji, M. and K. Amasaka, The proposal and validity of the Customer Science Dual System," *China-USA Business Review*, Vol, 9, No. 3, pp. 29-38, 2010

[27] S. Takebuchi, H. Asami and K. Amasaka, An Automobile Exterior Design Approach Model linking form and color, *Journal of China-USA Business Review*, Vol. 11, No. 8, pp. 1113-1123, 2010.

[28] M. Muto, S. Takebuchi, and K. Amasaka, Creating a New Automotive Exterior Design Approach Model: The relationship between form and body color qualities," *Journal of Business Case Studies,* Vol. 9, No. 5, pp. 367-374, 2013.

[29] H. Asami, H. Owada, Y. Murata., S. Takebuchi and K. Amasaka, The A-VEDAM for approaching vehicle exterior design, *Journal of Business Case Studies,* Vol. 7, No. 5, pp. 1-8, 2011.

[30] S. Toyoda, Y. Nishio and, K. Amasaka, Creating a Vehicle Proportion, Form, and Color Matching Model, *International Organization of Scientific Research Journal of Computer Engineering,* Vol. 17, Issue 3, pp. 9-16, 2015.

[31] T. Kobayashi, R. Yoshida, K. Amasaka, and N. Ouchi, A statistical and scientific approach to deriving an attractive exterior vehicle design concept for indifferent customers, *Journals International Organization of Scientific Research,* Vol. 18, Issue 12, pp. 74-79, 2016.

[32] K. Koizumi, R. Kanke, and K. Amasaka, Research on automobile exterior color and interior color matching, *International Journal of Engineering Research and Application*, Vol. 4, Issue, 8, pp. 45-53, 2013.

[33] K. Yazaki, H. Tanitsu, H. Hayashi and K. Amasaka, A model for design auto instrumentation to appeal to young male customers," *Journal of Business Case Studies,* Vol. 8, No. 4, pp. 417-426, 2012.

[34] K, Koizumi, M. Muto and,K. Amasaka, Creating Automobile Pamphlet Design Methods: Utilizing both biometric testing and statistical science, *Journal of Management,* Vol. 6, No. 1, pp. 81-94, 2014.

[35] M. Nakamura, M. Kuniyoshi, M. Yamaji, and K. Amasaka, Proposal and validity of the product planning business model "A-POST": The application of the text mining method to scooter exterior design, *Journal of Business Case Studies,* Vol. 4, No. 9, pp. 61-71, 2008.

[36] K. Koizumi, S. Kawahara, Y.Kizu, and K. Amasaka. A Bicycle Design Model based on young women's fashion combined with CAD and Statistical Science, *Journal of China-USA Business Review,* Vol. 12, No. 4, pp. 266-277, 2013.

10-3
営業・販売の変革—自動車セールスマーケティング戦略

概要：

本節では、"営業販売の変革"を主眼とする"自動車セールスマーケティング戦略"についての実証論的研究とその有効性を例証する。具体的には、営業販売戦略として「新車発売時の広告宣伝媒体による顧客購買行動モデル」の創出により、"自動車セールスマーケティングシステム"を構築し、市場創造"顧客ロイリティ、顧客保持"の一助とした。

キーワード：自動車セールスマーケティング戦略、広告宣伝媒体、顧客購買行動モデル、自社代替高確率客の特定モデル、マーケティングＳＱＣ、トヨタ

１０.３.１　自動車"営業・販売の変革"の必要性

　昨今のマーケティングの環境変化を見つめるとき，"お客様との触れ合い"をさらに大切にして，既成にとらわれずに"顧客嗜好の特質や変化"を的確に掴む"営業・販売活動の変革"が今必要である[1,2]。

　景気低迷の中、自動車が思うように売れない現状を打開する"市場創造"として、顧客満足（Customer Satisfaction, CS）、顧客ロイヤルティー（Customer Royalty, CL）、顧客保持（Customer Retention, CR）に注視する「営業・販売のビジネス変革」が急務である[3-5]。

　中でも、「新しい車両販売店像」の実現のためには、①商品，②店舗・戦力，③お店がまえの３要素が要諦をなす。図１０.３.１に示すように「お店かまえ—オペレーションの変革」が必須の要件となる[1-4]。図中から、（a）"お客様との絆づくりのイノベーション"、（b）"商談のイノベーション"、（c）社員像のイノベーション、（d）アフターサービス

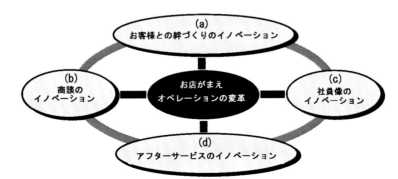

図１０.３.１　自動車の営業・販売のビジネス刷新

のイノベーションが"自動車の営業・販売のビジネス刷新"の基底をなす。

10.3.2　自動車セールスマーケティング戦略[1-4,7-12]

10.3.2.1　消費者購買行動の研究―「自動車販売と広告宣伝媒体の因果モデル」

（1）営業販売戦略「広告宣伝媒体による市場創造モデル」

　日経広告研究所ほかの調べ[6]によると、"営業販売戦略"としての日本国内における最近の広告・宣伝費に占める主要企業は食品/化粧品/自動車である。自動車の営業販売の広告・宣伝費では、テレビ、新聞、ラジオ、チラシ(折込み広告)に加え、ダイレクトメール、ダイレクトハンドなどであり、永年、自動車メーカーと販売店が協働し、販売店への消費者（顧客）の集客効果を高めるように、多様な広告・宣伝を実施してきている。

　そのような観点から、"市場創造"を喚起する主たる方法論である"広告・宣伝の集客効果"を定量的に把握することは、"自動車セールスマーケティング戦略"（Automobile Sales Marketing Strategy, ASMS）として、"営業販売の刷新"は今後とも重要である。

　そこで筆者らは、自動車販売店における"広告宣伝媒体による市場創造モデル"（Market Creation Model utilizing Advertisement Effects, MCM-AE）を図10.3.2に明示する。顧客が販売店に来店する時、集客効果"来店動機"に寄与する広告・宣伝媒体は、"領域A"のマルチメディア（インターネット、ＣＤ－ＲＯＭ、ＷＥＢなど）を媒体とする広告、"領域B"の直接広告（カタログ、DH[*1]、DM[*2]、電話など）、"領域C"のマスメディア（ラジオ、テレビ、新聞、雑誌、チラシ、電車広告、ポスター、広告掲示版など）である。

　これらの広告・宣伝媒体の"来店動機"の要因効果を定量的に把握するためには、"マーケティングＳＱＣ[(注1)]"[1,2]の適用は有効であるが、筆者の知る限り、このような実証研究例はあまり報告がみられない[13]。

（注1）トヨタ自動車㈱では、Science SQC[14]を活用する"Marketing SQC"と呼称している[2]。

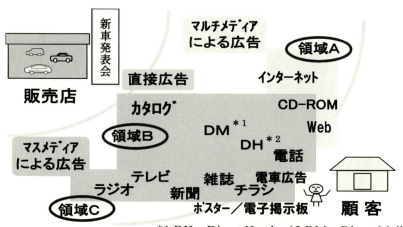

*1 DH：Direct Hand　　*2 DM：Direct Mail

図10.3.2　広告宣伝媒体による市場創造モデル（ＭＣＭ－ＡＥ）

（２）「広告宣伝媒体による顧客購買行動モデル」

"Total Marketing System, TMS" の展開の意義は、商品の魅力（商品性）を的確に、顧客情報として発信し "(d)顧客価値" を高める市場創造活動である（第3章図3.4）。それを実現する方法論として "広告宣伝媒体" の役割は大きい。そこで筆者は、これらの知見を活かし、各種の広告宣伝媒体(X1テレビ、X2新聞、X3ラジオ、X4チラシ、X5 DM X6、…)の要因効果による、顧客の購買行動の "来店"（Y0）→購入査定 "ホット"（Y1）→受注 "成約"（Y2）に至る、広告宣伝媒体による顧客購買行動モデル"（Customer Purchasing Behavioral Model utilizing Advertisement Effects, CPBM-AE）を図10.3.3に明示する。

これにより、販売店のオペレーションの諸要素の効用を捉えることで、営業販売の刷新に寄与させることが可能になる。知りたい事柄は、"購買行動を喚起する広告宣伝媒体の影響諸因子の定量効果" を把握できれば、それらの組み合わせ効果の最適化 "メディアミックス効果" により、来店率は高まり営業販売効果はかなり高まるものと推量する。

図１０.３.３　広告宣伝媒体による"顧客購買行動モデル"
（ＣＰＢＭ－ＡＥ）

１０.３.２.２　営業販売戦略「新車発売時の広告宣伝媒体による顧客購買行動モデル」

ここでは、前述した「宣伝広告媒体」による "顧客購買行動モデル"（ＣＰＢＭ－ＡＥ）を適用し、営業販売戦略のために "宣伝広告媒体の最適なメディアミックス効果" を定量的に把握する。そこで筆者は、トヨタ自動車㈱ほかと協働し、特に新車発売時に集中的に展開される **"広告宣伝の顧客購買行動モデル"を創案し、その有効性を論証する**(注2)。

一般に、新型車発表時に顧客が接触する**広告宣伝**媒体の主流は、テレビ、新聞、ラジオ、チラシなどであり、それらをオーバーラップさせることで、顧客は "購買意欲" が喚起され、販売店に来店する購買行動パターンが "暗黙知" として存在する。そこで、以下の方法により "ＣＰＢＭ－ＡＥ" の "明白知化" による "ＡＳＭＳ" を展開し、"新規顧客（初めて車を購入）を開拓し、他社からの乗り換え率、自社代替率向上" を図る。

(注2) 本プロジェクトは、第4章の "トータルタスクマネジメントチーム "Task-5" で実施しており、実施段階では、トヨタの営業販売部門、主要なトヨタの販売店（Ａ店、Ｂ店ほか）、日本リサーチセンター㈱らのジョイントであり、ＴＱＭ推進部門が主導した[1-4]。

（1） サーベイリサーチ

筆者らは、2つの"新型車"発売時の"広告宣伝"による顧客購買行動の動態調査に、以下のサーベイ・リサーチ法を適用し、"ＣＰＢＭ－ＡＥ"の展開とその有効性を捉える。

(i) 対象車両：トヨタ新型乗用車（Ｆ車、Ｐ車：同時発売）

(ii) 調査顧客：①１８－２９歳：２３５／１１８名、②３０－３９歳：２８２／１４０名、③４０－４９歳：２３４／１１９名、④５０－５９歳：１８４／８８名，（総合計：１４００名（男性／女性：９３５名／４６５名）

(iii) 調査地域：北海道Ｓ市：３９７名（１９７名／２００名）、東京４区：５９９名（２９９名／３００名）、九州Ｆ市：３９６名（１９６名／２００名）ほか

(iv) 調査概要：表１０．３．１に示すように、顧客に既成概念が無い新型車を選定した。表中のように、(A) 広告（ＣＭ）との接触状況に関するＱ＆Ａ（①～⑤）、(B) 新型車Ｆ車とＰ車に関するＱ＆Ａ（⑥～⑬）である。例として、"テレビ広告効果"については、新型車発表直後（１Week後）、さらに２Week後に専門調査員らに筆者らも参画し、直接家庭訪問して、"サーベイリサーチ"を実施している。実施にあたって，放映中のテレビＣＭも持参し、顧客に直接見てもらい回答の信憑性を高めた。

このような"サーベイリサーチ"により、テレビ（ＴＶ－ＣＭ）に加え、新聞・ラジオ、ポスター・チラシなどの広告への接触状況、それらによる新型車（商品）の車名認知（Recognition of the new vehicle name, R）／興味・関心（Interest in new vehicle, I）／来店意向（Desire to visit a dealer, D）／購入意向（Considering of purchasing, C）、展示車両の印象（Favorable impression from actually seeing the new vehicle at the dealer, F）に至るまで、２ヶ月間の行動プロセスの追認を継続的に"サーベイリサーチ"している。

さらに同様に、来店（Visiting a dealer, V）・店頭での顧客の"ホット（査定）・受注（成約）の有無"（Purchasing contract, P）の動態調査を実施している。

表１０．３．１　サーベイ・リサーチの項目

(A)広告(CM)との接触状況に関する Q&A	(3)パーソナルデータ
①４メディア(テレビ/新聞/ラジオ/チラシ)との接触	①性別
②４メディアでの車のＣＭとの接触状況	②年齢
③４メディアでのＴ社のＣＭとの接触頻度	③同居家族
④新型車の車名認知・ＣＭ認知（再認ＣＭ認知含む）	④未婚／既婚
⑤Ｔ社に対する好感度	⑤子供の有無
(B) 新型車Ｖ車とＷ車に関する Q&A	⑥職業
⑥車名認知　（Recognition）	⑦保有者情報
⑦４メディア　各々でのＣＭ認知・接触頻度	⑧駐車スペース
⑧ＣＭの認知	⑨次回の車購入時期
⑨ＣＭの感想	⑩車に対する関心度
⑩商品に対する理解度	⑪趣味
⑪商品に対する興味・関心　(Interest)	⑫購読新聞
⑫来店意向の有無　(Desire)	⑬車に関する情報源
⑬購入意向の有無　(Considering of purchasing)	⑭その他・自由意見

（2） 調査結果

　図１０．３．４は、表１０．３．１の調査結果を基に、筆者らが作成した"新型車Ｆ車＆Ｐ車"の発売時の顧客購買行動モデル（ＣＰＢＭ－ＡＥ）である。図中の広告宣伝の影響因子により、新型車の車名認知(R)→車両興味関心（Ｉ）→車両を見る来店意欲(D‐1)→車両購入検討（C‐1）→車両購入の商談（来店・成約）（P‐1）の顧客購買行動モデルが確認された。新知見として、車両購入検討（C‐2）→来店意欲（D‐2）→ディーラーで実際に新型車を見て好感度な印象（購入希望）（F）→車両購入の商談（来店・成約）（P‐2）の顧客購買行動モデルが存在する。

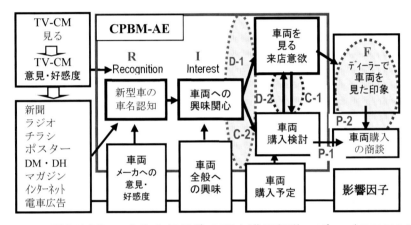

　　　図１０．３．４　　"新形車"―広告宣伝媒体の顧客購買行動モデル（ＣＰＢＭ－ＡＥ）

（3）顧客購買行動モデル"ＣＰＢＭ－ＡＥ"の実際

　図１０．３．５は、新型車Ｆ車の広告宣伝による顧客購買行動モデル"ＣＰＢＭ－ＡＥ"の実際例である[9,12]。図中は、上述の表１０．３．１により実施された顧客１４００名のサーベイリサーチであり、従前の新車発表会と同様に広告宣伝は２ヶ月である。本例は、営業販売戦略の主流である"テレビ⇒新聞・ラジオ⇒チラシ・ポスター⇒ＤＭ・ＤＨ"

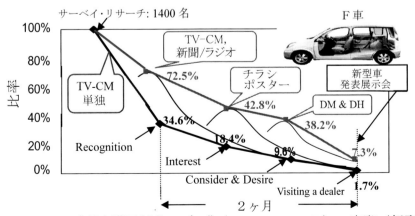

　　　　図１０．３．５　　"顧客購買行動モデル"（ＣＰＢＭ－ＡＥ）の実際（新型車）

（⇒の順序で顧客に、新型車の広告宣伝を実施すること）による"影響因子の集客効果"（顧客が販売店を訪問する比率）の分析結果を明示している。

　図中の下段の総平均曲線は、"ＴＶ－ＣＭ"単独の場合の"顧客購買行動による集客効果"の動態調査の分析結果である。顧客全員が"ＴＶ－ＣＭ"を見た状態（比率１００％）に対して、顧客の"新型車の車名認知（Ｒ）"の比率は３４.６％へ１／３程度に減少している。次の"興味関心（Ｉ）"では１８.４％へ減少している。そしてさらに、"来店意欲（Ｄ）"では９.６％へ減少し、最終の"来店（Ｖ）"での来店率は１.７％に減少している。

　図中の上段は、従前から実施している"テレビ⇒新聞・ラジオ⇒チラシ・ポスター⇒ＤＭ・ＤＨ"（広告宣伝のタイミングを所定期間遅らせる"オーバーラップ方式"により、顧客に連続的にインパクトを与える"時間差を持つメディアミックス"）の例である。

　"ＴＶ－ＣＭ"の後に"新聞・ラジオ"の広告宣伝をすることにより、（"テレビ"単独に比較して）"新型車の車名認知（Ｒ）"の比率は７２.５％へ増加している。そして次の"チラシ・ポスター"の広告宣伝により、"興味関心（Ｉ）"の比率は４２.８％へ増加している。さらに"ＤＭ・ＤＨ"の広告宣伝により、"来店意欲（Ｄ）"の比率は３８.２.％へ増加している。その結果、"来店（Ｖ）の比率は７.３％となり、"テレビ広告"単独の４.３倍となっている（"時間差を持つメディアミックス"の集客効果は顕著である）。この"サーベイリサーチ"では、新型車Ｆ車とＰ車、男女、年齢、地域を問わず、類似の分析結果が得られている。

　そこで次項では、"自動車セールスマーケティング戦略"の展開を強化する"ＣＰＢＭ－ＡＥ"の応用研究例を例示する。

１０.３.３　"ＣＰＢＭ－ＡＥ"の応用研究例[1-4]
１０.３.３.１　営業販売活動と広告宣伝媒体の要因分析[7-12]

　ここでは、"マーケティングＳＱＣ"を援用し、販売店の営業販売活動に寄与し、集客効果を高める"広告宣伝媒体"の要因分析を行い、その有効性を捉える。

（１）広告宣伝媒体による"来店動機"の要因分析

　筆者は、前述の「新車発売時の広告宣伝の顧客購買行動モデル」（ＣＰＢＭ－ＡＥ）の"サーベイリサーチ"から抽出した、顧客の"来店動機"について、数量化Ⅲ類で分析し、顧客の主観データを図１０.３.６に図示化（客観化）している。

　図中より、広告宣伝媒体の"カテゴリ数量"に着目すると、来店する顧客は"チラシ広告"によって"そろそろ買い換え時期を迎え、次の購入車としてお買い得な車を検討している"と推量できる。それ以外の広告宣伝媒体では、例えば比較的若い男性は専門紙などの雑誌（マガジン）を見て来店し、"新型車Ｆ車"のような"ＲＶ車"に興味があると、図中から推量できる。

第10章 マーケティングとビジネスマネジメントの進展 １０-３

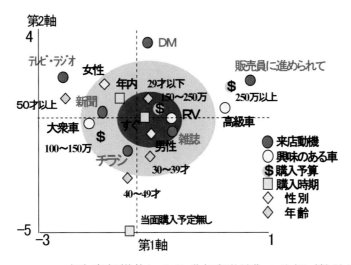

図１０.３.６　広告宣伝媒体による"来店動機"の分析（数量化Ⅲ類）

（２）　営業販売活動の時系列データの分析―"チラシ広告効果"の要因分析

　図１０.３.７は、フィールド調査として全調査期間（９ヶ月）の中から、新車発売後２ヶ月間の来場者数（Y0）、ホット数（Y1）、受注台数（Y2）の態様を鳥瞰図で示したものである。図中より、"チラシ広告"の配布効果が概観できる。これを整理すると、図１０.３.８の多変量散布図に示すように、全調査期間（９ヶ月）の来店者数が"販売活動（ホット→受注）の成果の主因"であることがわかる。

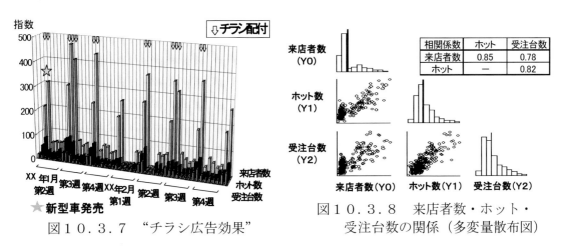

図１０.３.７　"チラシ広告効果"　　図１０.３.８　来店者数・ホット・受注台数の関係（多変量散布図）

　次に、この来店者数とホット数、受注台数の関係を図１０.３.９で表す。図中より、①来店者数（Y0）の増加とともに、ホット数（Y1）と受注台数（Y2）はそれぞれ指数a_1と指数a_2の回帰勾配で増加することがわかる。また、図中より、②受注台数はホット数の約半分の割合であることが確認できる。さらに図中より、③回帰線からのバラツキ大きいことから、各営業所間で来店者数に対するホット数や受注台数の割合にバラツキが十分にあることが推察される。

265

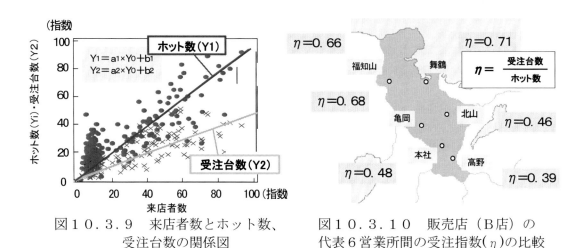

図10.3.9　来店者数とホット数、受注台数の関係図

図10.3.10　販売店（B店）の代表6営業所間の受注指数(η)の比較

そこで、これらのデータのばらつき要因が各営業所の特質によるものなのかを調査分析した。図10.3.10に示すように、販売店B店から代表6営業所を選定した。各営業所毎の来店者数とホット及び受注台数との関係を見てみると、市街部と郡部とでは、その傾向が異なっている。市街地の本社営業所と郡部の舞鶴営業所との受注指数（η＝受注台数／ホット数）を比較すると、図中のように本社では指数：ηが0.48であるのに対して、舞鶴ではηが0.71となっており、営業所間での受注指数にかなり差があることが伺える。ここでは言及しないが、これらの分析結果から営業所間のばらつきを捉えることにより、新たな販売戦略を策定するための活動指針を得ることができた。

（3）"チラシ広告効果"、"曜日効果"、"新車効果"

さらに、図10.3.7の時系列データを数量化Ⅰ類により、"チラシ広告効果・曜日効果・新車効果"を図10.3.11で捉える。

① 図中(a)より、"チラシ広告"の配布枚数が多い程、来店者数が増加する。
② 図中(b)より、土曜日、日曜日の来店効果が大きく、平日はほぼ一定している。
③ 図中(c)より、"新車効果"は新車発売月を含めて2ヶ月間であり、3ヶ月～5ヶ月の間では収斂している。

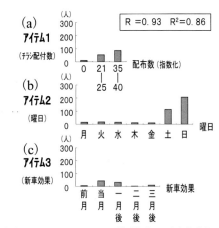

図10.3.11　数量化Ⅰ類分析（カテゴリー数量）

これらの知見から、筆者らは"チラシ広告"効果を高める"投入量（チラシ配布の限界枚数）・タイミング（曜日）・チラシのデザイン（質感・インパクト）・販売店の立地場所や規模などの要因も捉えた総合的な実証研究により、所与の成果を得ている。

１０.３.３.２ お客様との絆づくり「自動車セールスマーケティングシステム」[1-4]
（１）"ＣＲ"の展開例—「自社代替高確率客の特定モデル」の創出 [7-12]

　ここでは、前述した"ＣＰＢＭ－ＡＥ"（図１０.３.４）を援用し、「お客様タイプ別ＣＲによる販売増」に繋がる「自社代替高確率客特定モデル」を創出する。トヨタＢ販売店２店を選定し、「トヨタ車代替ユーザーの"高確率客の特定モデル"」を創出する。

　具体的には、現状の"顧客情報"から抜き出した条件による一律の「ＣＲ方式」から、その抜き出し条件を広げ、"顧客指向の特質や変化を捉え、顧客層別する—「顧客タイプ別ＣＲ方式」に特定した"顧客アンケートデータの分析"を行う。

（１－１）「顧客タイプ別ＣＲ方式」による"顧客アンケートデータの分析"

　ここでは、"ＳＱＣテクニカルメソッド"[14]を適用し、図１０.３.１２の"問題解決の山登り"を行う。例えば、図中のステップ①〜③では、図１０.３.１３の連関図にみる策定段階に、天坂ら[2,14,15]の"言語情報"による"自社代替えユーザー"のアンート解析法などを用いる。アンケートの設計・実施（④〜⑥）では、(i)回収率を上げるために、新車購入５年以内の顧客４０００名にアンケート調査の事前の電話案内を実施し、(ii)アンケート用紙は、質問群を１頁１章立てのシンプル化し、１５分位のリズミカルな回答時間とした。(iii)顧客の生の声を引き出すために、一般的な質問群（顧客のカーライフ）の中に、"次期購入意向とそのタイミング"などのキーワードを入れ、選択式と自由意見により有効回答率を高めた。(iv)"アンケート相談ボックス"を併設し、回収率は４０％強（通常は２０％）、有効回答率も９８％（通常は７０％）の実績を得ることができた。

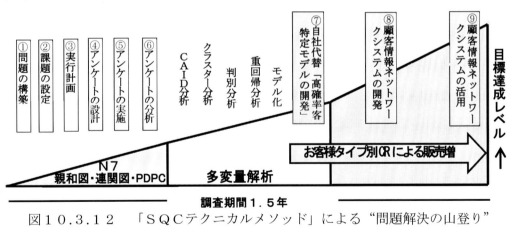

図１０.３.１２　「ＳＱＣテクニカルメソッド」による"問題解決の山登り"

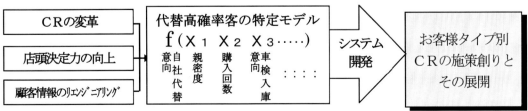

図１０.３.１３　「代替高確率客の特定モデル」（Step ①②③ "応用型"連関図）

（1-2）ＣＡＩＤ分析による「自社代替高確率客のモデル化」

「自社代替高確率客の特定モデル」（⑦）では、「顧客タイプ別ＣＲ方式」による販売増に結びつくように、アンケートデータの分析にあたっては、因果関係の分析結果を図示化し、経験則との照合も可能な"多重クロス分析"（Categorical Automatic Interaction Detector, CAID）[1, 16]（注3）を適用し、以下の解析ステップとした。

Step１．集計データを概観し、因果関係の整理・要約する（目的変数：自社代替意向, 説明変数：入庫実績（説明変数：入庫実績（オイル交換 点検整備、故障修理、 次回車検）、購入回数／紹介／任意保険加入／親密／性別／年齢 など）。

Step２．経験技術を生かしたＣＡＩＤ分析により、「自社代替高確率客のモデル化」を行い、次に"お客様との触れ合い"をベースに、顧客指向の特質と変化を掴み、顧客タイプを層別（高確率客、中確率客、低確率客）する。

（注3）筆者らが開発した"インテリジェントＣＡＩＤ"分析は、目的とする比率の差が最も大きくあらわれる要因は何かを自動的に探索し、見つかった要因でサンプルを分割する。これを順次繰り返してターゲットを絞り込む解析手法である[2, 17]。

分析結果の凡例を図１０．３．１４に示す。図中の"ａ"は、アンケート回答者（トヨタＡ店（千葉）：自社代替えユーザー１６１０名）において、"自社代替の購入意向のある方"が６２％、"購入意向のない方"が３８％存在していることを示している。

分割された"カテゴリーｂ"は、影響因子が最も強い第１番目のカテゴリー『親密度』で分割したものである。上段に設定の"親密度あり"（営業スタッフと懇意にしている）

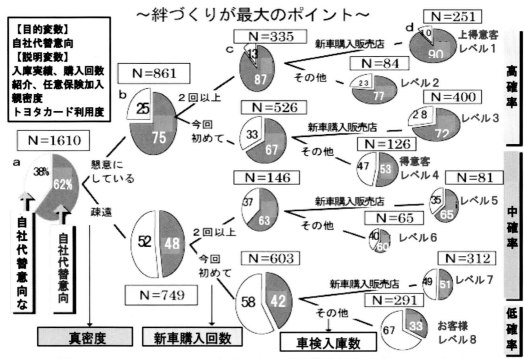

図１０．３．１４　ＣＡＩＤ分析による「自社代替高確率客のモデル化」

では、"７５％の顧客が購入意向あり"、下段の"親密度なし"(＝営業スタッフと疎遠である）では、"４８％の顧客が購入意向あり"を示しており，その差は２７％に及ぶ。

以下，影響因子の２番目に強い"カテゴリーｃ"は、"自社購入回数"が"初回"と"２回以上"（２～５回までは有意な差なし）での分析結果である。そして同様に、影響因子の３番目に強い"カテゴリー分ｄ"では、"車検入庫意向"で層別されている。

例えば、"ｄ"の上段に示す"顧客レベル１（上得意客）"は、９０％の顧客が"自社代替の購入意向がある"ことがわかった。図中では、７０％を超える"顧客レベル１～３（上得意客）"のグループは、"自社代替の購入意向のある"組み合わせ（ｂ・ｃ・ｄ）を"高確率客"とした。次の"顧客レベル４～７（得意客）"の組み合わせ（ｂ・ｃ・ｄ）は、５０％以上で"中確率客"とした。同様に"顧客レベル８"は、過半数に満たないので"低確率客"とした。なお、販売店２社で差異のみられる"その他の影響因子（ｅ：知人の紹介，＋ｆ：性別，・・・）"は、ここでは言及しない（詳述を略す）。

図中より、営業販売の戦略として、自社の顧客の"自社台替え意向なし"（３８％）に対して、"親密度"を高め、"新車購入回数が初めての顧客"・"自社での車検入庫"へのプロモーション"お客様との絆づくり"が重要である。これらにより、"低確率客"（レベル：８）を"中確率客"へ、同じく"中確率客"（レベル：４～７）を"高確率客"へと"ＣＲ"活動することで、"自社台替え意向なし"はかなりの割合で"自社台替え意向あり"へ好転し、"自社の顧客保持率"が向上する可能性があることが推量できる[注4]。

(注4) 例えば、Step２で抽出した『親密度』と全質問との因果関係を"クラマーの属性相関係数"（カテゴリー型の変数間の"関連係数"）で要因分析などを行い、具体的営業販売の施策を創出し、販売増へのシミュレーションとその検証を行っている。これにより"顧客と販売店との絆づくりのイノベーション"として「顧客情報ネットワークシステムの開発」（⑧）**の布石**とした[2,7]。

（２）"自動車セールスマーケティングシステム"の構築

営業販売戦略として、前述の「顧客タイプ別ＣＲ」による販売増の展開に加え、筆者らは、"顧客情報ネットワークシステム"（図１０.３.１２）(⑧⑨)として、"広告宣伝媒体の顧客購買行動モデル"（ＣＰＢＭ－ＡＥ）で得られた知見を組み合わせた"自動車セールスマーケティングシステム"（Toyota's Automobile Sales Marketing System employing CPBM-AE, T-ASMS）[8]を図１０.３.１５に創出している。

図中から"Ｔ－ＡＳＭＳ"は、(i) "高確率客"（店頭完結客、訪問客）、(ii) "中確率客"（店頭完結客、訪問客）に対する"広告宣伝媒体"（マスメディア、直接広告、マルチメディア）による展開、さらに販売店（本部サーバー）の"顧客管理情報"を運用し、(iii) "低確率客"に対する"コールセンター"によるＣＲ展開により、"知的な顧客情報のネットワーク管理システム"（Toyota's Intelligent Customer Information Marketing System, T-ICIMS）を構成している。このシステムの運用により、販売シェアー（市場占拠率）の向上に、所与の成果を得ている（４０％／１９９８⇒４６％／２００５)[18-20]。

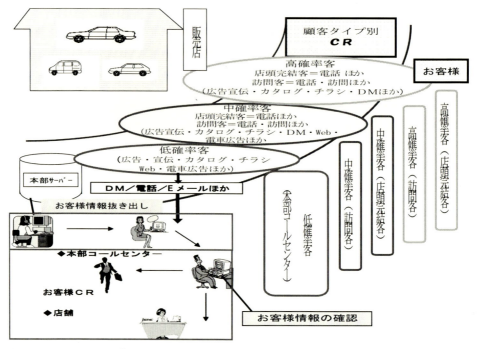

図１０.３.１５　"トヨタセールスマーケティングシステム"（T－ASMS）

１０.３.３.３　"市場創造"に寄与する"戦略的マーケティング"の進展

　市場創造"ＣＳ・ＣＬ・ＣＲ"に寄与する"戦略的マーケティング"が進展している。筆者らの研究から、(i)顧客の潜在的ニーズを反映する戦略的マーケティングシステムのモデル化[21]、(ii)日本自動車業界における顧客満足度・顧客ロイヤリティ構造モデル化[6]、(iii)数値シミュレーションによる販売店の従業員能力を考慮した店舗への割り当てモデル化[22]、(iv)科学的な顧客創出モデル化[3,23]、(v)"知的顧客情報マーケティングモデル化[24]などの深耕研究などにより、"戦略的マーケティング"の有効性が例証されている。

　同様に、"ＣＰＢＭ－ＡＥ"の展開力を強化する"広告宣伝媒体"の深耕研究が進展している。学際的な実証研究例として、(vi)顧客が注視する"エクステリアデザイン・インテリアデザイン"ビジュアル化法[25]、(vii)統計科学とＧＳＲ（galvanic skin reflex）／視線分析装置による"ＴＶ-ＣＭ（動画）"デザイン創出法[26]、(viii)顧客行動の動画分析による"新聞折込み広告（チラシ）"デザイン創出法[27]、(ix)統計科学と数理計画による"ＤＭ"デザイン創出法[28,29]、(x)生体計測と統計科学による"ポスター・パンフレット"デザイン創出法[30,31]、(xi)統計科学と視線分析装置による"電車広告"デザイン創出法[32]などがある。

　筆者ら[33]は、これらの研究成果を統合化し、(xii)合理的な"来店率"を高める"Mix Media Model"として体系化し、その有効性を論証している。

10.3.4 まとめ

本節では、第3章で論じた"ものづくり新論"（NMT）の第3のコア原理"Total Marketing System, TMS）を運用し、"営業販売の変革"を主眼に"自動車セールスマーケテイグ戦略"の実証論的研究と、その有効性を例証した。筆者らが構築した"自動車セールスマーケティングシステム"（ASMS）は、"ニュージャパン・マーケテイングマネジメントモデル"（NJ-MMM）の戦略的な展開例であり、"グローバルマーケティング"の布石としている。

10.3.5 謝辞

本研究は、トヨタ自動車㈱（笠井学氏、岸本光男氏、蔵敷大浩氏、小川英助氏、木戸俊之氏、森岡幸男氏、牧喜代司氏、新井保男司ほか）、日本リサーチセンター㈱（村山敏氏、安藤雅登氏）、青山学院大学（理工学部／大学院理工学研究科 天坂 New JIT 研究室）との協働により進められたものである。ここに深く謝意を申し上げます。

参考文献

[1] K. Amasaka, Changes in marketing process management employing TMS: Establishment of Toyota Sales Marketing System, *The Academic Journal of China-USA Business Review*, Vol. 10, No. 6, pp. 539-550, 2011.
[2] K. Amasaka, Ed., *Science TQM, new quality management principle, The quality management strategy of Toyota,* Bentham Science Publishers, 2012.
[3] K. Amasaka, The validity of Advanced TMS, a strategic development marketing system: Toyota's Scientific Customer Creative Model utilizing New JIT, *The International Business & Economics Research Journal*, Vol. 6, No. 8, pp. 35-42, 2007.
[4] K. Amasaka, The effectiveness of flyer advertising employing TMS: Key to scientific automobile sales innovation at Toyota, *The Academic Journal of China-USA Business Review,* Vol. 8, No. 3, pp. 1-12, 2009.
[5] H. Okutomi and K. Amasaka, Researching customer satisfaction and loyalty to boost marketing effectiveness: A look at Japan's auto dealerships, *International Journal of Management & Information Systems,* Vol. 17, No. 4, pp. 193-200, 2013.
[6] 日経広告研究所 http://www.nikkei-koken.gr.jp/, 電通 http://www.dentsu.co.jp/, ビデオリサーチ http://www.videor.co.jp/, 読売インフォメーションサービス http://www.y-zenkokukyo.co.jp/
[7] 天坂格郎, 営業・販売の仕事を変革する"マーケティングＳＱＣ"の勧め："サイエンスＳＱＣ"による"カスタマーサイエンス"の実証研究, 日本生産管理学会第１２回全国大会講演論文集要旨集, pp. 185-188, 東京, 2000.
[8] 天坂格郎, 岸本光雄, 村山敏, 安藤雅登, 営業・販売に役立つ"マーケティングＳＱＣ"の展開（その２）：お客様との絆づくりのイノベーションー, 日本品質管理学会第５８回研究発表要旨集, pp. 155-158, 東京, 1998.
[9] 天坂格郎, 自動車販売に寄与する"テレビ広告"効果の実証論的研究：品質経営の新原理"サイエンスＴＱＭ"の展開（Ⅳ）, 日本生産管理学会第１８回全国大会講演論文集要旨集, pp. 113-116, 長崎総合科学大学, 2003.
[10] 天坂格郎, 木戸俊行, 森岡幸男, 笠井学, チラシ広告効果の要因解析に関する一研究：販売に役立つマーケティングＳＱＣの展開（その１）, 日本品質管理学会第２７回年次大会研究発表要旨集, pp. 35-38, 東京, 1997.
[11] 天坂格郎, 自動車販売に寄与する"チラシ広告"効果の実証論的研究：営業・販売活動を変革する"マーケティングＳＱＣ"の勧め（第２報）, 日本生産管理学会論文誌, Vol. 8, No. 1, pp. 64-69, 2001.
[12] 蔵敷大浩, 小川英助, 牧喜代司氏, 新井保男司, ファンカーゴ・プラッツの広告宣伝効果の要因解析：営業販売に役立つマーケティングＳＱＣの展開（その３）, トヨタスタッフＳＱＣ全社発表会, 2000.

[13] 例えば, 久保村他『広告論』有斐双, 1969/1992；小林他監修『新版新し広告』, 電通, 1997 ; Philip Kotler, *Kotler on Marketing: How to create, Win, and Dominate Markets,* The Free Press, NY, 1999 ; 岸志ほか『現代広告論』, 有斐閣アルマ, 2000.
[14] K. Amasaka, *Science SQC, new quality control principle: The quality strategy of Toyota,* Springer, 2004.
[15] 天坂格郎, 小杉敬彦, 木戸俊行, 自由意見のアンケート解析に関する一考察：Ｎ７と多変量解析を併用した言語情報の解析, 日本品質管理学会第５０回研究発表会要旨集, pp. 43-46, 名古屋, 1995.
[16] 村山敏ほか, CAID 分析：その考え方と適用方法, マーケティング紀要日本リサーチセンター㈱, pp. 74-86, 1982.
[17] 天坂格郎(編集企画委員長),『サイエンスＳＱＣ：ビジネスプロセスの質変革』, 名古屋ＱＳＴ研究会編, 日本規格協会, 2000.
[18] 日経ビジネス, 販売店改革‐店舗、商品、売り方を刷新「ネッツ」で若者客獲得狙う, 1999/3/15, pp. 46-50.
[19] Yomiuri-Shinbun, http://www.yomiuri.co.jp , 2006
[20] Toyota Motor Corp., (www.toyota-global.com/company/history_of_toyota/75years/, 2013)
[21] 天坂格郎, 渡辺美智子, 島川邦幸, 顧客の潜在的ニーズを反映する戦略的マーケティングシステムのモデル化と有効性, 香粧品科学研究開発専門誌/FRAGRANCE JOURNAL, 2005年1月号, Vol. 33, No. 1, pp. 72-77.
[22] 豊田峻太郎, 宮下省吾, 村上啓介, 天坂格郎, 自動車販売店の従業員の能力を考慮した店舗への割り当てに関する一研究, ＪＯＭＳＡ第７回全国研究発表大会, 学習院大学, pp. 249-260, 2015.
[23] K. Amasaka, The validity of *Advanced TMS,* A Strategic Development Marketing System utilizing New JIT – The International Business & Economics Research Journal, Vol. 6, No. 8, pp. 35-42, 2007.
[24] M. Yamaji and K. Amasaka, Proposal and validity of Intelligent Customer Information Marketing Model: Strategic development of *Advanced TMS, China-USA Business Review,* Vol. 8, No. 8, pp.53-62, 2009.
[25] M. Yamaji, S. Hifumi, M. Sakalsis and K. Amasaka, Developing a strategic advertisement method "VUCMIN" to enhance the desire of customers for visiting dealers, *Journal of Business Case Studies,* Vol. 6. No. 3, pp.1-11, 2010
[26] T. Iida, A. Goto, S. Fukuchi and K. Amasaka, A Study on an effectiveness of movie trailers boosting customer's appreciation desire: a Customer Science approach using statistics and GSR, *Journal of Business & Economics Research,* Vol. 10, No. 6, pp. 375-384, 2012.
[27] H. Koyama, R. Okajima, T. Todokoro, M. Yamaji and K. Amasaka, Customer behavior analysis using motion pictures: Research on attractive flier design method, *China-USA Business Review,* Vol. 9, No. 10, pp. 58-66, 2010.
[28] T. Kojima, T. Kimura, M. Yamaji and K. Amasaka**,** Proposal and development of the direct mail method "PMCI-DM" for effectively attracting customers, *International Journal of Management & Information Systems,* Vol. 14, No. 5, pp. 15-22, 2010.
[29] H. Ishiguro and K. Amasaka Establishment of a Strategic Total Direct Mail Model to bring customers into auto dealerships, *Journal of Business & Economics Research,* Vol. 10, No. 8, pp.493-500, 2012.
[30] K. Uchida, D. Kohara, M. Yamada and K. Amasaka, Making compelling movie poster using statistical science and an eye mark recorder, *Journal of Business Case Studies,* Vol. 7, No. 6, pp. 63-70, 2011.
[31] K. Koizumi, M. Muto and K. Amasaka, Creating Automobile Pamphlet Design Methods: Utilizing both biometric testing and statistical science, *Journal of Management,* Vol. 6, No. 1, pp.81-94, 2014.
[32] M. Ogura, T. Hachiya, K. Masubuchi and K. Amasaka, Attention-grabbing train car advertisements, *International Journal of Engineering Research and Applications,* Vol. 4, Issue 1, pp. 56-64, 2014.
[33] K. Amasaka, M. Ogura and H. Ishiguro, Constructing a Scientific Mixed Media Model for boosting automobile dealer visits: Evolution of market creation employing TMS, *International Journal of Engineering Research and Application,* Vol. 3, Issue 4, pp. 1377-1391, 2013.

１０-４

ソフトウェア開発―ビジネスプロセスの刷新と診断

概要：
本節では、ソフトウェア開発業務の進捗状況（人、もの、情報、コストの変動など）を可視化し、業務知識を組織的に体系化し、対応策を施せる診断機能法を持つナビゲーションシステム（**A**malab's **B**usiness **P**rocess **N**avigation **S**ystem, A-BPNS）を創出する。適用事例として、リサーチ業、商品の開発設計にフォーカスする。応用研究例として"顧客・ベンダー間の情報共有システム"を構築し、その有効性を論証する。さらに、ソフトウェア開発の拡がりとして、"企業経営戦略と多業種への展開"を例示する。

キーワード：ソフトウェア開発、ビジネスプロセスの刷新と診断、企業戦略、統計科学

１０.４.１　ソフトウェア開発の現状[1,2]

　ソフトウェア開発の技術が進化したとは言え、担当する技術者の資質に依存するところが多い（ＩＴは社会に不可欠になっているが課題も多い）。システムインテグレーション（ＳＩ）業界を取り巻く現状として無視できないものに、業務ノウハウや情報システムの知識と技術をいかに継承するかという問題がある。ソフトウェア開発の納期遅延や品質不良の背景には、不正確あるいは不適切な見積りがあることはよく知られている。
　また、"情報システムの進展"が企業経営や社会的にインパクトを与える存在にまで多様に広がり、必要となる技術分野が広域かつ細分化し、専門スキルが必要になってきた。この結果、関与する技術者の人数が増え、高コスト構造になることが課題となっている。
　この対策として、製造業で行われている複数スキルを併せ持つ、多能工化の人材育成施策と共に、業務知識やソフトウェア開発の成果物を再利用することによる、生産性の向上及び品質の確保を行う対策方針案も考えなければならない。

１０.４.２　ソフトウェア開発の業務プロセス可視化の必要性[1,2]

　実際の企業活動では業務の分業化が進み、いくつかの部門や担当者による"カン・コツ"（属人的な経験知、経験則）に依存した形式で行われ、暗黙知となっていることが少なくない。また、部門間で業務のやり方が異なるため、プロジェクト単位でみると業務自体が連鎖しておらず、業務実態は担当者任せになっていることが散見される。

それ故に、"ソフトウェア開発業務の意義"を理解し、着実に存在する業務を成し遂げていくためには、業務プロセスを可視化しておくことが重要である。常に問題意識を持ち、その可視化された業務プロセスを精査していくことで、継続的に当該の業務プロセスの改善を実施することにより、"新たな価値創出"に繋げることができる[3]。さらに、業務プロセスの可視化は"問題解決の対応を迅速に行う"上で重要である。タイムリーに業務の進捗状況が誰にでもわかる環境を創り、"問題の顕在化"を早め、迅速に業務の前後関係を把握することができれば、有効な対応策を早めに講じることができる。

１０.４.３　ソフトウェア開発の実態と問題点[1,2]

ここでは、ソフトウェア開発現場の課題を抽出し、ソフトウェア開発の技術者が直面する問題とその解決策を課題構図として示す。

１０.４.３.１　業務形態の分類

昨今の企業における業務活動は、一般に以下のようなランク付けが可能であると考える。"ランク１"としてコスト・納期の変動がない単純業務、"ランク２"はコスト・納期の変動が大きい一般業務、"ランク３"はコスト・納期の変動がさらに大きい価値創造業務である[4]。業務量について言えば、"ランク１"の単純業務、"ランク３"の価値創造業務は少数であり、"ランク２"の一般業務が大多数を占める。"ランク２"の一般業務を日々改善し、効率良く遂行していくことが企業における業務活性化の要諦をなす。

特に最近は、"ランク３"の価値創造業務を行うことが、情報サービス産業では求められている。このような業務を活性化させるには、"ランク２"の一般業務の意義・価値を理解し、着実に成し遂げていくことが"新たな価値創出に繋がる"と考える。そこで筆者らは、図１０.４.１に示す"ランク２"と"ランク３"にフォーカスする。

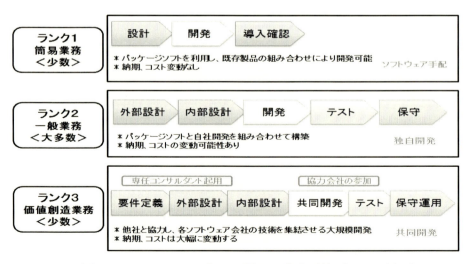

図１０.４.１　ソフトウェア開発の業務形態（ランク層別）

10.4.3.2 ソフトウェア開発の問題点抽出

ソフトウェア開発の問題点を抽出するために"実態調査"を行った。調査方法は、先進企業（リサーチ業Ａと製造業Ｂ）の熟練技術者へ各２時間の対面インタビューを１２件実施し、そこから挙がった問題点を図１０.４.２の連関図にまとめた。図中に示すように、問題点は６６枚のカードにまとめられ、大きく４つのグループへと分けられた。以下，それぞれ４つのグループ（(i)〜(iv)）の「インタビューカード」を集約する[5]。

(i)「見積り」では、主な問題点に対して担当全員が見積り知識を持っているわけではない、見積り時の"プロジェクトに対するコスト"が曖昧、上位管理者・プロジェクトマネージャー（ＰＭ）は"複数のプロジェクト"を掛け持ちし、助言する時間が限られる。

(ii)「人の管理」では、扱う仕事を明確にしておく必要がある。過去の知見を利用せず同じ失敗を繰り返してしまう、社内統一ツールがないのでデータ蓄積が困難である。

(iii)「コミュニケーション」では、キーマンが他プロジェクトで忙しくなると、プロジェクトの進行が遅れる（レビュー回数が増え、その分作業時間が減り、部門間各人の仕事の進み具合を把握できない）。

(iv)「社外環境」では、協力会社を通じてプロジェクトを進めることが多く、効率的な仕事の割り振りができていない。

さらに、連関図で得られた知見を可視化し易くするために、テキストマイニング手法で解析し、ソフトウェア開発の現場が直面する課題を図１０.４.３に表出する。図中のように、９個のクラスターが形成され、さらに５つのグループ（①〜⑤）へと要約できた。

①進捗管理に関する問題：２つのクラスターをまとめて進捗管理に関する問題とした。

各クラスターを見てみると、「進捗」、「作業者」、「仕事」へ矢印が集中しており、進捗が把握できないなど、進捗管理の問題と解釈できる。

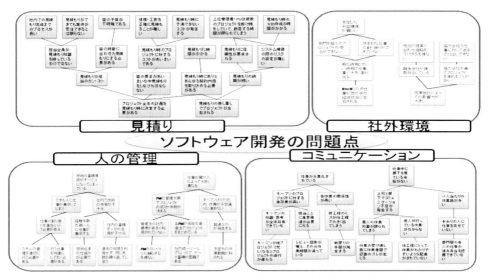

図１０.４.２　ソフトウェア開発の問題点抽出（連関図）

第2部　オペレーションズ・マネジメント戦略の実際

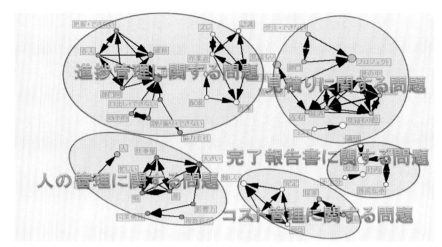

図10.4.3　ソフトウェア開発の問題点解析（テキストマイニング）

② 見積りに関する問題：2つのクラスターをまとめて、見積りに関する問題とした。「見積り」、「プロジェクト」へ矢印が集中しており、"見積りの善し悪しでプロジェクトが左右される"など、"見積りに関する問題"と解釈できる。

③ 完了報告に関する問題：このクラスターは、「社内」・「技能伝承」・「仕組み」へ矢印が集中しており、技能伝承の仕組みが十分でなく"完了報告の問題点"と解釈できる

④ コスト管理に関する問題：2つのクラスターをまとめて、コスト管理に関する問題とした。「利益」・「価格」へ矢印が集中しており、利益の安定獲得が難しいなどから"コスト管理に関する問題点"と解釈できる。

⑤ 人の管理に関する問題：2つのクラスターをまとめて、人の管理に関する問題とした。「人」・「仕事量」・「差」へ矢印が集中しており、人により仕事量の差が大きいなどから、"人の管理に関する問題"と解釈できる。

10.4.3.3　ソフトウェア開発の課題構図

　前述の連関図とテキストマイニング解析から、明らかになった課題を"課題構図"として図10.4.4に示す。外側から、"1階層目"が連関図から上がってきた問題点、続いて"2階層目"が関連する情報の種類、さらに"3階層目"が抽出された課題、中心部の"4階層目"が課題に対する解決策である。

　この課題構図から、現在のソフトウェア開発業務には"情報一元化、共有化システムの構築、データの加工、解析手法の確立が求められている"と考察できる。この課題構図から得られた知見を基に、次項ではソフトウェア開発業務の進捗状況を可視化する体系的アプローチ法を創案し、さらに対応策を施せる診断機能法を持つ業務プロセスナビゲーションシステム"A-BPNS"（**A**malab's **B**usiness **P**rocess **N**avigation **S**ystem）[注1]を創出する。

（注1）天坂 New JIT 研究室（青山学院大学大学院理工学研究科）が産学と連携する"学際的研究"の代表例である。

第10章　マーケティングとビジネスマネジメントの進展　１０-４

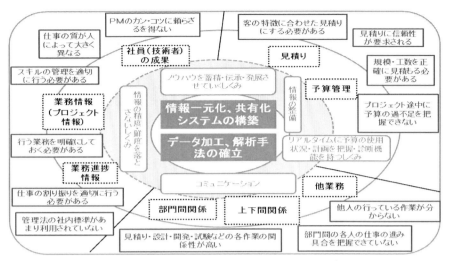

図１０．４．４　ソフトウェア開発の課題構図

１０．４．４　ソフトウェア開発プロセスナビゲーションシステム"A-BPNS"[1,2]
１０．４．４．１　業務プロセスナビゲーションシステム"A-BPNS"の創出

　そこで、筆者らは業務プロセスの可視化を行い、業務進行中において"進捗状況・コストの変動"が見てわかり、対応策を施せる"診断システムの構想化"を目的とした。

　図１０．４．５に、業務プロセスナビゲーションシステム"A-BPNS"の概念図を示す。
（１）"プランニング"で業務プロセスフローを作成することにより、業務の現状把握、標準的業務内容を定義し、現状の業務プロセスが精査可能となる。
（２）"実施コントロール"に至っては、業務情報共有化により"製品（成果物）ごとの担当グループ、各製品はどのような特徴があるのか"などの製品情報を全社で共有する。

　全社での"プロセス成果の共有化"により、従来のプロジェクトの成否・最終結果のみによる評価ではなく、プロセスでの評価が可能となる。"予算管理"では、時系列に

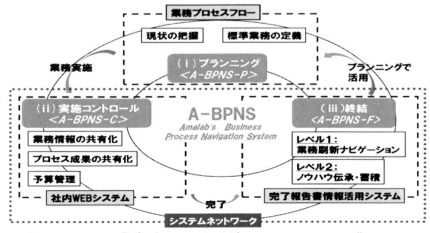

図１０．４．５　業務プロセスナビゲーションシステム"A-BPNS"

予算の使用状況を見込みと併せて管理していく。

（3）終結・完了報告書情報活用システムでは、報告書に2段階のレベル分けを行う。"レベル1"は、業務概要が全体要約されたA4サイズの表紙レベルの内容、"レベル2"は、業務に関する人・もの・情報・コストの変動が開始から完了まで可視化されたレベルの内容とする。

"レベル1"の報告書では、全体要約という実施プロセスを抽象化することで、次業務のプランニング時に発想が限定されず、新プロセスを創出することを支援する。"レベル2"の報告書では、"レベル1"の報告書による新プロセス創出が困難な場合に、過去の業務プロセスを精査することで新業務のプランニングを支援する[6, 7]。

図10.4.6に"A-BPNS"ネットワーキングシステムを示す。プロジェクトが始まると、受注案件であれば顧客折衝部門から、自社商品開発であれば商品企画からプロジェクトに関する要求仕様がデータベースに登録される。それに基づき各部門が業務フロー作成、業務の分類を行い、実測データとヒアリングを基に標準時間を各業務に設定する。

ここで重要なことは、標準時間の設定は業務遂行者が納得した上での標準時間を設定することである。上からの命による強引な標準時間の設定であれば、標準時間が順守できなくなり、標準時間を設定する意味も薄れてくる。次に、プロジェクトが進行すると同時に実行時間を入力する。標準時間と実行時間を対比する形で表示することにより、進捗状況をデータで把握・管理することが可能になる。これにより、担当者独自の方法で進捗管理されていた状況からプロセスの進捗状況が可視化され、管理職・役員がタイムリーに業務進捗状況を把握できる。

各部門における人材の外出状況（人の流れ）をデータベースで管理することにより、他部門との連携を計画的に行うことが可能となる。特に、上層部のスケジュール管理はプロジェクト進行中においては重要となり、承認待ちというロス時間を低減できる。

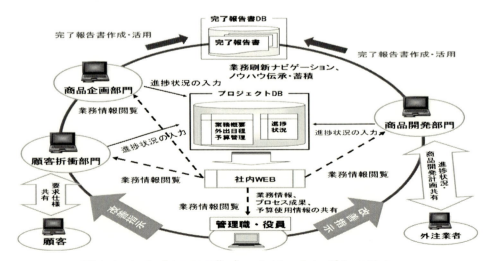

図10.4.6 "A-BPNS"ネットワーキングシステム

予算管理では、1時間当たりの経費に実行時間をかけることにより実績コスト合計を算出する。これと予算合計（1時間当たりの経費に標準時間をかけたもの）をグラフ化する。プロジェクト完了後に、レベル1・レベル2に相当する完了報告書をデータベース上で作成・入力により一連の作業は完了し、これまでのデータベース入力情報は専用社内 Web 上で閲覧される。このようなネットワーク構築により、社内コミュニケーションの活性化が促進され管理職・役員がプロジェクトの業務プロセス管理を支援する[8]。

10.4.4.2　業務プロセスフロー作成

　業務プロセスフロー作成は、業務プロセス可視化を行う上で重要な作業である。これにより、従来暗黙的に理解しがちであった人・もの・情報・コスト・処理の流れが明確になり、標準業務の定義や進捗状況データベースを作成する準備としての業務分類が可能となる。図10.4.7に業務フローの具体例を示す。

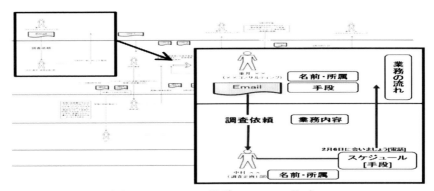

図10.4.7　業務フローの作成

10.4.4.3　診断システムの構築

　予算管理データベースでは、"診断システムの構築"が重要且つ不可欠である。時系列毎に予算の使用状況を見込みと併せてプロットしていくため、プロジェクト進行途中で予算が不足しないか？適宜判断できる。また、見込みに含まれている予算内訳を履歴として残しておけば、途中で追加経費が発生した場合に、見込み内訳と併せて精査し"対応策"を施せる。これにより途中コスト超過に陥った場合、それ以降の業務のスリム化を行うなど総コスト超過を未然に防ぐことと進行中のコスト改善が可能となる。

10.4.5　適用事例[1,2]

10.4.5.1　リサーチ業における業務の可視化の例（事例1）

　本事例1は、リサーチ業特有のE-mail・電話連絡における情報の流れを含む、人・もの・処理・情報・コストの流れを業務フロー作成により可視化し、リサーチ業における業務プロセス管理を可能にしたものである。図10.4.8に、リサーチ業務可視化のアプ

ローチを示す。図中から、まず、業務プロセスの明白知化・再定義を行える①業務フロー図（図１０.４.７参照）を作成し、受注処理（調査仕様・予算の決定）・調査準備・顧客対応などのリサーチ業特有の１２業務に分類を行う。

　次に、プロジェクト管理を可能とする②ネットワークの構築を試みる。ここでのネットワーク登場人物は、調査企画部門、集計部門、管理職・役員、顧客、外注業者である。プロジェクトが始まると、③調査条件がデータベース（ＤＢ）に入力され、プロジェクトが進行すると同時に、④進捗状況のデータが入力される。さらに、⑤コスト状況のリアルタイム化（図略す）では、分類した１２業務を時系列基準として"実績コスト合計"がプロットされ、総コスト予想と総コスト予算が常に可視化される。ここでのコスト低減を報酬制度とすることにより、従業員のコスト意識向上につながった。③から⑤のデータが、⑥社内専用ＷＥＢシステムで閲覧され、問題がある場合は改善指示が出される。

　最後に、完了報告書がデータ入力される。⑦完了報告書活用システムの構想化では、完了報告書に３段階のレベルを設定した。レベル１では収支結果、レベル２では進行状況の結果と課題を簡潔にまとめたもの、レベル３では課題の解決フロー（解析手法や仕事の流れ）とその課題の対応策や新知見をまとめている。これらの簡潔な完了報告書により、部長・役員でも短時間でプロジェクトの内容把握が可能とり、所与の成果を得た。

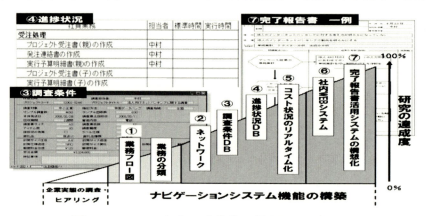

図１０.４.８　リサーチ業務可視化のアプローチ

１０.４.５.２　開発設計の業務刷新ナビゲーションシステムアプローチ法（事例２）

　本事例２では、製造業における"開発設計業務刷新のナビゲーションシステムアプローチ法"（Amalab-Project Planning Navigation System, A-PPNS）を図１０.４.９に例示する[2]。前述の事例と同様のステップ（図中のStep 1～Step 5：プロジェクトの選定～業務管理ナビゲーション～業務刷新ナビゲーション）でアプローチを行う（図中のように、Step 1では"社内蓄積データを利用した見積もり"、Step 2では"過去のプロジェクトＤＢ利用による開発工程の定義"、Step 3では"プロジェクト管理"、Step 4では"完了報告の登録"、Step 5では"登録された全て（過去）プロジェクトの蓄積・活用"である）。

筆者らは、開発設計の業務刷新のために"製造業が開発設計業務進行時に採用しているデザインレビュー（ＤＲ）"を用いている(注2)。ＤＲは、複数の部門が並行して業務を遂行していく上で、節目毎に確認機能が働く効果的な管理手法である。これにより、プロジェクトに係る関係各部門の進捗状況を適確に"トータルリンケージ"できたことで、"ＱＣＤの最適化（同時達成）"に貢献した（詳述は略す）。

（注1）このプロジェクトでは、筆者らが創案した"トータルQAネットワーク"[9,10]を展開した。

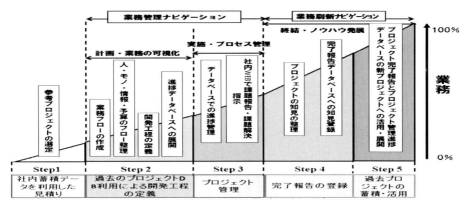

図１０．４．９　開発設計業務刷新アプローチ法"A-PPNS"

１０．４．６　応用研究例：顧客・ベンダー間の"情報共有達成度診断モデル"[11]

１０．４．６．１　ソフトウェア開発における情報共有の現状と問題

現今，顧客（製造メーカー）とベンダー（情報サービス業）が協働する"ソフトウェア開発"は、"ものづくり"の"キーテクノロジー"となっている。例えば、近年、情報サービス業の売上高は１０兆円を超え、ここ１０年では平均８％の急成長を遂げている。情報サービス業の売上高のうち約６７％は，ソフトウェア開発に関わるものである[12]。ソフトウェア開発業務の役割とは、顧客の業務の質を向上させるために、ベンダーが情報技術を用いてソフトウェアを開発することである。この役割を達成するためには，顧客と開発を行うベンダーの間に共通の認識を持っている必要がある[13]。

しかしながら，顧客とベンダーの間に顧客の業務やシステムに対する認識のズレがあるという問題が存在する。もし，顧客とベンダーの間で十分な情報共有を行われず、開発工程後に重要な顧客のシステム要件が発覚すれば，最終的に開発プロジェクトにおける予算や工数を拡大せざるを得ない場合もある。このような問題を起こさないためには、顧客とベンダーが密な情報共有を行い、互いの認識のギャップを埋めることが不可欠である[14]。現在のソフトウェア開発では，各工程終了時に行われるレビューや月一回程度行なわれる定例会等で情報共有がなされている[15]。

しかし，このような情報共有手段が存在しているか否かではなく、有効に活用されているかが重要であり、現在、個々のプロジェクトにおける情報共有達成度を客観的に評

価できないことが問題となっている。そこで，国内外のソフトウェア開発の情報共有に関する研究を調査したところ，「大規模ソフトウェア開発を複数のサブグループで行っていた場合の成果物共有および全体進捗管理を支援する環境」[16]、「顧客・ベンダー間の連携の必要性」[17]の研究はあるが，いずれも情報共有を行うための方法論に関する研究であり、実際の開発プロジェクトにおける顧客・ベンダー間の情報共有達成度を定量的かつ客観的に診断する例は筆者らの知る限り見当たらない。

１０．４．６．２　顧客・ベンダー間の"情報共有達成度診断モデル"の構築[11]

筆者らは，個々の開発プロジェクトにおける"顧客・ベンダー間の情報共有達成度を客観的に評価"し，"達成度の低い項目の改善策を提示する診断モデル"を構築する。以下に，情報共有達成度診断モデル構築の手順を示す。

（1）ソフトウェア開発の情報共有に関する問題・解決要因抽出

国内ベンダー3社に対するヒアリングから，情報共有における問題を抽出し、系統図を用いて整理した。具体的には,「顧客とベンダー間に認識のズレがある」ことを【結果】として、それに影響する問題を矢印で結び、その中でも【原因となる問題】，原因となる問題によって【引き起こされる問題】に分類した。その結果，情報共有に直接関係する問題だけでなく、プロジェクトに携わるメンバーの知識・経験やプロジェクト管理等、一見情報共有に関係ないと考えてしまう問題も、顧客とベンダー間の認識のズレを引き起こす原因となっていることが判明した。

筆者らは、情報共有に関する問題を整理した系統図から要約し、【原因となる問題】から情報共有に必要な要因（情報共有達成要因）を30項目抽出し、例えば「ベンダーごとに強み・弱みがある」という問題を「同業他社優位性」というように変換した。抽出した情報共有達成要因を表１０．４．１に示す。

（2）　総合達成度に対する情報共有達成要因の影響度把握のデータ収集

前述の30項目の情報共有達成要因から"総合的な情報共有達成度"（総合達成度）への影響度を把握するために、国内ベンダー11社に対しデータ収集を行った。まず、30項目について，プロジェクトにおける総合達成度"総合的な情報共有達成度"を7段階で評価（1：非常に不十分～7：非常に十分）して頂いた。

この結果は、クラスター分析・主成分分析・共分散構造分析を用いて、"総合達成度に対する情報共有達成要因の影響度"を把握する際に用いた。また同時に、"各情報共有達成要因の達成度"を向上させるために、プロジェクトにおいて実践されていることを自由記述形式[6]で記入して頂き、この結果から情報共有達成要因の達成度を向上させるために、必要な要因（達成度向上要因）を表１０．４．２に抽出した。

表１０．４．１　情報共有達成要因（O_1～O_{30}）

O_1.報告達成	O_{16}.顧客のシステム理解
O_2.顧客・ベンダーの共通認識	O_{17}.交渉力
O_3.ドキュメントの明確化	O_{18}.役割分担の適材適所度
O_4.教育体制力	O_{19}.競争者への優位
O_5.開発メンバーの自己研鑽	O_{20}.顧客要求の明確化
O_6.データベース化達成	O_{21}.顧客要求の達成
O_7.コストと予算の適合性	O_{22}.顧客要求の増大考慮度
O_8.顧客業務の認識	O_{23}.システム化範囲の明確化
O_9.顧客ワーカーの意見の影響	O_{24}. project manager 適正度
O_{10}.顧客マネージャーの顧客ワーカーへの影響	O_{25}.プロジェクト特性の考慮
O_{11}.顧客マネージャーの意思決定力	O_{26}.システム機能の明確化
O_{12}.組織体制の明確性	O_{27}.開発作業の明確化
O_{13}.技術提案力	O_{28}.データベース活用力
O_{14}. project manager の進捗管理度	O_{29}.開発環境のリスク考慮
O_{15}.顧客の提案理解	O_{30}.新技術導入のリスク考慮

（3）情報共有達成要因の分類

　図１０．４．１０に示すように、データ収集から得られた"各情報共有達成要因の達成度（同上、７段階評価）"について、クラスター分析を用いて３０項目の"情報共有達成要因"を５つの潜在因子に分類した。例えば、O_7.提案金額顧客予算適合度，O_{19}.同業他社優位性などの項目を含むグループの場合、どの項目においても"見積もり"を行う上で不可欠な要因であると言えるため、このグループの潜在因子を「L_1.見積もり達成度」と解釈した。同様にして、他のグループも含まれる情報共有達成要因から解釈を行い、それぞれの潜在因子を「L_2.知識経験向上達成度」、「L_3.プロジェクト計画達成度」、「L_4.設計・開発達成度」、「L_5.プロジェクト管理達成度」とした。

　さらに、クラスター分析で得られたこれらの分類（L_1～L_5）の位置づけを捉えるために、図１０．４．１１に示す主成分分析により、主要な主成分（因子負荷量）の散布状態を"２次元マップ"で確認した。図中では、累積寄与率が５０％を超える主成分軸（第一主成分～第三主成分）により分析し、表示をしている。

　その結果、第一主成分と第二主成分，第一主成分と第三主成分の２次元マップ上の"各情報共有達成要因の配置"から、第一主成分は「社内・社外」、第二主成分「上流工程・下流工程」、第三主成分は「個人のばらつき・全員一致（技術・業務）」と解釈できる。

　社内外ともにキーとなるのは、(i) 企画部門の上流工程では全員一致による見積もり達成度の向上、(ii) 実施部門の下流工程では全員一致によるプロジェクト計画達成度・プ

第2部 オペレーションズ・マネジメント戦略の実際

表10.4.2 達成度向上要因（E_1〜E_{72}）

E_1. 適宜テレビ会議を実施する	E_{37}. QCDを達成するよう努める
E_2. 定例会以外にも何かあるたびに会議を行う	E_{38}. 高い技術力を持つ
E_3. メールや電話などの通信手段で適宜連絡を取る	E_{39}. ハード・ソフトの適合度を高める
E_4. 共通の電子掲示板・Q&AWEBシステムにて連絡が取れる	E_{40}. オフショアを活用する
E_5. 過去事例を生かす	E_{41}. ドキュメント形式で要求を受ける
E_6. WBSをより詳細に作成する	E_{42}. あらかじめ業務内容を提示してもらう
E_7. 議事録を作成する	E_{43}. パッケージとの適合度を十分分析する
E_8. 社内ノウハウをデータベース化しいつでも参照出来るようにする	E_{44}. 定期的に要求仕様を確認する
E_9. 互いの業務に詳しい人材をメンバーとして配置する	E_{45}. 顧客側の受入テストや運用テスト支援を行う
E_{10}. 課題・管理をExcel等の表として共有する	E_{46}. レビューで要求内容を確認する
E_{11}. 仕様書の書式に基準を設ける	E_{47}. 納期・コストに余裕を持たせる
E_{12}. 作成した仕様書を知識のない人が読んでも判るかチェックする	E_{48}. システム運用に関する情報を随時把握する
E_{13}. 内部レビューで細かい仕様書の確認作業を行う	E_{49}. 仕様変更規模を予算化してもらう
E_{14}. 研修を実施する	E_{50}. 前提条件を付け、過剰な要求増大を防ぐ
E_{15}. 通信教育を受講出来る	E_{51}. パッケージのカバー範囲を提示する
E_{16}. OJTを行う	E_{52}. 特徴的なプロジェクトの開発ではリスク管理を綿密に実施する
E_{17}. 独学で知識をつける	E_{53}. 要件特性を検討する社内会議で提案内容・費用等を吟味調整する
E_{18}. 提案金額について、ある程度の基準を設ける	E_{54}. チームリーダーがシステム機能をメンバーに伝達する
E_{19}. 提案金額決定について、相互の話し合いを向上させる	E_{55}. 要件定義をしっかり行う
E_{20}. 過去事例も参考に提案金額を決定する	E_{56}. 細かい単位でレビューを行い、機能漏れ防止に努める
E_{21}. PMの経験も参考に提案金額を決定する	E_{57}. 社内ノウハウをデータベース化するよう指導を施す
E_{22}. 風通しの良い職場を作る	E_{58}. メンバー・品質管理部門がデータベース化しやすい仕組みにする
E_{23}. マネジメント層が現場社員の意見を聞く場を設ける	E_{59}. 表などのドキュメント形式でも過去事例を記録する
E_{24}. 業務部門の意思決定が会社としての意思決定にも影響する	E_{60}. メンバーがデータベース情報をプロジェクトで活用可能にする
E_{25}. 現場からのシステム改善提案書を精査して意思決定を行う	E_{61}. あらかじめ業務マニュアルを提示してもらう
E_{26}. 勉強会を開催する	E_{62}. メンバーに同じような業務システム開発経験のある人を配置する
E_{27}. 講演会に参加出来る	E_{63}. 適宜、業務に関する必要な情報を得ることが出来る
E_{28}. 提案書、技術資料を共有する	E_{64}. 顧客がベンダーの提案を理解できる
E_{29}. PMと個人間のコミュニケーションで進捗を管理する	E_{65}. 顧客の現場に対して管理者層が意思決定に影響力を持っている
E_{30}. PMがミーティングを通じて進捗を管理する	E_{66}. 顧客のマネジメントの意思決定が現場社員も納得出来る
E_{31}. チームリーダーが進捗を管理し、PMに伝達する	E_{67}. 組織体制・役割分担を明確にする
E_{32}. リアルタイムに進捗を管理出来るシステムが存在する	E_{68}. 人材を適材適所に配置する
E_{33}. 毎日進捗報告管理を実施する	E_{69}. 顧客が自社のシステムを理解出来る
E_{34}. 開発知識・経験が豊富な人材を配置する	E_{70}. プロジェクトマネージャの経験が計画の実行できる人材である
E_{35}. 顧客とあくまでも対等な立場として交渉する	E_{71}. 開発環境の違いによって生じるリスクを十分考慮する
E_{36}. 立場ごとに交渉人を変更する	E_{72}. 経験の少ない新技術を導入する際のリスクを十分考慮する

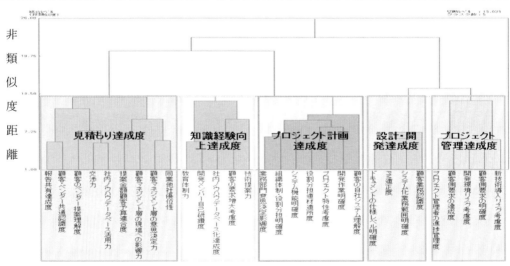

図10.4.10 情報共有達成要因のクラスター分析結果（ウォード法，ユークリッド距離）

284

ロジェクト管理達成度の向上、個人のばらつきが出ないよう知識経験向上達成度のレベル向上が不可欠と要約され、技術的・プロセス管理の見地から妥当な結果と理解できる。

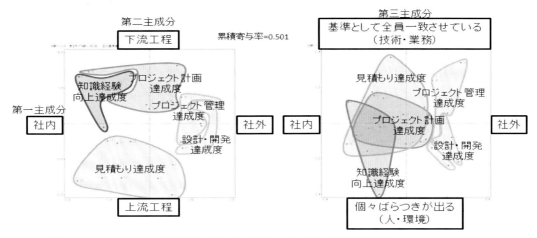

図１０．４．１１　情報共有達成要因の主成分分析結果（相関係数行列）

（４）　ソフトウェア開発の情報共有達成のための仮説モデルの構築

　そこで次に、系統図を用いて抽出した"情報共有達成要因"と、クラスター分析によって分類した"潜在因子"、またデータ収集から抽出した"達成度向上要因"を基に、図１０．４．１２に示すように、"情報共有達成を行うために必要な仮説モデル"を構築した。

　本モデルは、総合達成度を一層、潜在因子を二層、情報共有達成要因を三層、達成度向上要因を四層として構成されている。いずれの層（二層、三層、四層）も、一つ上のランクの層の達成度を向上させるために必要な要因を詳細化したものとなっている。

（５）　情報共有達成要因に対する達成度向上要因の影響度把握のデータ収集

　７２項目の達成度向上要因（四層）から、３０項目の情報共有達成要因（三層）への影響度について、数量化理論Ⅰ類を用いて把握するために、国内ベンダー１１社に対し再度データ収集を行った。まず、三層について"ソフトウェア開発のプロジェクトにおける達成度"を７段階で評価をして頂いた。この評価結果は、三層の各要因（O_1～O_{30}）のそれぞれを目的変数とした。また同時に、四層の各情報共有達成要因（E_1～E_{32}）の達成度を向上させるために実施している達成度向上要因を選択していただいた。実施されている項目を１，実施されていない項目を０と評価を変換し，説明変数として扱った。

（６）　総合的な情報共有達成度に対する達成度向上要因の影響度把握

　各データ収集から得られた評価を基に、一層・二層間及び二層・三層間の関係について共分散構造分析を用いた。また、三層・四層間の関係について数量化理論Ⅰ類を用いた。これらにより総合達成度に対する情報共有達成要因の影響度，また情報共有達成要

第2部　オペレーションズ・マネジメント戦略の実際

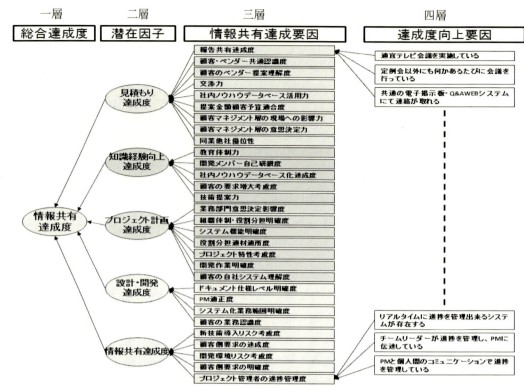

図10.4.12　情報共有達成のための仮説モデル

因に対する達成度向上要因の影響度を算出する数理モデル式を導出した（ただし、一つの目的変数に対して、従属する説明変数が一つである9つの情報共有達成要因については、達成度向上要因の達成度が情報共有達成要因の達成度となるため、数量化理論Ⅰ類は省略した）。分析により導き出したモデル式を以下に示す.

（一層に対する二層の影響度を算出する数理モデル式）
$L_6=0.541L_1+0.421L_2+0.506L_3+0.323L_4+0.410L_5 \ldots (1)$

（二層に対する三層の影響度を算出する数理モデル式）
$L_1=0.242O_1+0.317O_2+0.330O_{15}+0.185O_{17}+0.239O_{28}+0.438O_7+0.298O_{10}+0.427O_{11}+0.421O_{19} \ldots (2)$
$L_2=0.368O_4+0.238O_5+0.490O_6+0.513O_{22}+0.553O_{13} \ldots (3)$
$L_3=0.318O_9+0.334O_{12}+0.436O_{26}+0.362O_{18}+0.311O_{25}+0.392O_{27}+0.465O_{16} \ldots (4)$
$L_4=0.488O_3+0.439O_{24}+0.667O_{23}+0.353O_8 \ldots (5)$
$L_5=0.586O_{14}+0.384O_{21}+0.523O_{29}+0.387O_{20}+0.291O_{30} \ldots (6)$

（三層に対する四層の影響度を算出する数理モデル式）
$O_1=0.633E_1+0.967E_2+0.350E_3+0.300E_4+3.100 \ldots (7)$
$O_2=0.619E_5+0.905E_6+0.238E_7+E_8+0.667E_9+1.429E_{10}+2.143 \ldots (8)$
$O_3=1.909E_{11}+1.182E_{12}+0.182E_{13}+2.818 \ldots (9)$
$O_4=1.808E_{14}+0.185E_{15}+1.705E_{16}+2.274 \ldots (10)$
$O_5=0.808E_{14}+0.202E_{15}+0.952E_{17}+3.077 \ldots (11)$
$O_6=1.389E_{57}+1.611E_{58}+1.833E_{59}+1.056 \ldots (12)$
$O_7=0.415E_{18}+1.551E_{19}+0.095E_{20}+1.966E_{21}+2.014 \ldots (13)$
$O_8=E_{61}+1.500E_{62}+0.500E_{63}+3.000 \ldots (14)$
$O_9=1.825E_{22}+0.643E_{23}+0.544E_{24}+1.490E_{25}+1.722 \ldots (15)$
$O_{13}=0.833E_{26}+0.333E_{27}+0.611E_8+0.667E_{28}+3.556 \ldots (16)$
$O_{14}=0.147E_{29}+0.500E_{30}+0.471E_{31}+1.176E_{32}+0.324E_{33}+4.382 \ldots (17)$

第10章　マーケティングとビジネスマネジメントの進展　１０-４

$O_{17}=1.778E_{34}+2.111E_{35}+0.556E_{36}+1.667 ... (18)$
$O_{19}=0.545E_{37}+1.136E_{38}+2.614E_{39}+0.182E_{40}+1.977 ... (19)$
$O_{20}=2.824E_9+0.510E_{41}+1.765E_{42}+0.765E_{43}-0.765 ... (20)$
$O_{21}=0.914E_{37}+0.879E_{38}+0.879E_{44}+0.793E_{45}+1.103E_{46}+2.121 ... (21)$
$O_{22}=0.822E_{47}+1.137E_{48}+1.449E_{44}+0.332E_{49}+1.586E_{50}+2.171 ... (22)$
$O_{23}=1.759E_{42}+0.379E_5+0.897E_{51}+2.655 ... (23)$
$O_{25}=0.167E_5+0.750E_{47}+1.500E_{44}+E_{52}+1.167E_{53}+3.833 ... (24)$
$O_{26}=0.678E_{54}+0.524E_{55}+0.853E_{10}+0.245E_{56}+4.161 ... (25)$
$O_{27}=2.556E_6+1.963E_{10}+1.593E_{54}+0.481 ... (26)$
$O_{28}=1.158E_{60}+2.105E_{58}+1.684E_{59}+2.316 ... (27)$

　導出したモデル式より，総合的な情報共有達成度に対し、最も影響度の高い潜在因子は「L_1.見積もり達成度」であることがわかった。また、「L_1.見積もり達成度」に含まれる情報共有達成要因に着目すると、「O_7.提案金額顧客予算適合度」が最も影響を及ぼしていることがわかった。この結果は，国内ベンダーに対するヒアリングにおいて、「利益よりも契約実績を重視する場合がある」という意見からも理解できる。また、総合達成度に対して、極端に影響度の低い項目はなかったことから、仮説モデルの基となった潜在因子や情報共有達成要因，達成度向上要因の抽出が適確であったと考える。

（７）　情報共有達成度診断モデルのソフトウェア化と有効性の検証
　得られた数理モデル式を基に、情報共有達成度診断モデルのソフトウェア化を行った。本診断モデルでは、図１０.４.１３に例示するように、７２項目の達成度向上要因について自身のプロジェクトにおいて実施されているか否かを二択で選択すると、プロジェクトにおける潜在因子（二層）・情報共有達成要因の達成度（三層）を百分率で表出し、国内ベンダーのデータ平均から算出した基準値とともに、レーダーチャートで出力する。
　また、数理モデル式を用い、基準値と比べて、算出した実測値が最も低い情報共有達成要因を改善すべき要因を表示し、具体的な改善策も提示する（詳述は略す）。

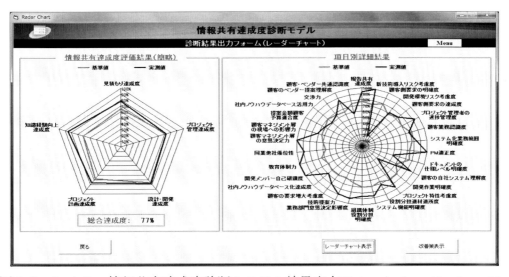

図１０.４.１３　情報共有達成度診断システム結果出力フォーム（レーダーチャート）

このように、本モデルを活用することにより、顧客・ベンダー間の情報共有達成度を客観的に評価し、現在の達成度をさらに向上させるための具体的な改善案を把握することができる。本モデルは、ソフトウェア開発における個々のプロジェクトを対象とし、"プロジェクト管理計画書のレビュー"時、"開発プロジェクト終了"時に活用するものとする。プロジェクトを想定して本モデルを使用して頂き、提示した改善策を実施した結果、改善前と比べて、総合的な情報共有達成度が7％向上の高評価を得ることができた。

１０．４．７　ソフトウェア開発の拡がり

上述の知見を活かし、近年、筆者らは産学協働による学際的な実証研究を行っている。1つは、企業の経営戦略に視座した（i）"新製品開発ビジネスプロセスネットワークシステム"[18]、（ii）"品質経営のパフォーマンス評価法"[19]、（iii）技術開発を強化する"戦略特許価値評価法"[20]、（iv）ＳＣＭ戦略のための"パートナリングパフォーマンス評価法"[21]、（v）開発設計・生産・仕入先の統合的デザインレビューのための"トータルＱＡネットワーキングモデル"[11]、および（vi）"労働作業価値評価モデル"[3]など、ビジネスプロセスの可視化による"評価と診断"の展開が顕著である。

2つは、ソフトウェア開発のさらなる拡がりとして、（vii）数理計画問題を適用し、暗黙的な物流業者の業務を最適化する"物流業者と荷主間の相互信頼を得る改善行動選択モデル"[22]、（viii）損害保険会社と損害保険代理店が協働する"損害保険業務のナビゲーションシステム"[23]、（ix）映画製作者間のパートナリングによる"映画企画出資決定評価モデル"[24]など、新たな進展が図られている。

１０．４．８　まとめ

本節では、ソフトウェア開発業務の進捗状況を可視化し、業務知識を組織的に体系化し、対応策を施せる診断機能法を持つ"業務刷新ナビゲーションシステム"（A-BPNS）を創出した。本システムをリサーチ業、商品の開発設計に適用し、所与の成果を得た。応用研究として"顧客・ベンダー間の情報共有システム"を構築し、その有効性を論証した。さらに適用領域を広げ、"企業経営戦略と多業種への展開"を例示した。

１０．４．９　謝辞

本研究は、青山学院大学（理工学部／大学院理工学研究科　天坂 New JIT 研究室，坂井大剛氏、和路允宏氏、中村真理氏、三原亮介氏、中村将大氏，遠田祐介氏，飯田貴之氏、山地学氏　ほか）との協働により進められたものである。ここに深く謝意を申し上げます。

参考文献

[1] R. Mihara, M. Nakamura, M. Yamaji and K. Amasaka, Study on Business Process Navigation System

"A-BPNS," *International Journal of Management & Information Systems*, Vol. 14, No. 2, pp. 51-58, 2010.
[2] H. Sakai, Y. Waji, M. Nakamura and K. Amasaka, Establishment of "A-PPNS", a navigation system for regenerating the software development business, *International Journal Industrial Engineering and Management System*, Vol. 10, No. 1, pp. 43-53, 2011.
[3] K. Uchida, M. Tsunoi and K. Amasaka、Creating Working Value Evaluation Model "WVEM"、*International Journal of Management & Information Systems*, Vol. 16, No. 4, pp. 299-306. 2012.
[4] 加藤慶太, リサーチ業における業務の可視化に関する一研究(修士論文), 青山学院大学理工学研究科 (天坂 New JIT 研究室), 2006.
[5] 天坂格郎（編集企画委員長), Ｎ７と多変量解析法を併用した言語情報の解析（事例２１），『サイエンスＳＱＣ：ビジネスプロセスの質変革』，名古屋ＱＳＴ研究会編, 日本規格協会, pp. 299-313, 2000.
[6] 田浦俊春ほか,『新工学知②, 技術知の本質―文脈性と創造性』, 東京大学出版会, pp. 161-188, 1997.
[7] 天坂格郎（編著),『ニュージャパンモデル サイエンスＴＱＭ, 戦略的品質経営の理論と実際』, 製造業の品質経営あり方研究会編, 丸善, pp. 207-224, 2007.
[8] K. Amasaka, Constructing a Customer Science Application System "CS-CIANS", *WSEAS Transactions on Business and Economics*, Vol. 2, No. 3, pp. 135-142, 2005.
[9] T. Kojima and K, Amasaka, The Total Quality Assurance Networking Model for preventing defects: Building an effective quality assurance system using a Total QA Network, *International Journal of Management & Information Systems*, Vol. 15, No. 3, pp.1-10, 2011.
[10] H. Sakai and, K. Amasaka, Creating A Business Process Monitoring System "A-IOMS" for software development, *Chinese Business Review*, Vol. 11, No. 6, pp. 588-595, 2012.
[11] M. Nakamura, Y. Enta and K. Amasaka, Establishment of a model to assess the success of information sharing between customers and vendors in software development, *Journal of Management Science*, Vol. 2, pp. 165-173, 2011.
[12] 経済産業省統計局, 特定サービス産業実態調査等における推計手法の確立に関する調査研究, 2010,
[13] Y. Lu et al., What affects information systems development team performance? An exploratory study from the perspective of combined socio-technical theory and coordination theory, *Computers in Human Behavior*, Vol. 27, Issue 2, pp. 811-822, 2011.
[14] K. Amasaka, Development of Science TQM, a new principle of quality management: Effectiveness of strategic stratified task team at Toyota, *International Journal of Production Research*, Vol. 42, No. 17, pp. 3691-3706, 2004.
[15] 河合一夫, ソフトウェア開発における情報共有の課題とその解決, プロジェクトマネジメント学会 2005年度春季研究発表大会予稿集, pp. 209-211, 2005.
[16] 村田大二郎他, ソフトウェア開発プロジェクト内での情報流通インフラの開発と評価, 情報処理学会研究報告, pp. 35-40, 2011.
[17] M. Keil, and E. Carmel, Customer-developer links in software development, *Communications of the ACM*, Vol. 38, Issue 5, pp. 33-44, 1995.
[18] T. Iida, R. Mihara and K. Amasaka, Constructing Business Process Network System "A-BPNS-NPD", *Journal of Business Case Studies*, Vol. 9 No. 4, pp. 343-352, 2013.
[19] K. Amasaka, Strategic quality management-performance measurement model, *Science TQM, new quality management principle: The quality strategy of Toyota*, Bentham Science Publishers, pp. 43-52, 2013.
[20] K. Anabuki, H. Kaneta and K. Amasaka, Proposal and validity of patent evaluation method "A-PPM" for corporate strategy, *International Journal of Management & Information Systems*, Vol. 15, No. 3, pp. 129-137, 2011.
[21] M. Yamaji, T. Sakatoku, and K. Amasaka, Partnering Performance Measurement "PPM-AS" to strengthen corporate management of Japanese automobile assembly makers and suppliers, *International Journal of Electronic Business Management*, Vol. 6, No. 3, pp. 139-145, 2008.
[22] D. Okihara, S. Takada and, K. Amasaka, Constructing a model for selecting improvement actions to gain mutual trust between logistics providers and shippers, *The Journal of Japanese Operations Management and Strategy*, Vol. 5, No. 1, pp. 74-85, 2014.
[23] M. Nakamura, A. Ishikawa and K. Amasaka, 2013, "Establishment of Nonlife Insurance Business Navigation System 'A-NIBNS'", *International Journal of Management & Information Systems*, Vol. 1, No. 4, pp. 241-250, 2013.
[24] H. Koyama, N. Yoshida and K. Amasaka, The A-MPM decision-making model for film project investment: A partnership with filmmakers, *International Business & Economics Research Journal*, Vol. 11, No. 3, pp. 323-330, 2012.

索　　引

数字先頭

13部門の仕事の信頼性　5
5M－E　12
3D正運用　103
3D－CADによるエクステリアデザイン
　（プロポーションとフォルム）　255

英文先頭

"A-BPNS"ネットワーキングシステム　278
Advanced TDS　28
Advanced TMS　32
Advanced TPS　29
Amalab's Business Process Navigation System,
　"A-BPNS"　276
Amalab–Project Planning Navigation System,
　A-PPNS　280
AWD6P／Jの全体目標と各チーム目標の
　連関図　144
Aging & Work Development 6 Programs
　Project"（AWD6P／J）　144
A社向けバッテリーパック用減圧弁の
　取組み　190
B社向け「プレート」生産場所・内外製
　見直し　191
C社向け「コイルスプリング」生産場所
　見直し　191
Categorical Automatic Interaction Detector　14
ＣＡＥ（Computer Aided Engineering）　28
　81　107
CAE／Simulation ゼログラフィ・プロセス
　解析技術　97
ＣＡＥ解析技術向上への統計科学の
　有効性　109
ＣＡＤ（Computer Aided Design）　28
ＣＡＩＤ分析による「自社代替高確率客の
　モデル化」　268
ＣＤ（Customer Delight）　26
ＣＲ（Customer Retention）　26
"ＣＲ"の展開例―「自社代替高確率客の特定
　モデル」の創出　267
ＣＳ（Customer Satisfaction）　26
concurrent engineering, CE　80
"ＣＰＢＭ－ＡＥ"の応用研究例　264
Customer Science Principle　6
DDI : Digital Design Improvement　96

Dual Partnering" with JIP and JEP　42
Dual Strategic Stratified Task Team Model" between
　Maker and Affiliated／Non-affiliated Suppliers,
　DSSTTM　42
DWWフロントローディング施策　96
Formation Model of Strategic Cooperative Creation
　Team, SCCT　41
Fuji Xerox Production Way : XPW　202
Global Network System for Developing Production
　Operators"（GNS-DPO）　55
Global Partnering Model, GPM　53
HDPのアウトライン　163
HDPのハードウェア・ソフトウェア・シミュレーション
　の構成　164
High-cycle System for the automobile production
　business process, HS-APBP　30
High-cycle System for the strategic marketing
　business process, HS-SMBP　32
High Reliability Development Design System,
　HRDDM　28
Highly Reliable Production System, HRPS　29
Human Digital Pipeline System, HDP　140
Human-Integrated Assist System for Intelligence
　Operators, HIA　139
Human Intelligence Production Operating System、
　HI-POS　139
Intelligent Customer Information Network System,
　ICINS　31
Intelligence Numerical Simulation System, INSS　28
Intelligence Product Design Management System,
　IPDMS　27
Intelligence Production Operating System,
　TPS-IPOS　139
Intellectual Technology Integrated System,
　IT IS　28
Intelligent Quality Control System, IQCS　29
Intelligent Operating Development System　29
Intelligent Sales Marketing System, ISMS　32
IoT (Internet of Things)　122
Japan Supply System, JSS　40
Japanese External Partnering, JEP　42
Japanese Internal Partnering, JIP　42
Just in Time, JIT　20
ＪＩＴを超えて　23
ＪＩＴを超える新たな経営管理技術が
　求められている　12
ＪＩＴを超える"ものづくり新論"　16
m-SHELLモデル分析　213
MHPS–TOMONI　122
MHPS–TOMONI KPI Analyst and Upgrade

Advisor　129
MHPS-TOMONI のコンテンツ　127
MHPS-TOMONI のプラットフォーム　125
Lean System　10
New Japan Global Production Model,
　　NJ-GPM　138
New Global Partnering Production Model,
　　NGP-PM　54
New Japan Development Management Model,
　　NJ-DMM　26
New Japan Manufacturing Model, NJ-MM　26
New Japan Marketing Management Model,
　　NJMMM　26
New Japan Production Management Model,
　　NJ-PMM　26
New Manufacturing Theory, NMT　24
New Sales Office Image, NSOI　31
New Turkish Production System, NTPS　57
ＮＴＰＳによるグローバル生産のフレーム
　　ワーク　62
O&M の高度化　131
PESTLE 分析　73
Rational Advertisement Promotion System,
　　RAPS　32
Renovated Work Environment System,
　　RWES　29
Simultaneous Engineering, SE　28　81
Strategic Stratified Task Team Model,
　　SSTSM　39
「ＳＱＣテクニカルメソッド」による"問題解決
　　の山登り"　267
Total Development System (TDS)　24　80
Total Marketing System (TMS)　24
Total Production System (TPS)　24
Total Task Management Team, TTMT　43
Total QA High-cycle Approach Model,
　　QAT-HAM　45
Total Quality Assurance Network Model using
　　Toyota's three management activities,
　　QAT　44
TPS-Process Layout CAE System,
　　TPS-LAS　139
TPS-Quality Assurance System,
　　TPS-QAS　140
Toyota Production System　10
Toyota Global Production Center, GPC　55
Traditional Turkish Production System　57
Virtual-Maintenance Innovated Computer System,
　　V-MICS　140

あ行

新たな生産保全への移行　179
一個流し生産　20
１個流し生産による品質管理の徹底　20

１個流し生産による品質のつくりこみ　20
意識のモードとエラー発生率　208
インターナル・パートナリング　42
インテリジェンスオペレータの育成　29
インテリジェンスＱＣシステム
　　（ＱＣＩＳ）　146
インテリジェンスＣＡＥシステムアプローチ
　　モデル　112
インテリジェンス品質管理システム　29
インバータ技術の中国への提供　232
運転員を多能工化するナビゲーション
　　システム　133
売り上げと上・シェアの要因解析
　　（ＣＡＩＤ分析）　15
営業販売活動と広告宣伝媒体の要因分析
　　264
営業販売活動の時系列データの分析—"チラシ
　　広告効果"の要因分析　265
営業・販売の変革—自動車セールス
　　マーケテイング戦略　259
エクスターナル・パートナリング　42
オイルシールシミュレータ用の技術要素
　　モデル　119
オペレータ干渉のチェック例　167
お客様の信頼を損なうヒューマンエラーによる
　　単発品質不具合　204
お客様目線での品質担保の再構築—ブランドと
　　信頼性　202
お客様との絆づくり「自動車セールス
　　マーケティングシステム」　267

か行

海外新人生産オペレータ技能訓練
　　カリキュラム　56
海外生産における車両生産場所企画の例
　　（＜海外生産＞）　185
海外生産における車両生産場所企画の例
　　（③現地生産拡大期）　186
海外立ち上げの現状　137
開発環境の整備　94
開発効率の向上　93
開発生産準備プロセスの改革　92
開発設計刷新へのＣＡＥ適用課題　109
開発設計業務刷新のナビゲーションシステム
　　アプローチ法　280
回避点の事前設定　166
加工点チャートと品質コンポーネント　178
　　加工点解析によるアルミ製シリンダーヘッド
　　鋳造の改善　183
カスタマーサイエンス　6
カスタマーサイエンス—自動車エクステリア

デザイン戦略　242
"カスタマーサイエンス"の体系的活用　243
金型要件チェックツールの自動化　104
加齢化対応の全社プロジェクト　144
管内挿入式ECTによる減肉検査状況　133
環境貢献と事業の両立－空調機開発と
　　グローバル展開　230
キガリ改正の内容　235
「希望イメージ」と「最好意車」のアンケート
　　247
「希望イメージ」と「最好意車」との相関関係　248
基本技能訓練と適正診断　197
基本技能訓練の例（ねじ締め付け）　198
基本技能訓練の作業要素と適正診断
　　（組立工程の例）　197
キヤノンの技術醸成と移転　68
キヤノン の狙い　69
業務フローの作成　279
企業経営と創造的企業の風土づくり　37
企業経営の仕組みと実践の態様　13
企業経営の実践と経営成果の因果分析
　　（グラフィカルモデリング）　15
企業の信頼性　2
企業・組織・人の高信頼性　4
技術革新の誘因パターン　66
技術問題のメカニズムが不明な例
　　－駆動系オイルシール油漏れの高精度
　　ＣＡＥ解析　118
技能習熟支援システム　55
技能習熟レベルの評価　198
協創的チーム活動　37
協創チーム活動に必要な3要素と
　　推進4要件　38
空調事業における環境貢献技術のオープン化
　　の事例　232
グローバル化　2
グローバルＳＣＭ　42
グローバル改善促進室　221
グローバル経営マネジメント体制　217
グローバル改善促進室組織強化による
　　改善活動　222
グローバルＱＣＤ向上活動の成果　228
グローバル事業－ＱＣＤマネジメント　215
グローバル生産　52
グローバル生産の鍵－デジタル生産方式の
　　必要性　162
グローバル生産戦略の要－生産オペレータの
　　インテリジェント化　193
グローバルな経営管理と組織体制　216
グローバルネットワークシステム　140
グローバルパートナリング　53
グローバルパートナリングモデル　53

グローバルマーケテイング　2
グローバル連結経営会議の設置　216
グラフイカルモデリング　14
経営課題　2
経営課題とその展開方策　216
経営技術の2本の柱　12
経営成果と今後の取組み　14
経営トップ・管理者の取り組み課題　3
経験知の可視化　6
対象工程の課題とあるべき姿　223
原材料特性の影響度解析例　46
現場監査の強化と水平展開活動　210
研究開発プロセスと死の谷の克服　65
広告宣伝媒体による"顧客購買行動モデル"
　　（ＣＰＢＭ－ＡＥ）　261
広告宣伝媒体による市場創造モデル
　　（ＭＣＭ－ＡＥ）　260
広告宣伝媒体による"来店動機"の要因分析
　　264
効果設計確認会とデザインリスト活用　100
「高級度合」による車種の分類　250
高速金型一貫システム　98
顧客価値創出法"カスタマ-サイエンス"の
　　概念図　243
"顧客購買行動モデル"（ＣＰＢＭ－ＡＥ）の実
　　際（新型車）　263
「顧客タイプ別ＣＲ方式」による
　　"顧客アンケートデータの分析"　267
顧客志向を科学化する"カスタマーサイエンス"
　　242
顧客情報活用ネットワーキングシステム　86
顧客・ベンダー間の"情報共有達成度診断モデル"
　　の構築　282
高信頼性開発設計システム　27
高信頼性ＣＡＥ解析システム
　　アプローチ法　114
高信頼性ＣＡＥ解析の技術要素モデル　113
高信頼性ＣＡＥソフト技術要素モデル　87
高品質保証維持の課題　204
高品質保証ＣＡＥ解析モデル　110
高品質保証生産システム　140
高信頼性生産システム　29
高信頼性のものづくり　6
高信頼性ビジネスプロセスモデル　7
工場レイアウト　156
高度化生産システムと技術・技能の進化の
　　必要性　136
工程毎の作業山積み実施例　168
「工法の手の内化」の例　190
合理的な広告プロモーションシステム　32
『これでヨシ!』の基準としての作業
　　手順書　225

『これでヨシ！』と言える改善・工夫　227
コンカレント・エンジニアリング　80
コンピュータシミュレーション"HDP"　162

さ行

サーベイ・リサーチの項目　262
サイマルテニアス・エンジニアリング　28　81
作業要素ごとの技能習熟度のばらつき　194
サプライチェーン・マネジメント　42
更なる高品質保証のもの作りに向けた課題と
　対応　212
座標計算の考え方　165
市場牽引型の誘因パターン　69
自工程完結による工程品質改善　212
自工程完結の例―７つのムダの改善　155
自工程保証活動の成果　228
事業の脆弱性と対策　73
事業本部方針管理　218
事業リスク分析　72
事業リスクのマッピング　73
次世代候補冷媒の比較　236
自働化ラインと手作業ライン　158
自動車"営業・販売の変革"の必要性　259
自動車開発設計の未然防止　107
自動車エクステリアデザイン戦略　244
自動車エクステリアデザインモデル
　（ＡＥＤＭ）　246
自動車生産ビジネスプロセスのハイサイクル
　システム　30
自動車生産と生産保全　172
自動車セールスマーケテイング戦略　260
"自動車セールスマーケティングシステム"の
　構築　269
自動車の開発設計～生産の変遷　28
自動車の営業・販売のビジネス刷新　259
自動車の品質の比較例　11
自動車ブレーキ性能の高品質保証　43
自動車用ホース事業部門の状況　215
自動車メーカーと系列/非系列プライヤー（部品
　メーカー）との戦略的協創モデル　42
自動車プロポーション・フォルム・カラーの
　マッチング法（Ｃ）　252
自動車プロポーション・フォルム・カラーの
　マッチング支援法―自動車エクステリア
　デザインの戦略的展開法―　253
自動車プロポーション・フォルム・カラーの
　マッチングアプローチモデル　254
重回帰分析による顧客満足度評価と車両外観
　評価要素との因果関係　249
標準作業のしやすい工程　21
標準作業のしにくい工程　21

消費者購買行動の研究―「自動車販売と
　広告宣伝媒体の因果モデル」　260
シャープの技術醸成と移転　67
ジャストインタイム　10
ジャパンサプライシステム　40
車両生産場所企画　185
商品企画・デザイナーの心配事は何か　243
情報共有達成要因　283
情報共有達成要因のクラスター分析結果
　284
情報共有達成要因の主成分分析結果　285
情報共有達成のための仮説モデル　286
情報共有達成度診断システム結果出力フォーム
　（レーダーチャート）　287
ジョイント式トータルタスクマネジメント
　チーム　40
"新形車"―広告宣伝媒体の顧客購買行動モデル
　（ＣＰＢＭ－ＡＥ）　263
新興国市場での環境貢献技術の
　普及施策　238
新興国市場での次世代冷媒転換施策　238
新技術と生産技術―自働組付ロボット　161
新設部門の機能と役割　219
診断システムの構築　279
新車進行管理部　219
新人生産オペレータの"技能習熟訓練"の
　重要性　194
新人生産オペレータの"技能習熟度"の
　比較　200
新人生産オペレータの短期習熟化訓練
　システム　196
新人と熟練者の"工具作業－手作業"のばらつき
　比較　194
新タイプ　パワーステアリング（Ｐ／Ｓ）の
　内製化生産（黎明期の例）　187
診断機能法を持つ業務プロセスナビゲーションシ
　ステム"A-BPNS"　276
新トルコ生産方式　57
新トルコ生産方式（ＮＴＰＳ）の
　コンセプト　58
親和図から得られたＮＴＰＳに重要な
　キーワード　59
水質最適化ICTサービス　132
水質変化の特性要因図　132
数値シミュレーション　107
生産オペレータ育成のためのグローバルネット
　ワークシステム　55
生産オペレータの作業習熟の層別　195
生産技術と原価　152
生産管理とＳＣＭ戦略―車両・部品の内外製
　展開　185
生産技術と工程設計―多品種少量生産　152

生産工程の管理と改善　21
生産性・品質評価　169
生産保全－生産設備の管理技術の体系化　171
生産保全とムダの低減　172
生産保全の価値「品質保全」　176
生産保全の指標「設備総合効率」　172
生産保全の重要性「品質保全」　174
生産ロスコストと新商品設置トラブル比率
　　推移　203
脆弱性と対策　75
製造企業と大学との協創活動への拡がり　49
「製造技術－保全技術－生産技術」三位一体の
　　生産設備の管理技術の体系化　179
製造業の組織体系図とその活動　5
製造業の経営管理技術の歩み　10
製造業の品質経営のあり方研究会　2
製造原価を押し上げる"ムダ"の見える化　172
製品開発生産プロセスの課題　93
製品化技術　7
製品設計－品質保証プロセスマネジメント　79
製品設計と品質保証　79
製品設計のビジネスフロー　83
製品設計の役割　79
製品設計プロセス進化モデル　84
製品設計プロセスマネジメント　84
製品設計プロセスモデル　81
製品の欠陥や組織の脆弱性　77
製品のつくり方と発生する原価と利益　21
世界同一品質、同時立ち上げ
　　（最適地生産）　2
世界のエアコン需要推定　233
世界の温室効果ガス排出量とHFCの影響　234
世界のものづくりをリードした日本的生産方式
　　12
設計審査プロセスの改革　100
設計諸因子が固有技術的に特定可能な例
　　－ドアアウターミラーCAE防振最適化
　　アプローチ　115
設計品質と実験評価プロセスの脆弱性　77
設計品質とライフサイクル品質　75
設計品質の向上　93
設備稼働保全情報管理システム
　　（ＡＲＩＭ）　147
設備の構成　157
設備の品質保証　160
戦略的階層化タスクチーム　37
戦略的階層化タスクチームモデル　39
戦略的協創チーム　41
戦略的協創チームの形成モデル　41
戦略的マーケティングビジネスプロセスの
　　ハイサイクル化システム　32
全員設計（DDI: Digital Design Improvement）
　　96
ソフトウェア開発—ビジネスプロセスの刷新と
　　診断　273
ソフトウェア開発における情報共有の現状と
　　問題　281
ソフトウェア開発の実態と問題点　274
ソフトウェア開発の業務形態（ランク層別）　274
ソフトウェア開発の業務プロセス可視化の
　　必要性　273
ソフトウェア開発の課題構図　276
ソフトウェア開発の現状　273
ソフトウェア開発の問題点解析（テキスト
　　マイニング）　276
ソフトウェア開発の問題点抽出　275
ソフト的改善活動　209

た行

第一の死の谷　66
「代替高確率客の特定モデル」（Step ①②③"応
用型"連関図）　267
ダイキン工業の事例　230
第二の死の谷　66
達成度向上要因（E_1〜E_{72}）　284
短期技能習熟化訓練システム　196
知的オペレータ育成システム　139
知的技術統合ネットワークシステム　28
知的顧客情報ネットワークシステム　31
知的作業教育システム（Ｖ-ＩＯＳ）　143
知的数値シミュレーションシステム　28
知的生産オペレーティングシステム　139
知的製品マネジメントシステム　27
知的セールスマーケテイングシステム　32
　"チラシ広告効果"　265
ディスクブレーキ　43
テキストマイニング解析　59
適性診断法（ミネソタ）　197
デザインＳＱＣによる「具体的形状発想支援
　　ツール」（ＣＳ-ＩＤＣＭ）　245
デザインニング発想支援法の創案　244
デジタルエンジニアリング　2
　デジタルエンジニアリング—生産シミュレー
　　ション　162
デジタルパイプラインシステム　140
徹底した問題の振り返り　219
デュアル・パートナリング　42
伝統的な"トルコ生産方式"　57
トータルインテリジェンスＣＡＥマネジメント
　　モデル　111
トータルＱＡハイサイクル化アプローチ
　　モデル　45
トータルＱＡマネジメントモデル　44

トータルタスクマネジメントチーム　43
トータルリンクシステムチャート"
　　（ＴＬＳＣ）　142
"トヨタセールスマーケティングシステム"
　　（Ｔ－ＡＳＭＳ）　270
トヨタ生産方式　10　20　136
トヨタ生産方式と生産技術　155
トヨタ生産方式と生産保全の係り　171
トヨタ生産方式の基本原理　20
トヨタと系列／非系列メーカーの
　　協創活動　43
トヨタにおけるHDPの展開と効果　167
トヨタのグローバルマザー工場の例　55
トヨタの生産保全の体系　180
トヨタの生産保全の体系と組織間の連携　181
動的作業用"要素作業票"の例
　　（ウィンドウモール取り付け）　199

な行

内外製決定プロセスの見直し　189
内外製・生産場所企画の重要性　192
鳴き代用特性と熱成形温度の因果関係　46
二重螺旋構造の技術革新プロセス　70
日本国内における微燃性冷媒安全性
　　評価体制　237
日本製造業　2　10
日本製造業のものづくりと経営課題　2
日本的生産方式の進化　12　23
日本的生産方式の要諦　20
日本に負けない海外でのものづくり　53
ニューグローバル・パートナリング・
　　プロダクションモデル　54
ニュージャパングローバルプロダクション
　　モデル　138
ニュージャパンマニュファクチャリング
　　モデル　26
ニュージャパンデベロップメントマネジメント
　　モデル　26
ニュージャパンプロダクションマネジメント
　　モデル　26
ニューセールス・オフイス・イメージ　31

は行

ハード化施策の更なる進化のイメージ　212
ハード化施策の導入事例　209
発電所遠隔監視システムの運営状況　123
発電所遠隔監視システムの構成　124
「発表年代」による車種の分類　251
パワーステアリング（Ｐ／Ｓ）の内製生産撤退の
　　ケース　188
販売店（Ｂ店）の代表６営業所間の受注指数（η）
　　の比較　266
人中心の新たな生産の仕組み―知的
　　オペレーション　193
品質システムの整備と人材育成　218
品質保証統合情報管理ネットワーク　85
品質と生産性の同時実現　20
微燃性冷媒に関連する国際規格　238
ビジュアルマニュアルの画面構成　57
ビジュアルマニュアルの例
　　（ドア内部の取り付け）　199
"ビジランス：注意の持続"への取り組み　207
ヒューマンエラーによる不具合発生
　　件数推移（１）　204
ヒューマンエラーによる不具合発生
　　件数推移（２）　211
品質不良現象の背景と実態　175
「品質保全」の具体例―機械加工の加工点と
　　加工点チャート　177
「品質保全」の必要性　175
「品質保全」の展開　176
品質リスク抽出判定条件　210
不具合事例　204
複数社購買（複社発注）　42
節目、節目で品証に確認させた内容　221
富士ゼロックス"DWW"　95
富士ゼロックスの開発生産プロセス　94
富士ゼロックスの技術力・開発力上の課題　92
富士ゼロックス　デジタル　ワーク　ウエイ　94
富士ゼロックス流の"モノ作り"の考え方　202
富士ゼロックス流QFD（FX-QFD）　101
物理現象と要因との科学的な因果関係　182
部品属性をベースとしたモノづくり分
　　基盤　105
フライス加工の加工点チャート　177
ブレーキの性能　43
フランジ付ナット座面部面圧の例　89
ブランド意識教育の教科と現場での意識付け
　　活動　210
ブランド毀損問題発生の本質的課題と
　　施策マップ　207
プロセスの視点での要因分析　205
プロジェクト管理　220
プロジェクト活動の組織体制と進め方　224
プロファイルデザインのサイコグラフイックス
　　アプローチ法の創造（Ｂ）　250
プロファイルデザインのビジネスプロセス法の
　　改良（Ａ）　247
プロポーション・フォルムの寸法例　255
平準化生産と多品種少量生産　159

平準化生産の段替え方法　160
保全―生産設備の管理技術の体系化　178
ホース事業部のグローバル供給体制　215
ホワイトカラー　22
ホワイトカラーの参画による生産工程の
　ＱＣＤ研究　22
ホワイトカラーと製造現場の協働による
　生産工程の刷新　137
ボルトナット締結用統合シミュレータ　88

ま行

マネジメント視点での要因分析　206
マネジメントの進化プロセス　213
メカニズムベース開発　101
ものづくり　2
ものづくりの経営技術課題　16
ものづくり新論　23
ものづくり新論―ＪＩＴを超えて　20
ものづくり新論の基本原理　24
ものづくりとリスクマネジメント　65
ものづくりの変遷　10
モノづくり分析基盤　104

や行

ら行

来店者数・ホット・受注台数の関係　265
来店者数とホット数、受注台数の関係図　266
リサーチ業における業務の可視化の例　279
リサーチ業務可視化のアプローチ　280
リーマンショック後の生産ライン　153
リーンシステム　10
リーンシステム生産　20
ルール形成と環境経営の重要性　230
ルール形成の成功事例　231
「レクサス」開発のための寸法比率研究の数値を
　もとに作成した調査用のサイドビュー　252
冷媒転換の推進　234
労働作業環境の改革　29
ロボット高信頼性システム"（RRD-IM）　145

わ行

著者略歴

編著者

天坂　格郎（あまさか　かくろう）
［第Ⅰ部 第1章～第5章：第Ⅱ部 第7章 7−1,7−3：第8章 8−1：第10章 10-2～10-4 執筆］
1947 年青森県生まれ　広島大学 博士（工学）
1967 年トヨタ自動車（株）（前トヨタ自動車工業（株）入社、1998 年 TQM 推進部 部長
2000 年青山学院大学 理工学部経営システム工学科 / 大学院理工学研究科，教授
2016 年青山学院大学 名誉教授 現在に至る。
専門：New Manufacturing Theory, New JIT, Science TQM, Science SQC, Customer Science, Numerical Simulation
（受賞）
ＳＱＣ賞(1976, 品質管理, 日本科学技術連盟
愛知発明奨励賞 （1991, 愛知発明協会）
日経品質管理文献賞 （1992/2000/2001/2010, デミング賞委員会, 日本経済新聞社）
品質技術賞(1993/1999，品質, 日本品質管理学会)
感性工学会出版賞 （2002 日本感性工学会 感性商品研究部会編, 日本出版サービス）
東久邇宮文化褒賞(2016), 東久邇宮記念賞(2017)
Outstanding Best Paper Award, Int. Conf. on Management and Information Systems (2013)
Albert Nelson Marquis Lifetime Achievement Award (2017)
（特許／実用新案）
　７１件
（単著）
Science SQC, New Quality Control Principle: Springer-Verlag Tokyo, 2004 (E-Book, 2013).
New JIT, New Management Technology Principle, Taylor & Francis Group, CRC Press, Boca Raton, London, New York, 2015.
Toyota: Production System, Safety Analysis and Future Directions, NOVA Science Publishers, New York, 2017.
（編著）
実践ＳＱＣ虎の巻, 名古屋 QC 研究会編, 日本規格協会, 1998.（編集委員長）
サイエンス SQC：ビジネスプロセスの質変革, 名古屋 QST 研究会編, 日本規格協会, 2000.（編集企画委員長）
もの造りの原点—インテリジェンス管理図活用のすすめ，日本規格協, 2003.
ニュージャパンモデル—サイエンスＴQM, 製造業の品質経営あり方研究会編, 丸善, 2007.
新講座：大学院実践応用力強化プログラム『研究開発特論』—学際性を備えた実践的科学者・技術者の育成, 三恵社, 2012.
Science TQM, New Quality Management Principle, Bentham Science Publishers, UAE, USA, The Netherland, 2013.
（共著）
天坂格郎, 長沢伸也：官能評価の基本と応用：自動車における感性のエンジニアリングのために, 日本規格協会, 2000.
天坂格郎, 黒須誠治, 森田道也：ものづくり新論—JIT を越えて：ジャストインタイムの進化, 森北出版, 2008.
（分担執筆）
表面改質技術, 精密工学会，表面改質に関する調査研究分科会編，日刊工業新聞社, 1988.
共分散構造分析事例編, 北大路書房, 1988.
Case Studies in Reliability and Maintenance, John Wiley & Sons, Inc., New Jersey, 2003.
多変量解析実例ハンドブック, 朝倉書店, 2004.
サプライチェーン・マネジメント—企業間連携の理論と実際, 朝倉書店, 2004.
新版 品質保証ガイドブック, 日本品質管理学会編，日本科学技術連盟, 2009.
他多数

共同執筆者

畠中　伸敏（はたなか　のぶとし）[第Ⅰ部　第6章　執筆]
1947年大阪府生まれ，慶應義塾大学大学院工学研究科修士課程修了，博士(工学)．
キヤノン㈱研究室長，東京情報大学大学院教授を経て，現在，(一社)リスク戦略総合研究所理事長，IEEE (computer society)、AAAI正会員，情報処理学会終身会員，専門：経営戦略論，情報セキュリティ

影山　敏一（かげやま　としかず）[第Ⅱ部　第7章　7-2　執筆]
1959年東京都生まれ，電気通信大学電気通信学部機械工学科卒業
1982年富士ゼロックス(株)入社、電子写真領域の技術開発及び商品開発を担当，プロセスイノベーション部長を経て，現在，開発企画管理部シニアマネージャー，専門：プロセス改革，品質工学，品質管理

酒井　浩久（さかい　ひろひさ）[第Ⅱ部　第8章　8-3：第9章　9-2　執筆]
1963年愛知県生まれ，名古屋工業大学工学部電気工学科卒業，2009年青山学院大学大学院理工学研究科博士後期課程(修士)，2010年明治大学大学院論文博士課程修了，博士(工学)，1986年トヨタ自動車(株)　生産技術，製造，TMMTX製造副社長を経て，現在，CV統括部生産技術室主査，専門：ロボット，信頼性工学等

藤岡　昌則（ふじおか　まさのり）[第Ⅱ部　第7章　7-4　執筆]
1960年兵庫県生まれ，京都大学　博士(経済学)，三菱重工業㈱ ガスタービン発電設備の基本計画、設計部門を経て、現在、三菱日立パワーシステムズ(株) サービス本部高砂サービス部主席技師。オペレーションズ・マネジメント＆ストラテジー学会会員。専門：Service Management

村田　明彦（むらた　あきひこ）[第Ⅱ部　第8章　8-4　執筆]
1955年青森県生まれ，八戸工業高等専門学校機械工学科卒，
トヨタ自動車(株)　生産(機械・鋳造)、設備保全、生産技術等の課長職を経て，現在、(株) TPS ソリューションズ代表取締役社長，専門：トヨタ生産方式に基づく生産性向上，問題・課題解決の実践指導

三浦　紀文（みうら　のりふみ）[第Ⅱ部　第9章　9-1　執筆]
1958年青森県生まれ，八戸工業高等専門学校機械工学科卒業，
トヨタ自動車(株) グローバル生産企画部主査を経て，現在，中央発條(株)常務取締役（生産機能統括），
専門：生産管理，生産企画

山田　敏博（やまだ　としひろ）[第Ⅱ部　第8章　8-2　執筆]
1955年愛知県生まれ，信州大学大学院工学研究科修士課程修了，
トヨタ自動車(株) 技術コンサルタントを経て、現在，豊田エンジニアリング(株)社長，技術士、労働安全コンサルタント，専門：TPS, TQM, TPM，工場の自動化・安全

末次　淳一（すえつぐ　じゅんいち）[第Ⅱ部　第9章　9-3　執筆]
1961年福岡県生まれ，九州大学工学部機械工学科卒業
1985年日本電気(株)入社。2001年プリンタ事業譲渡に伴い富士ゼロックス(株)入社。品質革新部長を経て，現在，CS品質本部付マネージャー，専門：機械工学，品質管理

岡田　慎也（おかだ　しんや）[第Ⅱ部　第10章　10-1　執筆]
1956年兵庫県生まれ，名古屋工業大学工学部計測工学科卒業　1979年ダイキン工業(株)入社，住宅空調設計部部長，執行役員空調生産本部副本部長，常務執行役員滋賀製作所長を経て，現在，ダイキン工業(株)顧問，日本品質管理学会会員，パワーエレクトロニクス学会会員，専門：電装設計開発，品質管理，CSR・地球環境

花﨑　雅彦（はなざき　まさひこ）[第Ⅱ部　第9章　9-4　執筆]
1958年名古屋市生まれ，岐阜大学工学部工業化学科卒業
東海ゴム工業(株)入社，技術部,品質保証本部長，自動車用ホース事業副本部長を経て，現在，住友理工(株)取締役,常務執行役員 兼 CQO，専門：ゴム・樹脂設計開発，品質管理

製造業経営の要諦
ものづくり新論
―オペレーションズ・マネジメント戦略２１Ｃ―

2019年 4月20日　　初版発行

編著者　　天坂　格郎

定価　（本体価格 3,800円＋税）

発行所　　株式会社　三恵社
〒462-0056 愛知県名古屋市北区中丸町2-24-1
TEL 052 (915) 5211
FAX 052 (915) 5019
URL http://www.sankeisha.com

乱丁・落丁の場合はお取替えいたします。
ISBN978-4-86693-011-4 C3034 ¥3800E